困难职工解困脱困工作指导手册

Kunnan Zhigong Jiekun Tuokun Gongzuo Zhidao Shouce

中华全国总工会权益保障部 编

中国工人出版社

图书在版编目（CIP）数据

困难职工解困脱困工作指导手册 / 中华全国总工会权益保障部编. —北京：中国工人出版社，2019.11
ISBN 978-7-5008-7301-3

Ⅰ.①困…　Ⅱ.①中…　Ⅲ.①职工—生活—工会工作—中国—手册
Ⅳ.①D412.66-62

中国版本图书馆CIP数据核字（2019）第264700号

困难职工解困脱困工作指导手册

出 版 人	王娇萍
责任编辑	赵晨羽　张姗姗
责任印制	栾征宇
出版发行	中国工人出版社
地　　址	北京市东城区鼓楼外大街45号　邮编：100120
网　　址	http://www.wp-china.com
电　　话	（010）62005043（总编室）　（010）62005039（印制管理中心） （010）82075935（工会与劳动关系分社）
发行热线	（010）62033018　62004002　62046264　（010）82081553（传真）
经　　销	各地书店
印　　刷	三河市万龙印装有限公司
开　　本	710毫米×1000毫米　1/16
印　　张	26.5
字　　数	410千字
版　　次	2020年2月第1版　2020年2月第1次印刷
定　　价	68.00元

本书编委会

目录

【第一部分　中央及部委政策文件】

【第二部分　中华全国总工会政策文件】

【第三部分　典型经验案例】

王东明同志在城市困难职工解困脱困工作座谈会上的讲话

（2019年7月30日）

这次座谈会的主要任务是，以习近平新时代中国特色社会主义思想为指导，学习贯彻习近平总书记关于工人阶级和工会工作的重要论述，认真落实习近平总书记关于扶贫工作的重要指示以及党中央关于加大对城市困难职工解困脱困帮扶和保障力度的要求，总结交流经验，研究部署下一步城市困难职工解困脱困工作。

前几天，中共中央政治局常委、中央书记处书记王沪宁同志到全总机关调研，同部分干部职工座谈，听取大家的意见建议，并发表重要讲话，对全总开展“不忘初心、牢记使命”主题教育情况给予肯定，强调工会组织要牢牢把握主题教育的总要求和目标任务，着力深化理论武装，特别是深入学习贯彻习近平新时代中国特色社会主义思想，学习贯彻习近平总书记关于主题教育的重要指示精神，学习贯彻习近平总书记关于工人阶级和工会工作的重要论述，把主题教育的成效转化为开创工会工作新局面的动力。沪宁同志非常关心关注城市困难职工解困脱困工作，对全总和各级工会贯彻习近平总书记和党中央要求，主动担当作为、扎实开展这项工作给予充分肯定。我们要认真贯彻落实习近平总书记重要指示精神和党中央决策部署，按照沪宁同志的指示要求，坚持理论联系实际、学以致用，扎实做好工会各项重点工作。要进一步凝聚力量，牢牢把握工运时代主题，团结动员广大职工群众为实现中国梦而奋斗；要加强职工思想政治引领，团结带领亿万职工群众坚定不移听党话、矢志不渝跟党走；要进一步履行好维权服务基本职责，深化工会改革和产业工人队伍建设改革，不断增强工会组织和工会工作的政治性、先进性、群众性。要通过开展主题教育，切实增强“四个意识”、坚定“四个自信”，坚决做到“两个维护”，始终在思想上政治上行动上同以习近平同志为核心的党中央保持高度一致。

刚才，7 个省级工会和 1 个全国产业工会作了发言。大家讲得都很好，各有亮点和特色，都取得了实实在在的成效，是近年来各级工会开展城市困难职工解困脱困工作经验与成果的集中体现，其他地方和产业工会也有不少好的做法和经验，希望加强学习交流，相互借鉴启发，取长补短，做得更好。

党的十八大以来，习近平总书记高度重视扶贫攻坚工作，亲力亲为，既挂帅又出征，作出一系列重要指示。中央政治局常委会把“加大城市贫困群众的脱贫解困力度”列入 2019 年度工作要点。这几年，各级工会围绕脱贫攻坚大局，认真贯彻落实习近平总书记和党中央决策部署，在打好脱贫攻坚战的同时，集中精力抓好城市困难职工解困脱困工作，帮助一大批困难职工解困脱困，在广大职工和全社会中引起良好反响。

一是加大工作力度。各级工会将城市困难职工解困脱困作为一项重点工作，主动融入党政工作大盘子，集中力量加以推进。全总制定出台了做好城市困难职工解困脱困工作的实施意见、办法及相关配套文件，明确了解困脱困工作的总体目标、五类困难职工群体、“四个一批”脱困路径和七个具体工作计划。不少地方工会推动党委和政府出台了城市困难职工解困脱困实施意见，将解困脱困工作纳入政府考核项目，各省级工会相继制定了关于困难职工解困脱困的实施意见。各级工会举办了 3 万次业务培训班，培训工会帮扶干部 107. 8 万人次，走访摸排困难职工家庭 439. 9 万户次。

二是坚持精准施策。各级工会认真落实全总《关于加强工会组织与民政部门困难职工家庭数据比对和信息共享工作的通知》精神，已有 20 多个省份成功实施了与民政部及其他涉及社会救助的部门的数据对接。全总委托专业机构建立评估指标和督导机制，确保困难职工进得来、能退出。对标困难职工致困原因、个人情况、家庭状况，采取“四个一批”解困脱困措施，对困难职工家庭进行分类帮扶。据全总统计，5 年来，有 87.5 万户困难职工通过再就业和创业扶持实现脱困，18.2 万户困难职工通过落实社保待遇实现脱困，12.8 万户困难职工被纳入大病保险范畴，23.8 万户困难职工疾病得到有效治疗，9.6 万户困难职工被纳入低保救助保障，29.6 万户困难职工家庭子女顺利完成学业并成功就业。

三是强化责任落实。各级工会普遍建立结对帮扶机制，推动任务层层分解、对接到户、责任到人。加强对各地帮扶工作和资金使用管理的监督检查，进一步优化中央财政专项帮扶资金管理使用模式和支出结构，实施项目申报制，15 亿元集中用于深度贫困职工的生活救助、子女助学、医疗救助项目，完善重病、残疾等深度困难职工家庭的常态化帮扶机制。持续加大解困脱困工作监督检查力度，坚持自查自纠和重点督查相结合，补齐短板，统筹推进。

四是创新方式方法。发挥社会协同作用，广泛募集资金，引入社会组织参与，实现政策资源、社会公益项目、爱心捐赠和困难职工需求的精准对接。注重发挥工会枢纽型组织的作用，搭建困难职工需求与救助资源信息对接平台。发挥社会救助部际联席会议制度优势和人大议案、政协提案作用，加强源头参与，推进工会帮扶和社会救助的制度衔接。注重与社会公益机构建立良好的合作关系，引入“互联网 +”、大数据等先进技术，创新管理工具，形成突出制度保障和协同社会资源的良好社会效应。

经过各级工会共同努力，城市困难职工解困脱困工作力度逐步加大并取得一定成效。工会建档立卡困难职工数由 2016 年底的 345.58 万户下降到 2019 年初的 93.27 万户，其中，人均纯收入低于低保线的贫困职工由 125.2 万户下降到 35.96 万户。刚才大家介绍的经验做法也都讲了这方面情况，同时，要清醒看到当前这项工作还面临不少困难和问题，主要有：城市困难职工解困脱困时间紧、任务重，剩下的任务都是“难啃的硬骨头”，还没有完全纳入全面建成小康社会、脱贫攻坚的整体布局；有的工会干部对解困脱困工作的紧迫性、艰巨性认识不够，对政策的理解、运用存在偏差，存在畏难情绪、观望态度或盲目乐观心理；一些城市困难职工解困脱困制度有待完善，以城市居民低保为主的政策尚未覆盖困难职工特别是农民工等边缘困难群体，特别是对重大疾病、子女就学、意外风险造成的困难职工，亟须加大帮扶力度；有些地方工作开展不平衡、机制不完善，工作责任制、结对帮扶等机制尚未系统建立，困难职工认定和帮扶精准度有待提高；有的地方只重视送钱送物等外部帮扶，忽视送政策、送技能、送文化来提升困难职工自我发展能力，已脱困职工返困的现象依然存在；等等。对这些困难和问题，我们要高度重视，采取有力措施，努力加以解决。

明年，全面建成小康社会的第一个百年目标即将实现。当前，脱贫攻坚已经进入决胜的关键阶段，城市困难职工解困脱困工作也进入关键时期，任务很重。行百里者半九十，越到紧要关头，越要坚定必胜的信心，越要有一鼓作气地决心。首先要深化认识，把城市困难职工解困脱困工作摆在更加突出的位置。

一要充分认识做好城市困难职工解困脱困工作，是守初心担使命的必然要求。习近平总书记强调，我们党始终把为中国人民谋幸福、为中华民族谋复兴作为自己的初心和使命，并一以贯之体现到党的全部奋斗之中。脱贫攻坚集中体现了共产党人的初心使命，也最能检验共产党人的初心使命。工会作为党和政府联系职工群众的桥梁和纽带，实现广大职工对美好生活的向往是工会的奋斗目标，也是党的初心在工会的具体体现。各级工会要结合主题教育，深入学习领会习近平总书记关于工人阶级和工会工作的重要论述、关于扶贫工作的重要论述、关于做好城市困难职工解困脱困工作的重要指示，进一步提高认识，把做好这项工作作为增强“四个意识”、坚定“四个自信”、坚决做到“两个维护”、在思想上政治上行动上同以习近平同志为核心的党中央保持高度一致的重要体现，作为坚持以人民为中心的发展思想和全心全意依靠工人阶级方针的重要体现，作为守初心担使命的重要体现，加强组织领导，精心谋划实施，将广大工会干部焕发出来的热情转化为“为民服务解难题”的实际成果，把这项“民心工程”做实做好。

二要充分认识做好城市困难职工解困脱困工作，是履行工会基本职责的必然要求。习近平总书记强调，工会要坚持以职工为中心的工作导向，抓住职工群众最关心最直接最现实的利益问题，认真履行维护职工合法权益、竭诚服务职工群众的基本职责。面对城市困难职工生活中面临的各种困难和问题，只有像对待亲人一样，多为他们着想，倾听呼声诉求，了解实际需求，掌握他们的具体困难和问题，协同有关方面帮助解决，做到雪中送炭，实现困难职工早日解困脱困，工会才算是履行了应负的基本职责，才是不辜负党中央的厚望和职工群众的期待。也只有这样，工会才能赢得职工群众的信赖和支持，真正成为名副其实的职工之家，工会干部也才能真正成为职工群众信赖的娘家人、贴心人，把广大职工群众紧紧团结在党的周围，坚定不移听党话、跟党走。

三要充分认识做好城市困难职工解困脱困工作，是围绕中心、服务大局的必然要求。党的十九大确立了“两个一百年”的奋斗目标，即到建党一百年时，全面建成小康社会，到新中国成立一百年时，把我国建成富强民主文明和谐美丽的社会主义现代化强国。城市困难职工能否如期解困脱困，直接关系到第一个百年目标的实现。习近平总书记指出，在扶贫的路上，不能落下一个贫困家庭，丢下一个贫困群众。这也包括城市困难职工。2018 年 10 月 29 日，习近平总书记在同全总新一届领导班子成员集体谈话时明确指出，要做好城市困难职工解困脱困工作，及时做好因各种原因返贫致困职工的帮扶救助，为广大职工提供具有工会特点的普惠性、常态性、精准性服务。2019 年国务院《政府工作报告》也写进了“加大城镇困难职工脱困力度”内容，明确由民政部和全国总工会牵头实施。城市困难职工解困脱困，是党交给工会组织的一项重大政治任务，关乎党和国家工作大局，考验工会围绕中心服务大局的责任和担当。工会组织要坚决贯彻党中央决策部署，深入贯彻落实《中共中央、国务院关于打赢脱贫攻坚战的决定》，在各级党委领导下，在打赢脱贫攻坚战中找准定位、发挥优势、积极作为，加大城市困难职工解困脱困力度，为夺取脱贫攻坚战全面胜利、决胜全面建成小康社会作出工会应有的贡献。

当前，距离2020年全面建成小康社会只有一年多的时间，各级工会组织要切实增强使命感和紧迫感，加大工作力度，尽锐出战，攻坚克难，狠抓落实，努力提升职工特别是困难职工的获得感、幸福感、安全感，确保全体职工同步迈入全面小康社会。

一要进一步明确目标任务。要坚决实现“一个总体目标”，即确保到2020年，现有建档困难职工全部实现解困脱困，同步迈入小康社会。要切实抓好“两项重点任务”，即确保到2020年，所有能够脱困的困难职工家庭人均收入连续6个月超过当地低保标准，全部实现脱困；因重病、残疾等因素无法脱困的，通过推动纳入政府兜底保障和工会常态化帮扶，家庭生活水平达到当地低保标准，全部实现解困。各级工会要按照这一目标要求，从各地实际出发，立足履行基本职责，坚持高标准严要求，力争做得更好。要进一步明确时间表、路线图，分解任务、倒排工期，精准到户、责任到人，明确每家每户困难职工解困脱困的时间、期限和责任主体，确保如期实现解困脱困目标。

二要采取精准帮扶措施。要推动落实制度保障。主动争取党委领导和政府支持，将城市困难职工解困脱困工作纳入脱贫攻坚大局，推动城市困难职工群众进入制度保障的主渠道。要积极整合运用各方资源。善于运用国家关于扶贫、社保、就业创业、社会救助等政策资源，整合公益慈善、爱心企业、志愿服务、专业机构等社会资源，有效对接困难职工实际需要，坚决兜牢建档立卡困难职工的基本民生底线。要健全工会常态化帮扶机制，针对重病、残疾等难以脱困的深度困难职工家庭，要进一步完善以困难职工帮扶、送温暖走访慰问、互助保障、生活服务和职工福利为主要内容的工会帮扶服务格局，特别是要大力开展职工医疗互助保障活动，加大对因病返贫致困职工的帮扶救助力度。要持续做好重点群体工作。高度关注重点区域、劳动密集型行业、农民工等重点群体，做好供给侧结构性改革过程中企业职工、功勋工人、工亡遗属等特殊困难群体的帮扶救助工作。对有就业能力的困难职工，要加强就业援助和技能培训，努力提供就业创业帮扶，增强家庭造血功能；对因企业欠缴社保费或没有落实相关社保待遇的困难职工，要推动将其纳入国家社保制度体系；对因病致困的职工，要推动将其纳入大病保险和医疗互助保险，帮助解决看病难、看病贵问题；对符合低保条件的困难职工，要及时推动纳入低保，实现社会救助兜底保障。要注重激发困难职工内生动力，始终坚持物质帮扶和思想引导并重，做到扶贫与扶志、扶智相结合，物质送温暖与精神送温暖相统一。

三要坚持真抓实干。一分部署、九分落实。城市困难职工解困脱困的目标任务已经明确，方法措施已经确定，关键是要全力以赴抓好落实。各级工会组织、广大工会干部要以时不我待、奋发有为的精神状态，发扬求真务实、实事求是的良好作风，坚持真抓实干、埋头苦干，把该担的担子担起来，该负的责任负起来，以“三严三实”的精神抓好落实，坚决避免虚假脱困、数字脱困等形式主义。要继续做好困难职工家庭数据比对工作，做到不漏一户，不落一人。对短期内难以脱困的特殊困难家庭，要努力做到持续帮扶、跟踪帮扶、结对帮扶、托底帮扶，始终做到初心不变、力度不减、结对不散、措施不软。要完善困难职工退出机制，建立工作评估指标体系，适时出台第三方评估办法，及时组织力量对已脱困职工开展“回头看”。要认真总结各地的成功实践和工作成绩，广泛宣传先进典型，推广经验做法，带动面上工作开展。

四要进一步加强组织领导。要把困难职工解困脱困工作摆上工会工作重要议事日程，主要负责同志要亲自抓，既挂帅又出征，强化责任担当，带头研究谋划、带头部署推进。要加大人力、物力、财力投入，把企业、街道、社区工会工作力量动员起来，积极引入外部资源和社会力量，加强信息化建设，集中优势力量做好困难职工解困脱困工作。要对标农村扶贫有效做法，全面落实城市困难职工解困脱困责任制，进一步强化问题导向、责任导向、绩效导向，普遍建立联系人制度，实现结对帮扶全覆盖。要加强帮扶资金使用和政策执行的监管，严肃查处违纪违规问题，坚决杜绝占用帮扶资金搞“政绩工程”和“形象工程”。要加强工会干部队伍建设，鼓励工会干部到脱贫攻坚的一线、到解困脱困工作的火热实践中经受考验，磨炼党性，增强做好群众工作的本领。同志们，做好城市困难职工解困脱困工作，是工会组织光荣而紧迫的任务。各级工会要以习近平新时代中国特色社会主义思想为指导，不忘初心、牢记使命，开拓进取、奋力拼搏，扎实做好城市困难职工解困脱困工作，努力创造优异成绩，迎接新中国成立70周年！

李玉赋同志在全国工会进一步落实城市困难职工解困脱困责任制电视电话会议上的讲话

（2018 年 6 月 28 日）

刚才，黑龙江省、广西壮族自治区、山东省、贵州省遵义市、云南省祥云县 5 个地方总工会分别介绍了推进城市困难职工解困脱困的做法和经验，安徽省、宁夏回族自治区、江西省、云南省红河州 4 个地方总工会提交了书面交流材料，这些经验做法各具特色、亮点纷呈，从不同层面反映了工会推进城市困难职工解困脱困的成绩，听后很受启发和鼓舞，值得各地学习借鉴。

全国人大常委会副委员长、全国总工会主席王东明同志高度重视城市困难职工解困脱困工作，在 6 月 27 日全国总工会集中调研督查情况汇报会上，强调工会要分类做好城市困难职工解困脱困工作，集中攻坚、精准帮扶，确保困难职工同步迈入全面小康社会。我们要认真学习贯彻。下面，我代表全总党组、书记处，就落实好城市困难职工解困脱困责任制、推进解困脱困工作讲几点意见。

一、充分肯定成绩，进一步增强做好城市困难职工解困脱困工作的信心决心

近年来，各级工会认真贯彻落实党中央关于脱贫攻坚的决策部署，把城市困难职工解困脱困工作摆在重要位置，精心谋划、扎实推进，做了大量工作，取得了明显成效。

（一）明确思路、强化指导

全总和各级工会认真落实党中央关于加大对城市困难职工解困脱困帮扶和保障力度的要求，把城市困难职工解困脱困纳入改革试点重点内容，研究制定了一系列实施意见和办法，推出了一系列有力的分类帮扶措施，努力推进精准帮扶、规范管理。2016 年，按照中央书记处听取全总党组汇报时的重要指示精神，全总十六届四次执委会议对城市困难职工解困脱困工作作出了全面部署，出台了《关于进一步做好城市困难职工解困脱困工作的实施意见》及配套文件，明确了一个总体目标、五类困难职工群体、四个一批脱困路径和七个具体工作计划。2017 年，全总印发《困难职工帮扶工作有关问题的说明》，进一步明确城市困难职工解困脱困的标准与流程。召开全国工会困难职工解困脱困研讨会，对城市困难职工解困脱困进行系统总结和研判部署。31 个省级工会都制定了城市困难职工解困脱困的实施意见，15 个省级工会专门成立了城市困难职工解困脱困领导小组，统筹部署和做好困难职工解困脱困工作。

（二）融入大局、精准施策

全总和各级工会积极推进城市困难职工解困脱困工作融入党政工作大盘子、纳入脱贫攻坚大局，争取党委重视、政府政策和资源支持，推动形成工作合力，在精准识别、精准施策上下功夫。全总与民政部共同印发《关于加强工会组织与民政部门困难职工家庭数据比对和信息共享工作的通知》，指导各级工会精准识别困难职工工作，推动全国社会救助部际联席会议将城市困难职工解困脱困列入年度工作要点，民政部专门向国务院提交了解决城市贫困问题的专题报告，国家发改委将加快推进城市困难职工解困脱困列入《2018 年收入分配重点工作安排》。贵州、云南、广西、湖北、江西、黑龙江等省级党委、政府出台城市困难职工解困脱困实施意见。辽宁、山西、河北、广东等省级工会推动将城市困难职工解困脱困列入政府专项工作，纳入省政府工作年度目标考核。20 个省级工会与民政部门就信息共享联合发文或签订协议。

（三）健全机制、创新方式

各级工会积极探索，形成许多行之有效的好做法、好经验。在健全工作机制方面，探索建立工会城市困难职工解困脱困目标责任制，细化目标、分解任务，一级抓一级，层层落实责任。在创新方式方法方面，积极发挥社会协同作用，广泛募集资金，引入社会组织参与，实现政策资源、社会公益项目、爱心捐赠和困难职工需求的精准对接。今天会议上发言的云南祥云县和书面交流的红河州，都是党委、政府主要领导亲自负责，统筹推进困难职工解困脱困和扶贫攻坚工作，这既是党委政府重视发挥工会协同作用的社会治理创新，也是工会围绕党政工作大局、主动作为的体现。

在党中央坚强领导下，在各级党政大力支持下，经过各级工会共同努力，城市困难职工解困脱困工作取得了明显成效，工会建档立卡的困难职工由 2015 年底的 345. 58 万户下降到 2018 年的 247. 24 万户，人均纯收入低于低保线的贫困职工由 125. 2 万户下降到 63. 46 万户。

在肯定成绩的同时，也要看到工作上还存在一些问题和不足，也有些矛盾和困难，应该引起重视。比如，有不少地区城市困难职工解困脱困工作发展不平衡，一些地方还需要提速增效；解困脱困指标和绩效评估机制、监督机制需要完善，责任还需要进一步压实；因户施策需要更加精准，帮扶资金使用管理还需聚焦发力、提升效益。各地工会要更加重视这些问题和不足，进一步加强领导，采取新的措施，认真加以解决，努力取得新进展、新成效。

二、勇于责任担当，全力以赴打赢城市困难职工解困脱困攻坚战

党的十九大提出要坚决打好防范化解重大风险、精准脱贫、污染防治三大攻坚战，把脱贫攻坚摆在十分重要的位置。这是战略性的安排，利在当前，功在千秋。当前，决胜全面建成小康社会已进入关键阶段，习近平总书记反复强调，如果到 2020 年我们在总量和速度上完成了目标，但发展不平衡、不协调、不可持续问题更加严重，短板更加突出，就算不上真正实现了

目标。全面小康，覆盖的人口要全面，全面建成小康社会，一个都不能少，共同富裕的路上，一个都不能掉队。这为工会进一步做好城市困难职工解困脱困指明了方向，提供了根本遵循。

党中央高度重视城市困难职工解困脱困工作，党的十八届五中全会和中央扶贫开发工作会议明确提出，要加强对特定人群特殊困难的帮扶。2016年，十八届中央政治局常委会把“加大城市困难职工解困脱困的帮扶和保障力度”作为年度工作要点之一。习近平总书记始终心系困难群众，多次强调群团组织要更多把注意力放在困难群众身上，多做雪中送炭的事情，对做好城市困难职工脱困解困工作提出了明确要求。各级工会要自觉以习近平新时代中国特色社会主义思想为指引，深入贯彻习近平在扶贫方面的重要指示精神，进一步增强历史使命感、政治责任感和工作紧迫感，打赢城市困难职工解困脱困攻坚战。

（一）明确目标任务

习近平总书记指出，全面建成小康社会，一个都不能少，共同富裕的路上，一个都不能掉队。党中央对2020年脱贫攻坚的目标已经明确，即到2020年稳定实现农村贫困人口不愁吃、不愁穿，义务教育、基本医疗和住房安全有保障，确保我国现行标准下农村贫困人口实现脱贫。城市困难职工解困脱困的工作目标也是要确保到2020年，通过精准帮扶，人均纯收入在现行城市低保标准下的贫困职工全部实现脱困，对于因残疾、重病丧失劳动能力的深度贫困职工，要推动政府纳入救助制度兜底，建立工会常态化帮扶机制，保障他们的生活水平超过低保标准以上实现解困脱困。

当前，城市困难职工解困脱困工作已经进入关键时期。一方面，离2020年全面建成小康社会的目标还有不到3年的时间；另一方面，现有建档立卡贫困职工多种致贫因素叠加，贫困程度深、脱困难度大，都是难啃的“硬骨头”。下一步，全总将进一步明确未来3年工作的时间表和脱困任务、计划和措施。各省（区、市）总工会要根据总目标科学制定工作规划、合理确定年度目标，分解任务、倒排工期；市县级总工会要把脱贫任务分解到年、精准到人，明确每家每户困难职工解困脱困的时间、期限和责任主体，确保一年一个新进展，到2020年能够完成好困难职工解困脱困目标任务，让困难职工同全国人民一同进入小康社会。

（二）狠抓责任落实

要建立健全联系人制度，将每个困难职工家庭与责任单位、联系人之间一一对应安排，确保建档困难职工实现结对帮扶全覆盖。责任单位、联系人要做困难职工的第一知情人、第一报告人、第一帮助人。作为第一知情人，要摸清困难职工底数，搞清致困原因，掌握职工想法意愿，有针对性地制定帮扶措施。作为第一报告人，要当好信息员、联络员，把有关信息及时报告责任单位，该企业负责的协调企业解决，该政府解决的推动政府落实。作为第一帮助人，要想方设法解决职工群众最关心最直接最现实的利益问题。基层工会能解决的就地解决，解决不了的报上级工会解决。各级工会的主要负责同志要发挥示范引领作用，带头联系困难职工，要亲力亲为，要站在一线，靠前指挥，善作善为，善始善终。

（三）坚持精准帮扶

扶贫开发贵在精准，重在精准，成败之举在于精准。城市困难职工解困脱困工作同样也是如此，必须不断提高工作的精准性。一是要做到精准识别。这是个基础性工作，这个工作如果我们做不到家，后面的工作就很难做了。要有精准、精细、精到的意识。全总就困难职工建档立卡、困难标准衡量、解困脱困标准、家庭状况核查等，都制定了明确的标准和流程，各级工会要严格遵照执行，全面了解困难职工真实状况，深入分析致贫原因，摸清帮扶需求。二是要做到精准施策。坚持分类指导，有针对性地进行政策帮扶，要从源头上开展帮扶，提高帮扶的针对性，突出重点，破解难点。比如，对下岗失业的困难职工，要通过各种方式帮助其解决就业问题；为患病的低收入家庭、无劳动能力困难职工家庭提供生活补贴；为患重特大疾病深度贫困职工家庭提供医疗救助。要建立常态化帮扶机制，常态化、经常化、日常化地帮扶困难职工，坚持把重点帮扶、集中时间帮扶与平时帮扶结合起来。三是要做到精准发力。要在党委的领导下，政府的支持下，综合运用扶贫、社保、就业创业、社会救助等政策，汇聚政策、公益慈善、社会组织、企业等各方资源，对接困难职工需求，充分发挥帮扶中心在城市困难职工解困脱困工作中的作用，广泛开展职工志愿服务行动，鼓励和发展职工互助保障项目。

（四）加大资金投入

要建立完善城市困难职工解困脱困经费保障机制，积极争取中央财政加大对帮扶专项资金投入，发挥中央财政的示范带动作用，推动各级地方财政加大资金支持力度，优化资金支出结构。按照工会经费向基层倾斜的要求，在工会经费预算中加大帮扶资金和工作经费投入，把有限的经费用在困难职工帮扶这个“刀刃”上。全总在这方面将发挥带头作用，从全总工会经费中安排一定比例资金作为解困脱困专项资金，倾心倾情倾力做好困难职工解困脱困工作。充分保障解困脱困工作经费，加大向社会组织购买困难职工服务项目，加强工会帮扶工作软件、硬件建设投入。各级工会要加强帮扶资金管理，严格按照规定的方向、范围、对象、程序使用，对不作为、乱作为导致帮扶资金使用管理混乱的行为要严肃问责。

三、强化组织实施，确保城市困难职工解困脱困工作落到实处

各级工会要以更加饱满的热情、更加务实的作风、更加有力的举措，推动困难职工解困脱困工作取得新的更大成效。

（一）加强组织领导

各级工会要把做好城市困难职工解困脱困作为贯彻以人民为中心的发展思想和全心全意依靠工人阶级方针的重要体现，要讲政治、顾大局、守纪律、促改革。作为维护职工合法权益、竭诚服务职工的重要内容，摆在工会工作重要日程，切实加强领导，精心组织谋划，把这项“民心工程”做实做好。要站在争取人心、巩固党执政的阶级基础和群众基础的高度，推动城市困难职工解困脱困纳入脱贫攻坚大局，加强工会帮扶与政府救助两个方面的衔接。要及时充实工作力量，配齐配强工会帮扶工作人员，注重引导更多资源向基层倾斜，充实一线帮扶力量。要加大培训工作力度，分级分类组织

好工会帮扶干部业务培训，为提高解困脱困工作水平提供组织保障。要加强能力建设，注意把年轻干部派到第一线，让年轻干部在实践中经受磨炼、摔打，提高素质和能力，要培养工会干部雷厉风行、敢于担当的精神，强化领悟力、执行力。

（二）加强作风建设

城市困难职工解困脱困事关千家万户，事关困难职工切身利益，工作是否到位，职工是否认可，是对各级工会作风建设的重要检验。要把推进解困脱困工作与践行群众路线、改进工作作风结合起来，从大处着眼、小处着手，从一点一滴做起，不怕琐细、日积月累，深入困难职工家庭，摸实情、出实招、用硬招，要避免大而化之、笼而统之。要切实发挥工会领导机关和领导干部的示范表率作用，一级带着一级干，一级做给一级看，让广大职工切实感到工会组织是真正的“职工之家”，是值得信赖的“娘家人”。要加强调查研究，尊重基层首创精神，鼓励基层结合实际探索创新，创造更多经验做法，推动面上工作开展。

（三）加强督查问效

实施严格的考核评估，健全完善年度解困脱困验收报告和督查制度，对责任落实、帮扶效率、脱困率、规范管理等情况予以量化考核、评估评价、验收通报。在督查考核中，要把定量与定性结合起来，得出客观结论，作出公正评价。最近，全总将组成督查组，对各级工会落实责任、工作进度和完成情况进行督查。各省（区、市）总工会也要组成督查组，聚焦突出问题，加大督查力度，确保工作取得实效。

同志们，打赢城市困难职工解困脱困攻坚战，工会责任重大、使命光荣。各级工会要以习近平新时代中国特色社会主义思想为指导，凝心聚力、真抓实干，如期完成城市困难职工解困脱困任务，为决胜全面建成小康社会、夺取新时代中国特色社会主义伟大胜利、实现中华民族伟大复兴的中国梦作出新的更大的贡献！

焦开河同志在全国工会开展困难职工解困脱困工作研讨会上的讲话

（2017 年 9 月 23 日）

这次召开困难职工解困脱困工作研讨会，主要任务是紧紧围绕迎接和服务党的十九大这条主线，认真学习贯彻习近平总书记在省部级主要领导干部专题研讨班上的重要讲话和关于党的群团工作和群团改革重要指示精神，总结各级工会开展困难职工解困脱困工作成效，推广先进经验，研究部署下一阶段困难职工解困脱困工作。

会上，大理州、祥云县、巍山县、弥渡县、宾川县金牛镇的 5 位同志从不同角度谈了对困难职工解困脱困工作的思想认识、具体的工作方法和取得的良好效果，详细介绍了祥云经验从孕育、孵化到推广的过程。中国社会工作联合会、中国儿童少年基金会等 8 家社会机构介绍了社会公益资源与困难职工需求对接的做法与思路。云南、广西、内蒙古、湖南、山东、遵义、芜湖、宜昌 8 个省市工会的同志就当地开展困难职工解困脱困工作的措施和成效，作了交流发言。各级工会组织、相关社会机构围绕困难职工解困脱困，在各自领域做了大量卓有成效的工作，形成了一批先进经验和创新做法，听了深受鼓舞，很有启发。希望各地工会发扬成绩，相互学习，比学赶超，不断开创工作新局面；希望各位社会同人继续关心关注困难职工，与工会组织共同做好困难职工解困脱困工作。

下面，我就进一步推进困难职工解困脱困工作讲几点意见。

一、充分肯定各级工会在困难职工解困脱困工作上取得的显著成效

2015 年 11 月，中央扶贫开发工作会议召开。会后，中共中央、国务院

颁布了《关于打赢脱贫攻坚战的决定》，提出要到2020年，稳定实现农村贫困人口不愁吃、不愁穿，义务教育、基本医疗和住房安全有保障（“两不愁、三保障”）。在学习贯彻中央扶贫开发工作会议精神的过程中，我们认识到，小康社会是全体人民的小康，在打赢农村贫困人口脱贫攻坚战的同时，城市还存在相当数量的困难职工亟须解困脱困。李建国主席指示要求，工会要在脱贫攻坚战中发挥重要作用，特别是要解决好困难职工的问题，确保全体职工2020年进入全面小康社会。2016年1月，全国总工会党组就紧紧围绕国家脱贫攻坚大局，加大困难职工解困脱困的帮扶和保障力度向中央书记处汇报，得到中央书记处充分肯定和批准。按照中央书记处的意见，全国总工会十六届四次执委会议将困难职工解困脱困工作列为工会重要工作，纳入全国总工会机关改革试点工作重要内容，进行了全面部署。2016年4月，全国总工会专门召开电视电话会议，李玉赋同志就困难职工解困脱困工作再动员、再部署。2016年5月，全国总工会印发了《中华全国总工会关于进一步做好困难职工解困脱困工作的实施意见》，明确了做好困难职工解困脱困工作的一个总体目标、五类困难职工群体、四个一批脱困路径。

各级工会按照全国总工会的部署要求，把困难职工解困脱困工作作为重大政治任务来抓实抓好，认真谋划、周密部署、精准施策、分类帮扶，帮助了一大批困难职工解困脱困，创造了不少好的做法和经验，在全社会和广大职工群众中引起良好反响。

第一，全会上下形成了共识。去年以来，全国总工会两次召开困难职工解困脱困专门会议并下发一系列的文件，各省也召开了有关专题会议，这对统一认识、部署行动、交流情况、推动工作，都产生了重要作用。全国总工会提出的“五类人群、四个一批”的工作思路和举措，都得到积极落实，收到明显成效。目前，全国30家省级工会制定了困难职工解困脱困实施意见，明确了做好困难职工解困脱困的目标、对象、分类帮扶措施和责任主体，从顶层设计到精准识别、责任分工、督查落实都有了明确的路径。贵州、云南、安徽、福建、江西、河南、重庆、广东、山东、天津等地工会还出台了2016—2020年困难职工解困脱困五年计划。还有15个省市工会专门成立了困难职工解困脱困工作领导小组，统筹部署困难职工解困脱困工作。

第二，得到了各级党委政府的重视和肯定。在全国总工会和各级工会的主动作为、积极推进下，困难职工解困脱困得到了各级党委政府的重视和支持。贵州、云南、广西、湖北等地省政府先后专门出台困难职工解困脱困实施意见，把困难职工纳入全省脱贫攻坚总体统筹。湖南、陕西等地通过“双联”等结对帮扶，把党政领导干部与困难职工结成帮扶对子。江苏、北京、广西、宁夏、安徽芜湖、湖北省武汉和宜昌等地工会建立与民政部门的工作联动机制，运用居民经济状况核对系统精准核查困难职工家庭状况。河北省工会精准帮扶活动成为省委省政府扶贫帮困春雨行动的一个重要项目。海南省把农垦系统困难职工纳入政府扶贫攻坚工作安排。宁夏石嘴山市党委政府扶贫解困攻坚行动计划中纳入了困难职工解困脱困工作。

第三，社会参与度和社会效应明显扩大。今年以来，全国总工会和各级工会在工作中强化枢纽型平台作用，注重搭建困难职工需求与救助资源信息对接平台，和社会公益机构建立良好的合作关系，引进“互联网+”、大数据等先进技术，设计智能化管理工具，形成突出制度保障和协同社会资源的良好社会效应。北京、重庆、河北、四川、江西、黑龙江等地工会运用基金会和公益性捐赠税前列支资格向社会广泛募集资金，吸引社会资源参与困难职工解困脱困。广东省中山市、上海市浦东新区等地工会引入社会组织参与困难职工解困脱困工作，贵州省遵义市总工会运用义工协会进行困难职工走访调查，这些社会资源和力量的介入，从运行情况来看，效果很好。

第四，涌现出了大理州祥云县等一批好的工作经验。各地工会在工作中善于创新，勇于实践，创造出很多很好的经验。大理州总工会主动探索，孵化出祥云县好经验，祥云县把困难职工解困脱困融入党政工作大局，融入扶贫攻坚战略，系统集成资源，协同做好困难职工解困脱困工作，富有成效。这个经验表明：一是云南省、大理州、祥云县各级工会善于围绕党政工作大局主动谋划、主动作为，赢得了党委、政府的高度重视和大力支持。云南省政府和15个市州政府都把困难职工解困脱困纳入脱贫攻坚大局；大理州委、州政府成立了州委书记、州长任组长的解困脱困领导组，专门针对困难职工解困脱困制定支持政策，提供资源和项目；祥云县委书记、县长亲自担责，统筹推进困难职工脱困和脱贫攻坚工作。这既是党委、政府在经济社会发展过程中，重视发挥工会协同作用的社会治理创新，也说明工会围绕党委、政府工作大局主动作为，必然能有为有位。二是层层落实责任，把工作抓细抓实。每一级工会都是真抓实干，以扎实的作风和实干的精神，真正落实了责任，搞清了困难职工底数，通过高效的工作，把党、政、社会各方面的资源运用起来，使各项帮扶举措落了地、见了效。三是善于发挥社会协同作用，运用系统集成的理念与方法。祥云县工会充分发挥社会协同作用，运用系统集成方法，把全县各部门社会救助、脱贫攻坚政策措施与困难职工解困脱困有效对接。大理州、祥云县的实践证明，只要高度重视，思路对头，措施得力，工作扎实，到2020年实现困难职工解困脱困是完全可以做到的。希望做得好的工会继续发扬成绩，把工作做得更加出色；工作力度不够的地方，能够加大力度迎头赶上。

总的来看，困难职工解困脱困取得了阶段性成果。但也要看到还有一些制约我们工作的瓶颈。从工作模式来看，困难职工解困脱困工作要求更加精准、精细，需要进一步明确解困脱困指标和绩效评估机制、监督机制。从资源供需来看，需要运用系统集成方法，吸引更多的社会资源精准匹配和对接困难职工的需求，解决帮扶资源不足问题。从工作对象来看，困难职工需求多样化，自主脱困意愿不强，需要提升适应社会和市场的能力。我们要以问题为导向，想方设法解决工作中的问题，有针对性地开展困难职工解困脱困工作。

二、进一步强化困难职工解困脱困工作的责任

当前，困难职工解困脱困工作进入关键时期，必须在已有基础上，由面上推进转向精准聚焦，确保完成困难职工解困脱困目标任务。

第一，加快推进困难职工解困脱困，确保按期完成目标。困难职工解困脱困的具体标准，全国总工会办公厅印发的《困难职工帮扶工作有关问题的说明》说得很清楚，请大家遵照执行。需要强调的是，困难职工档案库

里存在两类困难职工：一类是人均纯收入低于低保线的贫困职工，这类贫困职工必须和农村贫困人口一道，到2020年全部实现脱困。实现脱困路径有两种，一种是通过各种帮扶措施，使贫困职工家庭人均纯收入超过低保线以上，实现脱困；一种是对残疾、重病无法就业的深度贫困职工，推动政府全部纳入救助制度兜底，保障他们生活水平超过低保线以上，实现解困脱困。以后新增的贫困职工按同样渠道脱困。另一类是人均纯收入超过低保线以上的困难职工，对这类困难职工要继续创新帮扶模式，加强日常帮扶，吸引更多的社会资源来帮扶他们。要在准确分析困难职工致困原因的基础上，有针对性地进行政策帮扶，努力从根本上解决困难职工的困难。对需要解决就业的困难职工，要帮助其解决就业；需要纳入社会保障的，要帮助其纳入社会保障；需要解决子女上学或者需要进行大病救助的，推动其纳入国家助学政策体系或基本医疗制度保障范围；等等。属于基层工会无法解决的共性问题要及时向上级报告，由上级工会推动党和政府从政策层面予以解决。

第二，加大组织实施力度，层层明确责任。困难职工解困脱困关键在落实责任。各级工会要做到人员到位、责任到位、工作到位、效果到位，逐一明确帮扶责任单位、责任人，将每个困难职工家庭与责任单位、责任人之间作出一一对应安排，把帮扶责任分解到具体单位、分解到人，明确解困脱困责任和期限。要发挥工会责任人的联络员、信息员作用，把困难职工底数搞清楚，致困原因和实际情况搞清楚，帮扶主体责任搞清楚。把相关信息报给责任单位来解决，该企业责任的报给企业解决，该政府责任的推动政府解决。

第三，加强检查督查，做好评估验收。全国总工会和各省（区、市）总工会要建立自上而下的绩效评估体系，建立年度解困脱困验收和督查制度，对帮扶效率、脱困率以及信息反馈、规范管理等工作情况予以量化考核、评估验收。各省（区、市）总工会要组成督查组，对困难职工解困脱困的进度表、路线图和工作情况予以评估，对各地工会落实责任的情况，制定的计划和措施真实度、精准度进行检查。

第四，突出制度保障，强化主渠道作用。一要对困难职工存在的整体性问题特别是供给侧结构性改革过程中出现的职工生活问题，做好监测分析，并及时给党委政府反映，推动进一步完善社会救助体系和出台专项帮扶政策。二要推动符合政府救助条件的困难职工进入政策覆盖范围，建立健全困难职工解困脱困工作协同、信息共享、制度衔接等机制，形成各有侧重、相互补充的救助帮扶格局。三要开发政策系统集成工具包，将当前各级政府已有的扶贫、社会保障、社会救助、就业扶持等各项政策与困难职工需求精准对接，方便各级工会帮助困难职工纳入制度保障范围。

第五，协同社会资源，放大社会效应。一要搭建社会资源和困难职工需求精准对接平台，运用公益性捐赠税前列支资格，引导大中型企业等设立专项公益基金，汇聚公益慈善、企业社会责任、职工互助等诸多资源，集中到困难职工身上。二要利用“互联网+”模式实现资源共享，实现帮扶资源区域间协作、全系统共享，解决资源分散和不足的问题。三要积极发展职工互助项目，倡导志愿者行动。四要激发提升困难职工脱贫致富的内生动力。畅通困难职工获取外界信息的渠道，改变旧有观念，提升困难职工和家庭成员就业创业和适应市场的技能。

三、用改革理念创新帮扶工作思路

各级工会要通过困难职工解困脱困专项工作，变革理念，创新思路，吸引社会资源，引入专业力量，加强帮扶中心（职工服务中心）建设，探索新的帮扶工作模式、工作载体，提升工作效能。

第一，要用新的理念创新帮扶工作模式。一要适应工会工作社会化发展的新需要，实现帮扶工作理念创新与变革。互联网技术的发展和信息社会的到来，以及职工队伍结构、生活方式等发生的深刻变化，对工会维护职工权益、服务职工需求的运行方式提出新的要求和挑战，要求我们必须从理念上创新与变革帮扶工作，突破地区和部门的思维局限，使帮扶工作更好地融入经济社会发展重大战略中；要开拓思路、丰富渠道，吸引企业、社会组织、职工等各类资源为我所用；要运用互联网技术，引进专业力量，采取联合运作、购买服务等方式，提升帮扶工作效率和专业化水平。二要创新工会帮扶工作协作形态。要树立上下、左右、内外“一盘棋”思想，建立上下级权益保障部门统筹协调机制，分级协作；建立与政府有关部门的协作机制、与社会各方资源良好的合作关系，学会“搭台唱戏”；加强区域协作，形成资源丰富的省份对口资源贫乏省份帮扶机制，促进资源、理念共享。三要引入社会资源加强帮扶工作专业化运作。要孵化、培育一批服务职工类社会组织，通过公益创投、购买社会服务的方式，撬动企业、社会机构、公益组织和基金会等社会资源，为职工特别是困难职工提供专业化、社会化的服务。要完善智能化管理工具，通过大数据、云计算等先进技术了解掌握职工生活状况和需求，形成对职工心理状况与服务需求的感知与研判能力，提供精准的职工生活服务；要实现困难职工数据与社会救助信息管理系统、居民家庭经济核对平台的数据共享。

第二，要加强帮扶中心（职工服务中心）社会化功能建设。一要规范化帮扶中心（职工服务中心）建设，帮扶中心（职工服务中心）要有规范、有标准，要在功能上提升，对符合标准的帮扶中心验收挂牌。二要加强帮扶中心（职工服务中心）枢纽型社会组织平台功能建设，把帮扶中心（职工服务中心）打造成社会组织枢纽型平台和孵化社会组织基地，联合一批与职工需求贴近的服务职工类社会组织，引入外部资源和社会力量提供帮扶服务。三要提升帮扶中心（职工服务中心）功能，拓展品牌，主动对接政府部门、社会组织、基层工会、企业和职工，充分了解职工状况和需求，发挥企业工会作用，为职工提供精细、个性和互动的生活保障服务。

第三，要不断提升服务大局和服务职工能力。一是树立专业精神，认真研究问题。要坚持立足于主业主责，深入研究困难职工状况、需求和问题，深入研究社会保险、社会救助、扶贫、就业扶持等政策制度，提升“制度保障”专业化水准。二是要改变“单打独斗、单兵作战”模式。既要懂得公益慈善运行方式，又要善于通过市场化方式运作资源，通过与研究机构、公益机构、社会组织合作交流，让他们为困难职工解困脱困和职工生活保障提供服务。三是要加大人、财、物的投入。在用好财政帮扶资金的同时，每年要从工会经费中安排一定比例资金作为困难职工解困脱困工作专项资金；

要积极争取公益性捐赠税前列支资格，募集更多社会捐助；要完善向社会组织购买服务的相关制度，推进向社会组织购买困难职工解困脱困和职工生活保障等有关的服务项目。四是要严格规范帮扶资金管理使用。要规范帮扶资金管理使用，同时要优化资金支出结构，提高资金效能。

同志们，我们要深入学习贯彻习近平总书记系列重要讲话精神和治国理政新理念新思想新战略，紧密团结在以习近平同志为核心的党中央周围，紧紧围绕全面建成小康社会目标，扎实做好困难职工解困脱困工作，提升服务职工能力和水平，以优异成绩迎接党的十九大胜利召开。

第一部分

中央及部委政策文件

中共中央　国务院
关于打赢脱贫攻坚战的决定

（2015年11月29日　中发〔2015〕34号）

确保到2020年农村贫困人口实现脱贫，是全面建成小康社会最艰巨的任务。现就打赢脱贫攻坚战作出如下决定。

一、增强打赢脱贫攻坚战的使命感紧迫感

消除贫困、改善民生、逐步实现共同富裕，是社会主义的本质要求，是我们党的重要使命。改革开放以来，我们实施大规模扶贫开发，使7亿农村贫困人口摆脱贫困，取得了举世瞩目的伟大成就，谱写了人类反贫困历史上的辉煌篇章。党的十八大以来，我们把扶贫开发工作纳入“四个全面”战略布局，作为实现第一个百年奋斗目标的重点工作，摆在更加突出的位置，大力实施精准扶贫，不断丰富和拓展中国特色扶贫开发道路，不断开创扶贫开发事业新局面。

我国扶贫开发已进入啃硬骨头、攻坚拔寨的冲刺期。中西部一些省（自治区、直辖市）贫困人口规模依然较大，剩下的贫困人口贫困程度较深，减贫成本更高，脱贫难度更大。实现到2020年让7000多万农村贫困人口摆脱贫困的既定目标，时间十分紧迫、任务相当繁重。必须在现有基础上不断创新扶贫开发思路和办法，坚决打赢这场攻坚战。

扶贫开发事关全面建成小康社会，事关人民福祉，事关巩固党的执政基础，事关国家长治久安，事关我国国际形象。打赢脱贫攻坚战，是促进全体人民共享改革发展成果、实现共同富裕的重大举措，是体现中国特色社会主义制度优越性的重要标志，也是经济发展新常态下扩大国内需求、促进经济增长的重要途径。各级党委和政府必须把扶贫开发工作作为重大政治任务来抓，切实增强责任感、使命感和紧迫感，切实解决好思想认识不到位、体制机制不健全、工作措施不落实等突出问

题，不辱使命、勇于担当，只争朝夕、真抓实干，加快补齐全面建成小康社会中的这块突出短板，决不让一个地区、一个民族掉队，实现《中共中央关于制定国民经济和社会发展第十三个五年规划的建议》确定的脱贫攻坚目标。

二、打赢脱贫攻坚战的总体要求

（一）指导思想。全面贯彻落实党的十八大和十八届二中、三中、四中、五中全会精神，以邓小平理论、“三个代表”重要思想、科学发展观为指导，深入贯彻习近平总书记系列重要讲话精神，围绕“四个全面”战略布局，牢固树立并切实贯彻创新、协调、绿色、开放、共享的发展理念，充分发挥政治优势和制度优势，把精准扶贫、精准脱贫作为基本方略，坚持扶贫开发与经济社会发展相互促进，坚持精准帮扶与集中连片特殊困难地区开发紧密结合，坚持扶贫开发与生态保护并重，坚持扶贫开发与社会保障有效衔接，咬定青山不放松，采取超常规举措，拿出过硬办法，举全党全社会之力，坚决打赢脱贫攻坚战。

（二）总体目标。到2020年，稳定实现农村贫困人口不愁吃、不愁穿，义务教育、基本医疗和住房安全有保障。实现贫困地区农民人均可支配收入增长幅度高于全国平均水平，基本公共服务主要领域指标接近全国平均水平。确保我国现行标准下农村贫困人口实现脱贫，贫困县全部摘帽，解决区域性整体贫困。

（三）基本原则。

——坚持党的领导，夯实组织基础。充分发挥各级党委总揽全局、协调各方的领导核心作用，严格执行脱贫攻坚一把手负责制，省市县乡村五级书记一起抓。切实加强贫困地区农村基层党组织建设，使其成为带领群众脱贫致富的坚强战斗堡垒。

——坚持政府主导，增强社会合力。强化政府责任，引领市场、社会协同发力，鼓励先富帮后富，构建专项扶贫、行业扶贫、社会扶贫互为补充的大扶贫格局。

——坚持精准扶贫，提高扶贫成效。扶贫开发贵在精准、重在精准，必须解决好扶持谁、谁来扶、怎么扶的问题，做到扶真贫、真扶贫、真脱贫，切实提高扶贫成果可持续性，让贫困人口有更多的获得感。

——坚持保护生态，实现绿色发展。牢固树立绿水青山就是金山银山的理念，把生态保护放在优先位置，扶贫开发不能以牺牲生态为代价，探索生态脱贫新路子，让贫困人口从生态建设与修复中得到更多实惠。

——坚持群众主体，激发内生动力。继续推进开发式扶贫，处理好国家、社会帮扶和自身努力的关系，发扬自力更生、艰苦奋斗、勤劳致富精神，充分调动贫困地区干部群众积极性和创造性，注重扶贫先扶智，增强贫困人口自我发展能力。

——坚持因地制宜，创新体制机制。突出问题导向，创新扶贫开发路径，由“大水漫灌”向“精准滴灌”转变；创新扶贫资源使用方式，由多头分散向统筹集中转变；创新扶贫开发模式，由偏重“输血”向注重“造血”转变；创新扶贫考评体系，由侧重考核地区生产总值向主要考核脱贫成效转变。

三、实施精准扶贫方略，加快贫困人口精准脱贫

（四）健全精准扶贫工作机制。抓好精准识别、建档立卡这个关键环节，为打赢脱贫攻坚战打好基础，为推进城乡发展一体化、逐步实现基本公共服务均等化创造条件。按照扶持对象精准、项目安排精准、资金使用精准、措施到户精准、因村派人精准、脱贫成效精准的要求，使建档立卡贫困人口中有5000万人左右通过产业扶持、转移就业、易地搬迁、教育支持、医疗救助等措施实现脱贫，其余完全或部分丧失劳动能力的贫困人口实行社保政策兜底脱贫。对建档立卡贫困村、贫困户和贫困人口定期进行全面核查，建立精准扶贫台账，实行有进有出的动态管理。根据致贫原因和脱贫需求，对贫困人口实行分类扶持。建立贫困户脱贫认定机制，对已经脱贫的农户，在一定时期内让其继续享受扶贫相关政策，避免出现边脱贫、边返贫现象，切实做到应进则进、应扶则扶。抓紧制定严格、规范、透明的国家扶贫开发工作重点县退出标准、程序、核查办法。重点县退出，由县提出申请，市（地）初审，省级审定，报国务院扶贫开发领导小组备案。重点县退出后，在攻坚期内国家原有扶贫政策保持不变，抓紧制定攻坚期后国家帮扶政策。加强对扶贫工作绩效的社会监督，开展贫困地区群众扶贫满意度调查，建立对扶贫政策落实情况和扶贫成效的第三方评估机制。评价精准扶贫成效，既要看减贫数量，更要看脱贫质量，不提不切实际的指标，对弄虚作假搞“数字脱贫”的，要严肃追究责任。

（五）发展特色产业脱贫。制定贫困地区特色产业发展规划。出台专项政策，统筹使用涉农资金，重点支持贫困村、贫困户因地制宜发展种养业和传统手工业等。实施贫困村“一村一品”产业推进行动，扶持建设一批贫困人口参与度高的特色农业基地。加强贫困地区农民合作社和龙头企业培育，发挥其对贫困人口的组织和带动作用，强化其与贫困户的利益联结机制。支持贫困地区发展农产品加工业，

加快一二三产业融合发展，让贫困户更多分享农业全产业链和价值链增值收益。加大对贫困地区农产品品牌推介营销支持力度。依托贫困地区特有的自然人文资源，深入实施乡村旅游扶贫工程。科学合理有序开发贫困地区水电、煤炭、油气等资源，调整完善资源开发收益分配政策。探索水电利益共享机制，将从发电中提取的资金优先用于水库移民和库区后续发展。引导中央企业、民营企业分别设立贫困地区产业投资基金，采取市场化运作方式，主要用于吸引企业到贫困地区从事资源开发、产业园区建设、新型城镇化发展等。

（六）引导劳务输出脱贫。加大劳务输出培训投入，统筹使用各类培训资源，以就业为导向，提高培训的针对性和有效性。加大职业技能提升计划和贫困户教育培训工程实施力度，引导企业扶贫与职业教育相结合，鼓励职业院校和技工学校招收贫困家庭子女，确保贫困家庭劳动力至少掌握一门致富技能，实现靠技能脱贫。进一步加大就业专项资金向贫困地区转移支付力度。支持贫困地区建设县乡基层劳动就业和社会保障服务平台，引导和支持用人企业在贫困地区建立劳务培训基地，开展好订单定向培训，建立和完善输出地与输入地劳务对接机制。鼓励地方对跨省务工的农村贫困人口给予交通补助。大力支持家政服务、物流配送、养老服务等产业发展，拓展贫困地区劳动力外出就业空间。加大对贫困地区农民工返乡创业政策扶持力度。对在城镇工作生活一年以上的农村贫困人口，输入地政府要承担相应的帮扶责任，并优先提供基本公共服务，促进有能力在城镇稳定就业和生活的农村贫困人口有序实现市民化。

（七）实施易地搬迁脱贫。对居住在生存条件恶劣、生态环境脆弱、自然灾害频发等地区的农村贫困人口，加快实施易地扶贫搬迁工程。坚持群众自愿、积极稳妥的原则，因地制宜选择搬迁安置方式，合理确定住房建设标准，完善搬迁后续扶持政策，确保搬迁对象有业可就、稳定脱贫，做到搬得出、稳得住、能致富。要紧密结合推进新型城镇化，编制实施易地扶贫搬迁规划，支持有条件的地方依托小城镇、工业园区安置搬迁群众，帮助其尽快实现转移就业，享有与当地群众同等的基本公共服务。加大中央预算内投资和地方各级政府投入力度，创新投融资机制，拓宽资金来源渠道，提高补助标准。积极整合交通建设、农田水利、土地整治、地质灾害防治、林业生态等支农资金和社会资金，支持安置区配套公共设施建设和迁出区生态修复。利用城乡建设用地增减挂钩政策支持易地扶贫搬迁。为符合条件的搬迁户提供建房、生产、创业贴息贷款支持。支持搬迁安置点发展物业经济，增加搬迁户财产性收入。探索利用农民进城落户后自愿有偿退出的农村空置房屋和土地安置易地搬迁农户。

（八）结合生态保护脱贫。国家实施的退耕还林还草、天然林保护、防护林建设、石漠化治理、防沙治沙、湿地保护与恢复、坡耕地综合整治、退牧还草、水生态治理等重大生态工程，在项目和资金安排上进一步向贫困地区倾斜，提高贫困人口参与度和受益水平。加大贫困地区生态保护修复力度，增加重点生态功能区转移支付。结合建立国家公园体制，创新生态资金使用方式，利用生态补偿和生态保护工程资金使当地有劳动能力的部分贫困人口转为护林员等生态保护人员。合理调整贫困地区基本农田保有指标，加大贫困地区新一轮退耕还林还草力度。开展贫困地区生态综合补偿试点，健全公益林补偿标准动态调整机制，完善草原生态保护补助奖励政策，推动地区间建立横向生态补偿制度。

（九）着力加强教育脱贫。加快实施教育扶贫工程，让贫困家庭子女都能接受公平有质量的教育，阻断贫困代际传递。国家教育经费向贫困地区、基础教育倾斜。健全学前教育资助制度，帮助农村贫困家庭幼儿接受学前教育。稳步推进贫困地区农村义务教育阶段学生营养改善计划。加大对乡村教师队伍建设的支持力度，特岗计划、国培计划向贫困地区基层倾斜，为贫困地区乡村学校定向培养留得下、稳得住的一专多能教师，制定符合基层实际的教师招聘引进办法，建立省级统筹乡村教师补充机制，推动城乡教师合理流动和对口支援。全面落实连片特困地区乡村教师生活补助政策，建立乡村教师荣誉制度。合理布局贫困地区农村中小学校，改善基本办学条件，加快标准化建设，加强寄宿制学校建设，提高义务教育巩固率。普及高中阶段教育，率先从建档立卡的家庭经济困难学生实施普通高中免除学杂费、中等职业教育免除学杂费，让未升入普通高中的初中毕业生都能接受中等职业教育。加强有专业特色并适应市场需求的中等职业学校建设，提高中等职业教育国家助学金资助标准。努力办好贫困地区特殊教育和远程教育。建立保障农村和贫困地区学生上重点高校的长效机制，加大对贫困家庭大学生的救助力度。对贫困家庭离校未就业的高校毕业生提供就业支持。实施教育扶贫结对帮扶行动计划。

（十）开展医疗保险和医疗救助脱贫。实施健康扶贫工程，保障贫困人口享有基本医疗卫生服务，努力防止因病致贫、因病返贫。对贫困人口参加新型农村合作医疗个人缴费部分由财政给予补贴。新型农村合作医疗和大病保险制度对贫困人口实行政策倾斜，门诊统筹率先覆盖所有贫困地区，降低贫困人口大病费用实际支出，对新型农村合作医疗和大病保险支付后自负费用仍有困难的，加大医疗救助、临时救助、慈善救助等帮扶力度，将贫困人口全部纳入重特大疾病救助范围，使贫困人口大病医治得到有效保障。加大农村贫困残疾人康复服务和医疗救助力度，扩大纳入基本医疗保险范围的残疾人医疗康复项目。建立贫困人口健康卡，对贫困人口大病实行分类救治和先诊疗后付费的结算机制。建立全国三级医院（含军队和武警部队医院）与连片特困地区县和国家扶贫开发工作重点县县级医院稳定持续的一对一帮扶关系。完成贫困地区县乡村三级医疗卫生服务网络标准化建设，积极促进远程医疗诊治和保健咨询服务向贫困地区延伸。为贫困地区县乡医疗卫生机构订单定向免费培养医学类本专科学生，支持贫困地区实施全科医生和专科医生特设岗位计划，制定符合基层实际的人才招聘引进办法。支持和引导符合条件的贫困地区乡村医生按规定参加城镇职工基本养老保险。采取针对性措施，加强贫困地区传染病、地方病、慢性病等防治工作。全面实施贫困地区儿童营养改善、新生儿疾病免费筛查、妇女“两癌”免费筛查、孕前优生健康免费检查等重大公共卫生项目。加强贫困地区计划生育服务管理工作。

（十一）实行农村最低生活保障制度兜底脱贫。完善农村最低生活保障制度，对无法依靠产业扶持和就业帮助脱贫的家庭实行政策性保障兜底。加大农村低保省级统筹力度，低保标准较低的地区要逐步达到国家扶贫标准。尽快制定农村最低生活保障制度与扶贫开发政策有效衔接的实施方案。进一步加强农村低保申请家庭经济状况核查工作，将所有符合条件的贫困家庭纳入低保范围，做到应保尽保。加大临时救助制度在贫困地区落实力度。提高农村特困人员供养水平，改善供养条件。抓紧建立农村低保和扶贫开发的数据互通、资源共享信息平台，实现动态监测管理、工作机制有效衔接。加快完善城乡居民基本养老保险制度，适时提高基础养老金标准，引导农村贫困人口积极参保续保，逐步提高保障水平。有条件、有需求地区可以实施“以粮济贫”。

（十二）探索资产收益扶贫。在不改变用途的情况下，财政专项扶贫资金和其他涉农资金投入设施农业、养殖、光伏、水电、乡村旅游等项目形成的资产，具备条件的可折股量化给贫困村和贫困户，尤其是丧失劳动能力的贫困户。资产可由村集体、合作社或其他经营主体统一经营。要强化监督管理，明确资产运营方对财政资金形成资产的保值增值责任，建立健全收益分配机制，确保资产收益及时回馈持股贫困户。支持农民合作社和其他经营主体通过土地托管、牲畜托养和吸收农民土地经营权入股等方式，带动贫困户增收。贫困地区水电、矿产等资源开发，赋予土地被占用的村集体股权，让贫困人口分享资源开发收益。

（十三）健全留守儿童、留守妇女、留守老人和残疾人关爱服务体系。对农村“三留守”人员和残疾人进行全面摸底排查，建立翔实完备、动态更新的信息管理系统。加强儿童福利院、救助保护机构、特困人员供养机构、残疾人康复托养机构、社区儿童之家等服务设施和队伍建设，不断提高管理服务水平。建立家庭、学校、基层组织、政府和社会力量相衔接的留守儿童关爱服务网络，加强对未成年人的监护。健全孤儿、事实无人抚养儿童、低收入家庭重病重残等困境儿童的福利保障体系。健全发现报告、应急处置、帮扶干预机制，帮助特殊贫困家庭解决实际困难。加大贫困残疾人康复工程、特殊教育、技能培训、托养服务实施力度。针对残疾人的特殊困难，全面建立困难残疾人生活补贴和重度残疾人护理补贴制度。对低保家庭中的老年人、未成年人、重度残疾人等重点救助对象，提高救助水平，确保基本生活。引导和鼓励社会力量参与特殊群体关爱服务工作。

四、加强贫困地区基础设施建设，加快破除发展瓶颈制约

（十四）加快交通、水利、电力建设。推动国家铁路网、国家高速公路网连接贫困地区的重大交通项目建设，提高国道省道技术标准，构建贫困地区外通内联的交通运输通道。大幅度增加中央投资投入中西部地区和贫困地区的铁路、公路建设，继续实施车购税对农村公路建设的专项转移政策，提高贫困地区农村公路建设补助标准，加快完成具备条件的乡镇和建制村通硬化路的建设任务，加强农村公路安全防护和危桥改造，推动一定人口规模的自然村通公路。加强贫困地区重大水利工程、病险水库水闸除险加固、灌区续建配套与节水改造等水利项目建设。实施农村饮水安全巩固提升工程，全面解决贫困人口饮水安全问题。小型农田水利、“五小水利”工程等建设向贫困村倾斜。对贫困地区农村公益性基础设施管理养护给予支持。加大对贫困地区抗旱水源建设、中小河流治理、水土流失综合治理力度。加强山洪和地质灾害防治体系建设。大力扶持贫困地区农村水电开发。加强贫困地区农村气象为农服务体系和灾害防御体系建设。加快推进贫困地区农网改造升级，全面提升农网供电能力和供电质量，制定贫困村通动力电规划，提升贫困地区电力普遍服务水平。增加贫困地区年度发电指标。提高贫困地区水电工程留存电量比例。加快推进光伏扶贫工程，支持光伏发电设施接入电网运行，发展光伏农业。

（十五）加大“互联网＋”扶贫力度。完善电信普遍服务补偿机制，加快推进宽带网络覆盖贫困村。实施电商扶贫工程。加快贫困地区物流配送体系建设，支持邮政、供销合作等系统在贫困乡村建立服务网点。支持电商企业拓展农村业务，加强贫困地区农产品网上销售平台建设。加强贫困地区农村电商人才培训。对贫困家庭开设网店给予网络资费补助、小额信贷等支持。开展互联网为农便民服务，提升贫困地区农村互联网金融服务水平，扩大信息进村入户覆盖面。

（十六）加快农村危房改造和人居环境整治。加快推进贫困地区农村危房改造，统筹开展农房抗震改造，把建档立卡贫困户放在优先位置，提高补助标准，探索采用贷款贴息、建设集体公租房等多种方式，切实保障贫困户基本住房安全。加大贫困村生活垃圾处理、污水治理、改厕和村庄绿化美化力度。加大贫困地区传统村落保护力度。继续推进贫困地区农村环境连片整治。加大贫困地区以工代赈投入力度，支持农村山水田林路建设和小流域综合治理。财政支持的微小型建设项目，涉及贫困村的，允许按照一事一议方式直接委托村级组织自建自管。以整村推进为平台，加快改善贫困村生产生活条件，扎实推进美丽宜居乡村建设。

（十七）重点支持革命老区、民族地区、边疆地区、连片特困地区脱贫攻坚。出台加大脱贫攻坚力度支持革命老区开发建设指导意见，加快实施重点贫困革命老区振兴发展规划，扩大革命老区财政转移支付规模。加快推进民族地区重大基础设施项目和民生工程建设，实施少数民族特困地区和特困群体综合扶贫工程，出台人口较少民族整体脱贫的特殊政策措施。改善边疆民族地区义务教育阶段基本办学条件，建立健全双语教学体系，加大教育对口支援力度，积极发展符合民族地区实际的职业教育，加强民族地区师资培训。加强少数民族特色村镇保护与发展。大力推进兴边富民行动，加大边境地区转移支付力度，完善边民补贴机制，充分考虑边境地区特殊需要，集中改善边民生产生活条件，扶持发展边境贸易和特色经济，使边民能够安心生产生活、安心守边固边。完善片区联系协调机制，加快实施集中连片特殊困难地区区域发展与脱贫攻坚规划。加大中央投入力度，采取特殊扶持政策，推进西藏、四省藏区和新疆南疆四地州脱贫攻坚。

五、强化政策保障，健全脱贫攻坚支撑体系

（十八）加大财政扶贫投入力度。发挥政府投入在扶贫开发中的主体和主导作用，积极开辟扶贫开发新的资金渠道，确保政府扶贫投入力度与脱贫攻坚任务相适

应。中央财政继续加大对贫困地区的转移支付力度，中央财政专项扶贫资金规模实现较大幅度增长，一般性转移支付资金、各类涉及民生的专项转移支付资金和中央预算内投资进一步向贫困地区和贫困人口倾斜。加大中央集中彩票公益金对扶贫的支持力度。农业综合开发、农村综合改革转移支付等涉农资金要明确一定比例用于贫困村。各部门安排的各项惠民政策、项目和工程，要最大限度地向贫困地区、贫困村、贫困人口倾斜。各省（自治区、直辖市）要根据本地脱贫攻坚需要，积极调整省级财政支出结构，切实加大扶贫资金投入。从2016年起通过扩大中央和地方财政支出规模，增加对贫困地区水电路气网等基础设施建设和提高基本公共服务水平的投入。建立健全脱贫攻坚多规划衔接、多部门协调长效机制，整合目标相近、方向类同的涉农资金。按照权责一致原则，支持连片特困地区县和国家扶贫开发工作重点县围绕本县突出问题，以扶贫规划为引领，以重点扶贫项目为平台，把专项扶贫资金、相关涉农资金和社会帮扶资金捆绑集中使用。严格落实国家在贫困地区安排的公益性建设项目取消县级和西部连片特困地区地市级配套资金的政策，并加大中央和省级财政投资补助比重。在扶贫开发中推广政府与社会资本合作、政府购买服务等模式。加强财政监督检查和审计、稽查等工作，建立扶贫资金违规使用责任追究制度。纪检监察机关对扶贫领域虚报冒领、截留私分、贪污挪用、挥霍浪费等违法违规问题，坚决从严惩处。推进扶贫开发领域反腐倡廉建设，集中整治和加强预防扶贫领域职务犯罪工作。贫困地区要建立扶贫公告公示制度，强化社会监督，保障资金在阳光下运行。

（十九）*加大金融扶贫力度。*鼓励和引导商业性、政策性、开发性、合作性等各类金融机构加大对扶贫开发的金融支持。运用多种货币政策工具，向金融机构提供长期、低成本的资金，用于支持扶贫开发。设立扶贫再贷款，实行比支农再贷款更优惠的利率，重点支持贫困地区发展特色产业和贫困人口就业创业。运用适当的政策安排，动用财政贴息资金及部分金融机构的富余资金，对接政策性、开发性金融机构的资金需求，拓宽扶贫资金来源渠道。由国家开发银行和中国农业发展银行发行政策性金融债，按照微利或保本的原则发放长期贷款，中央财政给予90%的贷款贴息，专项用于易地扶贫搬迁。国家开发银行、中国农业发展银行分别设立“扶贫金融事业部”，依法享受税收优惠。中国农业银行、邮政储蓄银行、农村信用社等金融机构要延伸服务网络，创新金融产品，增加贫困地区信贷投放。对有稳定还款来源的扶贫项目，允许采用过桥贷款方式，撬动信贷资金投入。按照省（自治区、直辖市）负总责的要求，建立和完善省级扶贫开发投融资主体。支持农村信用社、村镇银行等金融机构为贫困户提供免抵押、免担保扶贫小额信贷，由财政按基础利率贴息。加大创业担保贷款、助学贷款、妇女小额贷款、康复扶贫贷款实施力度。优先支持在贫困地区设立村镇银行、小额贷款公司等机构。支持贫困地区培育发展农民资金互助组织，开展农民合作社信用合作试点。支持贫困地区设立扶贫贷款风险补偿基金。支持贫困地区设立政府出资的融资担保机构，重点开展扶贫担保业务。积极发展扶贫小额贷款保证保险，对贫困户保证保险保费予以补助。扩大农业保险覆盖面，通过中央财政以奖代补等支持贫困地区特色农产品保险发展。加强贫困地区金融服务基础设施建设，优化金融生态环境。支持贫困地区开展特色农产品价格保险，有条件的地方可给予一定保费补贴。有效拓展贫困地区抵押物担保范围。

（二十）完善扶贫开发用地政策。支持贫困地区根据第二次全国土地调查及最新年度变更调查成果，调整完善土地利用总体规划。新增建设用地计划指标优先保障扶贫开发用地需要，专项安排国家扶贫开发工作重点县年度新增建设用地计划指标。中央和省级在安排土地整治工程和项目、分配下达高标准基本农田建设计划和补助资金时，要向贫困地区倾斜。在连片特困地区和国家扶贫开发工作重点县开展易地扶贫搬迁，允许将城乡建设用地增减挂钩指标在省域范围内使用。在有条件的贫困地区，优先安排国土资源管理制度改革试点，支持开展历史遗留工矿废弃地复垦利用、城镇低效用地再开发和低丘缓坡荒滩等未利用地开发利用试点。

（二十一）发挥科技、人才支撑作用。加大科技扶贫力度，解决贫困地区特色产业发展和生态建设中的关键技术问题。加大技术创新引导专项（基金）对科技扶贫的支持，加快先进适用技术成果在贫困地区的转化。深入推行科技特派员制度，支持科技特派员开展创业式扶贫服务。强化贫困地区基层农技推广体系建设，加强新型职业农民培训。加大政策激励力度，鼓励各类人才扎根贫困地区基层建功立业，对表现优秀的人员在职称评聘等方面给予倾斜。大力实施边远贫困地区、边疆民族地区和革命老区人才支持计划，贫困地区本土人才培养计划。积极推进贫困村创业致富带头人培训工程。

六、广泛动员全社会力量，合力推进脱贫攻坚

（二十二）健全东西部扶贫协作机制。加大东西部扶贫协作力度，建立精准对

接机制，使帮扶资金主要用于贫困村、贫困户。东部地区要根据财力增长情况，逐步增加对口帮扶财政投入，并列入年度预算。强化以企业合作为载体的扶贫协作，鼓励东西部按照当地主体功能定位共建产业园区，推动东部人才、资金、技术向贫困地区流动。启动实施经济强县（市）与国家扶贫开发工作重点县“携手奔小康”行动，东部各省（直辖市）在努力做好本区域内扶贫开发工作的同时，更多发挥县（市）作用，与扶贫协作省份的国家扶贫开发工作重点县开展结对帮扶。建立东西部扶贫协作考核评价机制。

（二十三）健全定点扶贫机制。进一步加强和改进定点扶贫工作，建立考核评价机制，确保各单位落实扶贫责任。深入推进中央企业定点帮扶贫困革命老区县“百县万村”活动。完善定点扶贫牵头联系机制，各牵头部门要按照分工督促指导各单位做好定点扶贫工作。

（二十四）健全社会力量参与机制。鼓励支持民营企业、社会组织、个人参与扶贫开发，实现社会帮扶资源和精准扶贫有效对接。引导社会扶贫重心下移，自愿包村包户，做到贫困户都有党员干部或爱心人士结对帮扶。吸纳农村贫困人口就业的企业，按规定享受税收优惠、职业培训补贴等就业支持政策。落实企业和个人公益扶贫捐赠所得税税前扣除政策。充分发挥各民主党派、无党派人士在人才和智力扶贫上的优势和作用。工商联系统组织民营企业开展“万企帮万村”精准扶贫行动。通过政府购买服务等方式，鼓励各类社会组织开展到村到户精准扶贫。完善扶贫龙头企业认定制度，增强企业辐射带动贫困户增收的能力。鼓励有条件的企业设立扶贫公益基金和开展扶贫公益信托。发挥好“10·17”全国扶贫日社会动员作用。实施扶贫志愿者行动计划和社会工作专业人才服务贫困地区计划。着力打造扶贫公益品牌，全面及时公开扶贫捐赠信息，提高社会扶贫公信力和美誉度。构建社会扶贫信息服务网络，探索发展公益众筹扶贫。

七、大力营造良好氛围，为脱贫攻坚提供强大精神动力

（二十五）创新中国特色扶贫开发理论。深刻领会习近平总书记关于新时期扶贫开发的重要战略思想，系统总结我们党和政府领导亿万人民摆脱贫困的历史经验，提炼升华精准扶贫的实践成果，不断丰富完善中国特色扶贫开发理论，为脱贫攻坚注入强大思想动力。

（二十六）加强贫困地区乡风文明建设。培育和践行社会主义核心价值观，大

力弘扬中华民族自强不息、扶贫济困传统美德，振奋贫困地区广大干部群众精神，坚定改变贫困落后面貌的信心和决心，凝聚全党全社会扶贫开发强大合力。倡导现代文明理念和生活方式，改变落后风俗习惯，善于发挥乡规民约在扶贫济困中的积极作用，激发贫困群众奋发脱贫的热情。推动文化投入向贫困地区倾斜，集中实施一批文化惠民扶贫项目，普遍建立村级文化中心。深化贫困地区文明村镇和文明家庭创建。推动贫困地区县级公共文化体育设施达到国家标准。支持贫困地区挖掘保护和开发利用红色、民族、民间文化资源。鼓励文化单位、文艺工作者和其他社会力量为贫困地区提供文化产品和服务。

（二十七）扎实做好脱贫攻坚宣传工作。坚持正确舆论导向，全面宣传我国扶贫事业取得的重大成就，准确解读党和政府扶贫开发的决策部署、政策举措，生动报道各地区各部门精准扶贫、精准脱贫丰富实践和先进典型。建立国家扶贫荣誉制度，表彰对扶贫开发作出杰出贡献的组织和个人。加强对外宣传，讲好减贫的中国故事，传播好减贫的中国声音，阐述好减贫的中国理念。

（二十八）加强国际减贫领域交流合作。通过对外援助、项目合作、技术扩散、智库交流等多种形式，加强与发展中国家和国际机构在减贫领域的交流合作。积极借鉴国际先进减贫理念与经验。履行减贫国际责任，积极落实联合国2030年可持续发展议程，对全球减贫事业作出更大贡献。

八、切实加强党的领导，为脱贫攻坚提供坚强政治保障

（二十九）强化脱贫攻坚领导责任制。实行中央统筹、省（自治区、直辖市）负总责、市（地）县抓落实的工作机制，坚持片区为重点、精准到村到户。党中央、国务院主要负责统筹制定扶贫开发大政方针，出台重大政策举措，规划重大工程项目。省（自治区、直辖市）党委和政府对扶贫开发工作负总责，抓好目标确定、项目下达、资金投放、组织动员、监督考核等工作。市（地）党委和政府要做好上下衔接、域内协调、督促检查工作，把精力集中在贫困县如期摘帽上。县级党委和政府承担主体责任，书记和县长是第一责任人，做好进度安排、项目落地、资金使用、人力调配、推进实施等工作。要层层签订脱贫攻坚责任书，扶贫开发任务重的省（自治区、直辖市）党政主要领导要向中央签署脱贫责任书，每年要向中央作扶贫脱贫进展情况的报告。省（自治区、直辖市）党委和政府要向市（地）、县（市）、乡镇提出要求，层层落实责任制。中央和国家机关各部门要按照部门职责落

实扶贫开发责任，实现部门专项规划与脱贫攻坚规划有效衔接，充分运用行业资源做好扶贫开发工作。军队和武警部队要发挥优势，积极参与地方扶贫开发。改进县级干部选拔任用机制，统筹省（自治区、直辖市）内优秀干部，选好配强扶贫任务重的县党政主要领导，把扶贫开发工作实绩作为选拔使用干部的重要依据。脱贫攻坚期内贫困县县级领导班子要保持稳定，对表现优秀、符合条件的可以就地提级。加大选派优秀年轻干部特别是后备干部到贫困地区工作的力度，有计划地安排省部级后备干部到贫困县挂职任职，各省（自治区、直辖市）党委和政府也要选派厅局级后备干部到贫困县挂职任职。各级领导干部要自觉践行党的群众路线，切实转变作风，把严的要求、实的作风贯穿于脱贫攻坚始终。

（三十）发挥基层党组织战斗堡垒作用。加强贫困乡镇领导班子建设，有针对性地选配政治素质高、工作能力强、熟悉“三农”工作的干部担任贫困乡镇党政主要领导。抓好以村党组织为领导核心的村级组织配套建设，集中整顿软弱涣散村党组织，提高贫困村党组织的创造力、凝聚力、战斗力，发挥好工会、共青团、妇联等群团组织的作用。选好配强村级领导班子，突出抓好村党组织带头人队伍建设，充分发挥党员先锋模范作用。完善村级组织运转经费保障机制，将村干部报酬、村办公经费和其他必要支出作为保障重点。注重选派思想好、作风正、能力强的优秀年轻干部到贫困地区驻村，选聘高校毕业生到贫困村工作。根据贫困村的实际需求，精准选配第一书记，精准选派驻村工作队，提高县以上机关派出干部比例。加大驻村干部考核力度，不稳定脱贫不撤队伍。对在基层一线干出成绩、群众欢迎的驻村干部，要重点培养使用。加快推进贫困村村务监督委员会建设，继续落实好“四议两公开”、村务联席会等制度，健全党组织领导的村民自治机制。在有实际需要的地区，探索在村民小组或自然村开展村民自治，通过议事协商，组织群众自觉广泛参与扶贫开发。

（三十一）严格扶贫考核督查问责。抓紧出台中央对省（自治区、直辖市）党委和政府扶贫开发工作成效考核办法。建立年度扶贫开发工作逐级督查制度，选择重点部门、重点地区进行联合督查，对落实不力的部门和地区，国务院扶贫开发领导小组要向党中央、国务院报告并提出责任追究建议，对未完成年度减贫任务的省份要对党政主要领导进行约谈。各省（自治区、直辖市）党委和政府要加快出台对贫困县扶贫绩效考核办法，大幅度提高减贫指标在贫困县经济社会发展实绩考核指标中的权重，建立扶贫工作责任清单。加快落实对限制开发区域和生态脆弱的贫困县取消地区生产总值考核的要求。落实贫困县约束机制，严禁铺张浪费，厉行勤俭节约，严格控制“三公”经费，坚决刹住穷县“富衙”“戴帽”炫富之风，杜绝不切实际的形象工程。建立重大涉贫事件的处置、反馈机制，在处置典型事件中发现问题，不断提高扶贫工作水平。加强农村贫困统计监测体系建设，提高监测能力和数据质量，实现数据共享。

（三十二）加强扶贫开发队伍建设。稳定和强化各级扶贫开发领导小组和工作机构。扶贫开发任务重的省（自治区、直辖市）、市（地）、县（市）扶贫开发领导小组组长由党政主要负责同志担任，强化各级扶贫开发领导小组决策部署、统筹协调、督促落实、检查考核的职能。加强与精准扶贫工作要求相适应的扶贫开发队伍和机构建设，完善各级扶贫开发机构的设置和职能，充实配强各级扶贫开发工作力度。扶贫任务重的乡镇要有专门干部负责扶贫开发工作。加强贫困地区县级领导干部和扶贫干部思想作风建设，加大培训力度，全面提升扶贫干部队伍能力水平。

（三十三）推进扶贫开发法治建设。各级党委和政府要切实履行责任，善于运用法治思维和法治方式推进扶贫开发工作，在规划编制、项目安排、资金使用、监督管理等方面，提高规范化、制度化、法治化水平。强化贫困地区社会治安防控体系建设和基层执法队伍建设。健全贫困地区公共法律服务制度，切实保障贫困人口合法权益。完善扶贫开发法律法规，抓紧制定扶贫开发条例。

让我们更加紧密地团结在以习近平同志为总书记的党中央周围，凝心聚力，精准发力，苦干实干，坚决打赢脱贫攻坚战，为全面建成小康社会、实现中华民族伟大复兴的中国梦而努力奋斗。

中共中央办公厅　国务院办公厅印发《关于建立贫困退出机制的意见》的通知

（2016 年 4 月 23 日　厅字〔2016〕16 号）

各省、自治区、直辖市党委和人民政府，中央和国家机关各部委，中央军委办公厅，各人民团体：

《关于建立贫困退出机制的意见》已经中央领导同志同意，现印发给你们，请结合实际认真贯彻执行。

《关于建立贫困退出机制的意见》

为贯彻落实《中共中央、国务院关于打赢脱贫攻坚战的决定》和中央扶贫开发工作会议精神，切实提高扶贫工作的针对性、有效性，现就建立贫困退出机制提出如下意见。

一、指导思想

全面贯彻党的十八大和十八届三中、四中、五中全会精神，深入贯彻习近平总书记系列重要讲话精神，紧紧围绕“五位一体”总体布局和“四个全面”战略布局，牢固树立创新、协调、绿色、开放、共享的发展理念，按照党中央、国务院决策部署，深入实施精准扶贫、精准脱贫，以脱贫实效为依据，以群众认可为标准，建立严格、规范、透明的贫困退出机制，促进贫困人口、贫困村、贫困县在 2020 年以前有序退出，确保如期实现脱贫攻坚目标。

二、基本原则

——坚持实事求是。对稳定达到脱贫标准的要及时退出，新增贫困人口或返贫人口要及时纳入扶贫范围。注重脱贫质量，坚决防止虚假脱贫，确保贫困退出反映客观实际、经得起检验。

——坚持分级负责。实行中央统筹、省（自治区、直辖市）负总责、市（地）县抓落实的工作机制。国务院扶贫开发领导小组制定统一的退出标准和程序，负责督促指导、抽查核查、评估考核、备案登记等工作。省（自治区、直辖市）制定本地脱贫规划、年度计划和实施办法，抓好组织实施和监督检查。市（地）县汇总数据，甄别情况，具体落实，确保贫困退出工作有序推进。

——坚持规范操作。严格执行退出标准、规范工作流程，切实做到程序公开、数据准确、档案完整、结果公正。贫困人口退出必须实行民主评议，贫困村、贫困县退出必须进行审核审查，退出结果公示公告，让群众参与评价，做到全程透明。强化监督检查，开展第三方评估，确保脱贫结果真实可信。

——坚持正向激励。贫困人口、贫困村、贫困县退出后，在一定时期内国家原有扶贫政策保持不变，支持力度不减，留出缓冲期，确保实现稳定脱贫。对提前退出的贫困县，各省（自治区、直辖市）可制定相应奖励政策，鼓励脱贫摘帽。

三、退出标准和程序

（一）贫困人口退出。贫困人口退出以户为单位，主要衡量标准是该户年人均纯收入稳定超过国家扶贫标准且吃穿不愁，义务教育、基本医疗、住房安全有保障。

贫困户退出，由村“两委”组织民主评议后提出，经村“两委”和驻村工作队核实、拟退出贫困户认可，在村内公示无异议后，公告退出，并在建档立卡贫困人口中销号。

（二）贫困村退出。贫困村退出以贫困发生率为主要衡量标准，统筹考虑村内基础设施、基本公共服务、产业发展、集体经济收入等综合因素。原则上贫困村贫困发生率降至2%以下（西部地区降至3%以下），在乡镇内公示无异议后，公告退出。

（三）贫困县退出。贫困县包括国家扶贫开发工作重点县和集中连片特困地区县。贫困县退出以贫困发生率为主要衡量标准。原则上贫困县贫困发生率降至2%以下（西部地区降至3%以下），由县级扶贫开发领导小组提出退出，市级扶贫开发领导小组初审，省级扶贫开发领导小组核查，确定退出名单后向社会公示征求意见。公示无异议的，由各省（自治区、直辖市）扶贫开发领导小组审定后向国务院扶贫开发领导小组报告。

国务院扶贫开发领导小组组织中央和国家机关有关部门及相关力量对地方退出情况进行专项评估检查。对不符合条件或未完整履行退出程序的，责成相关地方进行核查处理。对符合退出条件的贫困县，由省级政府正式批准退出。

四、工作要求

（一）切实加强领导。各省（自治区、直辖市）党委和政府要高度重视贫困退出工作，加强组织领导和统筹协调，认真履行职责。贫困退出年度任务完成情况纳入中央对省级党委和政府扶贫开发工作成效考核内容。地方各级扶贫开发领导小组要层层抓落实，精心组织实施。地方各级扶贫部门要认真履职，当好党委和政府的参谋助手，协调有关方面做好调查核实、公示公告、备案管理、信息录入等工作。

（二）做好退出方案。各省（自治区、直辖市）要按照省（自治区、直辖市）负总责的要求，因地制宜，尽快制定贫困退出具体方案，明确实施办法和工作程序。退出方案要符合脱贫攻坚实际情况，防止片面追求脱贫进度。

（三）完善退出机制。贫困退出工作涉及面广、政策性强，要在实施过程中逐步完善。要做好跟踪研判，及时发现和解决退出机制实施过程中的苗头性、倾向性问题。要认真开展效果评估，确保贫困退出机制的正向激励作用。

（四）强化监督问责。国务院扶贫开发领导小组、各省（自治区、直辖市）党委和政府要组织开展扶贫巡查工作，分年度、分阶段定期或不定期进行督导和专项检查。对贫困退出工作中发生重大失误、造成严重后果的，对存在弄虚作假、违规操作等问题的，要依纪依法追究相关部门和人员责任。

社会救助暂行办法

（2014 年 2 月 21 日　中华人民共和国国务院令第 649 号公布　根据 2019 年 3 月 2 日国务院令第 709 号《国务院关于修改部分行政法规的决定》修正）

第一章　总　则

第一条　为了加强社会救助，保障公民的基本生活，促进社会公平，维护社会和谐稳定，根据宪法，制定本办法。

第二条　社会救助制度坚持托底线、救急难、可持续，与其他社会保障制度相衔接，社会救助水平与经济社会发展水平相适应。

社会救助工作应当遵循公开、公平、公正、及时的原则。

第三条　国务院民政部门统筹全国社会救助体系建设。国务院民政、应急管理、卫生健康、教育、住房城乡建设、人力资源社会保障、医疗保障等部门，按照各自职责负责相应的社会救助管理工作。

县级以上地方人民政府民政、卫生计生、教育、住房城乡建设、人力资源社会保障等部门，按照各自职责负责本行政区域内相应的社会救助管理工作。

前两款所列行政部门统称社会救助管理部门。

第四条　乡镇人民政府、街道办事处负责有关社会救助的申请受理、调查审核，具体工作由社会救助经办机构或者经办人员承担。

村民委员会、居民委员会协助做好有关社会救助工作。

第五条　县级以上人民政府应当将社会救助纳入国民经济和社会发展规划，建立健全政府领导、民政部门牵头、有关部门配合、社会力量参与的社会救助工作协调机制，完善社会救助资金、物资保障机制，将政府安排的社会救助资金和社会救助工作经费纳入财政预算。

社会救助资金实行专项管理，分账核算，专款专用，任何单位或者个人不得挤占挪用。社会救助资金的支付，按照财政国库管理的有关规定执行。

第六条　县级以上人民政府应当按照国家统一规划建立社会救助管理信息系统，实现社会救助信息互联互通、资源共享。

第七条　国家鼓励、支持社会力量参与社会救助。

第八条　对在社会救助工作中作出显著成绩的单位、个人，按照国家有关规定给予表彰、奖励。

第二章　最低生活保障

第九条　国家对共同生活的家庭成员人均收入低于当地最低生活保障标准，且符合当地最低生活保障家庭财产状况规定的家庭，给予最低生活保障。

第十条　最低生活保障标准，由省、自治区、直辖市或者设区的市级人民政府按照当地居民生活必需的费用确定、公布，并根据当地经济社会发展水平和物价变动情况适时调整。

最低生活保障家庭收入状况、财产状况的认定办法，由省、自治区、直辖市或者设区的市级人民政府按照国家有关规定制定。

第十一条　申请最低生活保障，按照下列程序办理：

（一）由共同生活的家庭成员向户籍所在地的乡镇人民政府、街道办事处提出书面申请；家庭成员申请有困难的，可以委托村民委员会、居民委员会代为提出申请。

（二）乡镇人民政府、街道办事处应当通过入户调查、邻里访问、信函索证、群众评议、信息核查等方式，对申请人的家庭收入状况、财产状况进行调查核实，提出初审意见，在申请人所在村、社区公示后报县级人民政府民政部门审批。

（三）县级人民政府民政部门经审查，对符合条件的申请予以批准，并在申请人所在村、社区公布；对不符合条件的申请不予批准，并书面向申请人说明理由。

第十二条　对批准获得最低生活保障的家庭，县级人民政府民政部门按照共同生活的家庭成员人均收入低于当地最低生活保障标准的差额，按月发给最低生活保障金。

对获得最低生活保障后生活仍有困难的老年人、未成年人、重度残疾人和重病患者，县级以上地方人民政府应当采取必要措施给予生活保障。

第十三条 最低生活保障家庭的人口状况、收入状况、财产状况发生变化的，应当及时告知乡镇人民政府、街道办事处。

县级人民政府民政部门以及乡镇人民政府、街道办事处应当对获得最低生活保障家庭的人口状况、收入状况、财产状况定期核查。

最低生活保障家庭的人口状况、收入状况、财产状况发生变化的，县级人民政府民政部门应当及时决定增发、减发或者停发最低生活保障金；决定停发最低生活保障金的，应当书面说明理由。

第三章 特困人员供养

第十四条 国家对无劳动能力、无生活来源且无法定赡养、抚养、扶养义务人，或者其法定赡养、抚养、扶养义务人无赡养、抚养、扶养能力的老年人、残疾人以及未满16周岁的未成年人，给予特困人员供养。

第十五条 特困人员供养的内容包括：

（一）提供基本生活条件；

（二）对生活不能自理的给予照料；

（三）提供疾病治疗；

（四）办理丧葬事宜。

特困人员供养标准，由省、自治区、直辖市或者设区的市级人民政府确定、公布。

特困人员供养应当与城乡居民基本养老保险、基本医疗保障、最低生活保障、孤儿基本生活保障等制度相衔接。

第十六条 申请特困人员供养，由本人向户籍所在地的乡镇人民政府、街道办事处提出书面申请；本人申请有困难的，可以委托村民委员会、居民委员会代为提出申请。

特困人员供养的审批程序适用本办法第十一条规定。

第十七条 乡镇人民政府、街道办事处应当及时了解掌握居民的生活情况，发现符合特困供养条件的人员，应当主动为其依法办理供养。

第十八条 特困供养人员不再符合供养条件的，村民委员会、居民委员会或者供养服务机构应当告知乡镇人民政府、街道办事处，由乡镇人民政府、街道办事处审核并报县级人民政府民政部门核准后，终止供养并予以公示。

第十九条　特困供养人员可以在当地的供养服务机构集中供养，也可以在家分散供养。特困供养人员可以自行选择供养形式。

第四章　受灾人员救助

第二十条　国家建立健全自然灾害救助制度，对基本生活受到自然灾害严重影响的人员，提供生活救助。

自然灾害救助实行属地管理，分级负责。

第二十一条　设区的市级以上人民政府和自然灾害多发、易发地区的县级人民政府应当根据自然灾害特点、居民人口数量和分布等情况，设立自然灾害救助物资储备库，保障自然灾害发生后救助物资的紧急供应。

第二十二条　自然灾害发生后，县级以上人民政府或者人民政府的自然灾害救助应急综合协调机构应当根据情况紧急疏散、转移、安置受灾人员，及时为受灾人员提供必要的食品、饮用水、衣被、取暖、临时住所、医疗防疫等应急救助。

第二十三条　灾情稳定后，受灾地区县级以上人民政府应当评估、核定并发布自然灾害损失情况。

第二十四条　受灾地区人民政府应当在确保安全的前提下，对住房损毁严重的受灾人员进行过渡性安置。

第二十五条　自然灾害危险消除后，受灾地区人民政府应急管理等部门应当及时核实本行政区域内居民住房恢复重建补助对象，并给予资金、物资等救助。

第二十六条　自然灾害发生后，受灾地区人民政府应当为因当年冬寒或者次年春荒遇到生活困难的受灾人员提供基本生活救助。

第五章　医疗救助

第二十七条　国家建立健全医疗救助制度，保障医疗救助对象获得基本医疗卫生服务。

第二十八条　下列人员可以申请相关医疗救助：

（一）最低生活保障家庭成员；

（二）特困供养人员；

（三）县级以上人民政府规定的其他特殊困难人员。

第二十九条　医疗救助采取下列方式：

（一）对救助对象参加城镇居民基本医疗保险或者新型农村合作医疗的个人缴费部分，给予补贴；

（二）对救助对象经基本医疗保险、大病保险和其他补充医疗保险支付后，个人及其家庭难以承担的符合规定的基本医疗自负费用，给予补助。

医疗救助标准，由县级以上人民政府按照经济社会发展水平和医疗救助资金情况确定、公布。

第三十条 申请医疗救助的，应当向乡镇人民政府、街道办事处提出，经审核、公示后，由县级人民政府医疗保障部门审批。最低生活保障家庭成员和特困供养人员的医疗救助，由县级人民政府医疗保障部门直接办理。

第三十一条 县级以上人民政府应当建立健全医疗救助与基本医疗保险、大病保险相衔接的医疗费用结算机制，为医疗救助对象提供便捷服务。

第三十二条 国家建立疾病应急救助制度，对需要急救但身份不明或者无力支付急救费用的急重危伤病患者给予救助。符合规定的急救费用由疾病应急救助基金支付。

疾病应急救助制度应当与其他医疗保障制度相衔接。

第六章 教育救助

第三十三条 国家对在义务教育阶段就学的最低生活保障家庭成员、特困供养人员，给予教育救助。

对在高中教育（含中等职业教育）、普通高等教育阶段就学的最低生活保障家庭成员、特困供养人员，以及不能入学接受义务教育的残疾儿童，根据实际情况给予适当教育救助。

第三十四条 教育救助根据不同教育阶段需求，采取减免相关费用、发放助学金、给予生活补助、安排勤工助学等方式实施，保障教育救助对象基本学习、生活需求。

第三十五条 教育救助标准，由省、自治区、直辖市人民政府根据经济社会发展水平和教育救助对象的基本学习、生活需求确定、公布。

第三十六条 申请教育救助，应当按照国家有关规定向就读学校提出，按规定程序审核、确认后，由学校按照国家有关规定实施。

第七章　住房救助

第三十七条　国家对符合规定标准的住房困难的最低生活保障家庭、分散供养的特困人员，给予住房救助。

第三十八条　住房救助通过配租公共租赁住房、发放住房租赁补贴、农村危房改造等方式实施。

第三十九条　住房困难标准和救助标准，由县级以上地方人民政府根据本行政区域经济社会发展水平、住房价格水平等因素确定、公布。

第四十条　城镇家庭申请住房救助的，应当经由乡镇人民政府、街道办事处或者直接向县级人民政府住房保障部门提出，经县级人民政府民政部门审核家庭收入、财产状况和县级人民政府住房保障部门审核家庭住房状况并公示后，对符合申请条件的申请人，由县级人民政府住房保障部门优先给予保障。

农村家庭申请住房救助的，按照县级以上人民政府有关规定执行。

第四十一条　各级人民政府按照国家规定通过财政投入、用地供应等措施为实施住房救助提供保障。

第八章　就业救助

第四十二条　国家对最低生活保障家庭中有劳动能力并处于失业状态的成员，通过贷款贴息、社会保险补贴、岗位补贴、培训补贴、费用减免、公益性岗位安置等办法，给予就业救助。

第四十三条　最低生活保障家庭有劳动能力的成员均处于失业状态的，县级以上地方人民政府应当采取有针对性的措施，确保该家庭至少有一人就业。

第四十四条　申请就业救助的，应当向住所地街道、社区公共就业服务机构提出，公共就业服务机构核实后予以登记，并免费提供就业岗位信息、职业介绍、职业指导等就业服务。

第四十五条　最低生活保障家庭中有劳动能力但未就业的成员，应当接受人力资源社会保障等有关部门介绍的工作；无正当理由，连续 3 次拒绝接受介绍的与其健康状况、劳动能力等相适应的工作的，县级人民政府民政部门应当决定减发或者停发其本人的最低生活保障金。

第四十六条　吸纳就业救助对象的用人单位，按照国家有关规定享受社会保险补贴、税收优惠、小额担保贷款等就业扶持政策。

第九章　临时救助

第四十七条　国家对因火灾、交通事故等意外事件，家庭成员突发重大疾病等原因，导致基本生活暂时出现严重困难的家庭，或者因生活必需支出突然增加超出家庭承受能力，导致基本生活暂时出现严重困难的最低生活保障家庭，以及遭遇其他特殊困难的家庭，给予临时救助。

第四十八条　申请临时救助的，应当向乡镇人民政府、街道办事处提出，经审核、公示后，由县级人民政府民政部门审批；救助金额较小的，县级人民政府民政部门可以委托乡镇人民政府、街道办事处审批。情况紧急的，可以按照规定简化审批手续。

第四十九条　临时救助的具体事项、标准，由县级以上地方人民政府确定、公布。

第五十条　国家对生活无着的流浪、乞讨人员提供临时食宿、急病救治、协助返回等救助。

第五十一条　公安机关和其他有关行政机关的工作人员在执行公务时发现流浪、乞讨人员的，应当告知其向救助管理机构求助。对其中的残疾人、未成年人、老年人和行动不便的其他人员，应当引导、护送到救助管理机构；对突发急病人员，应当立即通知急救机构进行救治。

第十章　社会力量参与

第五十二条　国家鼓励单位和个人等社会力量通过捐赠、设立帮扶项目、创办服务机构、提供志愿服务等方式，参与社会救助。

第五十三条　社会力量参与社会救助，按照国家有关规定享受财政补贴、税收优惠、费用减免等政策。

第五十四条　县级以上地方人民政府可以将社会救助中的具体服务事项通过委托、承包、采购等方式，向社会力量购买服务。

第五十五条　县级以上地方人民政府应当发挥社会工作服务机构和社会工作者作用，为社会救助对象提供社会融入、能力提升、心理疏导等专业服务。

第五十六条　社会救助管理部门及相关机构应当建立社会力量参与社会救助的

机制和渠道，提供社会救助项目、需求信息，为社会力量参与社会救助创造条件、提供便利。

第十一章 监督管理

第五十七条 县级以上人民政府及其社会救助管理部门应当加强对社会救助工作的监督检查，完善相关监督管理制度。

第五十八条 申请或者已获得社会救助的家庭，应当按照规定如实申报家庭收入状况、财产状况。

县级以上人民政府民政部门根据申请或者已获得社会救助家庭的请求、委托，可以通过户籍管理、税务、社会保险、不动产登记、工商登记、住房公积金管理、车船管理等单位和银行、保险、证券等金融机构，代为查询、核对其家庭收入状况、财产状况；有关单位和金融机构应当予以配合。

县级以上人民政府民政部门应当建立申请和已获得社会救助家庭经济状况信息核对平台，为审核认定社会救助对象提供依据。

第五十九条 县级以上人民政府社会救助管理部门和乡镇人民政府、街道办事处在履行社会救助职责过程中，可以查阅、记录、复制与社会救助事项有关的资料，询问与社会救助事项有关的单位、个人，要求其对相关情况作出说明，提供相关证明材料。有关单位、个人应当如实提供。

第六十条 申请社会救助，应当按照本办法的规定提出；申请人难以确定社会救助管理部门的，可以先向社会救助经办机构或者县级人民政府民政部门求助。社会救助经办机构或者县级人民政府民政部门接到求助后，应当及时办理或者转交其他社会救助管理部门办理。

乡镇人民政府、街道办事处应当建立统一受理社会救助申请的窗口，及时受理、转办申请事项。

第六十一条 履行社会救助职责的工作人员对在社会救助工作中知悉的公民个人信息，除按照规定应当公示的信息外，应当予以保密。

第六十二条 县级以上人民政府及其社会救助管理部门应当通过报刊、广播、电视、互联网等媒体，宣传社会救助法律、法规和政策。

县级人民政府及其社会救助管理部门应当通过公共查阅室、资料索取点、信息公告栏等便于公众知晓的途径，及时公开社会救助资金、物资的管理和使用等情况，接受社会监督。

第六十三条 履行社会救助职责的工作人员行使职权，应当接受社会监督。

任何单位、个人有权对履行社会救助职责的工作人员在社会救助工作中的违法行为进行举报、投诉。受理举报、投诉的机关应当及时核实、处理。

第六十四条 县级以上人民政府财政部门、审计机关依法对社会救助资金、物资的筹集、分配、管理和使用实施监督。

第六十五条 申请或者已获得社会救助的家庭或者人员，对社会救助管理部门作出的具体行政行为不服的，可以依法申请行政复议或者提起行政诉讼。

第十二章 法律责任

第六十六条 违反本办法规定，有下列情形之一的，由上级行政机关或者监察机关责令改正；对直接负责的主管人员和其他直接责任人员依法给予处分：

（一）对符合申请条件的救助申请不予受理的；

（二）对符合救助条件的救助申请不予批准的；

（三）对不符合救助条件的救助申请予以批准的；

（四）泄露在工作中知悉的公民个人信息，造成后果的；

（五）丢失、篡改接受社会救助款物、服务记录等数据的；

（六）不按照规定发放社会救助资金、物资或者提供相关服务的；

（七）在履行社会救助职责过程中有其他滥用职权、玩忽职守、徇私舞弊行为的。

第六十七条 违反本办法规定，截留、挤占、挪用、私分社会救助资金、物资的，由有关部门责令追回；有违法所得的，没收违法所得；对直接负责的主管人员和其他直接责任人员依法给予处分。

第六十八条 采取虚报、隐瞒、伪造等手段，骗取社会救助资金、物资或者服务的，由有关部门决定停止社会救助，责令退回非法获取的救助资金、物资，可以处非法获取的救助款额或者物资价值 1 倍以上 3 倍以下的罚款；构成违反治安管理行为的，依法给予治安管理处罚。

第六十九条 违反本办法规定，构成犯罪的，依法追究刑事责任。

第十三章 附 则

第七十条 本办法自 2014 年 5 月 1 日起施行。

国务院关于进一步加强和改进最低生活保障工作的意见

（2012 年 9 月 1 日　国发〔2012〕45 号）

各省、自治区、直辖市人民政府，国务院各部委、各直属机构：

最低生活保障事关困难群众衣食冷暖，事关社会和谐稳定和公平正义，是贯彻落实科学发展观的重要举措，是维护困难群众基本生活权益的基础性制度安排。近年来，随着各项相关配套政策的陆续出台，最低生活保障制度在惠民生、解民忧、保稳定、促和谐等方面作出了突出贡献，有效保障了困难群众的基本生活。但一些地区还不同程度存在对最低生活保障工作重视不够、责任不落实、管理不规范、监管不到位、工作保障不力、工作机制不健全等问题。为切实加强和改进最低生活保障工作，现提出如下意见：

一、总体要求和基本原则

（一）总体要求。

最低生活保障工作要以科学发展观为指导，以保障和改善民生为主题，以强化责任为主线，坚持保基本、可持续、重公正、求实效的方针，进一步完善法规政策，健全工作机制，严格规范管理，加强能力建设，努力构建标准科学、对象准确、待遇公正、进出有序的最低生活保障工作格局，不断提高最低生活保障制度的科学性和执行力，切实维护困难群众基本生活权益。

（二）基本原则。

坚持应保尽保。把保障困难群众基本生活放到更加突出的位置，落实政府责任，加大政府投入，加强部门协作，强化监督问责，确保把所有符合条件的困难群众全部纳入最低生活保障范围。

坚持公平公正。健全最低生活保障法规制度，完善程序规定，畅通城乡居民的参与渠道，加大政策信息公开力度，做到审批过程公开透明，审批结果公平公正。

坚持动态管理。采取最低生活保障对象定期报告和管理审批机关分类复核相结合等方法，加强对最低生活保障对象的日常管理和服务，切实做到保障对象有进有出、补助水平有升有降。

坚持统筹兼顾。统筹城乡、区域和经济社会发展，做到最低生活保障标准与经济社会发展水平相适应，最低生活保障制度与其他社会保障制度相衔接，有效保障困难群众基本生活。

二、加强和改进最低生活保障工作的政策措施

（一）完善最低生活保障对象认定条件。

户籍状况、家庭收入和家庭财产是认定最低生活保障对象的三个基本条件。各地要根据当地情况，制定并向社会公布享受最低生活保障待遇的具体条件，形成完善的最低生活保障对象认定标准体系。同时，要明确核算和评估最低生活保障申请人家庭收入和家庭财产的具体办法，并对赡养、抚养、扶养义务人履行相关法定义务提出具体要求。科学制定最低生活保障标准，健全救助标准与物价上涨挂钩的联动机制，综合运用基本生活费用支出法、恩格尔系数法、消费支出比例法等测算方法，动态、适时调整最低生活保障标准，最低生活保障标准应低于最低工资标准；省级人民政府可根据区域经济社会发展情况，研究制定本行政区域内相对统一的区域标准，逐步缩小城乡差距、区域差距。

（二）规范最低生活保障审核审批程序。

规范申请程序。凡认为符合条件的城乡居民都有权直接向其户籍所在地的乡镇人民政府（街道办事处）提出最低生活保障申请；乡镇人民政府（街道办事处）无正当理由，不得拒绝受理。受最低生活保障申请人委托，村（居）民委员会可以代为提交申请。申请最低生活保障要以家庭为单位，按规定提交相关材料，书面声明家庭收入和财产状况，并由申请人签字确认。

规范审核程序。乡镇人民政府（街道办事处）是审核最低生活保障申请的责任主体，在村（居）民委员会协助下，应当对最低生活保障申请家庭逐一入户调查，详细核查申请材料以及各项声明事项的真实性和完整性，并由调查人员和申请人签字确认。

规范民主评议。入户调查结束后，乡镇人民政府（街道办事处）应当组织村

（居）民代表或者社区评议小组对申请人声明的家庭收入、财产状况以及入户调查结果的真实性进行评议。各地要健全完善最低生活保障民主评议办法，规范评议程序、评议方式、评议内容和参加人员。

规范审批程序。县级人民政府民政部门是最低生活保障审批的责任主体，在作出审批决定前，应当全面审查乡镇人民政府（街道办事处）上报的调查材料和审核意见（含民主评议结果），并按照不低于30%的比例入户抽查。有条件的地方，县级人民政府民政部门可邀请乡镇人民政府（街道办事处）、村（居）民委员会参与审批，促进审批过程的公开透明。严禁不经调查直接将任何群体或个人纳入最低生活保障范围。

规范公示程序。各地要严格执行最低生活保障审核审批公示制度，规范公示内容、公示形式和公示时限等。社区要设置统一的固定公示栏；乡镇人民政府（街道办事处）要及时公示入户调查、民主评议和审核结果，并确保公示的真实性和准确性；县级人民政府民政部门应当就最低生活保障对象的家庭成员、收入情况、保障金额等在其居住地长期公示，逐步完善面向公众的最低生活保障对象信息查询机制，并完善异议复核制度。公示中要注意保护最低生活保障对象的个人隐私，严禁公开与享受最低生活保障待遇无关的信息。

规范发放程序。各地要全面推行最低生活保障金社会化发放，按照财政国库管理制度将最低生活保障金直接支付到保障家庭账户，确保最低生活保障金足额、及时发放到位。

（三）建立救助申请家庭经济状况核对机制。

在强化入户调查、邻里访问、信函索证等调查手段基础上，加快建立跨部门、多层次、信息共享的救助申请家庭经济状况核对机制，健全完善工作机构和信息核对平台，确保最低生活保障等社会救助对象准确、高效、公正认定。经救助申请人及其家庭成员授权，公安、人力资源社会保障、住房城乡建设、金融、保险、工商、税务、住房公积金等部门和机构应当根据有关规定和最低生活保障等社会救助对象认定工作需要，及时向民政部门提供户籍、机动车、就业、保险、住房、存款、证券、个体工商户、纳税、公积金等方面的信息。民政部要会同有关部门研究制定具体的信息查询办法，并负责跨省（区、市）的信息查询工作。到“十二五”末，全国要基本建立救助申请家庭经济状况核对机制。

（四）加强最低生活保障对象动态管理。

对已经纳入最低生活保障范围的救助对象，要采取多种方式加强管理服务，定期跟踪保障对象家庭变化情况，形成最低生活保障对象有进有出、补助水平有升有降的动态管理机制。各地要建立最低生活保障家庭人口、收入和财产状况定期报告制度，并根据报告情况分类、定期开展核查，将不再符合条件的及时退出保障范围。对于无生活来源、无劳动能力又无法定赡养、抚养、扶养义务人的“三无”人员，可每年核查一次；对于短期内收入变化不大的家庭，可每半年核查一次；对于收入来源不固定、成员有劳动能力和劳动条件的最低生活保障家庭，原则上实行城市按月、农村按季核查。

（五）健全最低生活保障工作监管机制。

地方各级人民政府要将最低生活保障政策落实情况作为督查督办的重点内容，定期组织开展专项检查；民政部、财政部要会同有关部门对全国最低生活保障工作进行重点抽查。财政、审计、监察部门要加强对最低生活保障资金管理使用情况的监督检查，防止挤占、挪用、套取等违纪违法现象发生。建立最低生活保障经办人员和村（居）民委员会干部近亲属享受最低生活保障备案制度，县级人民政府民政部门要对备案的最低生活保障对象严格核查管理。充分发挥舆论监督的重要作用，对于媒体发现揭露的问题，应及时查处并公布处理结果。要通过政府购买服务等方式，鼓励社会组织参与、评估、监督最低生活保障工作，财政部门要通过完善相关政策给予支持。

（六）建立健全投诉举报核查制度。

各地要公开最低生活保障监督咨询电话，畅通投诉举报渠道，健全投诉举报核查制度。有条件的地方要以省为单位设置统一的举报投诉电话。要切实加强最低生活保障来信来访工作，推行专人负责、首问负责等制度。各级人民政府、县级以上人民政府民政部门应当自受理最低生活保障信访事项之日起 60 日内办结；信访人对信访事项处理意见不服的，可以自收到书面答复之日起 30 日内请求原办理行政机关的上一级行政机关复查，收到复查请求的行政机关应当自收到复查请求之日起 30 日内提出复查意见，并予以书面答复；信访人对复查意见不服的，可以自收到书面答复之日起 30 日内向复查机关的上一级行政机关请求复核，收到复核请求的行政机关应当自收到复核请求之日起 30 日内提出复核意见；信访人对复核意见不服，仍以同一事实和理由提出信访请求的，不再受理，民政等部门要积极向信访人做好政策解释工作。民政部或者省级人民政府民政部门对最低生活保障重大信访事项或社会影响恶劣的违规违纪事件，可会同信访等相关部门直接督办。

（七）加强最低生活保障与其他社会救助制度的有效衔接。

加快推进低收入家庭认定工作，为医疗救助、教育救助、住房保障等社会救助政策向低收入家庭拓展提供支撑；全面建立临时救助制度，有效解决低收入群众的突发性、临时性基本生活困难；做好最低生活保障与养老、医疗等社会保险制度的衔接工作。对最低生活保障家庭中的老年人、未成年人、重度残疾人、重病患者等重点救助对象，要采取多种措施提高其救助水平。鼓励机关、企事业单位、社会组织和个人积极开展扶贫帮困活动，形成慈善事业与社会救助的有效衔接。

完善城市最低生活保障与就业联动、农村最低生活保障与扶贫开发衔接机制，鼓励积极就业，加大对有劳动能力最低生活保障对象的就业扶持力度。劳动年龄内、有劳动能力、失业的城市困难群众，在申请最低生活保障时，应当先到当地公共就业服务机构办理失业登记；公共就业服务机构应当向登记失业的最低生活保障对象提供及时的就业服务和重点帮助；对实现就业的最低生活保障对象，在核算其家庭收入时，可以扣减必要的就业成本。

三、强化工作保障，确保各项政策措施落到实处

（一）加强能力建设。

省级人民政府要切实加强最低生活保障工作能力建设，统筹研究制定按照保障对象数量等因素配备相应工作人员的具体办法和措施。地方各级人民政府要结合本地实际和全面落实最低生活保障制度的要求，科学整合县（市、区）、乡镇人民政府（街道办事处）管理机构及人力资源，充实加强基层最低生活保障工作力量，确保事有人管、责有人负。加强最低生活保障工作人员业务培训，保障工作场所、条件和待遇，不断提高最低生活保障管理服务水平。加快推进信息化建设，全面部署全国最低生活保障信息管理系统。

（二）加强经费保障。

省级财政要优化和调整支出结构，切实加大最低生活保障资金投入。中央财政最低生活保障补助资金重点向保障任务重、财政困难地区倾斜，在分配最低生活保障补助资金时，财政部要会同民政部研究“以奖代补”的办法和措施，对工作绩效突出地区给予奖励，引导各地进一步完善制度，加强管理。要切实保障基层工作经

费，最低生活保障工作所需经费要纳入地方各级财政预算。基层最低生活保障工作经费不足的地区，省市级财政给予适当补助。

（三）加强政策宣传。

以党和政府对最低生活保障工作的有关要求以及认定条件、审核审批、补差发放、动态管理等政策规定为重点，深入开展最低生活保障政策宣传。利用广播、电视、网络等媒体和宣传栏、宣传册、明白纸等群众喜闻乐见的方式，不断提高最低生活保障信息公开的针对性、时效性和完整性。充分发挥新闻媒体的舆论引导作用，大力宣传最低生活保障在保障民生、维护稳定、促进和谐等方面的重要作用，引导公众关注、参与、支持最低生活保障工作，在全社会营造良好的舆论氛围。

四、加强组织领导，进一步落实管理责任

（一）加强组织领导。

进一步完善政府领导、民政牵头、部门配合、社会参与的社会救助工作机制。建立由民政部牵头的社会救助部际联席会议制度，统筹做好最低生活保障与医疗、教育、住房等其他社会救助政策以及促进就业政策的协调发展和有效衔接，研究解决救助申请家庭经济状况核对等信息共享问题，督导推进社会救助体系建设。地方各级人民政府要将最低生活保障工作纳入重要议事日程，纳入经济社会发展总体规划，纳入科学发展考评体系，建立健全相应的社会救助协调工作机制，组织相关部门协力做好社会救助制度完善、政策落实和监督管理等各项工作。

（二）落实管理责任。

最低生活保障工作实行地方各级人民政府负责制，政府主要负责人对本行政区域最低生活保障工作负总责。县级以上地方各级人民政府要切实担负起最低生活保障政策制定、资金投入、工作保障和监督管理责任，乡镇人民政府（街道办事处）要切实履行最低生活保障申请受理、调查、评议和公示等审核职责，充分发挥包村干部的作用。各地要将最低生活保障政策落实情况纳入地方各级人民政府绩效考核，考核结果作为政府领导班子和相关领导干部综合考核评价的重要内容，作为干部选拔任用、管理监督的重要依据。民政部要会同财政部等部门研究建立最低生活保障工作绩效评价指标体系和评价办法，并组织开展对各省（区、市）最低生活保障工作的年度绩效评价。

（三）强化责任追究。

对因工作重视不够、管理不力、发生重大问题、造成严重社会影响的地方政府和部门负责人，以及在最低生活保障审核审批过程中滥用职权、玩忽职守、徇私舞弊、失职渎职的工作人员，要依纪依法追究责任。同时，各地要加大对骗取最低生活保障待遇人员查处力度，除追回骗取的最低生活保障金外，还要依法给予行政处罚；涉嫌犯罪的，移送司法机关处理。对无理取闹、采用威胁手段强行索要最低生活保障待遇的，公安机关要给予批评教育直至相关处罚。对于出具虚假证明材料的单位和个人，各地除按有关法律法规规定处理外，还应将有关信息记入征信系统。

国务院办公厅关于建立疾病应急救助制度的指导意见

（2013 年 2 月 22 日　国办发〔2013〕15 号）

各省、自治区、直辖市人民政府，国务院各部委、各直属机构：

近年来，随着基本医保覆盖面的扩大和保障水平的提升，人民群众看病就医得到了基本保障，但仍有极少数需要急救的患者因身份不明、无能力支付医疗费用等原因，得不到及时有效的治疗，造成了不良后果。建立疾病应急救助制度，解决这部分患者的急救保障问题，是健全多层次医疗保障体系的重要内容，是解决人民群众实际困难的客观要求，是坚持以人为本、构建和谐社会的具体体现。根据《“十二五”期间深化医药卫生体制改革规划暨实施方案》，经国务院同意，现就建立疾病应急救助制度提出以下指导意见。

一、设立疾病应急救助基金

（一）分级设立疾病应急救助基金。设立疾病应急救助基金是建立疾病应急救助制度的重要内容和保障。各省（区、市）、市（地）政府组织设立本级疾病应急救助基金。省级基金主要承担募集资金、向市（地）级基金拨付应急救助资金的功能。市（地）级基金主要承担募集资金、向医疗机构支付疾病应急救治医疗费用的功能。直辖市可只设本级基金，由其承担募集资金、向医疗机构支付疾病应急救治医疗费用的功能。副省级市参照市（地）设立疾病应急救助基金。

（二）多渠道筹集资金。疾病应急救助基金通过财政投入和社会各界捐助等多渠道筹集。省（区、市）、市（地）政府要将疾病应急救助基金补助资金纳入财政预算安排，资金规模原则上参照当地人口规模、上一年度本行政区域内应急救治发生情况等因素确定。中央财政对财力困难地区给予补助，并纳入财政预算安排。鼓励社会各界向疾病应急救助基金捐赠资金。境内企业、个体工商户、自然人捐赠的资金按规定享受所得税优惠政策。

二、疾病应急救助的对象和范围

（一）救助对象。在中国境内发生急重危伤病、需要急救但身份不明确或无力支付相应费用的患者为救助对象。医疗机构对其紧急救治所发生的费用，可向疾病应急救助基金申请补助。

（二）救助基金支付范围。1. 无法查明身份患者所发生的急救费用。2. 身份明确但无力缴费的患者所拖欠的急救费用。先由责任人、工伤保险和基本医疗保险等各类保险、公共卫生经费，以及医疗救助基金、道路交通事故社会救助基金等渠道支付。无上述渠道或上述渠道费用支付有缺口，由疾病应急救助基金给予补助。疾病应急救助基金不得用于支付有负担能力但拒绝付费患者的急救医疗费用。

各地区应结合实际明确、细化疾病应急救助对象身份确认办法和疾病应急救助基金具体支付范围等。

三、疾病应急救助基金管理

（一）基金管理。疾病应急救助基金由当地卫生部门管理，具体由地方政府确定。基金管理遵循公开、透明、专业化、规范化的原则，管理办法由卫生部门商财政部门制定。

（二）基金监管。成立由当地政府卫生、财政部门组织，有关部门代表、人大代表、政协委员、医学专家、捐赠人、媒体人士等参加的基金监督委员会，负责审议疾病应急救助基金的管理制度及财务预决算等重大事项、监督基金运行等。基金独立核算，并进行外部审计。基金使用、救助的具体事例、费用以及审计报告等向社会公示，接受社会监督。

四、建立多方联动的工作机制

（一）部门职责。卫生部门牵头组织专家制定需紧急救治的急重危伤病的标准和急救规范；监督医疗机构及其工作人员无条件对救助对象进行急救，对拒绝、推诿或拖延救治的，要依法依规严肃处理；查处医疗机构及其工作人员虚报信息套取基金、过度医疗等违法行为。基本医保管理部门要保障参保患者按规定享受基本医疗保险待遇。民政部门要协助基金管理机构共同做好对患者有无负担能力的鉴别工作；进一步完善现行医疗救助制度，将救助关口前移，加强与医疗机构的衔接，主动按规定对符合条件的患者进行救助，做到应救尽救。公安机关要积极协助医疗机构和基金管理机构核查患者的身份。对未履行职责的，由本级政府和上级主管部门予以纠正。

（二）医疗机构职责。1. 各级各类医疗机构及其工作人员必须及时、有效地对急重危伤患者施救，不得以任何理由拒绝、推诿或拖延救治。2. 对救助对象急救后发生的欠费，应设法查明欠费患者身份；对已明确身份的患者，要尽责追讨欠费。3. 及时将收治的无负担能力患者情况及发生的费用向相关部门报告，并请相关部门协助追讨欠费。4. 公立医院要进一步完善内部控制机制，通过列支坏账准备等方式，核销救助对象发生的部分急救欠费。5. 鼓励非公立医院主动核销救助对象的救治费用。6. 对救助对象急救的后续治疗发生的救治费用，医疗机构应及时协助救助对象按程序向医疗救助机构等申请救助。

（三）基金管理机构职责。1. 负责社会资金募集、救助资金核查与拨付，以及其他基金管理日常工作等。2. 主动开展各类募捐活动，积极向社会募集资金。3. 充分利用筹集资金，定期足额向医疗机构支付疾病应急救治医疗费用，对经常承担急救工作的定点医疗机构，可采取先部分预拨后结算的办法减轻医疗机构的垫资负担。

（四）建立联动机制。各有关部门、机构要按照分工落实责任，加强协作，建立责任共担、多方联动的机制。卫生、财政等部门要加强沟通协调，共同做好有关重大政策研究制定及推动落实等工作。

五、做好组织实施工作

各地区、各有关部门要充分认识建立疾病应急救助制度的重要性，结合实际，研究制定具体办法。已经开展应急救助的地区，要进一步完善现行政策，做好疾病应急救助制度与基本医疗保险制度、大病保险制度和医疗救助制度的衔接。要把握好政府引导与发展社会医疗慈善、基金管理与利用第三方专业化服务的关系，不断提高服务水平。深化公立医院改革，保障基本医疗服务需求，进一步提升服务质量。要注意总结经验，及时研究解决发现的问题，逐步完善疾病应急救助制度。

国务院关于全面建立临时救助制度的通知

（2014 年 10 月 3 日　国发〔2014〕47 号）

各省、自治区、直辖市人民政府，国务院各部委、各直属机构：

为贯彻落实党的十八大和十八届二中、三中全会精神，进一步发挥社会救助托底线、救急难作用，解决城乡困难群众突发性、紧迫性、临时性生活困难，根据《社会救助暂行办法》有关规定，国务院决定全面建立临时救助制度。现就有关问题通知如下。

一、充分认识全面建立临时救助制度的重要意义

党和政府高度重视社会救助工作。多年来，以最低生活保障、特困人员供养、受灾人员救助等基本生活救助和医疗、教育、住房、就业等专项救助制度为支撑的社会救助体系基本建立，绝大多数困难群众得到了及时、有效的救助。同时，社会救助体系仍存在“短板”，解决一些遭遇突发性、紧迫性、临时性生活困难的群众救助问题仍缺乏相应的制度安排，迫切需要全面建立临时救助制度，发挥救急难功能，使城乡困难群众基本生活都能得到有效保障，兜住底线。

建立临时救助制度是填补社会救助体系空白，提升社会救助综合效益，确保社会救助安全网网底不破的必然要求，对于全面深化改革、促进社会公平正义、全面建成小康社会具有重要意义。各地区、各部门要充分认识建立临时救助制度的重要性和紧迫性，增强使命感和责任感，将其作为加强和改善民生的一项重要任务，全面落实，扎实推进。

二、明确建立临时救助制度的目标任务和总体要求

临时救助制度要以解决城乡群众突发性、紧迫性、临时性基本生活困难问题为目标，通过完善政策措施，健全工作机制，强化责任落实，鼓励社会参与，增强救

助时效，补“短板”、扫“盲区”，编实织密困难群众基本生活安全网，切实保障困难群众基本生活权益。

临时救助制度实行地方各级人民政府负责制。县级以上地方人民政府民政部门要统筹做好本行政区域内的临时救助工作，卫生计生、教育、住房城乡建设、人力资源社会保障、财政等部门要主动配合，密切协作。

国务院民政部门统筹全国临时救助制度建设。国务院民政、卫生计生、教育、住房城乡建设、人力资源社会保障、财政等部门，按照各自职责做好相关工作。

临时救助工作要坚持应救尽救，确保有困难的群众都能求助有门，并按规定得到及时救助；坚持适度救助，着眼于解决基本生活困难、摆脱临时困境，既要尽力而为，又要量力而行；坚持公开公正，做到政策公开、过程透明、结果公正；坚持制度衔接，加强各项救助、保障制度的衔接配合，形成整体合力；坚持资源统筹，政府救助、社会帮扶、家庭自救有机结合。

三、临时救助制度的主要内容

临时救助是国家对遭遇突发事件、意外伤害、重大疾病或其他特殊原因导致基本生活陷入困境，其他社会救助制度暂时无法覆盖或救助之后基本生活暂时仍有严重困难的家庭或个人给予的应急性、过渡性的救助。

（一）对象范围。

家庭对象。因火灾、交通事故等意外事件，家庭成员突发重大疾病等原因，导致基本生活暂时出现严重困难的家庭；因生活必需支出突然增加超出家庭承受能力，导致基本生活暂时出现严重困难的最低生活保障家庭；遭遇其他特殊困难的家庭。

个人对象。因遭遇火灾、交通事故、突发重大疾病或其他特殊困难，暂时无法得到家庭支持，导致基本生活陷入困境的个人。其中，符合生活无着的流浪、乞讨人员救助条件的，由县级人民政府按有关规定提供临时食宿、急病救治、协助返回等救助。

因自然灾害、事故灾难、公共卫生、社会安全等突发公共事件，需要开展紧急转移安置和基本生活救助，以及属于疾病应急救助范围的，按照有关规定执行。

县级以上地方人民政府应当根据当地实际，制定具体的临时救助对象认定办法，规定意外事件、突发重大疾病、生活必需支出突然增加以及其他特殊困难的类型和范围。

（二）申请受理。

依申请受理。凡认为符合救助条件的城乡居民家庭或个人均可以向所在地乡镇人民政府（街道办事处）提出临时救助申请；受申请人委托，村（居）民委员会或其他单位、个人可以代为提出临时救助申请。对于具有本地户籍、持有当地居住证的，由当地乡镇人民政府（街道办事处）受理；对于上述情形以外的，当地乡镇人民政府（街道办事处）应当协助其向县级人民政府设立的救助管理机构（即救助管理站、未成年人救助保护中心等）申请救助；当地县级人民政府没有设立救助管理机构的，乡镇人民政府（街道办事处）应当协助其向县级人民政府民政部门申请救助。申请临时救助，应按规定提交相关证明材料，无正当理由，乡镇人民政府（街道办事处）不得拒绝受理；因情况紧急无法在申请时提供相关证明材料的，乡镇人民政府（街道办事处）可先行受理。

主动发现受理。乡镇人民政府（街道办事处）、村（居）民委员会要及时核实辖区居民遭遇突发事件、意外事故、罹患重病等特殊情况，帮助有困难的家庭或个人提出救助申请。公安、城管等部门在执法中发现身处困境的未成年人、精神病人等无民事行为能力人或限制民事行为能力人，以及失去主动求助能力的危重病人等，应主动采取必要措施，帮助其脱离困境。乡镇人民政府（街道办事处）或县级人民政府民政部门、救助管理机构在发现或接到有关部门、社会组织、公民个人报告救助线索后，应主动核查情况，对于其中符合临时救助条件的，应协助其申请救助并受理。

（三）审核审批。

一般程序。乡镇人民政府（街道办事处）应当在村（居）民委员会协助下，对临时救助申请人的家庭经济状况、人口状况、遭遇困难类型等逐一调查，视情组织民主评议，提出审核意见，并在申请人所居住的村（居）民委员会张榜公示后，报县级人民政府民政部门审批。对申请临时救助的非本地户籍居民，户籍所在地县级人民政府民政部门应配合做好有关审核工作。县级人民政府民政部门根据乡镇人民政府（街道办事处）提交的审核意见作出审批决定。救助金额较小的，县级人民政府民政部门可以委托乡镇人民政府（街道办事处）审批，但应报县级人民政府民政部门备案。对符合条件的，应及时予以批准；不符合条件不予批准，并书面向申请人说明理由。申请人以同一事由重复申请临时救助，无正当理由的，不予救助。

对于不持有当地居住证的非本地户籍人员，县级人民政府民政部门、救助管理机构可以按生活无着人员救助管理有关规定审核审批，提供救助。

紧急程序。对于情况紧急、需立即采取措施以防止造成无法挽回的损失或无法改变的严重后果的，乡镇人民政府（街道办事处）、县级人民政府民政部门应先行救助。紧急情况解除之后，应按规定补齐审核审批手续。

（四）救助方式。

对符合条件的救助对象，可采取以下救助方式：

发放临时救助金。各地要全面推行临时救助金社会化发放，按照财政国库管理制度将临时救助金直接支付到救助对象个人账户，确保救助金足额、及时发放到位。必要时，可直接发放现金。

发放实物。根据临时救助标准和救助对象基本生活需要，可采取发放衣物、食品、饮用水，提供临时住所等方式予以救助。对于采取实物发放形式的，除紧急情况外，要严格按照政府采购制度的有关规定执行。

提供转介服务。对给予临时救助金、实物救助后，仍不能解决临时救助对象困难的，可分情况提供转介服务。对符合最低生活保障或医疗、教育、住房、就业等专项救助条件的，要协助其申请；对需要公益慈善组织、社会工作服务机构等通过慈善项目、发动社会募捐、提供专业服务、志愿服务等形式给予帮扶的，要及时转介。

（五）救助标准。

临时救助标准要与当地经济社会发展水平相适应。县级以上地方人民政府要根据救助对象困难类型、困难程度，统筹考虑其他社会救助制度保障水平，合理确定临时救助标准，并适时调整。临时救助标准应向社会公布。省级人民政府要加强对本行政区域内临时救助标准制定的统筹，推动形成相对统一的区域临时救助标准。

四、建立健全临时救助工作机制

（一）建立“一门受理、协同办理”机制。

各地要建立“一门受理、协同办理”机制，依托乡镇人民政府（街道办事处）政务大厅、办事大厅等，设立统一的社会救助申请受理窗口，方便群众求助。要根据部门职责建立受理、分办、转办、结果反馈流程，明确办理时限和要求，跟踪办理结果，将有关情况及时告知求助对象。要建立社会救助热线，畅通求助、报告渠道。

（二）加快建立社会救助信息共享机制。

各级政府要建立社会救助管理部门之间的信息共享机制，充分利用已有资源，加快建设社会救助管理信息系统，实现民政与卫生计生、教育、住房城乡建设、人力资源社会保障等部门的信息共享。要依法完善跨部门、多层次、信息共享的救助申请家庭经济状况核对机制，提高审核甄别能力。要建立救助对象需求与公益慈善组织、社会工作服务机构的救助资源对接机制，实现政府救助与社会帮扶的有机结合，做到因情施救、各有侧重、相互补充。

（三）建立健全社会力量参与机制。

要充分发挥群众团体、社会组织尤其是公益慈善组织、社会工作服务机构和企事业单位、志愿者队伍等社会力量资源丰富、方法灵活、形式多样的特点，通过委托、承包、采购等方式向社会力量购买服务，鼓励、支持其参与临时救助。要动员、引导具有影响力的公益慈善组织、大中型企业等设立专项公益基金，在民政部门的统筹协调下有序开展临时救助。

公益慈善组织、社会工作服务机构、企事业单位、志愿者队伍等社会力量可以利用自身优势，在对象发现、专业服务、发动社会募捐等方面发挥积极作用。社会力量参与社会救助的，按照国家有关规定享受财政补贴、税收优惠、费用减免等政策。

（四）不断完善临时救助资金筹集机制。

地方各级人民政府要将临时救助资金列入财政预算；省级人民政府要优化财政支出结构，切实加大临时救助资金投入；城乡居民最低生活保障资金有结余的地方，可安排部分资金用于最低生活保障对象的临时救助支出。中央财政对地方实施临时救助制度给予适当补助，重点向救助任务重、财政困难、工作成效突出的地区倾斜。

五、强化临时救助制度实施的保障措施

（一）加强组织领导。

地方各级人民政府要按照属地原则，将建立完善临时救助制度列入重要议事日程，抓紧完善配套政策措施，确保 2014 年底前全面实施临时救助制度。要进一步建立健全政府领导、民政部门牵头、有关部门配合、社会力量参与的社会救助工作

协调机制，及时研究解决工作中遇到的问题。要将临时救助等社会救助工作列入地方领导班子和领导干部政绩考核评价指标体系，并合理确定权重；考核结果纳入政府领导班子和相关领导干部综合考核评价的重要内容，作为干部选拔任用、管理监督的重要依据。民政部门要切实履行主管部门职责，发挥好统筹协调作用；财政部门要加强资金保障，提高资金使用效益；其他有关部门要各司其职，积极配合，形成齐抓共管、整体推进的工作格局。

（二）加强能力建设。

省级人民政府要切实加强临时救助能力建设，统筹考虑常住人口、最低生活保障对象和特困供养人员数量等因素，制定落实基层社会救助职责的具体办法和措施。地方各级人民政府要结合本地实际全面落实临时救助制度要求，科学整合县（市、区）、乡镇人民政府（街道办事处）管理机构及人力资源，充实加强基层临时救助工作力量，确保事有人管、责有人负。要积极研究制定政府购买服务的具体办法，充分利用市场机制，加强基层临时救助能力建设。要充分发挥社区居民委员会和村民委员会的作用，协助做好困难排查、信息报送、宣传引导、公示监督等工作。要加强人员培训，不断提高临时救助管理服务水平。要加强经费保障，将临时救助所需工作经费纳入社会救助工作经费统筹考虑，列入地方各级财政预算。

（三）加强监督管理。

县级以上地方人民政府要切实担负起临时救助政策制定、资金投入、工作保障和监督管理责任，乡镇人民政府（街道办事处）要切实履行临时救助受理、审核等职责，民政部门要会同卫生计生、教育、住房城乡建设、人力资源社会保障等部门，按照“一门受理、协同办理”的工作要求，明确各业务环节的经办主体责任，强化责任落实，确保困难群众求助有门、受助及时。民政、财政部门要会同有关部门将临时救助制度落实情况作为督查督办的重点内容，定期组织开展专项检查。财政、审计、监察部门要加强对临时救助资金管理使用情况的监督检查，防止挤占、挪用、套取等违纪违法现象发生。对于出具虚假证明材料骗取救助的单位和个人，要在社会信用体系中予以记录。临时救助实施情况要定期向社会公开，充分发挥社会监督作用，对于公众和媒体发现揭露的问题，应及时查处并公布处理结果。要完善临时救助责任追究制度，明确细化责任追究对象、方式和程序，加大行政问责力度，对因责任不落实、相互推诿、处置不及时等造成严重后果的单位和个人，要依纪依法追究责任。

（四）加强政策宣传。

各地要组织好临时救助政策宣传，充分利用报刊、广播、电视等媒体和互联网，以及公共查阅室、资料索取点、信息宣传栏、宣传册、明白纸等群众喜闻乐见的途径和形式，不断加大政策宣传普及力度，使临时救助政策家喻户晓、人人皆知。要加强舆论引导，从政府作用、个人权利、家庭责任、社会参与等方面，多角度宣传临时救助的功能定位和制度特点，引导社会公众理解、支持临时救助工作，营造良好社会舆论氛围，弘扬中华民族团结友爱、互助共济的传统美德。

国家选择有特点、有代表性的区域进行“救急难”工作综合试点，在体制机制、服务方式、信息共享、财政税费等方面进行探索创新，先行先试，为不断完善临时救助制度，全面开展“救急难”工作提供经验。省级人民政府要根据本通知要求，结合实际，抓紧制定配套落实政策，国务院相关部门要根据本部门职责，抓紧制定具体政策措施。民政部、财政部要加强对本通知执行情况的监督检查，及时向国务院报告。国务院将适时组织专项督查。

国务院关于促进慈善事业健康发展的指导意见

（2014年11月24日　国发〔2014〕61号）

各省、自治区、直辖市人民政府，国务院各部委、各直属机构：

改革开放以来，我国慈善事业蓬勃兴起，以慈善组织为代表的各类慈善力量迅速发展壮大，社会慈善意识明显增强，各类慈善活动积极踊跃，在灾害救助、贫困救济、医疗救助、教育救助、扶老助残和其他公益事业领域发挥了积极作用。但是，我国慈善事业依然存在政策法规体系不够健全、监督管理措施不够完善、慈善活动不够规范、社会氛围不够浓厚、与社会救助工作衔接不够紧密等问题，影响了慈善事业的健康发展。根据党的十八大、十八届三中、四中全会精神和国务院决策部署，为进一步加强和改进慈善工作，统筹慈善和社会救助两方面资源，更好地保障和改善困难群众民生，现提出以下意见。

一、总体要求

（一）指导思想。

以邓小平理论、“三个代表”重要思想、科学发展观为指导，坚持政府推动、社会实施、公众参与、专业运作，鼓励支持与强化监管并重，推动慈善事业健康发展，努力形成与社会救助工作紧密衔接，在扶贫济困、改善民生、弘扬中华民族传统美德和社会主义核心价值观等方面充分发挥作用的慈善事业发展新格局。

（二）基本原则。

突出扶贫济困。鼓励、支持和引导慈善组织和其他社会力量从帮助困难群众解决最直接、最现实、最紧迫的问题入手，在扶贫济困、为困难群众救急解难等领域广泛开展慈善帮扶，与政府的社会救助形成合力，有效发挥重要补充作用。

坚持改革创新。在慈善事业体制机制、运行方式、慈善事业与社会救助对接等方面大胆探索，畅通社会各方面参与慈善和社会救助的渠道，大力优化慈善事业发展环境，使各类慈善资源、社会救助资源充分发挥作用。

确保公开透明。慈善组织以及其他社会力量开展慈善活动，要充分尊重捐赠人意愿，依据有关规定及时充分公开慈善资源的募集、管理和使用情况。慈善组织要切实履行信息公开责任，接受行政监督、社会监督和舆论监督。

强化规范管理。加快完善相关法规政策，规范和引导慈善事业健康发展。依法依规对自然人、法人和其他组织开展的慈善活动进行监管，及时查处和纠正违法违规活动，确保慈善事业在法制化轨道上运行。

（三）发展目标。

到2020年，慈善监管体系健全有效，扶持政策基本完善，体制机制协调顺畅，慈善行为规范有序，慈善活动公开透明，社会捐赠积极踊跃，志愿服务广泛开展，全社会支持慈善、参与慈善的氛围更加浓厚，慈善事业对社会救助体系形成有力补充，成为全面建成小康社会的重要力量。

二、鼓励和支持以扶贫济困为重点开展慈善活动

扶贫济困是慈善事业的重要领域，在政府保障困难群众基本生活的同时，鼓励和支持社会力量以扶贫济困为重点开展慈善活动，有利于更好地满足困难群众多样化、多层次的需求，帮助他们摆脱困境、改善生活，形成慈善事业与社会救助的有效衔接和功能互补，共同编密织牢社会生活安全网。

（一）鼓励社会各界开展慈善活动。

鼓励社会各界以各类社会救助对象为重点，广泛开展扶贫济困、赈灾救孤、扶老助残、助学助医等慈善活动。党政机关、事业单位要广泛动员干部职工积极参与各类慈善活动，发挥带头示范作用。工会、共青团、妇联等人民团体要充分发挥密切联系群众的优势，动员社会公众为慈善事业捐赠资金、物资和提供志愿服务等。各全国性社会团体在发挥自身优势、开展慈善活动时，要主动接受社会监督，在公开透明、规范管理、服务困难群众等方面作出表率。各类慈善组织要进一步面向困难群体开展符合其宗旨的慈善活动。倡导各类企业将慈善精神融入企业文化建设，把参与慈善作为履行社会责任的重要方面，通过捐赠、支持志愿服务、设立基金会等方式，开展形式多样的慈善活动，在更广泛的领域为社会作出贡献。鼓励有条件的宗教团体和宗教活动场所依法依规开展各类慈善活动。提倡在单位内部、城乡社

区开展群众性互助互济活动。充分发挥家庭、个人、志愿者在慈善活动中的积极作用。

（二）鼓励开展形式多样的社会捐赠和志愿服务。

鼓励和支持社会公众通过捐款捐物、慈善消费和慈善义演、义拍、义卖、义展、义诊、义赛等方式为困难群众奉献爱心。探索捐赠知识产权收益、技术、股权、有价证券等新型捐赠方式，鼓励设立慈善信托，抓紧制定政策措施，积极推进有条件的地方开展试点。动员社会公众积极参与志愿服务，构建形式多样、内容丰富、机制健全、覆盖城乡的志愿服务体系。倡导社会力量兴办公益性医疗、教育、养老、残障康复、文化体育等方面的机构和设施，为慈善事业提供更多的资金支持和服务载体。加快出台有效措施，引导社会公众积极捐赠家庭闲置物品。广泛设立社会捐助站点，创新发展慈善超市，发挥网络捐赠技术优势，方便群众就近就便开展捐赠。

（三）健全社会救助和慈善资源信息对接机制。

要建立民政部门与其他社会救助管理部门之间的信息共享机制，同时建立和完善民政部门与慈善组织、社会服务机构之间的衔接机制，形成社会救助和慈善资源的信息有效对接。对于经过社会救助后仍需要帮扶的救助对象，民政部门要及时与慈善组织、社会服务机构协商，实现政府救助与社会帮扶有机结合，做到因情施救、各有侧重、互相补充。社会救助信息和慈善资源信息应同时向审计等政府有关部门开放。

（四）落实和完善减免税政策。

落实企业和个人公益性捐赠所得税税前扣除政策，企业发生的公益性捐赠支出，在年度利润总额12%以内的部分，准予在计算应纳税所得额时扣除；个人公益性捐赠额未超过纳税义务人申报的应纳税所得额30%的部分，可以从其应纳税所得额中扣除。研究完善慈善组织企业所得税优惠政策，切实惠及符合条件的慈善组织。对境外向我国境内依法设立的慈善组织无偿捐赠的直接用于慈善事业的物资，在有关法律及政策规定的范围内享受进口税收优惠。有关部门要大力宣传慈善捐赠减免税的资格和条件。

（五）加大社会支持力度。

鼓励企事业单位为慈善活动提供场所和便利条件，按规定给予优惠。倡导金融机构根据慈善事业的特点和需求创新金融产品和服务方式，积极探索金融资本支持慈善事业发展的政策渠道。支持慈善组织为慈善对象购买保险产品，鼓励商业保险公司捐助慈善事业。完善公益广告等平台的管理办法，鼓励新闻媒体为慈善组织的信息公开提供帮助支持和费用优惠。

三、培育和规范各类慈善组织

慈善组织是现代慈善事业的重要主体，大力发展各类慈善组织，规范慈善组织行为、确保慈善活动公开透明，是促进慈善事业健康发展的有效保证。

（一）鼓励兴办慈善组织。优先发展具有扶贫济困功能的各类慈善组织。积极探索培育网络慈善等新的慈善形态，引导和规范其健康发展。稳妥推进慈善组织直接登记，逐步下放符合条件的慈善组织登记管理权限。地方政府和社会力量可通过实施公益创投等多种方式，为初创期慈善组织提供资金支持和能力建设服务。要加快出台有关措施，以扶贫济困类项目为重点，加大政府财政资金向社会组织购买服务力度。

（二）切实加强慈善组织自我管理。慈善组织要建立健全内部治理结构，完善决策、执行、监督制度和决策机构议事规则，加强内部控制和内部审计，确保人员、财产、慈善活动按照组织章程有序运作。基金会工作人员工资福利和行政办公支出等管理成本不得超过当年总支出的10%，其他慈善组织的管理成本可参照基金会执行。列入管理成本的支出类别按民政部规定执行。捐赠协议约定从捐赠财产中列支管理成本的，可按照约定执行。

（三）依法依规开展募捐活动。引导慈善组织重点围绕扶贫济困开展募捐活动。具有公募资格的慈善组织，面向社会开展的募捐活动应与其宗旨、业务范围相一致；新闻媒体、企事业单位等和不具有公募资格的慈善组织，以慈善名义开展募捐活动的，必须联合具有公募资格的组织进行；广播、电视、报刊及互联网信息服务提供者、电信运营商，应当对利用其平台发起募捐活动的慈善组织的合法性进行验证，包括查验登记证书、募捐主体资格证明材料。慈善组织要加强对募捐活动的管理，向捐赠者开具捐赠票据，开展项目所需成本要按规定列支并向捐赠人说明。任何组织和个人不得以慈善名义敛财。

（四）严格规范使用捐赠款物。慈善组织应将募得款物按照协议或承诺，及时用于相关慈善项目，除不可抗力或捐赠人同意外，不得以任何理由延误。未经捐赠人同意，不得擅自更改款物用途。倡导募用分离，制定有关激励扶持政策，支持在款物募集方面有优势的慈善组织将募得款物用于资助有服务专长的慈善组织运作项目。慈善组织要科学设计慈善项目，优化实施流程，努力降低运行成本，提高慈善资源使用效益。

（五）强化慈善组织信息公开责任。

公开内容。慈善组织应向社会公开组织章程、组织机构代码、登记证书号码、负责人信息、年度工作报告、经审计的财务会计报告和开展募捐、接受捐赠、捐赠款物使用、慈善项目实施、资产保值增值等情况以及依法应当公开的其他信息。信息公开应当真实、准确、完整、及时，不得有虚假记载、误导性陈述或者重大遗漏。对于涉及国家安全、个人隐私等依法不予公开的信息和捐赠人或受益人与慈善组织协议约定不得公开的信息，不得公开。慈善组织不予公开的信息，应当接受政府有关部门的监督检查。

公开时限。慈善组织应及时公开款物募集情况，募捐周期大于 6 个月的，应当每 3 个月向社会公开一次，募捐活动结束后 3 个月内应全面公开；应及时公开慈善项目运作、受赠款物的使用情况，项目运行周期大于 6 个月的，应当每 3 个月向社会公开一次，项目结束后 3 个月内应全面公开。

公开途径。慈善组织应通过自身官方网站或批准其登记的民政部门认可的信息网站进行信息发布；应向社会公开联系方式，及时回应捐赠人及利益相关方的询问。慈善组织应对其公开信息和答复信息的真实性负责。

四、加强对慈善组织和慈善活动的监督管理

（一）加强政府有关部门的监督管理。民政部门要严格执行慈善组织年检制度和评估制度。要围绕慈善组织募捐活动、财产管理和使用、信息公开等内容，建立健全并落实日常监督检查制度、重大慈善项目专项检查制度、慈善组织及其负责人信用记录制度，并依法对违法违规行为进行处罚。财政、税务部门要依法对慈善组织的财务会计、享受税收优惠和使用公益事业捐赠统一票据等情况进行监督管理。其他政府部门要在各自职责范围内对慈善组织和慈善活动进行监督管理。

（二）公开监督管理信息。民政部门要通过信息网站等途径向社会公开慈善事业发展和慈善组织、慈善活动相关信息，具体包括各类慈善组织名单及其设立、变更、评估、年检、注销、撤销登记信息和政府扶持鼓励政策措施、购买社会组织服务信息、受奖励及处罚信息、本行政区域慈善事业发展年度统计信息以及依法应当

公开的其他信息。

（三）强化慈善行业自律。要推动建立慈善领域联合型、行业性组织，建立健全行业标准和行为准则，增强行业自我约束、自我管理、自我监督能力。鼓励第三方专业机构根据民政部门委托，按照民政部门制定的评估规程和评估指标，对慈善组织开展评估。相关政府部门要将评估结果作为政府购买服务、评选表彰的参考依据。

（四）加强社会监督。畅通社会公众对慈善活动中不良行为的投诉举报渠道，任何单位或个人发现任何组织或个人在慈善活动中有违法违规行为的，可以向该组织或个人所属的慈善领域联合型、行业性组织投诉，或向民政部门及其他政府部门举报。相关行业性组织要依据行业自律规则，在职责范围内及时协调处理投诉事宜。相关政府部门要在各自职责范围内及时调查核实，情况属实的要依法查处。切实保障捐赠人对捐赠财产使用情况的监督权利，捐赠人对慈善组织、其他受赠主体和受益人使用捐赠财产持有异议的，除向有关方面投诉举报外，还可以依法向人民法院提起诉讼。支持新闻媒体对慈善组织、慈善活动进行监督，对违法违规及不良现象和行为进行曝光，充分发挥舆论监督作用。

（五）建立健全责任追究制度。民政部门作为慈善事业主管部门，要会同有关部门建立健全责任追究制度。对慈善组织按照“谁登记、谁管理”的原则，由批准登记的民政部门会同有关部门对其违规开展募捐活动、违反约定使用捐赠款物、拒不履行信息公开责任、资助或从事危害国家安全和公共利益活动等违法违规行为依法进行查处；对于慈善组织或其负责人的负面信用记录，要予以曝光。对其他社会组织和个人按照属地管辖的原则，由所在地的民政部门会同有关部门对其以慈善为名组织实施的违反法律法规、违背公序良俗的行为和无正当理由拒不兑现或不完全兑现捐赠承诺、以诽谤造谣等方式损害慈善组织及其从业人员声誉等其他违法违规行为依法及时查处。对政府有关部门及其工作人员滥用职权、徇私舞弊或者玩忽职守、敷衍塞责造成严重后果的，要依法追究责任。

五、加强对慈善工作的组织领导

（一）建立健全组织协调机制。各级政府要将发展慈善事业作为社会建设的重要内容，纳入国民经济和社会发展总体规划和相关专项规划，加强慈善与社会救助、社会福利、社会保险等社会保障制度的衔接。各有关部门要建立健全慈善工作组织协调机制，及时解决慈善事业发展中遇到的突出困难和问题。

（二）完善慈善表彰奖励制度。国家对为慈善事业发展作出突出贡献、社会影响较大的个人、法人或者组织予以表彰。民政部要根据慈善事业发展的实际情况，及时修订完善“中华慈善奖”评选表彰办法，组织实施好评选表彰工作，在全社会营造良好的慈善氛围。各省（区、市）人民政府可按国家有关规定建立慈善表彰奖励制度。要抓紧出台有关措施，完善公民志愿服务记录制度，按照国家有关规定建立完善志愿者嘉许和回馈制度，鼓励更多的人参加志愿服务活动。

（三）完善慈善人才培养政策。要加快培养慈善事业发展急需的理论研究、高级管理、项目实施、专业服务和宣传推广等人才。加强慈善从业人员劳动权益保护和职业教育培训，逐步建立健全以慈善从业人员职称评定、信用记录、社会保险等为主要内容的人力资源管理体系，合理确定慈善行业工作人员工资待遇水平。

（四）加大对慈善工作的宣传力度。要充分利用报刊、广播、电视等媒体和互联网，以群众喜闻乐见的方式，大力宣传各类慈行善举和正面典型，以及慈善事业在服务困难群众、促进社会文明进步等方面的积极贡献，引导社会公众关心慈善、支持慈善、参与慈善。要着力推动慈善文化进机关、进企业、进学校、进社区、进乡村，弘扬中华民族团结友爱、互助共济的传统美德，为慈善事业发展营造良好社会氛围。

各省（区、市）人民政府要根据本意见要求，结合实际，研究制定配套落实政策。国务院相关部门要根据本部门职责研究制定具体政策措施。民政部要会同有关部门加强对本意见执行情况的监督检查，及时向国务院报告。

国务院办公厅转发民政部等部门关于进一步完善医疗救助制度全面开展重特大疾病医疗救助工作意见的通知

（2015 年 4 月 21 日　国办发〔2015〕30 号）

各省、自治区、直辖市人民政府，国务院各部委、各直属机构：

民政部、财政部、人力资源社会保障部、卫生计生委、保监会《关于进一步完善医疗救助制度全面开展重特大疾病医疗救助工作的意见》已经国务院同意，现转发给你们，请认真贯彻执行。

关于进一步完善医疗救助制度全面开展重特大疾病医疗救助工作的意见

民政部　财政部　人力资源社会保障部　卫生计生委　保监会

为全面落实《社会救助暂行办法》有关规定，编密织牢保障基本民生安全网，根据国务院决策部署和有关工作安排，现就进一步完善医疗救助制度、全面开展重特大疾病医疗救助工作提出以下意见：

一、总体要求

（一）指导思想。深入贯彻党的十八大和十八届二中、三中、四中全会精神，以健全社会救助体系、保障困难群众基本医疗权益为目标，进一步健全工作机制，完善政策措施，强化规范管理，加强统筹衔接，不断提高医疗救助管理服务水平，最大限度减轻困难群众医疗支出负担。

（二）基本原则。托住底线。按照救助对象医疗费用、家庭困难程度和负担能力等因素，科学合理制定救助方案，确保其获得必需的基本医疗卫生服务；救助水平与经济社会发展水平相适应。

统筹衔接。推进医疗救助制度城乡统筹发展，加强与基本医疗保险、城乡居民大病保险、疾病应急救助及各类补充医疗保险、商业保险等制度的有效衔接，形成制度合力。加强与慈善事业有序衔接，实现政府救助与社会力量参与的高效联动和良性互动。

公开公正。公开救助政策、工作程序、救助对象以及实施情况，主动接受群众和社会监督，确保过程公开透明、结果公平公正。

高效便捷。优化救助流程，简化结算程序，加快信息化建设，增强救助时效，发挥救急难功能，使困难群众及时得到有效救助。

（三）目标任务。城市医疗救助制度和农村医疗救助制度于2015年底前合并实施，全面开展重特大疾病医疗救助工作，进一步细化实化政策措施，实现医疗救助制度科学规范、运行有效，与相关社会救助、医疗保障政策相配套，保障城乡居民基本医疗权益。

二、完善医疗救助制度

（一）整合城乡医疗救助制度。各地要在2015年底前，将城市医疗救助制度和农村医疗救助制度整合为城乡医疗救助制度。要按照《城乡医疗救助基金管理办法》（财社〔2013〕217号）的要求，合并原来在社会保障基金财政专户中分设的“城市医疗救助基金专账”和“农村医疗救助基金专账”，在政策目标、资金筹集、对象范围、救助标准、救助程序等方面加快推进城乡统筹，确保城乡困难群众获取医疗救助的权利公平、机会公平、规则公平、待遇公平。

（二）合理界定医疗救助对象。最低生活保障家庭成员和特困供养人员是医疗救助的重点救助对象。要逐步将低收入家庭的老年人、未成年人、重度残疾人和重病患者等困难群众（以下统称低收入救助对象），以及县级以上人民政府规定的其他特殊困难人员纳入救助范围。适当拓展重特大疾病医疗救助对象范围，积极探索对发生高额医疗费用、超过家庭承受能力、基本生活出现严重困难家庭中的重病患者（以下称因病致贫家庭重病患者）实施救助。在各类医疗救助对象中，要重点加大对重病、重残儿童的救助力度。

（三）资助参保参合。对重点救助对象参加城镇居民基本医疗保险或新型农村合作医疗的个人缴费部分进行补贴，特困供养人员给予全额资助，最低生活保障家庭成员给予定额资助，保障其获得基本医疗保险服务。具体资助办法由县级以上地方人民政府根据本地经济社会发展水平和医疗救助资金筹集情况等因素研究制定。

（四）规范门诊救助。门诊救助的重点是因患慢性病需要长期服药或者患重特大疾病需要长期门诊治疗，导致自负费用较高的医疗救助对象。卫生计生部门已经明确诊疗路径、能够通过门诊治疗的病种，可采取单病种付费等方式开展门诊救助。门诊救助的最高救助限额由县级以上地方人民政府根据当地救助对象需求和医疗救助资金筹集等情况研究确定。

（五）完善住院救助。重点救助对象在定点医疗机构发生的政策范围内住院费用中，对经基本医疗保险、城乡居民大病保险及各类补充医疗保险、商业保险报销后的个人负担费用，在年度救助限额内按不低于70%的比例给予救助。住院救助的年度最高救助限额由县级以上地方人民政府根据当地救助对象需求和医疗救助资金筹集等情况确定。定点医疗机构应当减免救助对象住院押金，及时给予救治；医疗救助经办机构要及时确认救助对象，并可向定点医疗机构提供一定额度的预付资金，方便救助对象看病就医。

三、全面开展重特大疾病医疗救助

（一）科学制定实施方案。各地要在评估、总结试点经验基础上，进一步完善实施方案，扩大政策覆盖地区，全面开展重特大疾病医疗救助工作。对重点救助对象和低收入救助对象经基本医疗保险、城乡居民大病保险及各类补充医疗保险、商业保险等报销后个人负担的合规医疗费用，直接予以救助；因病致贫家庭重病患者等其他救助对象负担的合规医疗费用，先由其个人支付，对超过家庭负担能力的部分予以救助。合规医疗费用主要参照当地基本医疗保险的有关规定确定，已经开展城乡居民大病保险的地区，也可以参照城乡居民大病保险的有关规定确定。

（二）合理确定救助标准。综合考虑患病家庭负担能力、个人自负费用、当地筹资情况等因素，分类分段设置重特大疾病医疗救助比例和最高救助限额。原则上重点救助对象的救助比例高于低收入救助对象，低收入救助对象高于其他救助对象；同一类救助对象，个人自负费用数额越大，救助比例越高。对重点救助对象应当全面取消救助门槛；对因病致贫家庭重病患者可设置起付线，对起付线以上的自负费用给予救助。

（三）明确就医用药范围。重特大疾病医疗救助的用药范围、诊疗项目等，原则上参照基本医疗保险和城乡居民大病保险的相关规定执行。对确需到上级医疗机构或跨县域异地医院就诊的医疗救助对象，应按规定履行转诊或备案手续。对已明确临床诊疗路径的重特大疾病病种，可采取按病种付费等方式给予救助。

（四）加强与相关医疗保障制度的衔接。民政、财政、人力资源社会保障、卫生计生、保险监管等部门要加强协作配合，共同做好重特大疾病医疗救助与基本医疗保险、城乡居民大病保险、疾病应急救助、商业保险的有效衔接，确保城乡居民大病保险覆盖所有贫困重特大疾病患者，帮助所有符合条件的困难群众获得保险补偿和医疗救助。加强重特大疾病医疗救助与疾病应急救助制度的高效联动，将救助关口前移，主动对符合条件的疾病应急救助对象进行救助。民政部门要会同有关部门以及城乡居民大病保险承办服务机构，进一步完善信息共享和业务协作机制，共同做好重特大疾病医疗救助相关基础工作。

四、健全工作机制

（一）健全筹资机制。各地要根据救助对象数量、患病率、救助标准、医药费用增长情况，以及基本医疗保险、城乡居民大病保险、商业保险报销水平等，科学测算医疗救助资金需求，加大财政投入，鼓励和引导社会捐赠，健全多渠道筹资机制。县级财政要根据测算的资金需求和上级财政补助资金情况，合理安排本级财政医疗救助资金，并纳入年度预算。省级和地市级财政应加大对本行政区域内经济困难地区的资金补助力度。中央财政在分配医疗救助补助资金时，将进一步加大对地方各级财政筹资情况的考核力度。各地应根据年度筹资情况及时调整救助方案，提高资金使用效益。

（二）健全“一站式”即时结算机制。做到医疗救助与基本医疗保险、城乡居民大病保险、疾病应急救助、商业保险等信息管理平台互联互享、公开透明，实现“一站式”信息交换和即时结算，救助对象所发生的医疗费用可先由定点医疗机构垫付医疗救助基金支付的部分，救助对象只支付自负部分。结合医保异地就医工作的推进，积极探索重特大疾病医疗救助异地就医管理机制。

（三）健全救助服务监管机制。要在基本医疗保险定点医疗机构范围内，按照公开平等、竞争择优的原则确定医疗救助定点医疗机构。民政部门要与医疗救助定点医疗机构签订委托合作协议，明确服务内容、服务质量、费用结算以及双方的责任义务，制定服务规范，并会同财政、人力资源社会保障、卫生计生等部门及商业保险机构做好对医疗服务行为质量的监督管理，防控不合理医疗行为和费用。对不按规定用药、诊疗以及提供医疗服务所发生的费用，医疗救助基金不予结算。对违反合作协议，不按规定提供医疗救助服务，造成医疗救助资金流失或浪费的，要终止定点合作协议，取消医疗救助定点医疗机构资格，并依法追究责任。

（四）健全社会力量参与的衔接机制。各地要加强医疗救助与社会力量参与的衔接机制建设，落实国家有关财税优惠、费用减免等政策规定，支持、引导社会力量通过捐赠资金、物资积极参与医疗救助特别是重特大疾病医疗救助，形成对政府救助的有效补充。要搭建信息共享平台，及时提供救助需求信息，为社会力量参与医疗救助创造条件、提供便利，形成工作合力。要从困难群众医疗保障需求出发，帮助他们寻求慈善帮扶。要注重发挥社会力量的专业优势，提供医疗费用补助、心理疏导、亲情陪护等形式多样的慈善医疗服务，帮助困难群众减轻医疗经济负担、缓解身心压力。

五、加强组织领导

完善医疗救助制度、全面开展重特大疾病医疗救助工作，缓解因病陷入困境群众的“不能承受之重”，是政府的重要职责。县级以上地方各级人民政府要加强组织领导，细化政策措施，明确进度安排，落实管理责任，加大资金投入，强化督促检查，务求取得实效。要切实加强基层经办机构和能力建设，做到事有人管、责有人负，不断提高工作水平。

各级民政部门要主动加强与财政、人力资源社会保障、卫生计生、保险监管等部门的协调配合，做好医疗救助方案设计、政策调整等工作，更好地发挥医疗救助救急难作用。对于医疗救助政策难以解决的个案问题，要充分利用当地社会救助协调工作机制，专题研究解决措施，避免冲击社会道德和心理底线的事件发生。

国务院关于钢铁行业化解过剩产能实现脱困发展的意见

（2016年2月1日　国发〔2016〕6号）

各省、自治区、直辖市人民政府，国务院各部委、各直属机构：

钢铁产业是国民经济的重要基础原材料产业，投资拉动作用大、吸纳就业能力强、产业关联度高，为我国经济社会发展作出了重要贡献。近年来，随着经济下行压力加大，钢材市场需求回落，钢铁行业快速发展过程中积累的矛盾和问题逐渐暴露，其中产能过剩问题尤为突出，钢铁企业生产经营困难加剧、亏损面和亏损额不断扩大。为贯彻落实党中央、国务院关于推进结构性改革、抓好去产能任务的决策部署，进一步化解钢铁行业过剩产能、推动钢铁企业实现脱困发展，现提出以下意见：

一、总体要求

（一）指导思想。全面贯彻党的十八大和十八届三中、四中、五中全会以及中央经济工作会议精神，按照“五位一体”总体布局和“四个全面”战略布局，牢固树立和贯彻落实创新、协调、绿色、开放、共享的发展理念，着眼于推动钢铁行业供给侧结构性改革，坚持市场倒逼、企业主体，地方组织、中央支持，突出重点、依法依规，综合运用市场机制、经济手段和法治办法，因地制宜、分类施策、标本兼治，积极稳妥化解过剩产能，建立市场化调节产能的长效机制，促进钢铁行业结构优化、脱困升级、提质增效。

（二）基本原则。

坚持市场倒逼、企业主体。健全公平开放透明的市场规则，强化市场竞争机制和倒逼机制，提高有效供给能力，引导消费结构升级。发挥企业主体作用，保障企业自主决策权。

坚持地方组织、中央支持。加强政策引导，完善体制机制，规范政府行为，取消政府对市场的不当干预和对企业的地方保护。发挥中央和地方两个积极性，积极有序化解过剩产能，确保社会稳定。

坚持突出重点、依法依规。整体部署、重点突破，统筹推进各地区开展化解过剩产能工作，产钢重点省份和工作基础较好的地区率先取得突破。强化法治意识，依法依规化解过剩产能，切实保障企业和职工的合法权益，落实好各项就业和社会保障政策，处置好企业资产债务。

（三）工作目标。在近年来淘汰落后钢铁产能的基础上，从2016年开始，用5年时间再压减粗钢产能1亿—1.5亿吨，行业兼并重组取得实质性进展，产业结构得到优化，资源利用效率明显提高，产能利用率趋于合理，产品质量和高端产品供给能力显著提升，企业经济效益好转，市场预期明显向好。

二、主要任务

（四）严禁新增产能。严格执行《国务院关于化解产能严重过剩矛盾的指导意见》（国发〔2013〕41号），各地区、各部门不得以任何名义、任何方式备案新增产能的钢铁项目，各相关部门和机构不得办理土地供应、能评、环评审批和新增授信支持等相关业务。对违法违规建设的，要严肃问责。已享受奖补资金和有关政策支持的，退出产能不得用于置换。

（五）化解过剩产能。

1. 依法依规退出。严格执行环保、能耗、质量、安全、技术等法律法规和产业政策，达不到标准要求的钢铁产能要依法依规退出。

——环保方面：严格执行环境保护法，对污染物排放达不到《钢铁工业水污染物排放标准》《钢铁烧结、球团工业大气污染物排放标准》《炼铁工业大气污染物排放标准》《炼钢工业大气污染物排放标准》《轧钢工业大气污染物排放标准》等要求的钢铁产能，实施按日连续处罚；情节严重的，报经有批准权的人民政府批准，责令停业、关闭。

——能耗方面：严格执行节约能源法，对达不到《粗钢生产主要工序单位产品能源消耗限额》等强制性标准要求的钢铁产能，应在6个月内进行整改，确需延长整改期限的可提出不超过3个月的延期申请，逾期未整改或未达到整改要求的，依法关停退出。

——质量方面：严格执行产品质量法，对钢材产品质量达不到强制性标准要求的，依法查处并责令停产整改，在6个月内未整改或未达到整改要求的，依法关停退出。

——安全方面：严格执行安全生产法，对未达到企业安全生产标准化三级、安全条件达不到《炼铁安全规程》《炼钢安全规程》《工业企业煤气安全规程》等标准要求的钢铁产能，要立即停产整改，在6个月内未整改或整改后仍不合格的，依法关停退出。

——技术方面：按照《产业结构调整指导目录（2011年）（修正）》的有关规定，立即关停并拆除400立方米及以下炼铁高炉、30吨及以下炼钢转炉、30吨及以下炼钢电炉等落后生产设备。对生产地条钢的企业，要立即关停，拆除设备，并依法处罚。

2. 引导主动退出。完善激励政策，鼓励企业通过主动压减、兼并重组、转型转产、搬迁改造、国际产能合作等途径，退出部分钢铁产能。

——企业主动压减产能。鼓励有条件的企业根据市场情况和自身发展需要，调整企业发展战略，尽快退出已停产的产能。鼓励钢铁产能规模较大的重点地区支持属地企业主动承担更多的压减任务。

——兼并重组压减产能。鼓励有条件的钢铁企业实施跨行业、跨地区、跨所有制减量化兼并重组，重点推进产钢大省的企业实施兼并重组，退出部分过剩产能。

——转产搬迁压减产能。对不符合所在城市发展规划的城市钢厂，不具备搬迁价值和条件的，鼓励其实施转型转产；具备搬迁价值和条件的，支持其实施减量、环保搬迁。

——国际产能合作转移产能。鼓励有条件的企业结合"一带一路"建设，通过开展国际产能合作转移部分产能，实现互利共赢。

3. 拆除相应设备。钢铁产能退出须拆除相应冶炼设备。具备拆除条件的应立即拆除；暂不具备拆除条件的设备，应立即断水、断电，拆除动力装置，封存冶炼设备，企业向社会公开承诺不再恢复生产，同时在省级人民政府或省级主管部门网站公示，接受社会监督，并限时拆除。

（六）严格执法监管。强化环保执法约束作用，全面调查钢铁行业环保情况，严格依法处置环保不达标的钢铁企业，进一步完善钢铁行业主要污染物在线监控体系，覆盖所有钢铁企业。加大能源消耗执法检查力度，全面调查钢铁行业能源消耗情况，严格依法处置生产工序单位产品能源消耗不达标的钢铁企业。加强产品质量管理执法，全面调查钢铁生产许可获证企业生产状况和生产条件，严厉打击无证生产等违法行为。对因工艺装备落后、环保和能耗不达标被依法关停的企业，注销生产许可证；对重组"僵尸企业"、实施减量化重组的企业办理生产许可证的，优化程序，简化办理。严格安全生产监督执法，全面调查钢铁行业安全生产情况，及时公布钢铁企业安全生产不良记录"黑名单"信息，依法查处不具备安全生产条件的钢铁企业。加大信息公开力度，依法公开监测信息，接受社会公众监督。

（七）推动行业升级。

1. 推进智能制造。引导钢铁制造业与"互联网＋"融合发展，与大众创业、万众创新紧密结合，实施钢铁企业智能制造示范工程，制定钢铁生产全流程"两化融合"解决方案。提升企业研发、生产和服务的智能化水平，建设一批智能制造示范工厂。推广以互联网订单为基础，满足客户多品种小批量的个性化、柔性化产品定制新模式。

2. 提升品质品牌。树立质量标杆，升级产品标准，加强品牌建设，全面提升主要钢铁产品的质量稳定性和性能一致性，形成一批具有较大国际影响力的企业品牌和产品品牌。

3. 研发高端品种。加强钢铁行业生产加工与下游用钢行业需求对接，引导钢铁企业按照"先期研发介入、后续跟踪改进"的模式，重点推进高速铁路、核电、汽车、船舶与海洋工程等领域重大技术装备所需高端钢材品种的研发和推广应用。

4. 促进绿色发展。实施节能环保改造升级，开展环保、节能对标活动，加快企业能源管理信息系统建设。所有钢铁企业实现环保节能稳定达标，全行业污染物排放总量稳步下降。

5. 扩大市场消费。推广应用钢结构建筑，结合棚户区改造、危房改造和抗震安居工程实施，开展钢结构建筑推广应用试点，大幅提高钢结构应用比例。稳定重点用钢行业消费，促进钢铁企业与下游用户合作，推进钢材在汽车、机械装备、电力、船舶等领域扩大应用和升级。

三、政策措施

（八）加强奖补支持。设立工业企业结构调整专项奖补资金，按规定统筹对地方化解过剩产能中的人员分流安置给予奖补，引导地方综合运用兼并重组、债务重组和破产清算等方式，加快处置“僵尸企业”，实现市场出清。使用专项奖补资金要结合地方任务完成进度（主要与退出产能挂钩）、困难程度、安置职工情况等因素，对地方实行梯级奖补，由地方政府统筹用于符合要求企业的职工安置。具体办法由相关部门另行制定。

（九）完善税收政策。加快铁矿石资源税从价计征改革，推动扩大增值税抵扣范围。将营改增范围扩大到建筑业等领域。钢铁企业利用余压余热发电，按规定享受资源综合利用增值税优惠政策。统筹研究钢铁企业利用余压余热发电适用资源综合利用企业所得税优惠政策问题。落实公平税赋政策，取消加工贸易项下进口钢材保税政策。

（十）加大金融支持。

1. 落实有保有控的金融政策，对化解过剩产能、实施兼并重组以及有前景、有效益的钢铁企业，按照风险可控、商业可持续原则加大信贷支持力度，支持各类社会资本参与钢铁企业并购重组；对违规新增钢铁产能的企业停止贷款。

2. 运用市场化手段妥善处置企业债务和银行不良资产，落实金融机构呆账核销的财税政策，完善金融机构加大抵债资产处置力度的财税支持政策。研究完善不良资产批量转让政策，支持银行加快不良资产处置进度，支持银行向金融资产管理公司打包转让不良资产，提高不良资产处置效率。

3. 支持社会资本参与企业并购重组。鼓励保险资金等长期资金创新产品和投资方式，参与企业并购重组，拓展并购资金来源。完善并购资金退出渠道，加快发展相关产权的二级交易市场，提高资金使用效率。

4. 严厉打击企业逃废银行债务行为，依法保护债权人合法权益。地方政府建立企业金融债务重组和不良资产处置协调机制，组织协调相关部门支持金融机构做好企业金融债务重组和不良资产处置工作。

（十一）做好职工安置。要把职工安置作为化解过剩产能工作的重中之重，通过企业主体作用与社会保障相结合，多措并举做好职工安置。安置计划不完善、资金保障不到位以及未经职工代表大会或全体职工讨论通过的职工安置方案，不得实施。

1. 挖掘企业内部潜力。充分发挥企业主体作用，采取协商薪酬、灵活工时、培训转岗等方式，稳定现有工作岗位，缓解职工分流压力。支持创业平台建设和职工自主创业，积极培育适应钢铁企业职工特点的创业创新载体，扩大返乡创业试点范围，提升创业服务孵化能力，培育接续产业集群，引导职工就地就近创业就业。

2. 对符合条件的职工实行内部退养。对距离法定退休年龄5年以内的职工经自愿选择、企业同意并签订协议后，依法变更劳动合同，企业为其发放生活费并缴纳基本养老保险费和基本医疗保险费。职工在达到法定退休年龄前，不得领取基本养老金。

3. 依法依规解除、终止劳动合同。企业确需与职工解除劳动关系的，应依法支付经济补偿，偿还拖欠的职工在岗期间工资和补缴社会保险费用，并做好社会保险关系转移接续手续等工作。企业主体消亡时，依法与职工终止劳动合同，对于距离法定退休年龄5年以内的职工，可以由职工自愿选择领取经济补偿金，或由单位一次性预留为其缴纳至法定退休年龄的社会保险费和基本生活费，由政府指定的机构代发基本生活费、代缴基本养老保险费和基本医疗保险费。

4. 做好再就业帮扶。通过技能培训、职业介绍等方式，促进失业人员再就业或自主创业。对就业困难人员，要加大就业援助力度，通过开发公益性岗位等多种方式予以帮扶。对符合条件的失业人员按规定发放失业保险金，符合救助条件的应及时纳入社会救助范围，保障其基本生活。

（十二）盘活土地资源。钢铁产能退出后的划拨用地，可以依法转让或由地方政府收回，地方政府收回原划拨土地使用权后的土地出让收入，可按规定通过预算安排支付产能退出企业职工安置费用。钢铁产能退出后的工业用地，在符合城乡规划的前提下，可用于转产发展第三产业，地方政府收取的土地出让收入，可按规定通过预算安排用于职工安置和债务处置；其中转产为生产性服务业等国家鼓励发展行业的，可在5年内继续按原用途和土地权利类型使用土地。

四、组织实施

（十三）加强组织领导。相关部门要建立化解钢铁过剩产能和脱困升级工作协调机制，加强综合协调，制定实施细则，督促任务落实，统筹推进各项工作。各有关省级人民政府要成立领导小组，任务重的市、县和重点企业要建立相应领导机构和工作推进机制。各有关省级人民政府、国务院国资委分别对本地区、有关中央企业化解钢铁过剩产能工作负总责，要根据本意见研究提出产能退出总规模、分企业退出规模及时间表，据此制订实施方案及配套政策，报送国家发展改革委、工业和信息化部。国家发展改革委、工业和信息化部根据全国化解钢铁过剩产能的目标任务和时间要求，综合平衡，并与各有关地区、国务院国资委进行协调，将化解过剩产能任务落实到位。各有关省级人民政府、国务院国资委据此制定实施方案并组织实施，同时报国务院备案。

（十四）强化监督检查。建立健全目标责任制，把各地区化解过剩产能目标落实情况列为落实中央重大决策部署监督检查的重要内容，加强对化解过剩产能工作全过程的监督检查。各地区要将化解过剩产能任务年度完成情况向社会公示，建立举报制度。强化考核机制，引入第三方机构对各地区任务完成情况进行评估，对未完成任务的地方和企业要予以问责。国务院相关部门要适时组织开展专项督查。

（十五）做好行业自律。充分发挥行业协会熟悉行业、贴近企业的优势，及时反映企业诉求，反馈政策落实情况，引导和规范企业做好自律工作。引入相关中介、评级、征信机构参与标准确认、公示监督等工作。化解钢铁过剩产能标准和结果向社会公示，加强社会监督，实施守信激励、失信惩戒。

（十六）加强宣传引导。要通过报刊、广播、电视、互联网等方式，广泛深入宣传化解钢铁过剩产能的重要意义和经验做法，加强政策解读，回应社会关切，形成良好的舆论环境。

国务院关于煤炭行业化解过剩产能实现脱困发展的意见

（2016年2月1日　国发〔2016〕7号）

各省、自治区、直辖市人民政府，国务院各部委、各直属机构：

煤炭是我国主体能源。煤炭产业是国民经济基础产业，涉及面广、从业人员多，关系经济发展和社会稳定大局。近年来，受经济增速放缓、能源结构调整等因素影响，煤炭需求大幅下降，供给能力持续过剩，供求关系严重失衡，导致企业效益普遍下滑，市场竞争秩序混乱，安全生产隐患加大，对经济发展、职工就业和社会稳定造成了不利影响。为贯彻落实党中央、国务院关于推进结构性改革、抓好去产能任务的决策部署，进一步化解煤炭行业过剩产能、推动煤炭企业实现脱困发展，现提出以下意见。

一、总体要求

（一）指导思想。全面贯彻党的十八大和十八届三中、四中、五中全会以及中央经济工作会议精神，按照“五位一体”总体布局和“四个全面”战略布局，牢固树立和贯彻落实创新、协调、绿色、开放、共享的发展理念，着眼于推动煤炭行业供给侧结构性改革，坚持市场倒逼、企业主体，地方组织、中央支持，综合施策、标本兼治，因地制宜、分类处置，将积极稳妥化解过剩产能与结构调整、转型升级相结合，实现煤炭行业扭亏脱困升级和健康发展。

（二）基本原则。

市场倒逼与政府支持相结合。充分发挥市场机制作用和更好发挥政府引导作用，用法治化和市场化手段化解过剩产能。企业承担化解过剩产能的主体责任，地方政府负责制定落实方案并组织实施，中央给予资金奖补和政策支持。

化解产能与转型升级相结合。严格控制新增产能，切实淘汰落后产能，有序退出过剩产能，探索保留产能与退出产能适度挂钩。通过化解过剩产能，促进企业优化组织结构、技术结构、产品结构，创新体制机制，提升综合竞争力，推动煤炭行业转型升级。

整体推进与重点突破相结合。在重点产煤省份和工作基础较好的地区率先突破，为整体推进探索有益经验。以做好职工安置为重点，挖掘企业内部潜力，做好转岗分流工作，落实好各项就业和社会保障政策，保障职工合法权益，处理好企业资产债务。

（三）工作目标。在近年来淘汰落后煤炭产能的基础上，从2016年开始，用3至5年的时间，再退出产能5亿吨左右、减量重组5亿吨左右，较大幅度压缩煤炭产能，适度减少煤矿数量，煤炭行业过剩产能得到有效化解，市场供需基本平衡，产业结构得到优化，转型升级取得实质性进展。

二、主要任务

（四）严格控制新增产能。从2016年起，3年内原则上停止审批新建煤矿项目、新增产能的技术改造项目和产能核增项目；确需新建煤矿的，一律实行减量置换。在建煤矿项目应按一定比例与淘汰落后产能和化解过剩产能挂钩，已完成淘汰落后产能和化解过剩产能任务的在建煤矿项目应由省级人民政府有关部门予以公告。

（五）加快淘汰落后产能和其他不符合产业政策的产能。安全监管总局等部门确定的13类落后小煤矿，以及开采范围与自然保护区、风景名胜区、饮用水水源保护区等区域重叠的煤矿，要尽快依法关闭退出。产能小于30万吨/年且发生重大及以上安全生产责任事故的煤矿，产能15万吨/年及以下且发生较大及以上安全生产责任事故的煤矿，以及采用国家明令禁止使用的采煤方法、工艺且无法实施技术改造的煤矿，要在1至3年内淘汰。

（六）有序退出过剩产能。

1. 属于以下情况的，通过给予政策支持等综合措施，引导相关煤矿有序退出。

——安全方面：煤与瓦斯突出、水文地质条件极其复杂、具有强冲击地压等灾害隐患严重，且在现有技术条件下难以有效防治的煤矿；开采深度超过《煤矿安全规程》规定的煤矿；达不到安全质量标准化三级的煤矿。

——质量和环保方面：产品质量达不到《商品煤质量管理暂行办法》要求的煤

矿。开采范围与依法划定、需特别保护的相关环境敏感区重叠的煤矿。

——技术和资源规模方面：非机械化开采的煤矿；晋、蒙、陕、宁4个地区产能小于60万吨/年，冀、辽、吉、黑、苏、皖、鲁、豫、甘、青、新11个地区产能小于30万吨/年，其他地区产能小于9万吨/年的煤矿；开采技术和装备列入《煤炭生产技术与装备政策导向（2014年版）》限制目录且无法实施技术改造的煤矿；与大型煤矿井田平面投影重叠的煤矿。

——其他方面：长期亏损、资不抵债的煤矿；长期停产、停建的煤矿；资源枯竭、资源赋存条件差的煤矿；不承担社会责任、长期欠缴税款和社会保障费用的煤矿；其他自愿退出的煤矿。

2. 对有序退出范围内属于满足林区、边远山区居民生活用煤需要或承担特殊供应任务的煤矿，经省级人民政府批准，可以暂时保留。保留的煤矿原则上要实现机械化开采。

3. 探索实行煤炭行业"存去挂钩"。除工艺先进、生产效率高、资源利用率高、安全保障能力强、环境保护水平高、单位产品能源消耗低的先进产能外，对其他保留产能探索实行"存去挂钩"，通过重新确定产能、实行减量生产等多种手段压减部分现有产能。

（七）推进企业改革重组。稳妥推动具备条件的国有煤炭企业发展混合所有制经济，完善现代企业制度，提高国有资本配置和运行效率。鼓励大型煤炭企业兼并重组中小型企业，培育一批大型煤炭企业集团，进一步提高安全、环保、能耗、工艺等办矿标准和生产水平。利用3年时间，力争单一煤炭企业生产规模全部达到300万吨/年以上。

（八）促进行业调整转型。鼓励发展煤电一体化，引导大型火电企业与煤炭企业之间参股。火电企业参股的煤炭企业产能超过该火电企业电煤实际消耗量的一定比例时，在发电量计划上给予该火电企业奖励。加快研究制定商品煤系列标准和煤炭清洁利用标准。鼓励发展煤炭洗选加工转化，提高产品附加值；按照《现代煤化工建设项目环境准入条件（试行）》，有序发展现代煤化工。鼓励利用废弃的煤矿工业广场及其周边地区，发展风电、光伏发电和现代农业。加快煤层气产业发展，合理确定煤层气勘查开采区块，建立煤层气、煤炭协调开发机制，处理好煤炭、煤层气矿业权重叠地区资源开发利用问题，对一定期限内规划建井开采的区域，按照煤层气开发服务于煤炭开发的原则，采取合作或调整煤层气矿业权范围等方式，优先保证煤炭开发需要，并有效利用煤层气资源。开展低浓度瓦斯采集、提纯和利用技术攻关，提高煤矿瓦斯利用率。

（九）严格治理不安全生产。进一步加大煤矿安全监管监察工作力度，开展安全生产隐患排查治理，对存在重大安全隐患的煤矿责令停产整顿。严厉打击证照不全、数据资料造假等违法生产行为，对安全监控系统不能有效运行、煤与瓦斯突出矿井未按规定落实区域防突措施、安全费用未按要求提取使用、不具备安全生产条件的煤矿，一律依法依规停产整顿。

（十）严格控制超能力生产。全面实行煤炭产能公告和依法依规生产承诺制度，督促煤矿严格按公告产能组织生产，对超能力生产的煤矿，一律责令停产整改。引导企业实行减量化生产，从 2016 年开始，按全年作业时间不超过 276 个工作日重新确定煤矿产能，原则上法定节假日和周日不安排生产。对于生产特定煤种、与下游企业机械化连续供应以及有特殊安全要求的煤矿企业，可在 276 个工作日总量内实行适度弹性工作日制度，但应制定具体方案，并向当地市级以上煤炭行业管理部门、行业自律组织及指定的征信机构备案，自觉接受行业监管和社会监督。

（十一）严格治理违法违规建设。对基本建设手续不齐全的煤矿，一律责令停工停产，对拒不停工停产、擅自组织建设生产的，依法实施关闭。强化事中事后监管，建立和完善煤炭生产要素采集、登记、公告与核查制度，落实井下生产布局和技术装备管理规定，达不到国家规定要求的煤矿一律停产并限期整改，整改后仍达不到要求的，限期退出。有关部门要联合惩戒煤矿违法违规建设生产行为。

（十二）严格限制劣质煤使用。完善煤炭产业发展规划，停止核准高硫高灰煤项目，依法依规引导已核准的项目暂缓建设、正在建设的项目压缩规模、已投产的项目限制产量。落实商品煤质量管理有关规定，加大对京津冀、长三角、珠三角等地区销售使用劣质散煤情况的检查力度。按照有关规定继续限制劣质煤进口。

三、政策措施

（十三）加强奖补支持。设立工业企业结构调整专项奖补资金，按规定统筹对地方化解煤炭过剩产能中的人员分流安置给予奖补，引导地方综合运用兼并重组、债务重组和破产清算等方式，加快处置“僵尸企业”，实现市场出清。使用专项奖补资金要结合地方任务完成进度、困难程度、安置职工情况等因素，对地方实行梯级奖补，由地方政府统筹用于符合要求企业的职工安置。具体办法由相关部门另行制定。

（十四）做好职工安置。要把职工安置作为化解过剩产能工作的重中之重，坚持企业主体作用与社会保障相结合，细化措施方案，落实保障政策，维护职工合法权益。安置计划不完善、资金保障不到位以及未经职工代表大会或全体职工讨论通过的职工安置方案，不得实施。

1. 挖掘企业内部潜力。采取协商薪酬、灵活工时、培训转岗等方式，稳定现有工作岗位，对采取措施不裁员或少裁员的生产经营困难企业，通过失业保险基金发放稳岗补贴。支持创业平台建设和职工自主创业，积极培育适应煤矿职工特点的创业创新载体，将返乡创业试点范围扩大到矿区，通过加大专项建设基金投入等方式，提升创业服务孵化能力，培育接续产业集群，引导职工就地就近创业就业。

2. 对符合条件的职工实行内部退养。对距离法定退休年龄5年以内的职工经自愿选择、企业同意并签订协议后，依法变更劳动合同，企业为其发放生活费并缴纳基本养老保险费和基本医疗保险费。职工在达到法定退休年龄前，不得领取基本养老金。

3. 依法依规解除、终止劳动合同。企业确需与职工解除劳动关系的，应依法支付经济补偿，偿还拖欠的职工在岗期间工资和补缴社会保险费用，并做好社会保险关系转移接续手续等工作。企业主体消亡时，依法与职工终止劳动合同，对于距离法定退休年龄5年以内的职工，可以由职工自愿选择领取经济补偿金，或由单位一次性预留为其缴纳至法定退休年龄的社会保险费和基本生活费，由政府指定的机构代发基本生活费、代缴基本养老保险费和基本医疗保险费。

4. 做好再就业帮扶。通过技能培训、职业介绍等方式，促进失业人员再就业或自主创业。对就业困难人员，要加大就业援助力度，通过开发公益性岗位等多种方式予以帮扶。对符合条件的失业人员按规定发放失业保险金，符合救助条件的应及时纳入社会救助范围，保障其基本生活。

（十五）加大金融支持。

1. 金融机构对经营遇到困难但经过深化改革、加强内部管理仍能恢复市场竞争力的骨干煤炭企业，要加强金融服务，保持合理融资力度，不搞“一刀切”。支持企业通过发债替代高成本融资，降低资金成本。

2. 运用市场化手段妥善处置企业债务和银行不良资产，落实金融机构呆账核销的财税政策，完善金融机构加大抵债资产处置力度的财税支持政策。研究完善不良资产批量转让政策，支持银行加快不良资产处置进度，支持银行向金融资产管理公司打包转让不良资产，提高不良资产处置效率。

3. 支持社会资本参与企业并购重组，鼓励保险资金等长期资金创新产品和投资方式，参与企业并购重组，拓展并购资金来源。完善并购资金退出渠道，加快发展相关产权的二级交易市场，提高资金使用效率。

4. 严厉打击企业逃废银行债务行为，依法保护债权人合法权益。地方政府建立企业金融债务重组和不良资产处置协调机制，组织协调相关部门支持金融机构做好企业金融债务重组和不良资产处置工作。

（十六）盘活土地资源。支持退出煤矿用好存量土地，促进矿区更新改造和土地再开发利用。煤炭产能退出后的划拨用地，可以依法转让或由地方政府收回。地方政府收回原划拨土地使用权后的出让收入，可按规定通过预算安排用于支付产能退出企业职工安置费用。对用地手续完备的腾让土地，转产为生产性服务业等国家鼓励发展行业的，可在5年内继续按原用途和土地权利类型使用土地。

（十七）鼓励技术改造。鼓励和支持煤矿企业实施机械化、自动化改造，重点创新煤炭地质保障与高效建井关键技术，煤炭无人和无害化、无煤柱自成巷开采技术，推广保水充填开采、智能开采和特殊煤层开采等绿色智慧矿山关键技术，提升大型煤炭开采先进装备制造水平。

（十八）其他支持政策。加快推进国有煤炭企业分离办社会职能，尽快移交“三供一业”（供水、供电、供热和物业管理），解决政策性破产遗留问题。支持煤炭企业按规定缓缴采矿权价款。支持煤炭企业以采矿权抵押贷款，增加周转资金。改进国有煤炭企业业绩考核机制，根据市场变化情况科学合理确定企业经营业绩考核目标。调整完善煤炭出口政策，鼓励优势企业扩大对外出口。严格执行反不正当竞争法、反垄断法，严肃查处违法违规竞争行为，维护公平竞争市场秩序。

四、组织实施

（十九）加强组织领导。相关部门要建立化解煤炭过剩产能和脱困升级工作协调机制，加强综合协调，制定实施细则，督促任务落实，统筹推进各项工作。各有关省级人民政府对本地区化解煤炭过剩产能工作负总责，要成立领导小组，任务重的市、县和重点企业要建立相应领导机构和工作推进机制。国务院国资委牵头组织实施中央企业化解煤炭过剩产能工作。各有关省级人民政府、国务院国资委要根据本意见研究提出产能退出总规模、分企业退出规模及时间表，据此制订实施方案及配套政策，报送国家发展改革委。

（二十）强化监督检查。建立健全目标责任制，把各地区化解过剩产能目标落实情况列为落实中央重大决策部署监督检查的重要内容，加强对化解过剩产能工作全过程的监督检查。各地区要将化解过剩产能任务年度完成情况向社会公示，建立举报制度。强化考核机制，引入第三方机构对各地区任务完成情况进行评估，对未完成任务的地方和企业要予以问责。国务院相关部门要适时组织开展专项督查。

（二十一）做好行业自律。行业协会要引导煤炭企业依法经营、理性竞争，在"信用中国"网站和全国企业信用信息公示系统上公示企业依法依规生产承诺书，引入相关中介、评级、征信机构参与标准确认、公示监督等工作。化解煤炭过剩产能标准和结果向社会公示，加强社会监督，实施守信激励、失信惩戒。

（二十二）加强宣传引导。要通过报刊、广播、电视、互联网等方式，广泛深入宣传化解煤炭过剩产能的重要意义和经验做法，加强政策解读，回应社会关切，形成良好的舆论环境。

国务院关于进一步健全特困人员救助供养制度的意见

（2016年2月10日　国发〔2016〕14号）

各省、自治区、直辖市人民政府，国务院各部委、各直属机构：

保障城乡特困人员基本生活，是完善社会救助体系、编密织牢民生安全网的重要举措，是坚持共享发展、保障和改善民生的应有之义，也是打赢脱贫攻坚战、全面建成小康社会的必然要求。长期以来，在党和政府的高度重视下，我国先后建立起农村五保供养、城市“三无”人员救济和福利院供养制度，城乡特困人员基本生活得到了保障。2014年，国务院公布施行了《社会救助暂行办法》，将城乡“三无”人员保障制度统一为特困人员供养制度，我国城乡特困人员保障工作进入新的发展阶段。为解决城乡发展不平衡、相关政策不衔接、工作机制不健全、资金渠道不通畅、管理服务不规范等问题，切实保障特困人员基本生活，根据《社会救助暂行办法》《农村五保供养工作条例》，现就进一步健全特困人员救助供养制度提出以下意见。

一、总体要求和基本原则

（一）总体要求。

以党的十八大和十八届三中、四中、五中全会精神为指导，按照党中央、国务院决策部署，以解决城乡特困人员突出困难、满足城乡特困人员基本需求为目标，坚持政府主导，发挥社会力量作用，在全国建立起城乡统筹、政策衔接、运行规范、与经济社会发展水平相适应的特困人员救助供养制度，将符合条件的特困人员全部纳入救助供养范围，切实维护他们的基本生活权益。

（二）基本原则。

坚持托底供养。强化政府托底保障职责，为城乡特困人员提供基本生活、照料服务、疾病治疗和殡葬服务等方面保障，做到应救尽救、应养尽养。

坚持属地管理。县级以上地方人民政府统筹做好本行政区域内特困人员救助供养工作，分级管理，落实责任，强化管理服务和资金保障，为特困人员提供规范、适度的救助供养服务。

坚持城乡统筹。健全城乡特困人员救助供养工作管理体制，在政策目标、资金筹集、对象范围、供养标准、经办服务等方面实现城乡统筹，确保城乡特困人员都能获得救助供养服务。

坚持适度保障。立足经济社会发展水平，科学合理制定救助供养标准，加强与其他社会保障制度衔接，实现特困人员救助供养制度保基本、全覆盖、可持续。

坚持社会参与。鼓励、引导、支持社会力量通过承接政府购买服务、慈善捐赠以及提供志愿服务等方式，为特困人员提供服务和帮扶，形成全社会关心、支持、参与特困人员救助供养工作的良好氛围。

二、制度内容

（一）对象范围。

城乡老年人、残疾人以及未满 16 周岁的未成年人，同时具备以下条件的，应当依法纳入特困人员救助供养范围：

无劳动能力、无生活来源、无法定赡养抚养扶养义务人或者其法定义务人无履行义务能力。

具体认定办法由民政部负责制定。

（二）办理程序。

申请程序。申请特困人员救助供养，由本人向户籍所在地的乡镇人民政府（街道办事处）提出书面申请，按规定提交相关材料，书面说明劳动能力、生活来源以及赡养、抚养、扶养情况。本人申请有困难的，可以委托村（居）民委员会或者他人代为提出申请。

乡镇人民政府（街道办事处）以及村（居）民委员会应当及时了解掌握辖区内居民的生活情况，发现符合特困人员救助供养条件的人员，应当告知其救助供养政策，对无民事行为能力等无法自主申请的，应当主动帮助其申请。

审核程序。乡镇人民政府（街道办事处）应当通过入户调查、邻里访问、信函索证、群众评议、信息核查等方式，对申请人的收入状况、财产状况以及其他证明材料等进行调查核实，于20个工作日内提出初审意见，在申请人所在村（社区）公示后，报县级人民政府民政部门审批。申请人及有关单位、组织或者个人应当配合调查，如实提供有关情况。

审批程序。县级人民政府民政部门应当全面审查乡镇人民政府（街道办事处）上报的调查材料和审核意见，并随机抽查核实，于20个工作日内作出审批决定。对符合条件的申请予以批准，并在申请人所在村（社区）公布；对不符合条件的申请不予批准，并书面向申请人说明理由。

终止程序。特困人员不再符合救助供养条件的，村（居）民委员会或者供养服务机构应当及时告知乡镇人民政府（街道办事处），由乡镇人民政府（街道办事处）审核并报县级人民政府民政部门核准后，终止救助供养并予以公示。

县级人民政府民政部门、乡镇人民政府（街道办事处）在工作中发现特困人员不再符合救助供养条件的，应当及时办理终止救助供养手续。特困人员中的未成年人，满16周岁后仍在接受义务教育或在普通高中、中等职业学校就读的，可继续享有救助供养待遇。

（三）救助供养内容。

特困人员救助供养主要包括以下内容：

提供基本生活条件。包括供给粮油、副食品、生活用燃料、服装、被褥等日常生活用品和零用钱。可以通过实物或者现金的方式予以保障。

对生活不能自理的给予照料。包括日常生活、住院期间的必要照料等基本服务。

提供疾病治疗。全额资助参加城乡居民基本医疗保险的个人缴费部分。医疗费用按照基本医疗保险、大病保险和医疗救助等医疗保障制度规定支付后仍有不足的，由救助供养经费予以支持。

办理丧葬事宜。特困人员死亡后的丧葬事宜，集中供养的由供养服务机构办理，分散供养的由乡镇人民政府（街道办事处）委托村（居）民委员会或者其亲属办理。丧葬费用从救助供养经费中支出。

对符合规定标准的住房困难的分散供养特困人员，通过配租公共租赁住房、发放住房租赁补贴、农村危房改造等方式给予住房救助。对在义务教育阶段就学的特困人员，给予教育救助；对在高中教育（含中等职业教育）、普通高等教育阶段就学的特困人员，根据实际情况给予适当教育救助。

（四）救助供养标准。

特困人员救助供养标准包括基本生活标准和照料护理标准。

基本生活标准应当满足特困人员基本生活所需。照料护理标准应当根据特困人员生活自理能力和服务需求分类制定，体现差异性。

特困人员救助供养标准由省、自治区、直辖市或者设区的市级人民政府综合考虑地区、城乡差异等因素确定、公布，并根据当地经济社会发展水平和物价变化情况适时调整。民政部、财政部要加强对特困人员救助供养标准制定工作的指导。

（五）救助供养形式。

特困人员救助供养形式分为在家分散供养和在当地的供养服务机构集中供养。具备生活自理能力的，鼓励其在家分散供养；完全或者部分丧失生活自理能力的，优先为其提供集中供养服务。

分散供养。对分散供养的特困人员，经本人同意，乡镇人民政府（街道办事处）可委托其亲友或村（居）民委员会、供养服务机构、社会组织、社会工作服务机构等提供日常看护、生活照料、住院陪护等服务。有条件的地方，可为分散供养的特困人员提供社区日间照料服务。

集中供养。对需要集中供养的特困人员，由县级人民政府民政部门按照便于管理的原则，就近安排到相应的供养服务机构；未满 16 周岁的，安置到儿童福利机构。

供养服务机构管理。供养服务机构应当依法办理法人登记，建立健全内部管理、安全管理和服务管理等制度，为特困人员提供日常生活照料、送医治疗等基本救助供养服务。有条件的经卫生计生行政部门批准可设立医务室或者护理站。供养服务机构应当根据服务对象人数和照料护理需求，按照一定比例配备工作人员，加强社会工作岗位开发设置，合理配备使用社会工作者。

三、保障措施

（一）加强组织领导。

各地要将特困人员救助供养工作列入政府重要议事日程，将供养服务机构建设纳入经济社会发展总体规划，强化其托底保障功能，进一步完善工作协调机制，切实担负起资金投入、工作条件保障和监督检查责任。民政部门要切实履行主管部门职责，发挥好统筹协调作用，重点加强特困人员救助供养工作日常管理、能力建设，推动相关标准体系完善和信息化建设，实行特困人员“一人一档案”，提升管理服务水平；加强对特困人员救助供养等社会救助工作的绩效评价，将结果送组织部门，作为对地方政府领导班子和有关领导干部综合考核评价的重要参考。卫生计生、教育、住房城乡建设、人力资源社会保障等其他社会救助管理部门要依据职责分工，积极配合民政部门做好特困人员救助供养相关工作，实现社会救助信息互联互通、资源共享，形成齐抓共管、整体推进的工作格局。发展改革部门要将特困人员救助供养纳入相关专项规划，支持供养服务设施建设。财政部门要做好相关资金保障工作。

（二）做好制度衔接。

各地要统筹做好特困人员救助供养制度与城乡居民基本养老保险、基本医疗保障、最低生活保障、孤儿基本生活保障、社会福利等制度的有效衔接。符合相关条件的特困人员，可同时享受城乡居民基本养老保险、基本医疗保险等社会保险和高龄津贴等社会福利待遇。纳入特困人员救助供养范围的，不再适用最低生活保障政策。纳入孤儿基本生活保障范围的，不再适用特困人员救助供养政策。纳入特困人员救助供养范围的残疾人，不再享受困难残疾人生活补贴和重度残疾人护理补贴。

（三）强化资金保障。

县级以上地方人民政府要将政府设立的供养服务机构运转费用、特困人员救助供养所需资金列入财政预算。省级人民政府要优化财政支出结构，统筹安排特困人员救助供养资金。中央财政给予适当补助，并重点向特困人员救助供养任务重、财政困难、工作成效突出的地区倾斜。有农村集体经营等收入的地方，可从中安排资金用于特困人员救助供养工作。各地要完善救助供养资金发放机制，确保资金及时足额发放到位。

（四）加强监督管理。

各地区、各有关部门要将特困人员救助供养制度落实情况作为督查督办的重点内容，定期组织开展专项检查。加强对特困人员救助供养资金管理使用情况的监督检查，严肃查处挤占、挪用、虚报、冒领等违纪违法行为。充分发挥社会监督作用，对公众和媒体发现揭露的问题，要及时查处并公布处理结果。完善责任追究制度，加大行政问责力度，对因责任不落实造成严重后果的单位和个人，要依纪依法追究责任。

（五）鼓励社会参与。

鼓励群众团体、公益慈善等社会组织、社会工作服务机构和企事业单位、志愿者等社会力量参与特困人员救助供养工作。鼓励运用政府和社会资本合作（PPP）模式，采取公建民营、民办公助等方式，支持供养服务机构建设。加大政府购买服务和项目支持力度，落实各项财政补贴、税收优惠和收费减免等政策，引导、激励公益慈善组织、社会工作服务机构，以及社会力量举办的养老、医疗等服务机构，为特困人员提供专业化个性化服务。

（六）加强政策宣传。

各地区、各有关部门要采用群众喜闻乐见的形式，大力宣传特困人员救助供养政策，不断提高社会知晓度，积极营造全社会关心关爱特困人员的良好氛围。

民政部、财政部要加强对本意见执行情况的监督检查，重大情况及时向国务院报告。国务院将适时组织专项督查。

国务院办公厅关于印发国家自然灾害救助应急预案的通知

（2016 年 3 月 10 日　国办函〔2016〕25 号）

各省、自治区、直辖市人民政府，国务院各部委、各直属机构：

经国务院同意，现将修订后的《国家自然灾害救助应急预案》印发给你们，请认真组织实施。2011 年 10 月 16 日经国务院批准、由国务院办公厅印发的《国家自然灾害救助应急预案》同时废止。

国家自然灾害救助应急预案

1 总则

1.1 编制目的

建立健全应对突发重大自然灾害救助体系和运行机制，规范应急救助行为，提高应急救助能力，最大程度地减少人民群众生命和财产损失，确保受灾人员基本生活，维护灾区社会稳定。

1.2 编制依据

《中华人民共和国突发事件应对法》《中华人民共和国防洪法》《中华人民共和国防震减灾法》《中华人民共和国气象法》《自然灾害救助条例》《国家突发公共事件总体应急预案》等。

1.3 适用范围

本预案适用于我国境内发生自然灾害的国家应急救助工作。

当毗邻国家发生重特大自然灾害并对我国境内造成重大影响时，按照本预案开展国内应急救助工作。

发生其他类型突发事件，根据需要可参照本预案开展应急救助工作。

1.4 工作原则

坚持以人为本，确保受灾人员基本生活；坚持统一领导、综合协调、分级负责、属地管理为主；坚持政府主导、社会互助、群众自救，充分发挥基层群众自治组织和公益性社会组织的作用。

2 组织指挥体系

2.1 国家减灾委员会

国家减灾委员会（以下简称国家减灾委）为国家自然灾害救助应急综合协调机构，负责组织、领导全国的自然灾害救助工作，协调开展特别重大和重大自然灾害救助活动。国家减灾委成员单位按照各自职责做好自然灾害救助相关工作。国家减灾委办公室负责与相关部门、地方的沟通联络，组织开展灾情会商评估、灾害救助等工作，协调落实相关支持措施。

由国务院统一组织开展的抗灾救灾，按有关规定执行。

2.2 专家委员会

国家减灾委设立专家委员会，对国家减灾救灾工作重大决策和重要规划提供政策咨询和建议，为国家重大自然灾害的灾情评估、应急救助和灾后救助提出咨询意见。

3 灾害预警响应

气象、水利、国土资源、海洋、林业、农业等部门及时向国家减灾委办公室和履行救灾职责的国家减灾委成员单位通报自然灾害预警预报信息，测绘地信部门根据需要及时提供地理信息数据。国家减灾委办公室根据自然灾害预警预报信息，结合可能受影响地区的自然条件、人口和社会经济状况，对可能出现的灾情进行预评估，当可能威胁人民生命财产安全、影响基本生活、需要提前采取应对措施时，启动预警响应，视情采取以下一项或多项措施：

（1）向可能受影响的省（区、市）减灾委或民政部门通报预警信息，提出灾害救助工作要求。

（2）加强应急值守，密切跟踪灾害风险变化和发展趋势，对灾害可能造成的损失进行动态评估，及时调整相关措施。

（3）通知有关中央救灾物资储备库做好救灾物资准备，紧急情况下提前调拨；启动与交通运输、铁路、民航等部门和单位的应急联动机制，做好救灾物资调运准备。

（4）派出预警响应工作组，实地了解灾害风险，检查指导各项救灾准备工作。

（5）向国务院、国家减灾委负责人、国家减灾委成员单位报告预警响应启动情况。

（6）向社会发布预警响应启动情况。

灾害风险解除或演变为灾害后，国家减灾委办公室终止预警响应。

4　信息报告和发布

县级以上地方人民政府民政部门按照民政部《自然灾害情况统计制度》和《特别重大自然灾害损失统计制度》，做好灾情信息收集、汇总、分析、上报和部门间共享工作。

4.1　信息报告

4.1.1　对突发性自然灾害，县级人民政府民政部门应在灾害发生后 2 小时内将本行政区域灾情和救灾工作情况向本级人民政府和地市级人民政府民政部门报告；地市级和省级人民政府民政部门在接报灾情信息 2 小时内审核、汇总，并向本级人民政府和上一级人民政府民政部门报告。

对造成县级行政区域内 10 人以上死亡（含失踪）或房屋大量倒塌、农田大面积受灾等严重损失的突发性自然灾害，县级人民政府民政部门应在灾害发生后立即上报县级人民政府、省级人民政府民政部门和民政部。省级人民政府民政部门接报后立即报告省级人民政府。省级人民政府、民政部按照有关规定及时报告国务院。

4.1.2 特别重大、重大自然灾害灾情稳定前，地方各级人民政府民政部门执行灾情24小时零报告制度，逐级上报上级民政部门；灾情发生重大变化时，民政部立即向国务院报告。灾情稳定后，省级人民政府民政部门应在10日内审核、汇总灾情数据并向民政部报告。

4.1.3 对干旱灾害，地方各级人民政府民政部门应在旱情初显、群众生产和生活受到一定影响时，初报灾情；在旱情发展过程中，每10日续报一次灾情，直至灾情解除；灾情解除后及时核报。

4.1.4 县级以上地方人民政府要建立健全灾情会商制度，各级减灾委或者民政部门要定期或不定期组织相关部门召开灾情会商会，全面客观评估、核定灾情数据。

4.2 信息发布

信息发布坚持实事求是、及时准确、公开透明的原则。信息发布形式包括授权发布、组织报道、接受记者采访、举行新闻发布会等。要主动通过重点新闻网站或政府网站、政务微博、政务微信、政务客户端等发布信息。

灾情稳定前，受灾地区县级以上人民政府减灾委或民政部门应当及时向社会滚动发布自然灾害造成的人员伤亡、财产损失以及自然灾害救助工作动态、成效、下一步安排等情况；灾情稳定后，应当及时评估、核定并按有关规定发布自然灾害损失情况。

关于灾情核定和发布工作，法律法规另有规定的，从其规定。

5 国家应急响应

根据自然灾害的危害程度等因素，国家自然灾害救助应急响应分为Ⅰ、Ⅱ、Ⅲ、Ⅳ四级。

5.1 Ⅰ级响应

5.1.1 启动条件

某一省（区、市）行政区域内发生特别重大自然灾害，一次灾害过程出现下列情况之一的，启动Ⅰ级响应：

（1）死亡200人以上（含本数，下同）；

（2）紧急转移安置或需紧急生活救助200万人以上；

（3）倒塌和严重损坏房屋30万间或10万户以上；

（4）干旱灾害造成缺粮或缺水等生活困难，需政府救助人数占该省（区、市）农牧业人口30%以上或400万人以上。

5.1.2 启动程序

灾害发生后，国家减灾委办公室经分析评估，认定灾情达到启动标准，向国家减灾委提出启动Ⅰ级响应的建议；国家减灾委决定启动Ⅰ级响应。

5.1.3 响应措施

国家减灾委主任统一组织、领导、协调国家层面自然灾害救助工作，指导支持受灾省（区、市）自然灾害救助工作。国家减灾委及其成员单位视情采取以下措施：

（1）召开国家减灾委会商会，国家减灾委各成员单位、专家委员会及有关受灾省（区、市）参加，对指导支持灾区减灾救灾重大事项作出决定。

（2）国家减灾委负责人率有关部门赴灾区指导自然灾害救助工作，或派出工作组赴灾区指导自然灾害救助工作。

（3）国家减灾委办公室及时掌握灾情和救灾工作动态信息，组织灾情会商，按照有关规定统一发布灾情，及时发布灾区需求。国家减灾委有关成员单位做好灾情、灾区需求及救灾工作动态等信息共享，每日向国家减灾委办公室通报有关情况。必要时，国家减灾委专家委员会组织专家进行实时灾情、灾情发展趋势以及灾区需求评估。

（4）根据地方申请和有关部门对灾情的核定情况，财政部、民政部及时下拨中央自然灾害生活补助资金。民政部紧急调拨生活救助物资，指导、监督基层救灾应急措施落实和救灾款物发放；交通运输、铁路、民航等部门和单位协调指导开展救灾物资、人员运输工作。

（5）公安部加强灾区社会治安、消防安全和道路交通应急管理，协助组织灾区群众紧急转移。军队、武警有关部门根据国家有关部门和地方人民政府请求，组织协调军队、武警、民兵、预备役部队参加救灾，必要时协助地方人民政府运送、发放救灾物资。

（6）国家发展改革委、农业部、商务部、国家粮食局保障市场供应和价格稳定。工业和信息化部组织基础电信运营企业做好应急通信保障工作，组织协调救灾装备、防护和消杀用品、医药等生产供应工作。住房城乡建设部指导灾后房屋建筑和市政基础设施工程的安全应急评估等工作。水利部指导灾区水利工程修复、水利行业供水和乡镇应急供水工作。国家卫生计生委及时组织医疗卫生队伍赴灾区协助开展医疗救治、卫生防病和心理援助等工作。科技部提供科技方面的综合咨询建议，协调适用于灾区救援的科技成果支持救灾工作。国家测绘地信局准备灾区地理信息数据，组织灾区现场影像获取等应急测绘，开展灾情监测和空间分析，提供应急测绘保障服务。

（7）中央宣传部、新闻出版广电总局等组织做好新闻宣传等工作。

（8）民政部向社会发布接受救灾捐赠的公告，组织开展跨省（区、市）或者全国性救灾捐赠活动，呼吁国际救灾援助，统一接收、管理、分配国际救灾捐赠款物，指导社会组织、志愿者等社会力量参与灾害救助工作。外交部协助做好救灾的涉外工作。中国红十字会总会依法开展救灾募捐活动，参与救灾工作。

（9）国家减灾委办公室组织开展灾区社会心理影响评估，并根据需要实施心理抚慰。

（10）灾情稳定后，根据国务院关于灾害评估工作的有关部署，民政部、受灾省（区、市）人民政府、国务院有关部门组织开展灾害损失综合评估工作。国家减灾委办公室按有关规定统一发布自然灾害损失情况。

（11）国家减灾委其他成员单位按照职责分工，做好有关工作。

5.2 Ⅱ级响应

5.2.1 启动条件

某一省（区、市）行政区域内发生重大自然灾害，一次灾害过程出现下列情况之一的，启动Ⅱ级响应：

（1）死亡100人以上、200人以下（不含本数，下同）；

（2）紧急转移安置或需紧急生活救助100万人以上、200万人以下；

（3）倒塌和严重损坏房屋20万间或7万户以上、30万间或10万户以下；

（4）干旱灾害造成缺粮或缺水等生活困难，需政府救助人数占该省（区、市）农牧业人口25%以上、30%以下，或300万人以上、400万人以下。

5.2.2 启动程序

灾害发生后，国家减灾委办公室经分析评估，认定灾情达到启动标准，向国家减灾委提出启动Ⅱ级响应的建议；国家减灾委副主任（民政部部长）决定启动Ⅱ级响应，并向国家减灾委主任报告。

5.2.3 响应措施

国家减灾委副主任（民政部部长）组织协调国家层面自然灾害救助工作，指导支持受灾省（区、市）自然灾害救助工作。国家减灾委及其成员单位视情采取以下措施：

（1）国家减灾委副主任主持召开会商会，国家减灾委成员单位、专家委员会及有关受灾省（区、市）参加，分析灾区形势，研究落实对灾区的救灾支持措施。

（2）派出由国家减灾委副主任或民政部负责人带队、有关部门参加的工作组赴灾区慰问受灾群众，核查灾情，指导地方开展救灾工作。

（3）国家减灾委办公室及时掌握灾情和救灾工作动态信息，组织灾情会商，按照有关规定统一发布灾情，及时发布灾区需求。国家减灾委有关成员单位做好灾情、灾区需求及救灾工作动态等信息共享，每日向国家减灾委办公室通报有关情况。必要时，国家减灾委专家委员会组织专家进行实时灾情、灾情发展趋势以及灾区需求评估。

（4）根据地方申请和有关部门对灾情的核定情况，财政部、民政部及时下拨中央自然灾害生活补助资金。民政部紧急调拨生活救助物资，指导、监督基层救灾应急措施落实和救灾款物发放；交通运输、铁路、民航等部门和单位协调指导开展救灾物资、人员运输工作。

（5）国家卫生计生委根据需要，及时派出医疗卫生队伍赴灾区协助开展医疗救治、卫生防病和心理援助等工作。测绘地信部门准备灾区地理信息数据，组织灾区现场影像获取等应急测绘，开展灾情监测和空间分析，提供应急测绘保障服务。

（6）中央宣传部、新闻出版广电总局等指导做好新闻宣传等工作。

（7）民政部指导社会组织、志愿者等社会力量参与灾害救助工作。中国红十字会总会依法开展救灾募捐活动，参与救灾工作。

（8）国家减灾委办公室组织开展灾区社会心理影响评估，并根据需要实施心理抚慰。

（9）灾情稳定后，受灾省（区、市）人民政府组织开展灾害损失综合评估工作，及时将评估结果报送国家减灾委。国家减灾委办公室组织核定并按有关规定统一发布自然灾害损失情况。

（10）国家减灾委其他成员单位按照职责分工，做好有关工作。

5.3 Ⅲ级响应

5.3.1 启动条件

某一省（区、市）行政区域内发生重大自然灾害，一次灾害过程出现下列情况之一的，启动Ⅲ级响应：

（1）死亡50人以上、100人以下；

（2）紧急转移安置或需紧急生活救助50万人以上、100万人以下；

（3）倒塌和严重损坏房屋10万间或3万户以上、20万间或7万户以下；

（4）干旱灾害造成缺粮或缺水等生活困难，需政府救助人数占该省（区、市）农牧业人口20%以上、25%以下，或200万人以上、300万人以下。

5.3.2 启动程序

灾害发生后，国家减灾委办公室经分析评估，认定灾情达到启动标准，向国家减灾委提出启动Ⅲ级响应的建议；国家减灾委秘书长决定启动Ⅲ级响应。

5.3.3 响应措施

国家减灾委秘书长组织协调国家层面自然灾害救助工作，指导支持受灾省（区、市）自然灾害救助工作。国家减灾委及其成员单位视情采取以下措施：

（1）国家减灾委办公室及时组织有关部门及受灾省（区、市）召开会商会，分析灾区形势，研究落实对灾区的救灾支持措施。

（2）派出由民政部负责人带队、有关部门参加的联合工作组赴灾区慰问受灾群众，核查灾情，协助指导地方开展救灾工作。

（3）国家减灾委办公室及时掌握并按照有关规定统一发布灾情和救灾工作动态信息。

（4）根据地方申请和有关部门对灾情的核定情况，财政部、民政部及时下拨中央自然灾害生活补助资金。民政部紧急调拨生活救助物资，指导、监督基层救灾应急措施落实和救灾款物发放；交通运输、铁路、民航等部门和单位协调指导开展救灾物资、人员运输工作。

（5）国家减灾委办公室组织开展灾区社会心理影响评估，并根据需要实施心理抚慰。国家卫生计生委指导受灾省（区、市）做好医疗救治、卫生防病和心理援助工作。

（6）民政部指导社会组织、志愿者等社会力量参与灾害救助工作。

（7）灾情稳定后，国家减灾委办公室指导受灾省（区、市）评估、核定自然灾害损失情况。

（8）国家减灾委其他成员单位按照职责分工，做好有关工作。

5.4　Ⅳ级响应

5.4.1　启动条件

某一省（区、市）行政区域内发生重大自然灾害，一次灾害过程出现下列情况之一的，启动Ⅳ级响应：

（1）死亡20人以上、50人以下；

（2）紧急转移安置或需紧急生活救助10万人以上、50万人以下；

（3）倒塌和严重损坏房屋1万间或3000户以上、10万间或3万户以下；

（4）干旱灾害造成缺粮或缺水等生活困难，需政府救助人数占该省（区、市）农牧业人口15%以上、20%以下，或100万人以上、200万人以下。

5.4.2　启动程序

灾害发生后，国家减灾委办公室经分析评估，认定灾情达到启动标准，由国家减灾委办公室常务副主任决定启动Ⅳ级响应。

5.4.3　响应措施

国家减灾委办公室组织协调国家层面自然灾害救助工作，指导支持受灾省（区、市）自然灾害救助工作。国家减灾委及其成员单位视情采取以下措施：

（1）国家减灾委办公室视情组织有关部门和单位召开会商会，分析灾区形势，研究落实对灾区的救灾支持措施。

（2）国家减灾委办公室派出工作组赴灾区慰问受灾群众，核查灾情，协助指导地方开展救灾工作。

（3）国家减灾委办公室及时掌握并按照有关规定统一发布灾情和救灾工作动态信息。

（4）根据地方申请和有关部门对灾情的核定情况，财政部、民政部及时下拨中央自然灾害生活补助资金。民政部紧急调拨生活救助物资，指导、监督基层救灾应急措施落实和救灾款物发放。

（5）国家卫生计生委指导受灾省（区、市）做好医疗救治、卫生防病和心理援助工作。

（6）国家减灾委其他成员单位按照职责分工，做好有关工作。

5.5　启动条件调整

对灾害发生在敏感地区、敏感时间和救助能力特别薄弱的“老、少、边、穷”

地区等特殊情况，或灾害对受灾省（区、市）经济社会造成重大影响时，启动国家自然灾害救助应急响应的标准可酌情调整。

5.6 响应终止

救灾应急工作结束后，由国家减灾委办公室提出建议，启动响应的单位决定终止响应。

6 灾后救助与恢复重建

6.1 过渡期生活救助

6.1.1 特别重大、重大灾害发生后，国家减灾委办公室组织有关部门、专家及灾区民政部门评估灾区过渡期生活救助需求情况。

6.1.2 财政部、民政部及时拨付过渡期生活救助资金。民政部指导灾区人民政府做好过渡期生活救助的人员核定、资金发放等工作。

6.1.3 民政部、财政部监督检查灾区过渡期生活救助政策和措施的落实，定期通报灾区救助工作情况，过渡期生活救助工作结束后组织绩效评估。

6.2 冬春救助

自然灾害发生后的当年冬季、次年春季，受灾地区人民政府为生活困难的受灾人员提供基本生活救助。

6.2.1 民政部每年9月下旬开展冬春受灾群众生活困难情况调查，并会同省级人民政府民政部门，组织有关专家赴灾区开展受灾群众生活困难状况评估，核实情况。

6.2.2 受灾地区县级人民政府民政部门应当在每年10月底前统计、评估本行政区域受灾人员当年冬季、次年春季的基本生活救助需求，核实救助对象，编制工作台账，制定救助工作方案，经本级人民政府批准后组织实施，并报上一级人民政府民政部门备案。

6.2.3 根据省级人民政府或其民政、财政部门的资金申请，结合灾情评估情况，财政部、民政部确定资金补助方案，及时下拨中央自然灾害生活补助资金，专项用于帮助解决冬春受灾群众吃饭、穿衣、取暖等基本生活困难。

6.2.4 民政部通过开展救灾捐赠、对口支援、政府采购等方式解决受灾群众的过冬衣被等问题，组织有关部门和专家评估全国冬春期间中期和终期救助工作绩效。发展改革、财政等部门组织落实以工代赈、灾歉减免政策，粮食部门确保粮食供应。

6.3 倒损住房恢复重建

因灾倒损住房恢复重建要尊重群众意愿，以受灾户自建为主，由县级人民政府负责组织实施。建房资金等通过政府救助、社会互助、邻里帮工帮料、以工代赈、自行借贷、政策优惠等多种途径解决。重建规划和房屋设计要根据灾情因地制宜确定方案，科学安排项目选址，合理布局，避开地震断裂带、地质灾害隐患点、泄洪通道等，提高抗灾设防能力，确保安全。

6.3.1 民政部根据省级人民政府民政部门倒损住房核定情况，视情组织评估小组，参考其他灾害管理部门评估数据，对因灾倒损住房情况进行综合评估。

6.3.2 民政部收到受灾省（区、市）倒损住房恢复重建补助资金的申请后，根据评估小组的倒损住房情况评估结果，按照中央倒损住房恢复重建资金补助标准，提出资金补助建议，商财政部审核后下达。

6.3.3 住房重建工作结束后，地方各级民政部门应采取实地调查、抽样调查等方式，对本地倒损住房恢复重建补助资金管理工作开展绩效评估，并将评估结果报上一级民政部门。民政部收到省级人民政府民政部门上报本行政区域内的绩效评估情况后，通过组成督查组开展实地抽查等方式，对全国倒损住房恢复重建补助资金管理工作进行绩效评估。

6.3.4 住房城乡建设部门负责倒损住房恢复重建的技术支持和质量监督等工作。测绘地信部门负责灾后恢复重建的测绘地理信息保障服务工作。其他相关部门按照各自职责，做好重建规划、选址，制定优惠政策，支持做好住房重建工作。

6.3.5 由国务院统一组织开展的恢复重建，按有关规定执行。

7 保障措施

7.1 资金保障

财政部、国家发展改革委、民政部等部门根据《中华人民共和国预算法》《自然灾害救助条例》等规定，安排中央救灾资金预算，并按照救灾工作分级负责、救灾资金分级负担、以地方为主的原则，建立完善中央和地方救灾资金分担机制，督促地方政府加大救灾资金投入力度。

7.1.1 县级以上人民政府将自然灾害救助工作纳入国民经济和社会发展规划，建立健全与自然灾害救助需求相适应的资金、物资保障机制，将自然灾害救助资金和自然灾害救助工作经费纳入财政预算。

7.1.2　中央财政每年综合考虑有关部门灾情预测和上年度实际支出等因素，合理安排中央自然灾害生活补助资金，专项用于帮助解决遭受特别重大、重大自然灾害地区受灾群众的基本生活困难。

7.1.3　中央和地方政府根据经济社会发展水平、自然灾害生活救助成本等因素适时调整自然灾害救助政策和相关补助标准。

7.2　物资保障

7.2.1　合理规划、建设中央和地方救灾物资储备库，完善救灾物资储备库的仓储条件、设施和功能，形成救灾物资储备网络。设区的市级以上人民政府和自然灾害多发、易发地区的县级人民政府应当根据自然灾害特点、居民人口数量和分布等情况，按照布局合理、规模适度的原则，设立救灾物资储备库（点）。救灾物资储备库（点）建设应统筹考虑各行业应急处置、抢险救灾等方面需要。

7.2.2　制定救灾物资储备规划，合理确定储备品种和规模；建立健全救灾物资采购和储备制度，每年根据应对重大自然灾害的要求储备必要物资。按照实物储备和能力储备相结合的原则，建立救灾物资生产厂家名录，健全应急采购和供货机制。

7.2.3　制定完善救灾物资质量技术标准、储备库（点）建设和管理标准，完善救灾物资发放全过程管理。建立健全救灾物资应急保障和征用补偿机制。建立健全救灾物资紧急调拨和运输制度。

7.3　通信和信息保障

7.3.1　通信运营部门应依法保障灾情传送网络畅通。自然灾害救助信息网络应以公用通信网为基础，合理组建灾情专用通信网络，确保信息畅通。

7.3.2　加强中央级灾情管理系统建设，指导地方建设、管理救灾通信网络，确保中央和地方各级人民政府及时准确掌握重大灾情。

7.3.3　充分利用现有资源、设备，完善灾情和数据共享平台，完善部门间灾情共享机制。

7.4　装备和设施保障

中央各有关部门应配备救灾管理工作必需的设备和装备。县级以上地方人民政府要建立健全自然灾害救助应急指挥技术支撑系统，并为自然灾害救助工作提供必要的交通、通信等设备。

县级以上地方人民政府要根据当地居民人口数量和分布等情况，利用公园、广场、体育场馆等公共设施，统筹规划设立应急避难场所，并设置明显标志。自然灾害多发、易发地区可规划建设专用应急避难场所。

7.5 人力资源保障

7.5.1 加强自然灾害各类专业救灾队伍建设、灾害管理人员队伍建设，提高自然灾害救助能力。支持、培育和发展相关社会组织和志愿者队伍，鼓励和引导其在救灾工作中发挥积极作用。

7.5.2 组织民政、国土资源、环境保护、交通运输、水利、农业、商务、卫生计生、安全监管、林业、地震、气象、海洋、测绘地信、红十字会等方面专家，重点开展灾情会商、赴灾区现场评估及灾害管理的业务咨询工作。

7.5.3 推行灾害信息员培训和职业资格证书制度，建立健全覆盖中央、省、市、县、乡镇（街道）、村（社区）的灾害信息员队伍。村民委员会、居民委员会和企事业单位应当设立专职或者兼职的灾害信息员。

7.6 社会动员保障

完善救灾捐赠管理相关政策，建立健全救灾捐赠动员、运行和监督管理机制，规范救灾捐赠的组织发动、款物接收、统计、分配、使用、公示反馈等各个环节的工作。完善接收境外救灾捐赠管理机制。

完善非灾区支援灾区、轻灾区支援重灾区的救助对口支援机制。

科学组织、有效引导，充分发挥乡镇人民政府、街道办事处、村民委员会、居民委员会、企事业单位、社会组织和志愿者在灾害救助中的作用。

7.7 科技保障

7.7.1 建立健全环境与灾害监测预报卫星、环境卫星、气象卫星、海洋卫星、资源卫星、航空遥感等对地监测系统，发展地面应用系统和航空平台系统，建立基于遥感、地理信息系统、模拟仿真、计算机网络等技术的“天地空”一体化的灾害监测预警、分析评估和应急决策支持系统。开展地方空间技术减灾应用示范和培训工作。

7.7.2 组织民政、国土资源、环境保护、交通运输、水利、农业、卫生计生、安全监管、林业、地震、气象、海洋、测绘地信等方面专家及高等院校、科研院所等单位专家开展灾害风险调查，编制全国自然灾害风险区划图，制定相关技术和管理标准。

7.7.3 支持和鼓励高等院校、科研院所、企事业单位和社会组织开展灾害相关领域的科学研究和技术开发，建立合作机制，鼓励减灾救灾政策理论研究。

7.7.4　利用空间与重大灾害国际宪章、联合国灾害管理与应急反应天基信息平台等国际合作机制，拓展灾害遥感信息资源渠道，加强国际合作。

7.7.5　开展国家应急广播相关技术、标准研究，建立国家应急广播体系，实现灾情预警预报和减灾救灾信息全面立体覆盖。加快国家突发公共事件预警信息发布系统建设，及时向公众发布自然灾害预警。

7.8　宣传和培训

组织开展全国性防灾减灾救灾宣传活动，利用各种媒体宣传应急法律法规和灾害预防、避险、避灾、自救、互救、保险的常识，组织好“防灾减灾日”“国际减灾日”“世界急救日”“全国科普日”“全国消防日”和“国际民防日”等活动，加强防灾减灾科普宣传，提高公民防灾减灾意识和科学防灾减灾能力。积极推进社区减灾活动，推动综合减灾示范社区建设。

组织开展对地方政府分管负责人、灾害管理人员和专业应急救灾队伍、社会组织和志愿者的培训。

8　附则

8.1　术语解释

本预案所称自然灾害主要包括干旱、洪涝灾害，台风、风雹、低温冷冻、雪、沙尘暴等气象灾害，火山、地震灾害，山体崩塌、滑坡、泥石流等地质灾害，风暴潮、海啸等海洋灾害，森林草原火灾等。

8.2　预案演练

国家减灾委办公室协同国家减灾委成员单位制定应急演练计划并定期组织演练。

8.3　预案管理

本预案由民政部制订，报国务院批准后实施。预案实施后民政部应适时召集有关部门和专家进行评估，并视情况变化作出相应修改后报国务院审批。地方各级人民政府的自然灾害救助综合协调机构应根据本预案修订本地区自然灾害救助应急预案。

8.4　预案解释

本预案由民政部负责解释。

8.5　预案实施时间

本预案自印发之日起实施。

人力资源和社会保障部办公厅关于做好失业保险基金帮助困难企业稳定就业岗位相关业务核算工作的通知

（2009 年 2 月 25 日　人社厅函〔2009〕64 号）

各省、自治区、直辖市劳动保障厅（局），新疆生产建设兵团劳动保障局：

为贯彻落实人力资源社会保障部、财政部、税务总局《关于采取积极措施减轻企业负担稳定就业局势有关问题的通知》（人社部发〔2008〕117 号），做好使用失业保险基金帮助困难企业稳定就业岗位相关业务管理和会计核算工作，现就有关事项通知如下：

一、认真贯彻人社部发〔2008〕117 号文件精神，切实做好使用失业保险基金帮助困难企业稳定就业岗位相关业务核算和统计管理工作。各地要根据本地实际情况，统一经办流程、统一划拨和核算口径。

二、按人社部发〔2008〕117 号文件要求新增的经办业务，在会计制度调整前，暂按以下办法处理：按规定按月从失业保险基金中向经审核批准的困难企业支付社会保险补贴、岗位补贴，通过“其他费用支出”科目核算，并在该科目下设立“困难企业社保补贴支出”“困难企业岗位补贴支出”“其他支持困难企业支出”三个二级科目进行明细核算。经批准的社会保险补贴资金应按月由失业保险基金划入各险种的社会保险基金收入账户中，收到补贴的社会保险经办机构应对该项业务做好分类统计和核算。

三、各省级社会保险经办机构要按月汇总本省社会保险经办机构账户划入社会保险补贴情况，并定期与失业保险划出基金核对。各省、自治区、直辖市和新疆生产建设兵团应于 2009 年 4 月起每月 20 日前将本地上月实际发生的失业保险基金划入社会保险补贴情况据实汇总，并向部社会保险事业管理中心、失业保险司上报

《社会保险补贴（失业保险基金支付）收入情况表》（见附表）。

四、各地经办机构要配合有关部门，严格基金的审批、拨付和监督管理，养老、医疗等社会保险经办机构要定期与失业保险经办机构沟通。根据人社部发〔2008〕117号文件要求，各地要定期公布社会保险补贴、失业保险基金使用等情况。

各地在经办中如遇问题，请及时与部社会保险事业管理中心、失业保险司联系。

附表：社会保险补贴（失业保险基金支付）收入情况表（略）

民政部　财政部　卫生部
人力资源和社会保障部关于进一步完善城乡医疗救助制度的意见

（2009年6月11日　民发〔2009〕81号）

各省、自治区、直辖市民政厅（局）、财政厅（局）、卫生厅（局）、人力资源社会保障（劳动保障）厅（局），新疆生产建设兵团民政局、财务局、卫生局、劳动保障局：

为贯彻落实《中共中央、国务院关于深化医药卫生体制改革的意见》（中发〔2009〕6号）和《国务院关于印发医药卫生体制改革近期重点实施方案（2009—2011年）的通知》（国发〔2009〕12号）的精神，进一步完善城乡医疗救助制度，保障困难群众能够享受到基本医疗卫生服务，现提出如下意见。

一、指导思想、基本原则和目标任务

（一）指导思想：以邓小平理论、“三个代表”重要思想和科学发展观为指导，坚持以人为本、执政为民的工作理念，贯彻落实关于深化医药卫生体制改革的有关精神，不断强化政府责任，完善医疗救助制度，创新机制，加强管理，改进服务，着力解决城乡困难群众最关心、最现实、最迫切的基本医疗保障问题，努力实现困难群众“病有所医”的目标。

（二）基本原则：坚持从我国经济和社会发展实际出发，保障困难群众基本医疗需求；坚持统筹协调，搞好医疗救助制度与相关社会保障制度的衔接，探索建立城乡一体化的医疗救助制度；坚持突出重点，分类施救，公开便捷，发挥医疗救助的救急救难作用；坚持政府主导，社会参与，大力发展医疗慈善事业。

（三）目标任务：进一步完善医疗救助制度，筑牢医疗保障底线。用3年左右时间，在全国基本建立起资金来源稳定，管理运行规范，救助效果明显，能够为困难群众提供方便、快捷服务的医疗救助制度。

二、健全制度，满足困难群众的基本医疗服务需求

（一）合理确定救助范围。在切实将城乡低保家庭成员和五保户纳入医疗救助范围的基础上，逐步将其他经济困难家庭人员纳入医疗救助范围。其他经济困难家庭人员主要包括低收入家庭重病患者以及当地政府规定的其他特殊困难人员。具体救助对象界定标准，由地方民政部门会同财政等有关部门，根据本地经济条件和医疗救助基金筹集情况、困难群众的支付能力以及基本医疗需求等因素制定，并报同级人民政府批准。

（二）实行多种方式救助。对城乡低保家庭成员、五保户和其他经济困难家庭人员，要按照有关规定，资助其参加城镇居民基本医疗保险或新型农村合作医疗并对其难以负担的基本医疗自付费用给予补助。

（三）完善救助服务内容。要根据救助对象的不同医疗需求，开展医疗救助服务。要坚持以住院救助为主，同时兼顾门诊救助。住院救助主要用于帮助解决因病住院救助对象个人负担的医疗费用；门诊救助主要帮助解决符合条件的救助对象患有常见病、慢性病、需要长期药物维持治疗以及急诊、急救的个人负担的医疗费用。

（四）合理制定补助方案。各地要根据当年医疗救助基金总量，科学制定医疗救助补助方案。逐步降低或取消医疗救助的起付线，合理设置封顶线，进一步提高救助对象经相关基本医疗保障制度补偿后需自付的基本医疗费用的救助比例。

三、简化程序，充分发挥医疗救助的便民救急作用

各级民政部门要会同卫生等部门，鼓励和推行定点医疗机构即时结算医疗救助费用的办法，民政部门可结合实际提供必要的预付资金。对于城乡低保家庭成员、五保户等医疗救助对象，凭相关证件或证明材料，到开展即时结算的定点医疗机构就医所发生的医疗费用，应由医疗救助支付的，由定点医疗机构即时结算，救助对象只需支付自付部分。定点医疗机构与民政部门要定期结算。对于申请医疗救助的其他经济困难人员，或到尚未开展即时结算的定点医疗机构就医的医疗救助对象，当地民政部门要及时受理，并按规定办理审批手续，使困难群众能够及时享受到医

疗服务。

救助对象因治疗需要转诊至非定点医疗机构治疗的，应当由定点医疗机构出具转诊证明，由救助对象报当地县级人民政府民政部门核准备案。此外，各地要探索属于救助对象的流动就业人员异地就医的申报、审批和结算办法，方便困难群众就医。

各地在简化医疗救助操作程序的同时，要规范工作流程，完善服务管理，并建立健全医疗救助工作的民主监督机制，及时将医疗救助对象姓名、救助标准、救助金额等向社会公布，接受群众和社会监督，做到政策公开、资金公开、保障对象公开。

四、加强配合，做好医疗救助与相关基本医疗保障制度的衔接

各地在制定医疗救助制度实施方案时，要结合城镇职工基本医疗保险、城镇居民基本医疗保险与新型农村合作医疗制度的建立，统筹协调，更好地发挥各项制度的整体效能。要按照动态变化，全面准确掌握城乡低保家庭人数、五保户和经济困难家庭人员情况以及医疗服务需求，确定救助对象和救助方式。要通过对城镇居民基本医疗保险和新型农村合作医疗个人缴费部分的补助，使城乡低保家庭成员和五保户等经济困难家庭人员，能够享有相关基本医疗保障待遇；并帮助解决相关基本医疗保障起付线以下的自付部分。对经相关保障制度补偿后个人负担医疗费用有困难的救助对象，要及时给予医疗救助。

加强医疗救助和城镇职工基本医疗保险、城镇居民基本医疗保险、新型农村合作医疗在经办管理方面的衔接，改进各项制度的结算办法，探索实行“一站式”管理服务，逐步实现不同医疗保障制度间人员信息、就医信息和医疗费用信息的共享，提高管理服务效率，方便困难群众。

五、加大资金投入力度，强化基金的管理

（一）多渠道筹集资金。要强化地方政府责任，地方各级财政特别是省级财政要切实调整财政支出结构，增加投入，进一步扩大医疗救助基金规模。中央财政安排专项资金，对困难地区开展城乡医疗救助给予补助。各地要动员和发动社会力量，通过慈善和社会捐助等，多渠道筹集资金。

（二）严格基金的管理和使用。县级财政部门要在社会保障基金财政专户中设

立城市和农村医疗救助基金专账，办理医疗救助资金的筹集、拨付。县级民政部门要做好医疗救助资金的发放工作。要加强对城乡医疗救助基金的管理，在确保基金安全的前提下，做到基金收支基本平衡，略有结余。基金结余较多的地区，应积极采取措施，逐步降低基金结余率，到 2011 年，各地累计结余的资金一般应不超过当年筹集基金总额的15%，且要按规定及时结转下年使用，不得挪作他用。对于结余资金过多的，上级财政、民政部门应根据情况减拨或停拨补助资金。

六、加强协议监管，控制医疗费用不合理支出

各级民政部门要会同有关部门，建立医疗救助定点医疗机构的准入和退出机制，实行动态管理。定点医疗机构原则上在城镇居民基本医疗保险和新型农村合作医疗确定的范围内选择。各级卫生部门要加强对医疗救助定点医疗机构的监管，规范定点医疗机构的医疗服务行为和基本药物目录、诊疗目录的使用，鼓励并引导定点医疗机构优先、合理使用国家基本药物和适宜诊疗技术，控制医疗费用的不合理增长。民政部门要与定点医疗机构签订协议，明确双方责任、权利与义务，并严格履行。对不按规定目录用药、诊疗以及提供医疗服务所发生的医疗费用，城乡医疗救助基金不予结算。

七、加强组织领导，密切配合，确保医疗救助工作顺利开展

城乡医疗救助工作直接关系困难群众切身利益，是一项重大的民心工程，各地民政、财政、卫生、人力资源社会保障部门要在当地政府领导下，高度重视，各负其责，密切配合，共同抓好落实。民政部门要充分发挥医疗救助主管部门作用，做好政策研究制定和组织实施工作，做好医疗救助与社会慈善救助的衔接；财政部门要落实安排救助资金，加强对资金管理和使用情况的监督检查；卫生部门要做好困难群众参加新型农村合作医疗的服务管理工作，加强对定点医疗机构的监管；人力资源社会保障部门要做好困难群众参加城镇居民基本医疗保险的服务管理工作。

各省、自治区、直辖市要分别选择 2—3 个医疗救助工作示范点，示范点的选择要根据各地工作基础、领导重视程度、财政状况确定。开展城乡医疗救助示范工作的地区，要重点探索如何合理确定救助对象，探索切实可行的医疗救助资金支付方式和结算办法，简化申请审批程序，与相关保障制度搞好衔接等。各地要充分发

挥示范点的引导作用，指导辖区内地方不断创新发展，强化管理，提高医疗救助工作实效。

省级民政、财政、卫生、人力资源社会保障部门要根据本意见的要求，结合当地实际，制定具体实施办法，抓好督促落实。工作进展中的情况和问题，请及时报上级有关部门。

国家发展改革委　卫生部　财政部　人力资源社会保障部　民政部　保监会　关于开展城乡居民大病保险工作的指导意见

（2012年8月24日　发改社会〔2012〕2605号）

各省、自治区、直辖市人民政府，新疆生产建设兵团：

根据《国务院关于印发“十二五”期间深化医药卫生体制改革规划暨实施方案的通知》（国发〔2012〕11号），为进一步完善城乡居民医疗保障制度，健全多层次医疗保障体系，有效提高重特大疾病保障水平，经国务院同意，现就开展城乡居民大病保险工作提出以下指导意见。

一、充分认识开展城乡居民大病保险工作的必要性

近年来，随着全民医保体系的初步建立，人民群众看病就医有了基本保障，但由于我国的基本医疗保障制度，特别是城镇居民基本医疗保险（以下简称城镇居民医保）、新型农村合作医疗（以下简称新农合）的保障水平还比较低，人民群众对大病医疗费用负担重反映仍较强烈。

城乡居民大病保险，是在基本医疗保障的基础上，对大病患者发生的高额医疗费用给予进一步保障的一项制度性安排，可进一步放大保障效用，是基本医疗保障制度的拓展和延伸，是对基本医疗保障的有益补充。开展这项工作，是减轻人民群众大病医疗费用负担，解决因病致贫、因病返贫问题的迫切需要；是建立健全多层次医疗保障体系，推进全民医保制度建设的内在要求；是推动医保、医疗、医药互联互动，并促进政府主导与市场机制作用相结合，提高基本医疗保障水平和质量的有效途径；是进一步体现互助共济，促进社会公平正义的重要举措。

二、开展城乡居民大病保险工作的基本原则

（一）坚持以人为本，统筹安排。把维护人民群众健康权益放在首位，切实解决人民群众因病致贫、因病返贫的突出问题。充分发挥基本医疗保险、大病保险与重特大疾病医疗救助等的协同互补作用，加强制度之间的衔接，形成合力。

（二）坚持政府主导，专业运作。政府负责基本政策制定、组织协调、筹资管理，并加强监管指导。利用商业保险机构的专业优势，支持商业保险机构承办大病保险，发挥市场机制作用，提高大病保险的运行效率、服务水平和质量。

（三）坚持责任共担，持续发展。大病保险保障水平要与经济社会发展、医疗消费水平及承受能力相适应。强化社会互助共济的意识和作用，形成政府、个人和保险机构共同分担大病风险的机制。强化当年收支平衡的原则，合理测算、稳妥起步，规范运作，保障资金安全，实现可持续发展。

（四）坚持因地制宜，机制创新。各省、区、市、新疆生产建设兵团在国家确定的原则下，结合当地实际，制定开展大病保险的具体方案。鼓励地方不断探索创新，完善大病保险承办准入、退出和监管制度，完善支付制度，引导合理诊疗，建立大病保险长期稳健运行的长效机制。

三、城乡居民大病保险的筹资机制

（一）筹资标准。各地结合当地经济社会发展水平、医疗保险筹资能力、患大病发生高额医疗费用的情况、基本医疗保险补偿水平，以及大病保险保障水平等因素，精细测算，科学合理确定大病保险的筹资标准。

（二）资金来源。从城镇居民医保基金、新农合基金中划出一定比例或额度作为大病保险资金。城镇居民医保和新农合基金有结余的地区，利用结余筹集大病保险资金；结余不足或没有结余的地区，在城镇居民医保、新农合年度提高筹资时统筹解决资金来源，逐步完善城镇居民医保、新农合多渠道筹资机制。

（三）统筹层次和范围。开展大病保险可以市（地）级统筹，也可以探索全省（区、市）统一政策，统一组织实施，提高抗风险能力。有条件的地方可以探索建立覆盖职工、城镇居民、农村居民的统一的大病保险制度。

四、城乡居民大病保险的保障内容

（一）保障对象。大病保险保障对象为城镇居民医保、新农合的参保

（合）人。

（二）保障范围。大病保险的保障范围要与城镇居民医保、新农合相衔接。城镇居民医保、新农合应按政策规定提供基本医疗保障。在此基础上，大病保险主要在参保（合）人患大病发生高额医疗费用的情况下，对城镇居民医保、新农合补偿后需个人负担的合规医疗费用给予保障。高额医疗费用，可以个人年度累计负担的合规医疗费用超过当地统计部门公布的上一年度城镇居民年人均可支配收入、农村居民年人均纯收入为判定标准，具体金额由地方政府确定。合规医疗费用，指实际发生的、合理的医疗费用（可规定不予支付的事项），具体由地方政府确定。各地也可以从个人负担较重的疾病病种起步开展大病保险。

（三）保障水平。以力争避免城乡居民发生家庭灾难性医疗支出为目标，合理确定大病保险补偿政策，实际支付比例不低于50%；按医疗费用高低分段制定支付比例，原则上医疗费用越高支付比例越高。随着筹资、管理和保障水平的不断提高，逐步提高大病报销比例，最大限度地减轻个人医疗费用负担。

做好基本医疗保险、大病保险与重特大疾病医疗救助的衔接，建立大病信息通报制度，及时掌握大病患者医保支付情况，强化政策联动，切实避免因病致贫、因病返贫问题。城乡医疗救助的定点医疗机构、用药和诊疗范围分别参照基本医疗保险、大病保险的有关政策规定执行。

五、城乡居民大病保险的承办方式

（一）采取向商业保险机构购买大病保险的方式。地方政府卫生、人力资源社会保障、财政、发展改革部门制定大病保险的筹资、报销范围、最低补偿比例，以及就医、结算管理等基本政策要求，并通过政府招标选定承办大病保险的商业保险机构。招标主要包括具体补偿比例、盈亏率、配备的承办和管理力量等内容。符合基本准入条件的商业保险机构自愿参加投标，中标后以保险合同形式承办大病保险，承担经营风险，自负盈亏。商业保险机构承办大病保险的保费收入，按现行规定免征营业税。已开展城乡居民大病保障、补充保险等的地区，要逐步完善机制，做好衔接。

（二）规范大病保险招标投标与合同管理。各地要坚持公开、公平、公正和诚实信用的原则，建立健全招标机制，规范招标程序。商业保险机构要依法投标。招标人应与中标商业保险机构签署保险合同，明确双方的责任、权利和义务，合作期限原则不低于3年。要遵循收支平衡、保本微利的原则，合理控制商业保险机构盈利率，建立起以保障水平和参保（合）人满意度为核心的考核办法。

为有利于大病保险长期稳定运行，切实保障参保（合）人实际受益水平，可以在合同中对超额结余及政策性亏损建立相应动态调整机制。各地要不断完善合同内容，探索制定全省（区、市）统一的合同范本。因违反合同约定，或发生其他严重损害参保（合）人权益的情况，合同双方可以提前终止或解除合作，并依法追究责任。

（三）严格商业保险机构基本准入条件。承办大病保险的商业保险机构必须具备以下基本条件：符合保监会规定的经营健康保险的必备条件；在中国境内经营健康保险专项业务5年以上，具有良好市场信誉；具备完善的服务网络和较强的医疗保险专业能力；配备医学等专业背景的专职工作人员；商业保险机构总部同意分支机构参与当地大病保险业务，并提供业务、财务、信息技术等支持；能够实现大病保险业务单独核算。

（四）不断提升大病保险管理服务的能力和水平。规范资金管理，商业保险机构承办大病保险获得的保费实行单独核算，确保资金安全，保证偿付能力。加强与城镇居民医保、新农合经办服务的衔接，提供“一站式”即时结算服务，确保群众方便、及时享受大病保险待遇。经城镇居民医保、新农合经办机构授权，可依托城镇居民医保、新农合信息系统，进行必要的信息交换和数据共享，以完善服务流程，简化报销手续。发挥商业保险机构全国网络等优势，为参保（合）人提供异地结算等服务。与基本医疗保险协同推进支付方式改革，按照诊疗规范和临床路径，规范医疗行为，控制医疗费用。

商业保险机构要切实加强管理，控制风险，降低管理成本、提升服务效率，加快结算速度，依规及时、合理向医疗机构支付医疗费用。鼓励商业保险机构在承办好大病保险业务的基础上，提供多样化的健康保险产品。

六、切实加强监管

（一）加强对商业保险机构承办大病保险的监管。各相关部门要各负其责，配合协同，切实保障参保（合）人权益。卫生、人力资源社会保障部门作为新农合、城镇居民医保主管部门和招标人，通过日常抽查、建立投诉受理渠道等多种方式进行监督检查，督促商业保险机构按合同要求提高服务质量和水平，维护参保（合）

人信息安全，防止信息外泄和滥用，对违法违约行为及时处理。保险业监管部门做好从业资格审查、服务质量与日常业务监管，加强偿付能力和市场行为监管，对商业保险机构的违规行为和不正当竞争行为加大查处力度。财政部门对利用基本医保基金向商业保险机构购买大病保险明确相应的财务列支和会计核算办法，加强基金管理。审计部门按规定进行严格审计。

（二）强化对医疗机构和医疗费用的管控。各相关部门和机构要通过多种方式加强监督管理，防控不合理医疗行为和费用，保障医疗服务质量。卫生部门要加强对医疗机构、医疗服务行为和质量的监管。商业保险机构要充分发挥医疗保险机制的作用，与卫生、人力资源社会保障部门密切配合，加强对相关医疗服务和医疗费用的监控。

（三）建立信息公开、社会多方参与的监管制度。将与商业保险机构签订协议的情况，以及筹资标准、待遇水平、支付流程、结算效率和大病保险年度收支情况等向社会公开，接受社会监督。

七、工作要求

（一）加强领导，认真组织实施。各地要充分认识开展大病保险的重要性，精心谋划，周密部署，先行试点，逐步推开。已开展大病保险试点的省份要及时总结经验，逐步扩大实施范围。尚未开展试点的省份可以选择几个市（地）试点或全省进行试点。各地要在实践中不断完善政策。各省（区、市）医改领导小组要将本省份制定的实施方案报国务院医改领导小组办公室、卫生部、财政部、人力资源社会保障部、保监会备案。

（二）稳妥推进，注意趋利避害。各地要充分考虑大病保险保障的稳定性和可持续性，循序推进，重点探索大病保险的保障范围、保障程度、资金管理、招标机制、运行规范等。注意总结经验，及时研究解决发现的问题，加强评估，每年对大病保险工作进展和运行情况进行总结。各省（区、市）医改领导小组要将年度报告报送国务院医改领导小组办公室、卫生部、财政部、人力资源社会保障部、保监会、民政部。

（三）统筹协调，加强部门协作。开展大病保险涉及多个部门、多项制度衔接，各地要在医改领导小组的领导下，建立由发展改革（医改领导小组办公室）、卫生、人力资源社会保障、财政、保监、民政等部门组成的大病保险工作协调推进机制。

中央有关部门加强对城乡居民大病保险工作的指导协调。卫生、人力资源社会保障、财政、保监等部门要按职责分工抓好落实，细化配套措施，并加强沟通协作，形成合力。各地医改领导小组办公室要发挥统筹协调和服务作用，并做好跟踪分析、监测评价等工作。

（四）注重宣传，做好舆论引导。要加强对大病保险政策的宣传和解读，密切跟踪分析舆情，增强全社会的保险责任意识，使这项政策深入人心，得到广大群众和社会各界的理解和支持，为大病保险实施营造良好的社会环境。

民政部关于加强医疗救助与慈善事业衔接的指导意见

（2013年8月12日　民发〔2013〕132号）

各省、自治区、直辖市民政厅（局），各计划单列市民政局，新疆生产建设兵团民政局：

为切实解决困难群众医疗难题，充分发挥医疗救助和慈善事业的综合效益，保障困难群众基本医疗权益，根据《中共中央国务院关于深化医药卫生体制改革的意见》（中发〔2009〕6号）、《国务院关于印发“十二五”期间深化医药卫生体制改革规划暨实施方案的通知》（国发〔2012〕11号）等相关文件要求，现就加强医疗救助与慈善事业衔接提出以下意见。

一、充分认识加强医疗救助与慈善事业衔接的重要意义

当前，随着我国医疗保障制度不断完善，多层次的医疗保障体系日益健全，人民群众看病就医有了基本保障。但由于基本医疗保障水平相对偏低，当困难群众罹患重特大疾病时，现有的保障水平仍难以从根本上解决其医疗难题，由此导致因病致贫、因病返贫以及无力看病、放弃治疗等民生问题非常突出。此类情况不仅受到党中央、国务院的高度重视，也是慈善力量广泛关注的重点。各类慈善力量通过动员社会资源，为困难群众提供形式多样的医疗援助，帮助其解决看病就医负担，成为多层次医疗保障体系的重要组成部分。加强医疗救助与慈善事业的有序衔接，形成协同合作、资源统筹、相互补充、各有侧重的机制，是促进医疗救助和慈善事业发展的重要方面，也是保障和改善基本民生的迫切需要。各地要充分认识加强医疗救助和慈善事业衔接的重要意义，坚持政府重点引导、社会广泛参与，从解决实际问题入手，探索加强体制机制建设，实现优势互补，促进社会公平正义。

二、积极探索建立医疗救助与慈善事业的衔接机制

（一）建立需求导向机制。各地要根据城镇居民基本医疗保险（新型农村合作医疗）、大病保险以及医疗救助和慈善事业的发展状况，认真研究设计慈善事业在医疗保障体系中的功能定位；要从困难群众医疗保障需求出发，探索建立医疗救助与慈善事业的衔接机制，使慈善资源作为医疗救助的重要补充，帮助困难群众解决个人自付医疗费用。各地要加强与慈善组织的沟通协调，以困难群众医疗保障需求为导向，引导他们在继续开展各项医疗救助的基础上，优先向医疗费用高、社会影响大、诊疗路径明确的重特大疾病领域拓展延伸，最大限度发挥综合救助的社会效益；要鼓励引导慈善组织开展补缺型和补充型医疗援助活动，一方面填补政府医疗救助政策的空白，另一方面弥补政府救助的不足，为困难群众提供更全面、更充分的医疗保障服务。

（二）建立信息共享机制。医疗救助对象需求信息和慈善资源供给信息的有效对接是医疗救助与慈善事业衔接的核心。各地民政部门要着力搜集、整理、分析医疗救助日常工作中产生的救助对象需求信息，并与相关部门和机构的医疗信息相整合，从而准确掌握困难群众的医疗需求以及看病就医后的保险补偿、医疗救助以及个人承担的医疗费用等情况；要在征得医疗救助对象同意的前提下，主动向慈善组织提供救助对象的慈善需求信息，帮助慈善组织减少查找环节，降低运行成本，提高工作效率；要规范完善转介流程，做到政府部门与慈善组织之间信息互通、资源共享，使医疗救助对象能够迅速获得慈善组织的补充援助，使慈善组织能够尽快找到援助对象。各地要进一步加强医疗救助信息化建设，充分利用现有社会救助信息系统和慈善信息平台，通过委托、合作等方式建立医疗救助慈善资源数据库，实现医疗救助与慈善资源信息共享，确保供需各方的对接及时到位、高效便捷。

（三）建立统筹协调机制。建立健全民政与相关政府部门、慈善组织、医疗机构等共同参与的协调机制，共同研究医疗救助和慈善事业衔接工作中存在的问题，统筹开展慈善援助活动。通过分类梳理慈善组织的业务范围、擅长领域以及救助对象的需求信息等情况，引导慈善组织有序开展援助活动。要根据慈善组织的项目设置、目标人群、救助意愿、援助能力等因素，统筹规划不同组织的援助区域、援助范围和援助病种，形成分类、有序、全面的慈善医疗援助新格局，最大限度地提升

援助效益，避免慈善组织扎堆无序开展援助活动，造成资源使用不均衡。要注重发挥中国慈善联合会等联合性、枢纽型社会组织在培育慈善项目、协调慈善资源、引导慈善行为等方面的功能，最大限度提高医疗援助效率。

（四）建立激励扶持机制。各地要通过政府委托、协商、奖励、补贴等方式，引导慈善组织开展灵活多样的慈善医疗援助项目。要完善政府购买服务的政策措施，通过招、投标等方式选择优质慈善组织承担医疗援助服务项目。各地开展的支持社会组织参与社会服务项目，要重点支持医疗援助领域。有条件的地区，要争取政府出资设立专项医疗救助基金，同时接收社会捐赠资金，形成多元筹资机制。要定期评估慈善组织开展的医疗援助项目，推广宣传管理规范、服务优良、团队专业、绩效突出的慈善组织，充分发挥其示范、引领作用。对于工作中表现突出的单位和个人，要给予适当激励和表彰。对在医疗援助领域做出突出贡献的慈善组织，列为“中华慈善奖”评选表彰候选对象。

三、切实做好医疗救助与慈善事业衔接的基础保障工作

（一）加强组织领导。各地要把加强医疗救助与慈善事业衔接作为完善社会救助体系的重要工作来抓，健全机制，完善模式，提升综合救助能力。要加强与慈善组织在日常工作中的联系、沟通和协调，形成多元参与、相互协作、共同发展的工作格局。要科学制定慈善组织参与医疗援助的项目规划和实施方案；指导慈善组织规范参与相关医疗援助项目；落实促进慈善组织发展的政策措施，并加强其开展慈善援助活动的监督管理。

（二）强化经费保障。各级民政部门要积极争取政府加大经费投入，或专项安排彩票公益金，在建立专项基金、建设信息共享平台以及工作经费保障等方面给予必要的经费支持。鼓励公民、法人及其他组织为慈善组织提供捐赠、赞助等，支持其参与医疗援助活动。

（三）开展衔接试点。各地要根据自身实际，精心谋划、周密部署，在有一定工作基础的地方先行试点。可选择实力雄厚、社会公信力高的慈善组织，探索慈善资源援助重特大疾病贫困患者的路径、方法和程序，积累经验，逐步完善。有条件的地方，还可以针对困难群众的个性化服务需求，支持、引导慈善组织开展多样化的医疗援助服务项目，从多个方面为困难群众提供帮助。要以试点为抓手，健全完善衔接机制，逐步培育典型。要加强经验交流和分享，学习借鉴先进地区的成功经

验，结合本地实际，不断推动医疗救助与慈善事业共同发展，提高综合救助服务水平。

（四）加大舆论宣传。各地要大力宣传中华民族乐善好施、扶危济困的传统美德，宣传诚信友爱、互帮互助的公益理念，形成社会各界广泛参与慈善医疗援助的良好氛围，引导社会各界关心关注、积极参与慈善医疗援助事业。

民政部关于建立健全社会救助监督检查长效机制的通知

（2013年10月12日　民发〔2013〕161号）

各省、自治区、直辖市民政厅（局），各计划单列市民政局，新疆生产建设兵团民政局：

《国务院关于进一步加强和改进最低生活保障工作的意见》（国发〔2012〕45号，以下简称《意见》）下发以来，各级民政部门认真贯彻落实《意见》精神，采取多种有效措施，加大工作推进和《意见》落实监督检查力度，取得了显著成效。为巩固前期督查工作成果，切实提高救助工作水平，有效防范和遏制社会救助工作中的各类违法违规行为，确保救助工作规范运行，现就建立健全社会救助监督检查长效机制通知如下。

一、充分认识建立社会救助监督检查长效机制的重要意义

社会救助是国家保障困难群体基本生活权益的一项基本制度，是托底性民生保障和民政工作的重要组成部分，是涉及面广、资金量大的重大民生项目，事关困难群众衣食冷暖，事关社会和谐稳定和公平正义，事关小康社会全面建成。近年来，在党中央、国务院的高度重视下，我国的社会救助事业取得了重大进展，在“保民生、维稳定、促公平”等方面发挥了重要作用。但是，一些地方仍然存在救助对象认定不够准确、审批流程不够规范、工作责任不够落实、监管机制不够健全、基层能力建设明显不足等问题，影响到社会救助制度的公平公正实施，群众对此反映强烈。当前，全党正在深入开展以“为民务实清廉”为主要内容的群众路线教育实践活动，回应社会关切，解决突出问题，需要找准症结、治根治本，需要从建立社会救助监督检查长效机制入手，进一步加大对城乡低保、农村五保、医疗救助、临时救助等各项社会救助制度实施的监管力度，有效规范从业人员职务行为，减少错

保、漏保、骗保现象的发生，防止挤占、挪用和截留社会救助资金，及时发现、纠正、惩处“关系保”“人情保”，确保社会救助制度公平实施，确保困难群众基本生活。

二、进一步明确社会救助监督检查的主要内容

社会救助监督检查工作要以督促政策落实为目标，确保对象准确，促进资金安全，强化能力建设，实现廉洁高效。重点围绕以下方面内容展开：

（一）社会救助法律、法规、政策制度贯彻落实情况。包括地方是否及时出台国家法律法规和政策的配套文件；是否采取有效措施推动相关政策的贯彻落实；各项社会救助工作是否依法依规开展等。

（二）社会救助工作规范化运行情况。包括是否严格执行社会救助申请、审核、审批及公示、发放程序；是否建立并实施社会救助与物价上涨挂钩的联动机制和救助标准调整机制；是否建立健全救助申请家庭经济状况核对机制；是否实行社会救助对象动态管理；是否建立社会救助经办人员和村（居）民委员会干部近亲属享受社会救助备案制度；是否推进社会救助信息化管理和救助资金社会化发放等。

（三）社会救助资金的筹集和管理使用情况。包括城乡低保、农村五保、医疗救助、临时救助等社会救助资金的专项管理、专款专用、安全运行情况；地方财政配套资金落实到位情况等。

（四）社会救助基层能力建设情况。包括社会救助基层工作机构建设和人员配备情况；基层工作经费落实以及省市财政对基层工作经费不足地区的补助情况；基层交通、通信工具配备和信息平台建设情况；基层工作人员业务培训情况等。

（五）社会救助突发重大事件处置情况。包括地方社会救助工作专项整治情况；社会救助突发事件应对处置情况；社会救助重大案件交办查处情况；社会救助责任追究落实情况等。

（六）社会救助监督检查工作情况。包括地方按照有关法律法规政策要求，全面落实监管责任，建立健全社会救助监管体系；强化社会救助监督检查工作手段；完善社会救助监督检查工作相关机制；制定相关监督检查办法等情况。

（七）其他应纳入监督检查范围的事项。

三、不断丰富社会救助监督检查方式方法

社会救助监督检查工作要按照依法监督的要求，坚持客观公正、标本兼治、纠

建并举。进一步强化内部监督，扩大外部监督，综合运用多种手段，确保监督检查工作取得实效。

（一）建立报告制度。对纳入监督检查的事项，实行定期逐级上报。省级民政部门每年初将上年度工作情况向民政部报告一次，并同时上报省级人民政府，重大事项和突发事件即时上报，并提出整改措施和相关工作建议；省级以下民政部门定期向上一级民政部门报告工作，并向同级人民政府报告。

（二）开展专项督察。围绕社会救助重大政策落实、重要工作部署推进、社会救助对象的准确认定以及救助资金的管理使用等重要内容，省级民政部门要组织开展专项检查，深入了解情况，研究发现问题，提出整改解决意见。民政部也将会同有关部门对各地工作情况进行专项督察。

（三）强化日常监管。建立日常监管长效机制，加强社会救助工作事前、事中监督，推进社会救助监督管理常态化。各地要通过优化社会救助工作流程，完善相关制度办法，进一步促进社会救助工作公开透明。经常开展自查自纠，及时发现和解决存在问题。

（四）进行情况通报。上级民政部门要通过编发简报或发文等方式向下级民政部门及时通报工作情况，指导工作开展。要及时总结宣传地方创新做法和先进经验，对工作推进不力、救助不及时或出现重大责任事故的地方进行通报批评。民政部定期通报全国社会救助工作情况，并根据需要适时报告国务院。

（五）拓宽监督渠道。建立健全社会救助投诉举报核查制度，要以省为单位设置社会救助举报投诉电话，畅通投诉举报渠道。全面落实社会救助信访工作专人负责、首问负责制。对社会救助重大信访事项或社会影响恶劣的违规违纪事件，民政部或省级人民政府民政部门会同信访等相关部门直接督办。加强舆情监测预警，密切关注各类倾向性、苗头性、聚集性社会救助舆情信息，认真分析研判，及时应对处置。有条件的地方要探索建立有奖举报、义务监督员等制度，通过政府购买服务等方式，鼓励社会组织和公众积极参与监督，充分发挥社会监督的重要作用。

四、建立完善社会救助监督检查激励约束机制

（一）建立社会救助绩效考评制度。各地民政部门要积极争取将社会救助纳入地方政府绩效考核体系，研究制定社会救助绩效考评办法，科学设定绩效目标，量化评价指标体系，明确考评周期和考评方式，对社会救助制度的实施过程和执行效

果进行综合测评，进一步促进社会救助工作规范化运行，提升制度整体效益。

（二）健全社会救助责任追究制。制定出台社会救助工作责任追究办法，明确责任追究范围、内容、方式等。加大责任追究力度，按照“谁主管、谁负责”原则，对因责任不落实、监管不到位发生重大问题、造成严重社会影响的单位和个人，要积极配合有关部门，按照有关规定给予相关责任人党纪、政纪处分，构成犯罪的要依法追究相关责任人刑事责任。

（三）完善社会救助激励机制。强化社会救助监督检查工作成果运用，将社会救助工作绩效考核和监督检查结果与分配社会救助补助资金、工作经费挂钩，采取“以奖代补”“奖补结合”等办法，对工作绩效突出地区给予奖励。采取多种方式交流社会救助经验，鼓励先进，鞭策后进。

五、建立健全社会救助监督检查部门联动协作机制

各地民政部门要积极推动地方政府建立健全社会救助协调工作机制，将监督检查纳入重要工作内容，进一步明确部门职责任务，完善工作规则，加强协同配合，形成工作合力，共同落实社会救助监督检查责任。要定期组织召开协调机制会议，通报社会救助监督检查工作情况，研究解决社会救助监督检查重大问题。民政部门要充分发挥好牵头作用，积极会同监察、审计、财政等部门加强社会救助日常监管工作。对发现的社会救助违纪违法行为，民政部门要及时移交纪检、公安、司法等部门调查处理。

六、强化社会救助监督检查保障机制

（一）加强组织领导。建立社会救助监督检查长效机制，是民政部门履行社会救助职责、强化监管责任的有力手段，是从根本上、长远上防止和减少社会救助工作各类问题发生的有效举措，是推动社会救助制度公平公正实施的重要保证。各地民政部门要高度重视这项工作，将其列入重要工作日程，加强组织领导，切实抓出成效。

（二）强化社会救助监督检查能力建设。加强社会救助监督检查队伍建设，配齐配强工作力量，定期组织开展业务培训，提升队伍整体素质能力。强化监督检查工作手段，切实保证监督检查工作经费。完善社会救助监督检查工作制度。加大宣传，扩大影响，积极营造全社会重视、关心、支持并监督社会救助工作的良好氛

围，努力提升社会救助监督检查工作的科学化、规范化水平。

（三）大力推进社会救助信息化建设。不断完善社会救助信息管理系统，加快建设低收入家庭认定信息平台，实现相关系统有效衔接、信息资源共享，构建社会救助综合监管信息平台，应用信息化和高科技手段，对社会救助工作实行动态实时监测，提高监督检查工作效率和工作水平。

各地要将建立健全社会救助监督检查长效机制，作为践行群众路线、转变工作作风的重要举措，抓紧抓实抓好。有关工作情况，请及时报部。

住房城乡建设部　民政部　财政部
关于做好住房救助有关工作的通知

（2014年11月13日　建保〔2014〕160号）

各省、自治区住房城乡建设厅、民政厅、财政厅，直辖市建委（国土资源房屋管理局、住房保障房屋管理局）、民政局、财政局，新疆生产建设兵团建设局、民政局、财政局：

住房救助是社会救助的重要组成部分，是针对住房困难的社会救助对象实施的住房保障。住房救助是切实保障特殊困难群众获得能够满足其家庭生活需要的基本住房，在住房方面保民生、促公平的托底性制度安排。为依法做好住房救助工作，根据《社会救助暂行办法》和《国务院关于全面建立临时救助制度的通知》（国发〔2014〕47号）有关规定，现就有关事项通知如下：

一、明确住房救助对象。住房救助对象是指符合县级以上地方人民政府规定标准的、住房困难的最低生活保障家庭和分散供养的特困人员。城镇住房救助对象，属于公共租赁住房制度保障范围。农村住房救助对象，属于优先实施农村危房改造的对象范围。

二、规范住房救助方式。要充分考虑住房救助对象经济条件差、住房支付能力不足的客观条件，通过配租公共租赁住房、发放低收入住房困难家庭租赁补贴、农村危房改造等方式实施住房救助。对城镇住房救助对象，要优先配租公共租赁住房或发放低收入住房困难家庭租赁补贴，其中对配租公共租赁住房的，应给予租金减免，确保其租房支出可负担。对农村住房救助对象，应优先纳入当地农村危房改造计划，优先实施改造。

三、健全住房救助标准。县级以上地方人民政府要统筹考虑本行政区域经济发展水平和住房价格水平等因素，合理确定、及时公布住房救助对象的住房困难条件，以及城镇家庭实施住房救助后住房应当达到的标准和对住房救助对象实施农村危房改造的补助标准。住房困难标准及住房救助标准应当按年度实行动态管理，以确保救助对象住房条件能随着经济和社会发展水平的进步而相应地提高。

四、完善住房救助实施程序。市、县人民政府应当本着方便、快捷、随到随办的原则，建立“一门受理、协同办理”机制，完善申请审核、资格复核、具体实施等住房救助程序规定，方便城乡家庭申请住房救助。

城镇家庭可通过乡镇人民政府、街道办事处或者直接向住房保障部门提出申请，经县级民政部门确认申请家庭的最低生活保障及特困供养人员资格，由住房保障部门负责审核家庭住房状况并公示。经审核符合规定条件的，应当纳入城镇住房保障轮候对象范围，优先给予保障。各地要完善城镇住房救助对象家庭资格复核制度，不再符合住房救助条件但符合公共租赁住房保障对象条件的，可继续承租公共租赁住房，同时相应调整租金。

农村居民（家庭）应向户籍所在地的乡镇人民政府提出申请。乡镇人民政府对申请人的最低生活保障或特困供养人员资格、住房状况进行确认、调查核实并公示后，报县级人民政府住房城乡建设部门会同民政部门审批。对经审批决定纳入住房救助范围的，应将其作为农村危房改造对象优先纳入当地农村危房改造计划。

五、落实优惠政策。各地要按规定，落实公共租赁住房筹集、发放低收入住房困难家庭租赁补贴、农村危房改造的财税、金融和用地等优惠政策，为实施住房救助提供有力支持。

六、加强实施管理。各地要全面公开住房救助政策、救助程序、救助结果等信息，畅通投诉监督渠道，接受社会监督。各地在制定公共租赁住房筹集、发放低收入住房困难家庭租赁补贴、农村危房改造年度计划时，应优先满足当年实施住房救助的需要。各级住房城乡建设部门（住房保障部门）应会同民政等部门，组织对本辖区内累计实施、当年实施住房救助的情况，以及尚待实施住房救助的对象规模等，进行调查摸底，并将有关情况于当年 11 月底前报住房城乡建设部。

民政部　财政部关于在全国开展“救急难”综合试点工作的通知

（2015年3月12日　民发〔2015〕57号）

各省、自治区、直辖市民政厅（局）、财政厅（局），新疆生产建设兵团民政局、财务局：

为贯彻落实《社会救助暂行办法》和《国务院关于全面建立临时救助制度的通知》（国发〔2014〕47号）精神，有效保障困难群众基本生存权益，最大限度防止冲击社会道德和心理底线事件的发生，充分发挥社会救助在构筑基本民生安全网、维护社会和谐稳定与公平正义、促进全面深化改革的重要作用，按照国务院要求，民政部、财政部决定在全国开展“救急难”综合试点工作。现就有关事项通知如下。

一、充分认识开展“救急难”综合试点工作重要意义

当前，我国正处在全面建成小康社会和全面深化改革的关键时期，落实好各项社会救助制度、编密织牢基本民生安全网的任务日益紧迫和艰巨。开展“救急难”工作，让突遇不测者得周急之助、因病因灾者去生存之虞、创新创业者无后顾之忧，有效化解人民群众的生存危机，防止冲击社会道德和心理底线事件发生，不仅是社会救助制度的内在要求，也是全面深化改革的迫切需要，更是“以民为本”执政理念的具体体现。各地要充分认识开展“救急难”综合试点工作的重大意义，将试点工作纳入重要议事日程，建立试点工作领导机制和协调机制，在“救急难”体制机制、服务方式、信息共享、财政税费等方面探索创新，先行先试，为全面开展“救急难”工作提供经验、奠定基础。

二、认真落实“救急难”综合试点工作主要任务

（一）完善制度体系。各地要按照国务院要求，进一步明确临时救助在“救急

难”工作中的功能和作用，不断完善临时救助政策措施。在对象范围上，将所有遭遇突发性、紧迫性、临时性基本生活困难的居民家庭和个人纳入临时救助范围，并细化“急难”事项的具体情形；在标准设定上，立足“托底线”和与经济社会发展水平相适应，既要量力而行，又要尽力而为；在救助程序上，既要规范操作，又要做到方便快捷、及时救助。加快推进重特大疾病医疗救助，在评估、总结试点经验基础上，进一步完善救助方案，有序扩大试点范围，加大资金投入，科学确定救助标准。重特大疾病医疗救助要覆盖所有贫困居民以及因病致贫家庭中的重病患者；在定点医疗机构及用药目录、诊疗项目等方面，原则上与城乡居民大病保险保持一致；简化结算程序，推进“一站式”即时结算服务；加强与基本医疗保障、大病保险等相关制度的有效衔接，充分发挥制度合力。

（二）健全工作机制。各地要在做好日常救助工作的同时，积极建立急难对象主动发现机制。依托城乡社区党组织、群众性自治组织等，落实好驻村（社区）干部、村（社区）级社会救助员、社区网格员等的主体责任，并充分发挥专业社会工作者、慈善机构工作者和志愿者作用，及时了解、掌握辖区居民遭遇突发事件、意外事故、罹患重病等特殊情况，建立“救急难”信息档案，帮助有困难的群众提出救助申请并协助办理，做到早发现、早救助、早干预。建立“救急难”快速响应机制。县级民政部门要开通“12349”社会救助热线，畅通困难群众申请救助和报告急难情况渠道。着力建立健全“一门受理、协同办理”处置机制，依托乡镇（街道）政务大厅、办事大厅等，设立统一受理救助申请的窗口，使困难群众“求助有门”。建立急难求助“首问负责制”和“转介”工作制度，明确部门职责及分办、转办流程和办理时限，建立化解急难问题的“绿色通道”。建立最低生活保障、特困人员供养、受灾人员救助、医疗救助、教育救助、住房救助、就业救助、临时救助等救助信息共享机制，加强部门协作，有效防止“重复救助”和“遗漏救助”。

（三）加强慈善衔接。认真贯彻落实《国务院关于促进慈善事业健康发展的指导意见》（国发〔2014〕61 号），加强政府救助与慈善救助的有效衔接。鼓励社会各界广泛开展以“救急难”为主题的慈善活动，通过开展形式多样的社会捐赠和志愿服务，为“救急难”工作提供更多的资金支持和服务载体。建立社会救助与慈善资源信息对接机制，着力搭建政府部门救助资源、慈善组织和社会服务机构救助项目，以及公民个人救助意愿与急难对象救助需求对接的信息共享机制，加强政府救助与社会帮扶的有机结合，在确保政府救助公平、公正实施的同时，充分发挥慈善救助方法灵活、形式多样、一案一策的特点，做到各有侧重，相互补充，形成“救急难”合力。动员、引导本地具有影响力的慈善组织、驻地大中型企业等设立“救急难”公益基金，在民政部门的统筹协调下有序参与“救急难”工作。

（四）创新服务方式。充分发挥社会工作服务机构和社会工作者在“救急难”方面的优势，积极将专业社会工作引入社会救助服务。更加准确判定急难对象的救助需求，进一步完善救助服务承接方式，在给予急难家庭必要物质帮助、保障其基本生活的同时，由社会工作者针对不同的急难家庭开展心理疏导、精神抚慰、能力提升、社会融入等个性化帮扶服务，增强急难家庭战胜困难、摆脱困境的勇气和信心。积极探索政府购买服务开展“救急难”工作的方法，明确政府购买服务的承接主体、购买内容和具体程序，支持、引导社会组织特别是慈善组织和社工机构积极参与“救急难”工作。

（五）提升救助效益。充分发挥各项社会救助制度功能作用，加强社会救助制度之间、社会救助与其他社会保障制度之间、社会救助与慈善事业之间的有效衔接，丰富完善现金救助、实物救助、转介服务相结合，物质帮扶与精神抚慰、心理疏导相补充的救助方式，形成制度合力，提升救助效益。加强救助资源的统筹使用，在发挥好救助管理站点、未成年人保护中心等救助保护机构职责作用的基础上，充分利用救助保护机构在急难对象发现、快速响应、临时安置、对象接送、转介服务等方面的优势，提升服务功能，拓展服务对象范围，为开展“救急难”工作提供支撑平台。有条件的地方要按照《国务院关于深化预算管理制度改革的决定》（国发〔2014〕45号）精神，整合、规范有关社会救助资金，加大结转结余资金的统筹使用力度，强化“救急难”工作资金保障。

三、做好全国“救急难”综合试点单位推荐报送工作

各地要认真总结前期“救急难”试点工作开展情况，对本省（区、市）的试点单位逐一进行评估，在此基础上，推荐全国“救急难”综合试点单位。试点地区原则上以县（区、市）为单位，并根据以下四方面情况确定：

（一）党政主要领导高度重视。当地党委、政府高度重视包括“救急难”在内的社会救助工作，政府领导担任社会救助工作领导小组组长、联席会议召集人或“救急难”综合试点工作领导小组组长。

（二）社会救助工作基础良好。现有各项社会救助制度得到有效落实，群众满

意度高。工作机制健全，特别是社会救助部门协调机制作用发挥良好。社会救助资金保障到位。基层有健全的社会救助服务网络，在乡镇（街道）普遍建立了统一受理社会救助申请的窗口。社会救助管理服务信息化水平较高。本地慈善组织发展良好。

（三）社会力量参与社会救助氛围浓厚。当地大中型企业、慈善组织、社工机构等积极参与社会救助，并在社会产生一定影响，形成了与政府救助相互衔接、相互补充的良好工作氛围。

（四）前期“救急难”试点工作取得明显进展。制定了本地区“救急难”试点工作方案；建立了试点工作领导协调机制；在探索创新“救急难”工作机制方面取得初步成效。

四、相关工作要求

（一）制定实施方案。各省（区、市）民政、财政部门要按照本通知要求，研究确定本省（区、市）“救急难”综合试点单位推荐名单，指导推荐单位制定“救急难”综合试点实施方案。民政部、财政部将根据各地推荐情况，确定全国“救急难”综合试点单位。综合试点单位推荐名单及推荐单位“救急难”综合试点实施方案请于2015年3月31日前报送民政部、财政部。

（二）抓好评估督查。各省（区、市）民政、财政部门要加强对综合试点工作的评估督查，建立试点工作评价机制，定期组织评估、督查，及时总结经验，积极协调相关部门帮助解决存在的问题，完善投诉举报查处制度，加强社会监督，确保试点工作取得实效。民政部、财政部将适时组织开展“救急难”综合试点评估，总结推广好的经验、做法，制定完善相关政策措施，推动“救急难”工作全面开展。

（三）做好信息报送。各省（区、市）民政、财政部门要及时总结上报综合试点工作情况，加强工作指导。通过各种信息报送形式，定期向民政部、财政部及当地党委、政府、相关部门报告、反映“救急难”综合试点进展情况、经验做法、工作成效、困难问题和意见建议，及时报送群众关心的热点、难点问题，特别是带有苗头性、倾向性的问题，为消除问题隐患、解决群众“急难”问题奠定基础。民政部、财政部将对各地综合试点开展情况及时进行通报，并定期向国务院专报。

（四）加强舆论引导。充分利用广播、电视、报刊、互联网等媒体，做好社会救助政策宣传，加强舆论引导，从政府作用、个人权利、家庭责任、社会参与等方面，多角度宣传开展“救急难”工作的作用意义、工作现状与预期目标，引导群众理性看待“救急难”工作，积极参与“救急难”活动。大力宣传“救急难”工作在保障困难群众基本生活、化解社会矛盾、维护和谐稳定等方面的显著成效，注重对“救急难”典型案例和先进事迹的宣传，弘扬中华民族团结友爱、互助共济的传统美德，营造良好的社会舆论氛围。

民政部　教育部　财政部　人力资源社会保障部　住房城乡建设部　国家卫生计生委关于贯彻落实《社会救助暂行办法》的通知

（2014 年 6 月 20 日　民发〔2014〕135 号）

各省、自治区、直辖市民政厅（局）、教育厅（教委）、财政厅（局）、人力资源社会保障厅（局）、住房城乡建设厅（局）、卫生计生委（卫生厅局），新疆生产建设兵团民政局、教育局、财务局、人力资源社会保障局、建设局、卫生局：

《社会救助暂行办法》（以下简称《办法》）已于 2014 年 2 月 21 日以国务院 649 号令颁布，自 5 月 1 日起施行。为做好《办法》的贯彻落实工作，现就有关事项通知如下。

一、充分认识《办法》颁布实施的重大意义

社会救助是国家和社会对依靠自身能力难以维持基本生活的公民提供的物质帮助和服务，是保民生、托底线、救急难、促公平的基础性制度安排，关系到困难群众切身利益的维护和保障，关系到党和政府执政理念的实现和执政根基的稳固，关系到我国社会主义制度优越性的体现。《办法》的颁布施行，从法律上确立了社会救助的地位作用、基本原则、主体责任、制度安排、基本程序等，既为保障公民基本生活、维护公民基本生存权益提供了法制保障，也为政府各部门依法救助和社会力量有序参与社会救助提供了法规依据，明确了行为规范，是社会救助事业发展新的里程碑，标志着新形势下社会救助事业迈上了法制化、体系化、规范化统筹发展的新阶段。

各地各有关部门要结合贯彻落实党的十八大和十八届二中、三中全会精神，全

面理解、准确把握《办法》的精神实质和主要内容，充分认识新形势下《办法》颁布实施的重大意义，切实增强贯彻落实的自觉性、积极性和主动性。要将贯彻落实《办法》作为当前保障困难群众基本生活、维护困难群众生存权益和人格尊严的重要举措抓紧抓好，努力让困难群众不为饥寒所迫、不为灾害所急、不为大病所困、不为住房所难、不为失业所忧，真正感受到党和政府的关怀和温暖。

二、依法完善落实各项配套政策措施

《办法》以社会救助体系为统领，对各项社会救助制度进行了全面系统规定，确立了以最低生活保障、特困人员供养、受灾人员救助以及医疗救助（含疾病应急救助）、教育救助、住房救助、就业救助和临时救助为主体，以社会力量参与为补充的社会救助制度体系框架。各地各有关部门要根据《办法》要求，结合实际，突出重点，抓紧完善相关配套政策，确保《办法》的有关规定落到实处。

（一）完善最低生活保障和特困人员供养制度。要研究制定最低生活保障家庭收入状况、财产状况的认定办法，健全最低生活保障对象认定标准体系。完善最低生活保障标准制定办法，健全社会救助和保障标准与物价上涨挂钩的联动机制，保障好困难群众基本生活。要制定健全完善特困人员供养制度的具体措施，城乡统筹实施；加强最低生活保障和特困人员供养工作管理，建立责任追究制度，畅通投诉举报渠道，适时开展绩效评估，从制度机制上杜绝关系保、人情保和骗保等违规现象。

（二）完善受灾人员救助制度。要按照属地管理，分级负责的原则，完善自然灾害救助应急预案，做好上下级预案响应标准的衔接，强化预案的科学性和可操作性。编制实施自然灾害救助物资储备规划，明确物资储备布局和规模，建立适应本地救灾需要的物资储备机制。严格按照有关规定，及时准确统计报送自然灾害损失情况，建立健全灾情核查评估机制和统一发布机制。编制和落实各级自然灾害救助资金预算，研究制定出台灾害救助标准，切实有效做好灾害紧急救助、过渡性生活救助、冬春救助和倒损农房恢复重建等工作，保障受灾人员得到及时、公平、合理的救助。

（三）完善医疗救助制度。以最低生活保障对象、特困供养人员为重点，进一步健全完善医疗救助制度。逐步将低收入家庭重病患者及县级以上人民政府规定的其他特殊困难群众纳入救助范围，逐步提高救助水平，使之真正起到托底保障、救急解难的作用。建立健全疾病应急救助制度，落实《疾病应急救助基金管理暂行办法》，为急危重伤病需要急救但身份不明或无力支付相关费用的患者提供应急医疗救治。加快建立医疗救助与基本医疗保险、大病保险相衔接的医疗费用结算机制。加快疾病应急救助制度与其他医疗保障制度的衔接。

（四）完善教育救助制度。进一步健全从学前教育到研究生教育、覆盖各教育阶段的家庭经济困难学生资助政策体系，从制度上保证“不让一个学生因家庭经济困难而失学”。完善实施教育救助的具体措施和救助体系，优先将在各级各类学校就读的最低生活保障家庭成员、特困供养人员纳入现有的学生资助体系，并动态调整资助标准和覆盖范围，努力做到应助尽助。

（五）完善住房救助制度。要根据当地经济社会发展水平、房地产市场状况以及财力可能，制定并及时调整住房困难标准和救助标准，形成科学规范、可持续的住房救助长效机制。完善实施住房救助的具体措施，规范救助程序，确保符合条件的最低生活保障家庭、分散供养的特困人员全部纳入住房保障体系，优先安排解决。

（六）完善就业救助制度。要健全完善实施就业救助的具体政策措施，依托基层公共就业服务机构，摸清就业救助对象底数和就业需求，提供政策咨询、岗位信息、职业指导、职业介绍等精细化、个性化的就业服务，通过鼓励企业吸纳、鼓励自谋职业和自主创业、公益性岗位安置等途径，对就业救助对象实行优先扶持和重点帮助，确保最低生活保障家庭中有劳动能力的成员至少有一人实现就业。

（七）建立临时救助制度。要全面建立临时救助制度，突出其“救急难”的制度特点，对遭遇突发事件、意外伤害、重大疾病或其他特殊原因导致生活陷入困境，其他社会救助制度暂时无法覆盖或救助之后基本生活仍有严重困难的家庭及时给予救助。要根据当地实际，制定具体的临时救助对象认定办法，明确救助类型、范围和标准。要加强救助管理机构建设，及时救助生活无着的流浪、乞讨人员。加强临时救助与其他社会救助制度之间的衔接，形成制度合力，消除救助盲区。

（八）加强社会力量参与。各地要细化政策措施，研究制定向社会力量购买社会救助中的具体服务事项的办法。要全面了解、掌握本地区社会组织、企事业单位等设立慈善项目的情况，搭建政府部门救助资源、社会组织救助项目与困难群众救助需求对接的信息平台，充分发挥慈善救助方法灵活、形式多样、一案一策的特点，鼓励、引导、支持社会组织、企事业单位和爱心人士等针对急难个案开展慈善救助。要广泛动员社会力量参与社会救助，充分发挥社会组织、社会工作者和志愿者队伍等社会力量参与社会救助的专业优势和服务特长，针对不同救助对象开展生活帮扶、心理疏导、精神慰藉、资源链接、能力提升、社会融入等多样化、个性化服务。要加快推进政府购买服务，健全完善促进社会力量参与社会救助的各项财政支持政策，落实好财政补贴、税收优惠、费用减免等政策，引导有影响力的慈善组织和企业设立社会救助公益基金，多渠道、多形式参与社会救助。

三、建立健全社会救助工作机制

（一）建立健全社会救助工作协调机制。各地要进一步建立健全政府领导、民政部门牵头、有关部门配合、社会力量参与的社会救助工作协调机制，加强协调配合和制度衔接，不断提高社会救助的整体效益。民政部门要发挥好牵头协调的作用，教育、财政、人力资源社会保障、住房城乡建设、卫生计生等部门要积极配合、密切协作，共同促进政府各部门之间、政府与社会力量之间救助资源的统筹使用、信息共享，以及救助资源与救助需求之间的合理配置，切实落实好各项社会救助制度。

（二）加快建立社会救助申请家庭经济状况核对机制。各地民政部门要加强与相关部门的沟通协调，会同有关部门、机构研究制定社会救助申请家庭经济状况信息核对办法，加快建立跨部门、多层次、能共享的信息核对平台，不断提高最低生活保障对象、医疗救助对象、住房救助对象、教育救助对象等社会救助对象认定的准确性。2014 年底前全国 70% 的地区要建立社会救助家庭经济状况核对机制，“十二五”末实现全覆盖。

（三）建立健全“一门受理、协同办理”机制。各地社会救助管理部门要加强配合，密切协作，依托乡镇人民政府（街道办事处）政务大厅、办事大厅等，设立统一的社会救助申请受理窗口（疾病应急救助除外）。要根据部门职责，制定并不断优化受理、分办、转办、反馈等工作流程，明确办理时限和要求，跟踪办理结果，并将办理情况及时告知求助对象，真正做到让困难群众“求助有门”、受助及时。

（四）建立健全社会救助信息共享机制。各地社会救助管理部门要在积极推进信息化建设、提高社会救助管理服务水平的基础上，加快建立民政、教育、人力资源社会保障、住房城乡建设、卫生计生等部门救助信息共享机制。民政部门要及时为其他社会救助管理部门提供最低生活保障对象、特困供养人员及其他困难群众基本信息，为教育、住房、就业、疾病应急等救助工作的开展提供支持；教育、人力资源社会保障、住房城乡建设、卫生计生等部门要及时将教育救助对象、就业救助对象、住房救助对象和疾病应急救助对象获取相关救助的基本信息反馈民政部门，为民政部门对各项救助之后仍有困难的家庭给予临时救助提供依据。

（五）建立健全社会救助资金保障机制。各地要按照《办法》的相关规定，将社会救助资金纳入财政预算，建立与当地经济社会发展水平相适应的资金保障机制，进一步加大社会救助资金投入，确保最低生活保障、特困人员供养、受灾人员救助、医疗救助、教育救助、住房救助、就业救助、临时救助等各项社会救助制度有效落实。要严格资金管理，坚持专款专用，规范预算编制、预算下达、资金支付等环节，确保救助资金及时足额发放到困难群众手中。

（六）全面建立社会救助监督检查长效机制。各地各相关部门要依照《办法》的有关规定，加快研究制定本地区、本部门加强社会救助监督管理、责任追究、绩效评价的具体办法。加大社会救助信息披露力度，严格执行社会救助对象公示制度，在申请人居住的村民委员会或社区居民委员会，对社会救助家庭获得救助前进行审核公示和审批公示，获得救助后进行长期公示，广泛接受社会和群众监督。

四、加强贯彻落实《办法》的组织领导

（一）加强组织领导。各地要将贯彻实施《办法》列入重要议事日程，明确责任，精心组织，认真研究解决工作中存在的困难和问题；统筹安排，全面部署，切实把贯彻实施《办法》工作与贯彻落实党的十八届二中、三中全会精神，与党的群众路线教育实践活动紧密结合起来，抓出实效。要以贯彻落实《办法》为契机，将社会救助工作纳入国民经济和社会发展总体规划，纳入政府工作目标考核体系。

（二）强化能力建设。各地要加强社会救助经办机构建设，科学整合基层社会救助管理资源，确保事有人管、责有人负。加强经费保障，按照《办法》“将政府安排的社会救助工作经费纳入财政预算”的有关规定，落实好社会救助工作经费。积极探索创新社会救助经办服务方式，加大政府购买服务力度，通过设置公益岗位、聘用专业社工、吸纳志愿者、灵活用工等途径，充实基层工作力量，协助做好困难排查、信息报送、宣传引导、公示监督等工作。

（三）加强监督检查。各地要加强《办法》落实情况的督促检查和考核奖惩，

定期、不定期开展督促检查，针对存在问题，提出整改措施，狠抓政策落实。对落实政策不力，在实施救助审核审批过程中滥用职权、徇私舞弊、失职渎职的责任人员，要依纪依法追究责任。民政部将会同有关部门加强《办法》贯彻落实情况监测和信息通报，及时了解掌握各地《办法》执行情况，按季度进行通报；并会同有关部门组成联合检查组，对各地贯彻落实情况适时进行专项督查。

（四）加强政策宣传。各地要结合实际，组织好《办法》的学习宣传工作，做到领导干部熟悉《办法》、工作人员精通《办法》、广大群众了解《办法》。要多渠道、多形式做好《办法》宣传工作，各级民政部门要结合社会救助宣传周等活动建立社会救助宣传长效机制；教育、人力资源社会保障、住房城乡建设、卫生计生等部门要在各自职责范围内做好相关救助政策的宣传工作。要加强与媒体的合作，充分发挥报刊、广播、电视以及互联网、微博等新媒体传播速度快、覆盖面广的优势，广泛、深入地宣传《办法》，确保困难群众知晓政策规定，营造全社会关心支持社会救助工作的良好氛围。

各地贯彻落实《办法》有关情况请及时上报。

民政部　中国银监会
关于银行业金融机构协助开展社会救助家庭存款等金融资产信息查询工作的通知

（2015年3月24日　民发〔2015〕61号）

各省、自治区、直辖市民政厅（局），各计划单列市民政局，新疆生产建设兵团民政局，各银监局，各政策性银行、国有商业银行、股份制商业银行、邮储银行、各省级农村信用联社：

为贯彻落实《社会救助暂行办法》（国务院令第649号）和《国务院关于进一步加强和改进最低生活保障工作的意见》（国发〔2012〕45号），加快建立跨部门、多层次、信息共享的社会救助申请家庭经济状况核对机制，不断推进社会救助对象认定工作的科学性，根据《国务院办公厅关于印发贯彻实施〈社会救助暂行办法〉重点任务分工方案的通知》（国办函〔2014〕44号）要求，现就银行业金融机构协助民政部门开展申请和已获得社会救助家庭（以下简称社会救助家庭）存款等金融资产信息查询工作有关事项通知如下。

一、目标任务

准确认定社会救助对象是确保社会救助制度公平公正实施的前提，事关困难群众基本生活权益的保障，对维护社会和谐稳定、促进社会公平正义具有重要意义。通过户籍管理、税务、社会保险、不动产登记、工商登记、住房公积金管理、车船管理等单位和银行、保险、证券等金融机构，对社会救助家庭声明的户籍、人口及其经济状况信息进行全面、客观核对，是准确认定社会救助对象的重要基础，也是社会救助审核审批的重要环节。银行业金融机构掌握的存款等金融资产信息是客观判断居民家庭收入、财产状况的重要依据，是居民家庭经济状况核对工作的主要内容。各地要抓紧建立部门协作、信息共享的金融资产信息查询机制，加快完善居民家庭经济状况核对办法，确保社会救助制度公平公正实施，进一步提升政府公信力，促进社会公平正义，不断提升社会救助管理服务水平。

二、基本原则

（一）坚持及时高效。各银行业金融机构要根据民政部门查询需要，及时反馈社会救助家庭所有成员的存款等金融资产信息，确保在居民家庭经济状况核对中，使用的数据准确、完整、有效。

（二）坚持授权查询。民政部门在查询社会救助家庭存款等金融资产信息时，须经社会救助家庭所有成员的授权。经授权后，民政部门方可向银行业金融机构提出查询需求。银行业金融机构根据民政部门查询需求对相关信息进行查询、比对。

（三）坚持安全保密。开展存款等金融资产信息查询应坚持专人查询、手续完备、程序严密，严格按照信息保密有关规定安全实施。要建立信息查询工作责任制，落实信息安全管理责任，民政部门要指定专人负责信息查询工作，做到谁查询、谁负责，切实保护公民个人信息。

（四）坚持重点抽查与不定期复核相结合。对群众举报或在家庭经济状况审核中发现有关线索、需要进一步核实相关信息的社会救助申请家庭，要重点查询其存款等金融资产信息；对已获得社会救助的家庭，要按照动态管理的要求，不定期对其存款等金融资产信息进行查询。

三、查询内容和方式

（一）查询内容

根据社会救助对象认定工作需要，民政部门查询社会救助家庭金融资产信息，应向银行业金融机构提供社会救助家庭所有成员的姓名、证件类型、证件号码、申请原因、查询内容、查询时点等数据项。

银行业金融机构经查询比对后，向民政部门反馈的数据项包括：与申请人姓名、证件类型、证件号码对应的账户类型、账号、开户银行名称、余额，以及截止时点拥有有效的理财产品名称、理财账号、截止时点理财产品份额/价值等。

（二）查询方式

1. 介质交换方式。民政部门采用介质方式以电子表格形式将需要查询的信息数据送交银行业金融机构，银行业金融机构查询后按约定方式及时反馈民政部门。

2. 网络化交换方式。具备条件的地方应充分利用信息化基础设施，在做好安全防范措施的基础上，利用专用通道，通过前置服务器和银行业金融机构交换信息。双方根据信息交换量确定网络类型、带宽及所需的服务器配置。

四、保障措施

（一）加强组织领导。各地民政部门、银监局及银行业金融机构要充分认识社会救助家庭存款等金融资产信息查询工作的重要意义，在当地党委、政府的领导下，将加快建立存款等金融资产信息查询机制纳入本部门信息化建设的总体规划。要充分发挥“政府领导、民政部门牵头、有关部门配合、社会力量参与”的社会救助工作协调机制作用，统筹规划和组织实施信息查询工作，及时梳理和解决工作中出现的新情况、新问题，确保信息查询工作取得实效。

（二）落实工作责任。各地民政部门、银监局要按照国务院有关要求，明确工作责任，抓好任务落实。民政部门要结合当地工作实际，主动会同银监局及银行业金融机构研究制定存款等金融资产信息查询的具体办法，规范信息查询程序、时限和结果使用；银行业金融机构要根据信息查询的需要，及时向民政部门反馈社会救助家庭所有成员个人名下存款等金融资产方面的信息，确保提供数据的真实性、时效性和完整性。

（三）规范查询程序。县级民政部门认定社会救助对象需通过银行业金融机构查询社会救助家庭存款等金融资产信息的，须经社会救助家庭所有成员授权并在授权书上签字确认，无法签字确认的，应以其他合法方式确认授权。授权书应规范、统一、合法。县级民政部门可委托依法成立的居民家庭经济状况核对机构开展相关查询工作，指定专人负责查询事项。在向银行业金融机构提出存款等金融资产信息查询需求时，应按照查询工作程序，履行相关手续。对于民政部门符合要求、手续完备的查询事项，银行业金融机构不得拒绝、推诿。

（四）强化责任追究。各地民政部门、银监局要加强对存款等金融资产信息查询工作的监督指导，定期对信息查询和使用情况进行检查监督。要建立健全内部工作制度，指定专人负责，建立工作责任追究制度。对拒绝或无故拖延，不能及时提供相关信息的银行业金融机构，由有关地方银监局视情予以严肃处理；对违规使用和泄漏共享信息的民政部门工作人员，应视情节轻重给予批评教育或行政处分，涉嫌犯罪的，依法追究其法律责任。

教育部　财政部　中国人民银行　银监会 关于完善国家助学贷款政策的若干意见

（2015 年 7 月 13 日　教财〔2015〕7 号）

各省、自治区、直辖市教育厅（教委）、财政厅（局），计划单列市教育局、财政局，新疆生产建设兵团教育局、财务局，中国人民银行上海总部，各分行、营业管理部，各省会（首府）城市中心支行，各副省级城市中心支行，银监局，有关部门（单位）教育司（局），中央部门所属各高等学校，各银行业金融机构：

目前，我国普通高等学校家庭经济困难学生资助政策体系已基本建立。作为高校学生资助体系的重要组成部分，国家助学贷款经过多年探索和完善，逐步形成了符合中国国情和高校特点的发展模式，取得了显著成效，对确保高校家庭经济困难学生顺利完成学业发挥了重要作用。为进一步提升国家助学贷款政策实施效果，经国务院同意，现就完善国家助学贷款政策提出如下意见。

一、完善贷款政策，切实减轻借款学生经济负担

（一）学生在读期间利息全部由财政补贴。国家助学贷款利率执行中国人民银行同期公布的同档次基准利率，不上浮。借款学生在读期间的贷款利息由财政全额补贴。借款学生毕业后，在还款期内继续攻读学位的，可申请继续贴息，应及时向经办机构（组织办理校园地国家助学贷款的高校或组织办理生源地信用助学贷款的县级教育部门，以下简称经办机构）提供书面证明，经办机构审核后，报经办银行确认，继续攻读学位期间发生的贷款利息，由原贴息财政部门继续全额贴息。借款学生在校期间因患病等原因休学的，应向经办机构提供书面证明，由经办机构向经办银行提出申请，休学期间的贷款利息由财政全额贴息。

（二）贷款最长期限从 14 年延长至 20 年。原校园地国家助学贷款期限为学制加 6 年、最长不超过 10 年，生源地信用助学贷款期限为学制加 10 年、最长不超过

14 年，现统一调整为学制加 13 年、最长不超过 20 年。借款学生毕业或终止学业时，应与经办银行和经办机构确认还款计划，还款期限按双方签署的合同执行。

（三）还本宽限期从 2 年延长至 3 年整。借款学生毕业当年不再继续攻读学位的，与经办机构和经办银行确认还款计划时，可选择使用还本宽限期。还本宽限期内借款学生只需偿还利息，无需偿还贷款本金。还本宽限期由原来的 2 年延长至 3 年整。还本宽限期从还款计划确认开始，计算至借款学生毕业后第 36 个月底。在还款期内继续攻读学位的借款学生再读学位毕业后，仍可享受 36 个月的还本宽限期。

（四）建立国家助学贷款还款救助机制。各省级学生资助管理部门、各高校要合理利用国家助学贷款风险补偿金结余奖励资金、社会捐资助学资金或学生奖助基金，建立国家助学贷款还款救助机制，用于救助特别困难的毕业借款学生。对于因病丧失劳动能力、家庭遭遇重大自然灾害、家庭成员患有重大疾病以及经济收入特别低的毕业借款学生，如确实无法按期偿还贷款，可向经办机构提出救助申请并提供相关书面证明，经办机构核实后，可启动救助机制为其代偿应还本息。

（五）简化学生贷款手续。各经办机构和经办银行要简化贷款手续，不得要求学生提供与贷款申请无关的材料。学生开具家庭经济困难学生认定证明时，严禁收取任何费用。各经办机构和经办银行应改进服务，简化流程，借款学生继续攻读学位的，只需完成申请继续贴息的相关手续，可不再签署贷款展期协议。借款学生根据贷款合同提前还款的，经办银行按贷款实际期限计算利息，不得加收任何费用。

二、健全运行机制，促进国家助学贷款持续健康发展

（一）及时足额安排贴息及风险补偿金。各级财政部门和高校要在年度预算中足额安排应承担的国家助学贷款贴息和风险补偿金。省级财政部门负责统筹归集全省各级财政和地方高校应承担的贴息和风险补偿金，确保资金按时足额到位。

（二）完善国家助学贷款考核制度。各级金融监管部门对国家助学贷款业务监管时，综合考虑风险补偿金的缓释作用，对符合相关政策要求的风险补偿金覆盖部分适用零风险权重，未覆盖部分采用 75% 的风险权重。各金融机构在对国家助学贷款业务进行内部监管时，应在满足监管要求的同时，充分考虑国家助学贷款业务和风险特征，准确计量资本和拨备要求。各经办银行对国家助学贷款业务要单立台账、单设科目、单独统计和考核。

（三）积极开展诚信教育活动和征信宣传。各高校应加强学生信用意识和诚信观念教育。各级教育行政部门应加强学校诚信教育工作的定期考核和业务指导。各经办银行应按照《征信业管理条例》，严格履行信息采集和上报责任。经办银行经借款学生书面授权使用借款学生的个人征信信息，无须再次告知借款学生；对没有按合同约定归还贷款的学生，经办银行应依法向个人征信系统报送借款学生的不良信息。

三、加强组织领导，不断提升国家助学贷款管理水平

（一）进一步落实学费和贷款代偿政策。根据《财政部　教育部关于印发〈高等学校毕业生学费和国家助学贷款代偿暂行办法〉的通知》（财教〔2009〕15 号）规定，尚未出台政策的省份应尽快出台学费和助学贷款代偿办法，鼓励地方高校毕业生到本行政区域艰苦边远地区基层单位就业。地方高校毕业生代偿资金原则上由省级财政承担，中央财政根据西部各省份财力状况、学费和国家助学贷款代偿规模以及高校家庭经济困难学生资助政策落实情况等因素，对西部省份予以奖补。

（二）加强经办机构和人员队伍建设。各县级政府要尽快成立专门的县级学生资助管理中心并确保正常运转，加强人员队伍建设并保障工资福利、职称评聘等方面待遇。地方各级教育行政部门要推动经办机构之间的联动机制，建立资助中心、高校和金融机构之间的合作平台，实现信息共享，促进协同配合，切实加强贷款管理工作。

（三）加大国家资助政策宣传力度。地方各级教育行政部门应在《普通高等学校招生专业目录》中全面、完整介绍高校学生资助政策，方便学生知晓国家资助政策，合理选择学校和专业。普通高中要大力开展高校资助政策宣传工作，介绍国家助学贷款、奖助学金等资助政策，免除家庭经济困难学生的后顾之忧。在发挥传统媒体作用的同时，充分运用网络时代新媒体传播渠道，创新宣传方式，增强宣传效果。对于艰苦边远山区和农村家庭经济困难学生集中的区域，有关地区教育行政部门应组织专门人员，深入基层和农村经济困难家庭宣讲资助政策。

四、其他事项

（一）本意见自发布之日起实施。各省、自治区、直辖市人民政府可结合本地实际情况，制订具体实施细则。

（二）本意见所指的借款学生是指全日制普通高等学校中家庭经济困难且已获得国家助学贷款资助的本专科学生（含高职学生）、研究生、第二学士学位学生。

（三）此前下发的国家助学贷款的有关政策和规定继续执行。凡与本意见不一致的，以本意见为准。

人力资源社会保障部 国家发展改革委等七部门关于在化解钢铁煤炭行业过剩产能实现脱困发展过程中做好职工安置工作的意见

（2016年4月7日 人社部发〔2016〕32号）

各省、自治区、直辖市及新疆生产建设兵团人力资源社会保障厅（局）、发展改革委、工业和信息化主管部门、财政（财务）厅（局）、民政厅（局）、国资委（局）、总工会，有关中央企业：

钢铁、煤炭是国民经济的重要基础行业。近年来，受国内外市场需求明显下降、国际大宗商品价格持续下跌等影响，行业产能过剩矛盾凸显，企业生产经营困难加剧，亟须通过化解过剩产能推动行业结构优化、脱困升级。妥善安置职工是化解过剩产能工作的关键，关系供给侧结构性改革的顺利实施，关系职工切身利益和改革发展稳定大局。根据党中央、国务院推进供给侧结构性改革及化解钢铁、煤炭行业过剩产能实现脱困发展的总体部署，为做好职工安置工作，提出以下意见：

一、总体要求

做好钢铁、煤炭行业化解过剩产能、实现脱困发展中的职工安置工作，要全面落实党的十八大和十八届三中、四中、五中全会精神，树立发展新理念，把握好改革发展稳定的关系，坚持企业主体、地方组织、依法依规，更多运用市场办法，因地制宜、分类有序、积极稳妥地做好职工安置工作，维护好职工和企业双方的合法权益，促进失业人员平稳转岗就业，兜牢民生底线，为推进结构性改革营造和谐稳定的社会环境。

二、多渠道分流安置职工

（一）支持企业内部分流

1. 支持企业利用现有场地、设施和技术，通过转型转产、多种经营、主辅分离、辅业改制、培训转岗等方式，多渠道分流安置富余人员。支持兼并重组后的新企业更多吸纳原企业职工。对企业为促进职工转岗安置开展的职业培训，可按规定给予职业培训补贴。

2. 支持企业开展“双创”，利用“互联网＋”、国际产能合作和装备走出去，发展新产品、新业态、新产业，在优化升级和拓展国内外市场中创造新的就业空间。对工艺技术较为先进、市场前景较好，但暂时经营困难的企业，可通过与工会或职工依法协商，采取协商薪酬、灵活工时等，稳定现有岗位。对不裁员或少裁员的企业，按规定由失业保险基金给予一定的稳岗补贴。

（二）促进转岗就业创业

1. 对拟分流职工的钢铁、煤炭企业，要提前摸清拟分流职工底数，了解就业需求，制订再就业帮扶计划。对拟分流安置人员在100人以上的，要举办专场招聘活动。

2. 对依法与企业解除、终止劳动合同的失业人员，要及时办理失业登记，免费提供就业指导、职业介绍、政策咨询等服务，纳入当地就业创业政策扶持体系。对失业人员和长期停产职工，要普遍开展转岗培训或技能提升培训，提高培训的针对性和有效性，按规定给予职业培训补贴。对其中的零就业家庭人员和就业困难人员，在培训期间可按规定给予一定的生活费补助。

3. 对有创业意愿的化解过剩产能企业职工和失业人员，按规定提供创业培训，有针对性地提供创业指导、项目咨询和跟踪服务。支持创业平台建设，积极培育适应钢铁、煤炭行业职工特点的创业创新载体，将返乡创业试点范围扩大到矿区，通过加大专项建设基金投入等方式，提高创业服务孵化能力。对从事个体经营或注册企业的，按规定给予税费减免、创业担保贷款、场地安排等政策扶持。

4. 对钢铁、煤炭过剩产能企业较为集中、就业门路窄的地区及资源枯竭地区、独立工矿区，要加强工作指导，开展跨地区就业信息对接和有组织的劳务输出，对其中的就业困难人员可按规定给予一次性交通补贴。

（三）符合条件人员可实行内部退养

1. 对距法定退休年龄5年之内、再就业有困难的，在职工自愿选择、企业同意并签订协议后，可实行内部退养。由企业发放生活费，并缴纳基本养老保险费和基本医疗保险费，个人缴费部分由职工继续缴纳，达到退休年龄时正式办理退休手续。

2. 上述人员因破产等原因无企业主体并无出资控股企业的，与原企业终止劳动合同，可自愿选择领取经济补偿金或预留社会保险费和生活费。对于选择预留社会保险费和生活费的人员，企业主体消亡时应在充分考虑当地经济社会发展水平、物价变动、工资增长等因素的基础上，经过测算一次性预留出为其缴纳至法定退休年龄的基本养老保险费、基本医疗保险费和生活费，由地市级以上人民政府指定的机构代发生活费并代缴基本养老保险费和基本医疗保险费，个人缴费部分由职工继续缴纳，达到退休年龄时正式办理退休手续。

3. 对上述继续缴纳社会保险费的退养人员，企业和个人可不再缴纳失业、工伤和生育保险费。

4. 退养人员应在企业职工安置方案通过时一次性确定。

（四）运用公益性岗位托底帮扶

对就业困难人员，要建档立卡，提供“一对一”就业援助，对与就业困难人员签订劳动合同并为其缴纳社会保险费的用人单位，以及从事灵活就业的就业困难人员，按规定给予社会保险补贴。支持各地通过购买服务等方式，引导人力资源服务机构为就业困难人员提供就业信息服务，根据服务成效按规定给予就业创业服务补助。对通过市场渠道确实难以就业的大龄困难人员和零就业家庭人员，要加大公益性岗位开发力度提供托底帮扶。

三、妥善处理劳动关系

（一）企业实施兼并重组吸纳原企业职工的，继续履行原劳动合同。企业发生合并或分立等情形的，由承继其权利和义务的企业继续履行原劳动合同，经与职工协商一致可以变更劳动合同约定的内容，职工在企业合并、分立前的工作年限合并计算为在现企业的工作年限；职工在企业内部转岗安置或内部退养的，双方协商一致后依法变更劳动合同，不支付经济补偿金。

（二）企业在被依法宣布破产、责令关闭或决定提前解散等情形下主体消亡的，应与职工依法终止劳动合同。

（三）企业与职工解除或终止劳动合同的，应依法支付经济补偿金，偿还拖欠职工在岗期间的工资，补缴欠缴的社会保险费。

（四）企业使用被派遣劳动者的，要按照《劳务派遣暂行规定》妥善处理好用工单位、劳务派遣单位、被派遣劳动者三方的权利义务。

四、加强社会保障衔接

（一）对符合领取失业保险金条件的人员，按规定发放失业保险金。领取失业保险金期间，可按规定享受由失业保险基金支付的职工医疗保险等其他失业保险待遇，社保经办机构应做好相应的权益记录。

（二）对符合最低生活保障条件的家庭，应按规定纳入最低生活保障范围。

（三）对解除或终止劳动合同人员重新就业的，新就业单位要为其及时办理参保缴费、社会保险关系及档案转移接续手续，原企业及存档单位要配合做好相关工作。对未被其他单位招用的人员，符合规定的，可按灵活就业人员身份参加职工基本养老保险、医疗保险。

（四）对于工伤人员，各地要按照《工伤保险条例》和人力资源社会保障部、财政部等四部委《关于做好国有企业老工伤人员等纳入工伤保险统筹管理有关工作的通知》（人社部发〔2011〕10 号）规定，妥善解决工伤人员的待遇问题。

五、政策适用范围和实施期限

以上各项政策适用化解钢铁、煤炭行业过剩产能和脱困升级中涉及企业及分流安置职工。除另有政策规定外，实施期限暂定为 2016 年至 2020 年。各地可根据国务院推进化解过剩产能及供给侧结构性改革的总体部署，统筹需要与可能，确定本地区涉及行业、企业和职工范围。

六、加强组织实施

（一）加强组织领导。做好化解钢铁、煤炭行业过剩产能和脱困升级中的职工安置工作涉及面广、政策性强，工作难度大。各地要高度重视，把职工安置工作作为化解过剩产能和脱困升级工作的重中之重，纳入整体改革方案。要建立政府主要领导牵头，人社、发改、经信、财政、民政、国资、工会等部门参与的工作协调机制，统筹协调本地区职工安置工作，制定工作方案，明确部门职责，加强信息通报和工作调度，督促落实职工安置政策，及时处置突发问题，制定应对规模性失业风险的预案。

（二）指导企业制定职工安置方案。各地要指导督促相关企业加强厂务公开工作，按照国家有关法律法规和政策制定并落实职工安置方案。职工安置方案应明确涉及职工情况、职工分流安置方式、劳动关系处理、经济补偿支付、偿还拖欠职工工资及社会保险费、职工安置资金来源渠道、促进再就业等内容。方案制定过程中，企业要依法履行民主程序，建立各层级职工协商沟通机制，充分听取职工意见，保障职工的知情权、参与权、表达权和监督权。职工安置方案应按规定经职工代表大会或全体职工讨论通过后公布实施。对职工安置方案不完善、资金保障不到位以及职工安置方案未经职工代表大会或全体职工讨论通过的，不得实施。

（三）落实资金保障。对企业拖欠的工资、社会保险费、退养费用、经济补偿金等，应由企业或所属集团公司筹集资金解决。中央财政设立工业企业结构调整专项奖补资金，用于解决钢铁、煤炭等行业化解过剩产能过程中的职工安置问题。专项奖补资金结合地方和中央企业任务完成情况（主要与产能挂钩）、需安置职工人数、困难程度等因素，对地方和中央企业进行梯级奖补，由地方政府和中央企业统筹用于符合要求的职工安置工作。落实失业保险待遇和稳岗补贴所需资金从失业保险基金中支出，确有困难的，各地要通过提高失业保险基金统筹层次、加强省内调剂等，对化解过剩产能职工安置任务重的地区给予重点支持。落实失业人员就业创业扶持政策，可按规定从就业补助资金中列支，上级财政、人社部门在转移支付时要对化解过剩产能任务重的地区予以倾斜。各地要按照属地原则，协调当地中央企业做好职工安置工作，做到政策统一、标准统一，并将中央企业失业人员再就业纳入当地就业工作规划，落实就业扶持政策。

（四）强化风险监控。各地要进一步加强统计监测和形势研判，建立健全化解钢铁、煤炭行业过剩产能企业失业预警机制和应急处置机制，特别是要对涉及职工人数多、安置任务重、稳定压力大的地区和企业，实施重点监测，及时采取措施化解矛盾，降低失业风险。对因职工安置可能引发的不稳定因素，要做好相关研判和预案，有针对性地采取防范措施，并及时向当地党委政府和上级人力资源社会保障部门报告。

（五）注重宣传引导。各地要重视做好政策解释和思想政治工作，充分发挥基层党组织、工会等作用，深入宣传化解过剩产能的重要性和紧迫性，宣传职工分流安置政策，引导分流安置职工认清形势，转变观念，更好地理解、支持并主动参与改革。要加大正面宣传，推广一批职工安置工作先进典型，发挥示范带动作用。要加强职工安置工作舆论引导，及时回应社会关切，耐心细致做好解读，不回避问题，不激化矛盾，正确引导社会预期，努力营造良好舆论氛围。

各地要按照本意见精神，结合当地实际，抓紧制定本地区化解过剩产能过程中做好职工安置工作的具体办法，加强监督检查。有关工作进展情况要及时报送人力资源社会保障部。

财政部　民政部关于印发《中央财政困难群众救助补助资金管理办法》的通知

（2017 年 6 月 12 日　财社〔2017〕58 号）

各省、自治区、直辖市、计划单列市财政厅（局）、民政厅（局），新疆生产建设兵团财务局、民政局：

为进一步加强中央财政困难群众救助补助资金管理，财政部、民政部制定了《中央财政困难群众救助补助资金管理办法》。现印发给你们，请遵照执行。

中央财政困难群众救助补助资金管理办法

第一条　为规范和加强中央财政困难群众救助补助资金（以下简称补助资金）管理，提高资金使用效益，支持地方做好困难群众救助工作，根据国家有关法律法规和财政部专项补助资金管理有关规定，制定本办法。

第二条　本办法所称补助资金是指中央财政安排用于补助各省、自治区、直辖市、计划单列市开展低保、特困人员救助供养、临时救助、流浪乞讨人员救助、孤儿和艾滋病病毒感染儿童基本生活保障工作的资金。

第三条　补助资金使用和管理要坚持公开、公平、公正的原则。

第四条　财政部负责会同民政部对补助资金实施全程预算绩效管理。按照预算管理规定，省级民政部门商同级财政部门设定补助资金区域绩效目标，明确资金与工作预期达到的效果，报民政部审核。民政部在完成绩效目标审核后提出补助资金的分配建议及当年全国整体绩效目标和分区域绩效目标，函报财政部，财政部于每年全国人民代表大会批准预算后 90 日内，会同民政部下达补助资金，同步下达区域绩效目标，抄送民政部和各地专员办。年度执行中，民政部会同财政部指导省级民政部门、财政部门对绩效目标实现情况进行监控，确保绩效目标如期实现。

第五条 补助资金按因素法分配，主要参考地方困难群众救助任务量、地方财政困难程度、地方财政努力程度、工作绩效等因素。每年分配资金选择的因素和权重，可根据年度工作重点适当调整。补助资金重点向贫困程度深、保障任务重、工作绩效好的地区倾斜。中央财政按照不同标准对东、中、西部地区发放孤儿和艾滋病病毒感染儿童基本生活费给予适当补助。

第六条 省级财政部门收到补助资金后，应将其与省本级财政安排的资金统筹使用，商同级民政部门制定本省（自治区、直辖市、计划单列市）资金分配方案，并于30日内正式分解下达本行政区域县级以上各级财政部门，并请参照中央做法，将本省绩效目标及时对下分解。同时将资金分配结果报财政部、民政部备案并抄送当地专员办。

第七条 各级财政部门要会同民政部门优化财政支出结构，科学合理编制预算，加强补助资金统筹使用，积极盘活财政存量资金，加大结转结余资金消化力度，增加资金有效供给，发挥补助资金合力，提升资金使用效益。

第八条 财政部、民政部应当在每年10月31日前，根据预算管理相关规定，按当年补助资金实际下达数的一定比例，将下一年度补助资金预计数提前下达省级财政部门，并抄送当地专员办。

各省级财政部门应建立相应的预算指标提前下达制度，在接到中央财政提前下达预算指标后，会同民政部门于30日内下达本行政区域县级以上各级财政部门，同时将下达文件报财政部、民政部备案，并抄送当地专员办。

第九条 各级财政部门要会同民政部门采取有效措施，加快预算执行进度，提高预算执行的均衡性和有效性。

对于全年全省（自治区、直辖市、计划单列市）困难群众救助资金支出少于当年中央财政下达该省（自治区、直辖市、计划单列市）的补助资金的省份，中央财政将在下年分配补助资金时适当减少对该省（自治区、直辖市、计划单列市）的补助。

第十条 补助资金支付按照国库集中支付制度有关规定执行。

低保金、散居特困人员救助供养金、临时救助金原则上应支付到救助对象个人账户，集中供养特困人员救助供养金应统一支付到供养服务机构集体账户。孤儿基本生活费应支付到孤儿和艾滋病病毒感染儿童本人或其监护人个人账户，集中养育的孤儿和艾滋病病毒感染儿童基本生活费应统一支付到福利机构集体账户。

县级民政、财政部门应当为救助家庭或个人在银行、信用社等代理金融机构办理接受补助资金的账户，也可依托社会保障卡、惠农资金“一卡通”等渠道发放补助资金，代理金融机构不得以任何形式向救助家庭或个人收取账户管理费用。

第十一条　补助资金要专款专用，用于为低保对象发放低保金，为特困人员提供基本生活条件、对生活不能自理的给予照料、提供疾病治疗、办理丧葬事宜，为临时救助对象发放临时救助金或实物，为孤儿和艾滋病病毒感染儿童发放基本生活费，为生活无着的流浪乞讨人员实施主动救助、生活救助、医疗救治、教育矫治、返乡救助、临时安置并实施未成年人社会保护。补助资金使用后按支出方向单独记账，分别核算。

各级财政、民政部门和经办机构应严格按规定使用，不得擅自扩大支出范围，不得以任何形式挤占、挪用、截留和滞留，不得向救助对象收取任何管理费用。补助资金不得用于工作经费，不得用于机构运转、大型设备购置和基础设施维修改造等支出。

第十二条　地方各级财政、民政部门应建立健全资金监管机制，定期对补助资金的使用管理情况进行检查，及时发现和纠正有关问题，并对资金发放情况进行公示，接受社会监督。

财政部驻各地财政监察专员办事处在规定的职权范围内，依法对补助资金的使用管理情况进行监督。

第十三条　地方各级财政、民政部门应自觉接受审计、监察等部门的监督和社会监督。

第十四条　年度执行结束后，财政部、民政部应组织开展对补助资金的绩效评价，主要内容包括资金投入与使用、预算执行、资金管理、保障措施、资金使用效益等。同时，将绩效评价结果作为调整政策、督促指导地方改进工作、分配中央财政补助资金的重要依据。

第十五条　各级财政、民政部门及其工作人员在补助资金的分配审核、使用管理等工作中，存在违反本办法规定的行为，以及其他滥用职权、玩忽职守、徇私舞弊等违法违纪行为的，按照《中华人民共和国预算法》《中华人民共和国公务员法》《中华人民共和国行政监察法》《财政违法行为处罚处分条例》等国家有关规定追究相应责任。涉嫌犯罪的，依法移送司法机关处理。

第十六条 各省、自治区、直辖市、计划单列市财政、民政部门可参照本办法，结合当地实际，制定困难群众救助补助资金管理具体办法。

第十七条 本办法由财政部会同民政部负责解释。

第十八条 本办法自印发之日起开始施行，《财政部 民政部关于印发〈中央财政困难群众基本生活救助补助资金管理办法〉的通知》(财社〔2016〕87 号)、《财政部 民政部关于印发〈中央财政流浪乞讨人员救助补助资金管理办法〉的通知》(财社〔2014〕71 号)、《财政部 民政部关于印发〈孤儿基本生活费专项补助资金管理办法〉的通知》(财社〔2012〕226 号) 同时废止。

民政部　财政部关于进一步加强和改进临时救助工作的意见

（2018 年 1 月 23 日　民发〔2018〕23 号）

各省、自治区、直辖市民政厅（局）、财政厅（局），新疆生产建设兵团民政局、财务局：

临时救助是社会救助体系的重要组成部分，是保障困难群众基本生活权益的托底性制度安排。近年来，各级民政、财政部门认真贯彻党中央、国务院决策部署，按照《国务院关于全面建立临时救助制度的通知》（国发〔2014〕47 号）要求，全面推进临时救助制度建立和实施，较好地化解了城乡居民突发性、紧迫性、临时性基本生活困难，在兜住民生底线、开展救急解难等方面发挥了重要作用。但一些地区还不同程度存在救助时效性不强、救助水平偏低、制度效能发挥不充分、工作保障不到位等问题。为贯彻落实国务院常务会议精神，进一步加强和改进临时救助工作，切实保障好困难群众基本生活，现提出以下意见。

一、明确总体要求

全面贯彻落实党的十九大精神，以习近平新时代中国特色社会主义思想为指导，坚持以人民为中心的发展思想，以有效解决城乡群众突发性、紧迫性、临时性基本生活困难为目标，以充分发挥临时救助制度效能为主线，落实“兜底线、织密网、建机制”工作要求，坚持托底、高效、衔接，进一步完善政策措施，健全工作机制，强化责任落实，加强工作保障，加快形成救助及时、标准科学、方式多样、管理规范的临时救助工作格局，筑牢社会救助体系的最后一道防线，切实维护人民群众基本生活权益。

二、完善政策措施

（一）细化明确对象范围和类别。根据困难情形，临时救助对象可分为急难型救助对象和支出型救助对象。急难型救助对象主要包括因火灾、交通事故等意外事件，家庭成员突发重大疾病及遭遇其他特殊困难等原因，导致基本生活暂时出现严重困难、需要立即采取救助措施的家庭和个人；支出型救助对象主要包括因教育、医疗等生活必需支出突然增加超出家庭承受能力，导致基本生活一定时期内出现严重困难的家庭，原则上其家庭人均可支配收入应低于当地上年度人均可支配收入，且家庭财产状况符合当地有关规定。对急难型救助对象，要进一步明确意外事件、突发重大疾病以及其他特殊困难的类型、范围和程度；对支出型救助对象，要进一步明确生活必需支出的范围和救助对象财产状况认定标准。各地要结合本地实际，制定和完善临时救助对象认定的具体办法。

（二）优化审核审批程序。各地要针对不同的救助类型，优化规范临时救助审核审批程序。对于急难型临时救助，要注重提高救助时效性，进一步简化审核审批程序，积极开展“先行救助”，乡镇人民政府（街道办事处）、县级人民政府民政部门可根据救助对象急难情形，简化申请人家庭经济状况核对、民主评议和公示等环节，直接予以救助，并在急难情况缓解后，登记救助对象、救助事由、救助金额等信息，补齐经办人员签字、盖章手续；对于支出型临时救助，要严格执行申请、受理、审核、审批程序，规范各个环节工作要求。对申请对象中的最低生活保障家庭及其成员、特困人员，重点核实其生活必需支出情况。要全面落实县级人民政府民政部门委托乡镇人民政府（街道办事处）开展临时救助审批的规定，合理设定并逐步提高乡镇（街道）临时救助金审批额度。

（三）科学制定救助标准。各地要立足当地经济社会发展水平，依据分类分档原则制定临时救助标准。根据救助对象不同的困难情形，确定救助类型；同一类型救助对象根据不同的困难程度，确定救助档次，构建科学合理的临时救助标准体系。临时救助标准可与当地最低生活保障标准挂钩，根据救助对象的家庭人口、困难类型、困难程度和困难持续时间等因素，分类细化救助标准。对于重大生活困难，临时救助标准可采取一事一议方式，根据具体情形分类分档设定，适当提高救助额度。省级民政、财政部门要加强对临时救助标准制定的指导和统筹，推动形成相对统一的区域临时救助标准。

（四）拓展完善救助方式。各地要根据救助对象实际情况，综合运用发放临时救助金、发放实物和提供转介服务等多种救助方式，发挥临时救助应急、过渡、衔接、补充的制度作用，不断提升救助效益。要充分运用好“转介服务”，使临时救助与相关制度、政府救助与慈善救助、物质帮扶与救助服务密切衔接，形成救助合力，增强救助效能。对于急难型救助对象，可采取一次审批、分阶段救助的方式，提高救助精准度；可通过直接发放现金或实物的方式，提高救助时效性。

（五）加强与慈善救助的衔接。各地要积极培育发展以扶贫济困等为宗旨的慈善组织，广泛动员慈善组织参与临时救助工作。鼓励、引导慈善组织建立专项基金，科学规划、设立救助项目，承接政府救助之后“转介”的个案，形成与政府救助的有效衔接、接续救助。完善和落实支持社会力量参与社会救助的政策措施，加大政府购买服务力度。积极探索政府引导、社会力量筹资、慈善组织运作的政社联动模式，搭建慈善组织等社会力量参与临时救助的平台，形成救助合力。

三、强化组织保障

（一）加强组织领导。各地要积极争取当地党委和政府的重视和支持，将加强和改进临时救助工作列入政府重要议事日程，进一步完善政策措施，健全工作机制，加大资金投入，深入实施好临时救助制度。要按照《国务院关于全面建立临时救助制度的通知》（国发〔2014〕47号）要求，将临时救助等社会救助工作列入地方领导班子和领导干部政绩考核评价指标体系，并合理确定权重。加强社会救助管理部门之间、社会救助管理部门与其他相关部门之间、政府部门与慈善组织之间的协调配合，形成工作合力。各级民政部门要切实履行主管部门职责，发挥好统筹协调作用；财政部门要加强资金保障，提高资金使用效益。

（二）加强监督检查。各地要加强对临时救助工作的督促检查，进一步完善困难群众基本生活救助工作绩效评价机制，加强对临时救助工作的绩效评估，突出制度效能的发挥，强化结果运用。要会同有关部门加快建立健全社会救助责任追究机制，区分主观故意、客观偏差和改革创新等不同情形，对主观故意造成工作失误和损失的，严肃追究相关责任；对客观偏差或探索创新、先行先试造成工作失误的，从轻、减轻或免于追责。

（三）加强资金保障。地方政府要深入贯彻落实国务院有关要求，多方筹集临时救助资金，合理安排和统筹使用困难群众救助补助资金，对临时救助的投入原则上只增不减。推动在乡镇（街道）建立临时救助备用金制度，提高救助水平。

（四）深化“救急难”综合试点。各地要准确分析和把握社会救助形势，不断深化对“救急难”工作的认识，强化“救急难”意识，认真谋划推进“救急难”

工作。要以加强部门协同、推进资源统筹、提升救助效益为重点，进一步强化制度落实，创新工作机制，提升综合救助能力，有效化解人民群众各类重大急难问题，切实兜住民生底线，最大限度防止冲击社会道德和心理底线事件发生。要认真评估、总结“救急难”综合试点经验，有序扩大试点范围，不断提升工作成效，适时全面推开“救急难”工作。

民政部关于进一步加强生活困难下岗失业人员基本生活保障工作的通知

（2019 年 1 月 16 日　民发〔2019〕6 号）

各省、自治区、直辖市民政厅（局）、新疆生产建设兵团民政局：

保障生活困难下岗失业人员基本生活，是落实社会救助政策、强化困难群众兜底保障的必然要求，是坚持以人民为中心的发展思想、保障和改善民生的应有之义。为深入贯彻落实《国务院关于做好当前和今后一个时期促进就业工作的若干意见》（国发〔2018〕39 号），充分发挥社会救助托底线、救急难作用，切实保障生活困难下岗失业人员基本生活，现就有关问题通知如下。

一、加强最低生活保障工作

各地要全面落实最低生活保障制度，对因下岗失业导致基本生活困难，共同生活的家庭成员人均收入低于当地最低生活保障标准，且符合当地最低生活保障家庭财产状况规定的家庭，要及时纳入最低生活保障范围，切实做到“应保尽保”。进一步健全最低生活保障对象认定办法，完善社会救助申请家庭经济状况核查机制，细化核算范围和计算方法，可根据实际情况适当考虑家庭成员因残疾、患重病等增加的刚性支出因素，综合评估家庭贫困程度。对纳入最低生活保障的下岗失业人员家庭中的老年人、未成年人、重度残疾人、重病患者等重点救助对象，要采取增发低保金等多种措施提高救助水平，保障其基本生活。对重新就业或创业后，家庭人均收入超过当地低保标准的，可实施“低保渐退”，给予一定时期的渐退期，实现稳定就业创业后再退出最低生活保障范围。

二、加大临时救助工作力度

各地要进一步发挥临时救助制度效能，按照规定加大对生活困难下岗失业人员及其家庭临时救助力度，帮助他们缓解陷入生活困境之急、解除创业就业后顾之忧，切实兜住基本生活保障底线。要根据下岗失业人员及其家庭的生活困难具体情形，区分救助类别，确定救助标准。积极开展先行救助，不断增强救助时效性。落实县、乡两级审批政策规定，逐步提高救助水平。对实施临时救助后，仍不能解决其困难的，要充分运用好“转介服务”，符合最低生活保障条件的，及时纳入最低生活保障范围；符合医疗、教育、住房、就业等专项救助条件的，积极转介相关部门协同救助；需要慈善救助帮扶的，及时转介给相关公益慈善组织，形成救助合力。对遭遇重大生活困难的下岗失业人员家庭，要在综合运用各项救助帮扶政策的基础上，充分发挥县级困难群众基本生活保障工作协调机制的作用，采取一事一议方式确定帮扶措施，提高救助额度。

三、积极引导和支持社会力量参与救助帮扶

各地要完善和落实支持社会力量参与社会救助的政策措施，引导和支持公益慈善组织，通过设立慈善项目、发动社会募捐等形式，积极参与对生活困难下岗失业人员家庭的救助帮扶，形成与政府救助的有效衔接、接续救助。充分发挥专业社会工作服务机构作用，为生活困难下岗失业人员家庭提供生活帮扶、心理疏导、资源链接、能力提升、社会融入等专业服务，帮助他们改善困难处境、增强生活信心、提升发展能力。积极探索通过政府购买服务，为生活困难下岗失业人员家庭中的老年人、残疾人提供生活照料等救助服务，为这些家庭中在劳动年龄段内、有劳动能力的成员创业和再就业解除后顾之忧，创造有利条件。

四、进一步加强相关制度衔接

加强最低生活保障、临时救助与其他社会救助制度以及失业、医疗等保险制度的衔接，积极配合相关部门做好生活困难下岗失业人员家庭医疗、教育、住房、就业等专项救助工作。进一步完善最低生活保障与就业联动机制，配合有关部门加大职业指导、技能培训、岗位推荐、跟踪服务力度，激发创业、就业意愿，优先安排政府公益性岗位，促进劳动年龄段内、有劳动能力的生活困难下岗失业人员积极就业。对于无正当理由，连续3次拒绝接受人力资源社会保障等部门介绍的与其健康状况、劳动能力等相适应工作的低保对象，可以按规定减发或者停发其本人最低生活保障金。对于家庭中有重度残疾人、重病患者和失能老年人等需要专人照料的生

活困难下岗失业人员，要充分考虑其劳动条件和家庭实际情况，按照就近就便原则，采取有针对性的措施帮助其实现再就业。对于重新就业的生活困难下岗失业人员，在核算其家庭收入时，可以扣减必要的就业成本。要加强临时救助与下岗失业人员临时生活补助的衔接，对于享受人力资源社会保障部门发放的临时生活补助后，生活仍有困难的下岗失业人员及其家庭，要及时按规定给予临时救助。

五、强化社会救助政策落实

各地民政部门要充分认识新形势下加强生活困难下岗失业人员基本生活保障工作的重要意义，进一步加强组织领导，健全工作机制，强化责任担当，全面落实最低生活保障、临时救助等社会救助制度，加强对生活困难下岗失业人员及其家庭的兜底保障。要健全完善主动发现机制，及时了解、掌握辖区内下岗失业人员生活困难，做到早发现、早介入、早救助。要加强与工会组织的协同配合，做好困难职工家庭数据比对工作，推动困难职工帮扶信息与社会救助信息共享，形成对生活困难下岗失业人员及其家庭的救助合力。要进一步加强政策宣传，深入社区、企业大力宣讲社会救助政策，不断提高社会知晓度，在全社会营造良好的舆论氛围。

民政部关于做好当前困难群众基本生活保障工作的通知

（2019年9月13日　民函〔2019〕95号）

各省、自治区、直辖市民政厅（局），新疆生产建设兵团民政局：

为深入学习贯彻习近平总书记关于民政工作的重要指示精神，认真落实国务院常务会议部署要求，进一步保障好基本民生，现就做好当前困难群众基本生活保障工作有关事项通知如下：

一、切实增强使命担当

当前，我国经济运行呈现总体平稳、稳中有进发展态势，但经济发展面临新的风险挑战，国内经济下行压力加大，困难群众基本生活保障工作任务更加繁重。各地要按照国务院常务会议关于当前形势下突出保障好基本民生、夯实民生基础的要求，充分认识做好困难群众基本生活保障工作的重要性和紧迫性，进一步提高政治站位，强化使命担当，增强忧患意识，坚持底线思维，全面落实党中央、国务院关于社会政策要托底的决策部署，聚焦脱贫攻坚，聚焦特殊群体，聚焦群众关切，结合开展“不忘初心、牢记使命”主题教育，突出为民服务解难题，切实抓好各项政策措施落实落地，着力防范化解基本民生保障领域重大风险，织密织牢民生兜底保障安全网，不断增强困难群众的获得感、幸福感和安全感。

二、强化社会救助兜底保障

各地要全面落实最低生活保障制度，进一步完善最低生活保障对象认定办法，健全社会救助申请家庭经济状况核查机制，统筹考虑家庭成员因残疾、患重病等增加的刚性支出、必要的就业成本等因素，综合评估家庭经济状况，及时将符合条件的家庭纳入低保范围。对未脱贫建档立卡贫困户中的重病患者、重度残疾人等完全丧失劳动能力和部分丧失劳动能力的人员，以及生活困难的成年、无业重度残疾人，参照单人户纳入低保，切实做到“应保尽保”。落实重点救助对象“分类施保”政策要求，提高救助水平。充分发挥临时救助“兜底中的兜底”作用，积极开展先行救助，全面落实县、乡两级审批政策规定，不断增强救助时效性。对遭遇重大生活困难的，采取一事一议方式提高救助额度，加大救助力度。要重点关注下岗失业人员、困难企业职工、未就业大学毕业生、农民工、城市灵活就业人员等的生活状况，对遭遇临时生活困难的，及时实施临时救助。进一步落实特困人员救助供养制度，抓紧落实特困人员照料护理标准，加强对分散供养特困人员定期探访和照料服务。要规范低保金等社会救助资金发放工作，确保按时足额发放，农村低保金按季度发放的地区要实行季度首月发放。要会同相关部门认真执行社会救助和保障标准与物价上涨挂钩联动机制，价格涨幅达到规定条件时及时启动联动机制，发放价格临时补贴，确保其基本生活水平不因物价上涨而降低。要深入推进脱贫攻坚兜底保障，进一步健全农村留守儿童和困境儿童关爱服务体系，加强孤儿和事实无人抚养儿童保障，建立困难残疾人生活补贴和重度残疾人护理补贴标准动态调整机制，加大特殊群体保障力度。

三、加强灾区群众基本生活保障

各地要高度重视灾区群众基本生活保障，加强与相关部门协调联动，做好与受灾人员应急救助、过渡期生活救助、冬春救助等受灾人员救助的衔接，及时将符合条件的受灾群众纳入社会救助范围，保障好他们的基本生活。对受到灾害影响，导致基本生活出现困难的家庭和个人，要按照“先行救助”有关政策规定，直接实施临时救助，帮助其尽快渡过难关。对经受灾人员救助后，基本生活仍有困难的，符合条件的要及时纳入最低生活保障或临时救助，并根据因灾损失、人员伤亡等情况，适当提高救助水平。对于因灾致贫返贫或者存在致贫返贫风险的受灾群众，要及时给予临时救助。配合相关部门做好灾害期间民政服务对象和民政服务机构防灾避险工作，以及今年以来受灾地区群众基本生活保障和灾后农房恢复重建工作，重点帮助受灾地区低保对象、分散供养特困人员、散居孤儿、留守老人、留守儿童及残疾人等特殊群体解决实际困难，确保他们温暖过冬。

四、引导支持社会力量参与

各地要全面落实支持社会力量参与社会救助的政策措施，积极培育发展以扶贫济困、救灾救助为宗旨的慈善组织，引导和支持公益慈善组织，通过建立专项基金、设立慈善项目、发动社会募捐等形式，积极参与对困难群众的救助帮扶，形成与政府救助的有效衔接、接续救助。要通过购买服务、政策引导等方式，积极支持社会工作服务机构和社会工作者为困难群众提供生活帮扶、心理疏导、资源链接、能力提升、社会融入等救助服务，帮助他们改善困难处境、增强生活信心、提升发展能力。培育社会救助领域专业志愿服务队伍，动员和引导志愿服务组织、社会爱心人士为困难群众提供帮扶。当前，要动员和引导各类慈善组织、社会工作服务机构和志愿服务组织积极参与受灾地区款物捐赠、心理抚慰、灾后恢复重建等工作，营造“一方有难、八方支援”的良好社会氛围。

五、进一步加强组织领导

各地要将保障困难群众基本生活、破解群众急难忧愁作为当前和今后一个时期工作的重点，加强组织领导，完善政策措施，加大落实力度。要结合正在开展的“不忘初心、牢记使命”主题教育，不断加强学习教育、调查研究、检视问题和整改落实，深入基层了解困难群众期盼和诉求，认真梳理并下力气解决涉及基本民生保障的苗头性问题和突出问题，增强风险防控和化解能力，提高工作的预见性和前瞻性，把困难群众基本生活保障工作做实做细。进一步健全完善县级困难群众基本生活保障工作协调机制，定期研究解决工作中存在的突出困难和问题，及时研究解决困难群众急难个案。要按照主题教育专项整治工作要求，持续深化农村低保专项治理，结合专项治理关于贫困老年人、残疾人、儿童等特殊群体“脱保”“漏保”问题全面排查的任务要求，认真组织开展困难群众基本生活保障情况摸底排查，确保党中央、国务院决策部署不折不扣落实到基层。年底前将结合加强基层民政工作组织开展一次集中调研，指导督促各地进一步加强困难群众基本生活保障工作。

第二部分

中华全国总工会政策文件

中华全国总工会关于建立困难职工帮扶中心的意见

（2002年12月31日　总工发〔2002〕29号）

各省、自治区、直辖市总工会，各全国产业工会，中共中央直属机关工会联合会，中央国家机关工会联合会，全总各部门、各直属单位：

为认真实践“三个代表”重要思想，贯彻落实党的十六大精神，更好地履行工会维护的基本职责，努力为职工群众特别是困难职工群体办实事，根据《中华全国总工会关于贯彻全国再就业工作会议精神的意见》（总工发〔2002〕25号），现就建立困难职工帮扶中心（以下简称“帮扶中心”）提出如下意见。

一、基本原则和工作目标

帮扶中心是工会深入实施送温暖工程、开展困难职工帮扶救助的有效载体，是送温暖工程的重要组成部分。各级工会组织要坚持面向职工、及时帮扶、快捷准确、释疑解惑、因地制宜、长期坚持的原则，努力把帮扶中心建成宣传党的路线方针政策、展示工会形象的窗口，调解劳动关系矛盾的渠道，依法维护困难职工合法权益的阵地。

二、基本职责

根据本地实际和工会自身能力，通过信访接待、政策咨询、职业介绍和职业培训、法律援助、生活救助等多种形式，为困难职工提供直接、快捷、方便的帮助和服务，与有关部门配合，帮助解决困难职工在就业、医疗、生活、子女上学等方面遇到的困难和问题，依法保障职工合法权益。帮扶重点是下岗失业人员和老、弱、伤、病、残职工及因遭受意外灾害、本人或家庭成员患大（重）病等原因造成的困难职工群体。

三、制度建设

帮扶中心要建立信访接待、职业介绍和培训、法律援助、生活救助等项制度。要落实工作责任制，实行规范化管理，提高服务水平和办事效率。要建立民主决策、民主管理、民主监督等项制度，重大事项须由集体研究决定，做到帮扶工作公开、公平、公正。要建立信息沟通与联系制度，加强同政府有关部门和职工所在单位联系，加强同工会领导机关、各相关部门联系，就解决职工权益保障问题进行沟通协商，提出解决问题的办法和对策。

四、机构设置和人员配备

帮扶中心作为工会维权的常设机构和形象窗口，要有相对固定的场所、人员和经费来源。各地可根据实际，确定帮扶中心设置形式，具体方案由各省、自治区、直辖市总工会确定。帮扶中心的工作人员应由具有一定理论政策水平和群众工作经验，具备相关专业知识和工作能力的人员担任，主任由地方工会负责同志兼任，其他工作人员从工会机关选派，也可面向社会进行招聘。

五、资金筹集和管理

稳定的资金来源是帮扶中心开展工作的可靠保证。要通过政府拨款、工会经费投入、社会捐助等方式筹集资金。要积极争取当地政府对帮扶中心的资金支持，通过多种形式筹集社会资金，努力拓宽资金和物资筹措渠道。地方工会要加大对帮扶中心的资金投入力度，拿出必要的经费用于帮扶中心。要严格资金使用和管理，严格遵守财经纪律，帮扶资金实行专户管理，接受政府财政、审计和工会审计监督。要建立物资登记、统计制度，帮扶款物发放要严格申请、审批程序，做到日清、月结，确保帮扶资金和物品用于最困难、最需要帮扶的职工。

六、组织领导

地方工会要加强对帮扶中心的组织领导，把帮扶中心作为重点工作来抓，主要领导人要亲自抓、负总责。要定期研究帮扶中心工作，对职工群众遇到的热点、难点问题和帮扶中心工作及时进行研究，提出解决的办法和建议。工会机关各有关单位和部门要树立服务意识和大局观念，加强对帮扶中心的工作支持和指导，在人、财、物等方面提供必要帮助。要善于发挥新闻媒体作用，注意舆论导向，努力为帮扶中心营造良好的社会环境。

各省、自治区、直辖市总工会可依据此《意见》制定具体实施办法，并请将建立帮扶中心的情况及时报全国总工会。

中华全国总工会关于困难职工帮扶中心验收标准及补助办法

（2002年12月31日　总工发〔2002〕30号）

第一条　为推动困难职工帮扶中心（以下简称“帮扶中心”）建设，促进帮扶中心规范运作，根据《中华全国总工会关于建立困难职工帮扶中心的意见》制定本办法。

第二条　帮扶中心应当具备下列标准：

1. 履行工会维护的基本职责，面向职工，为困难职工提供及时、方便、快捷的帮助和法律、政策服务。

2. 领导重视，实行“一把手”负责制，把帮扶中心工作列入重要议事日程。

3. 有相对固定的办公场所、人员，资金来源稳定可靠，工作人员有一定的理论政策水平和群众工作经验。

4. 帮扶中心内部各项制度健全，工作程序规范，发放的帮扶资金和实物的申请、审批、领取程序严格，做到公开、公平、公正。

5. 帮扶中心与工会各部门之间职责明确，建立了相应的工作协调制度；建立了与政府有关部门协商解决困难职工问题的渠道和制度。

6. 接受财政、审计和工会经审审计监督。

第三条　验收工作实行分级负责制。省、自治区、直辖市帮扶中心由全总负责验收，其他大中城市（地级以上城市，下同）帮扶中心由全总委托各省、自治区总工会负责验收。验收合格，由省、自治区、直辖市总工会提交书面报告，填写验收登记表报送全总保障工作部，全总统一颁发牌匾。省级工会帮扶中心由全总直接颁发，其他大中城市由全总委托省、自治区总工会颁发。

第四条　对于验收合格的大中城市帮扶中心，全总给予一次性启动资金10万元。

第五条　本办法所称帮扶中心，系各地工会成立的旨在对职工进行帮助、服务的困难职工帮扶或援助、服务、救助中心的统称。

第六条　本办法由中华全国总工会保障工作部负责解释。

附:《困难职工帮扶中心验收登记表》(略)

中华全国总工会关于进一步加强困难职工帮扶中心建设的通知

（2004 年 12 月 14 日　总工发〔2004〕50 号）

各省、自治区、直辖市总工会：

2002 年全总提出三年内在全国 200 个大中城市建立困难职工帮扶中心（以下简称“帮扶中心”）的目标任务以来，在各地党委政府的高度重视和大力支持下，在各级工会组织的积极努力下，帮扶中心迅速发展，各项工作取得明显成效，工会的社会影响力不断扩大。为进一步加强帮扶中心建设，建立和完善长效机制，推进帮扶中心工作的深入发展，现就有关问题通知如下：

一、统一思想，进一步提高对做好帮扶中心工作重要性的认识

建立帮扶中心，是工会贯彻党的十六大和十六届三中、四中全会精神，落实以人为本、全面协调可持续的科学发展观，构建社会主义和谐社会的具体实践，是工会工作服务大局、维护职工合法权益的有效载体，是工会组织密切党和群众血肉联系，服务广大职工、帮助职工解决困难的重要窗口。各级工会组织一定要充分认识加强帮扶中心工作的重要意义，通过帮扶中心这个载体和窗口，把党政所望、职工所需、工会所能结合起来，为职工提供集中快捷的服务，为广大困难职工群众诚心诚意办实事，尽心竭力解难事，使他们切实感受到党和政府的关怀与温暖，不断增强工会组织的影响力和凝聚力。

二、因地制宜，切实突出帮扶中心的工作重点

开展帮扶中心工作必须因地制宜、稳步推进。帮扶中心的工作内容、机构设置、资金筹集方式、工作人员的来源和编制等，可以根据本地的实际情况决定。帮扶中心要围绕当地党委和政府的工作全局、广大困难职工群众的实际需求开展工

作，切实体现救急济难、拾遗补阙、方便快捷的工作特点。当前，劳动就业、收入分配、社会保障、劳动安全卫生和国有企业改革中涉及劳动关系的问题最为广大职工所关切，也是影响社会稳定的主要问题。因此，帮扶中心应当加强对涉及职工群众最现实、最关心、最直接的问题的研究，积极探索依法维权、即时帮扶、排解矛盾、促进稳定的有效工作方法。要在总结各级工会组织多年来在实施送温暖工程中积累的经验和方式的基础上，继续运用好送温暖工程基金、困难职工档案、领导干部联系困难职工户等有效工作方法，为困难职工排忧解难。

三、加强领导，完善工会内部的工作协调机制

各地工会组织要切实加强对帮扶中心工作的领导，主要领导人要亲自抓、负总责。要成立工会帮扶工作领导小组，统一领导和协调帮扶中心工作，组长要由工会主要领导人担任，成员包括保障、法律、信访等相关业务部门人员。帮扶中心工作由工会保障部门牵头，会同法律、信访等部门进行具体业务指导，定期研究解决帮扶中心遇到的各种实际问题，形成工作合力。各地工会要对帮扶中心在人、财、物等方面给予支持，加强机关内部各部门的协调配合，共同做好帮扶工作。要注意各级帮扶中心之间工作的衔接和配合，形成分级负责、上下联动的帮扶网络。要加强与基层工会的工作联系，发挥基层工会的作用。对于来到帮扶中心寻求帮助的职工，要及时与其所在的基层工会沟通联系。可以由基层单位解决的问题，基层工会要尽快督促解决。基层工会要跟踪了解被帮扶职工的后续情况，继续做好帮扶服务。

四、强化沟通，建立工会和政府之间的工作协调机制

政府承担着救助困难群体的主要职责，帮扶中心是社会救助体系的重要组成部分。要加强与政府及有关部门的工作联系，推动建立工会与政府有关部门协商解决困难职工问题的工作机制。对于困难职工集中反映的、需要由政府解决的热点难点问题，特别是一些涉及面广的政策性问题，可以通过劳动关系三方协商机制、工会与政府的联席会议制度等推动政府予以解决。工会要积极参加政府成立的有关解决困难群众生产生活问题的协调机构，建立工会和政府劳动、民政、信访、司法等部门之间的日常沟通和协调制度，确定专人负责联系沟通。对职工反映的、需要移交政府有关部门解决的具体问题，要及时移交给政府部门，督促问题得到合理解决。

五、拓展渠道，多方筹措困难职工帮扶资金

要拓宽帮扶资金和物资筹措渠道，通过政府拨款、工会经费投入、社会捐助等多种形式筹集资金。要积极争取各级政府对帮扶中心的资金支持，推动政府定期向帮扶中心拨付资金，并将有关支出列入财政预算。工会要调整经费支出结构，进一步加大对帮扶中心的资金支持力度。各地工会在编制工会经费支出预算时，应当在相应的预算科目单列出帮扶中心的经费额度，逐步增大帮扶资金支出在工会经费支出中的比例。送温暖资金（基金）结余部分也可以用于帮扶中心对困难职工的帮扶。要加强宣传和工作协调，采取灵活多样的形式动员社会各界开展捐款捐物活动。

六、建章立制，强化帮扶中心的内部管理

要加强帮扶中心内部管理，进一步完善信访接待、就业服务、法律援助、生活救助等项工作制度，明确相应的工作程序，张榜公示。要建立资金管理制度，严格遵守财经纪律，严格资金使用和管理。政府资助和社会募集的资金，不得用于帮扶中心的人员开支和办公经费，只能用于帮助困难职工。帮扶中心的人员开支和办公经费应当从工会经费中列支。帮扶中心要接受政府审计部门和工会经费审查部门的监督，并建立和严格执行物资登记、统计以及帮扶款物发放管理制度。对于社会捐助的资金和物资，其发放和使用情况要接受社会监督，发现违纪现象要坚决严肃处理。

七、健全档案，建立困难职工信息统计和报告制度

帮扶中心要建立来访困难职工信息统计制度，为每一位符合帮扶条件的困难职工建立档案。要指定专人负责对来访困难职工的基本情况、致贫原因、求助需求、工会帮扶情况等内容逐一记录建档，做好信息统计工作。要建立对来访困难职工信息的分析、监测和报告制度，加强对帮扶中心信息化建设的硬件投入，配备微机搞好信息化管理。要定期对困难职工信息进行分析汇总，对其中带有共性的或比较突出问题，定期向上级工会报告。对于遇到的职工突发群体性事件，要在积极协调处理的同时，及时向地方党委和上级工会报告，做好职工的教育疏导和劝阻工作，促使事态尽快平息。

八、加强培训，建立对工作人员的激励约束机制

要加强帮扶中心工作人员的学习与培训，特别是劳动法律法规和社会保障政策的培训，不断提高帮扶中心工作人员的政治素质和业务素质。要注意把具备较强工作能力、政策水平和专业知识、热心为职工服务的人员安排到帮扶工作岗位。要建立起相应的激励机制，加强工作考核，对在帮扶工作中成绩突出的要予以表扬和奖励，并作为干部使用的重要依据。要切实关心帮扶中心工作人员的学习、工作和生活，为他们开展工作创造条件。工会领导机关要注意发现、总结和推广帮扶中心的新经验。对帮扶中心的工作进行定期检查，对工作效果差、管理不严和职工群众意见较大的，要提出意见，限期改正。

中华全国总工会办公厅关于转发《财政部关于印发〈困难职工帮扶中心专项资金管理办法〉的通知》的通知

（2006年10月25日　总工办发〔2006〕35号）

各省、自治区、直辖市总工会，各全国产业工会，中共中央直属机关工会联合会，中央国家机关工会联合会，全总各部门，各直属单位：

中央财政为支持各级工会组织更好地对困难职工开展帮扶工作，推进“送温暖工程”社会化、经常化、制度化，专门设立了困难职工帮扶中心专项资金，财政部制定下发了《困难职工帮扶中心专项资金管理办法》。现转发给你们，请认真执行。

附件：

财政部关于印发《困难职工帮扶中心专项资金管理办法》的通知

（2006年9月7日　财建〔2006〕468号）

中华全国总工会：

为规范中央财政拨付的困难职工帮扶中心专项资金的分配、使用和管理，我们制订了《困难职工帮扶中心专项资金管理办法》，现予印发，请遵照执行。

困难职工帮扶中心专项资金管理办法

第一条　为支持各级工会组织开展向困难职工的帮扶工作，更好地实施向困难职工“送温暖工程”，中央财政设立困难职工帮扶中心专项资金（以下简称帮扶资金）。

第二条　帮扶资金补助对象为困难职工群体。困难职工群体包括：家庭人均收入低于当地城镇居民最低生活保障线，经政府救济后生活仍十分困难的职工；家庭人均收入虽略高于当地城镇居民最低生活保障线，但由于疾病、子女教育或意外灾难等原因，不能维持基本生活的困难职工；因各类灾害或重大意外事故造成生活特别困难的职工。

第三条 帮扶资金用于支持各级工会组织困难帮扶中心开展的各种帮扶活动。资金使用范围包括：临时性生活帮扶；就医、子女教育、职业培训、职业介绍、法律援助等方面的帮扶等。帮扶资金不得用于下列支出：支付帮扶中心工作人员工资或办公经费；发放各种奖金、津贴和福利补助；购买车辆、手机等交通工具及通信设备；帮扶中心基本建设投资；其他与困难职工群体帮扶无关的支出。

第四条 帮扶资金的预算、决算应纳入中华全国总工会（以下简称全总）部门预算、决算统一管理，按照有关部门预算、决算管理要求执行。

第五条 全总应根据每年度各省、自治区、直辖市总工会（以下简称省级总工会）上报情况，确定各省级总工会帮扶资金具体分配方案，并报财政部审批。

第六条 帮扶资金预算下达后，全总应按财政部批准的分配方案，和国库集中支付相关规定，办理帮扶资金的支付手续，确保帮扶资金及时发放给相关困难职工。年度终了 2 个月内，全总应将帮扶资金使用及配套资金落实具体情况以省级总工会为单位汇总报财政部备案。

第七条 帮扶资金必须在本办法第三条规定的适用范围内使用，任何单位或个人不得截留、挪用、冒领或随意扩大帮扶资金的使用范围。

第八条 帮扶资金的管理和使用要遵守国家财务制度的有关规定，严格审批、严格管理，接受国家审计、财政主管部门的审计和监督。

第九条 工会组织应积极多渠道筹集困难职工帮扶资金。除上述中央财政设立专项资金外，还要采取从工会经费中安排、争取社会捐赠、争取地方政府支持等多种方式筹集资金。

第十条 全总应根据本办法制定具体实施办法并报财政部备案。

第十一条 本办法自发布之日起执行。

第十二条 本办法由财政部负责解释。

中华全国总工会送温暖工程资金管理使用办法

（2006年10月23日　总工发〔2006〕54号）

第一章　总　则

第一条　为了广泛筹集送温暖工程资金（以下简称资金），规范资金的使用和管理，强化监督，充分发挥资金的作用，进一步实施好送温暖工程，做好困难职工群体的帮扶救助工作，特制定本办法。

第二条　资金是在各级党委、政府和社会各界支持下，为帮助困难职工，由工会负责筹集、管理和使用的社会性、公益性资金。

第三条　资金主要用于在集中时间开展送温暖等活动和开展经常性帮扶救助工作。

第二章　资金的来源及用途

第四条　资金采取多渠道、多形式、社会化筹集的原则，主要来源是：

1. 各级政府拨款；
2. 本级工会经费拨款；
3. 上级工会经费补助；
4. 党政机关、企事业单位、社会团体和个人的捐赠；
5. 社会公益活动的募集；
6. 资金的合法增值；
7. 其他合法来源。

第五条　资金的主要用途是：

1. 对家庭人均收入低于当地城镇居民最低生活保障线，经政府救济后生活仍十分困难的职工；家庭人均收入虽略高于当地城镇居民最低生活保障线，但由于下岗失业、重大疾病、子女教育或意外灾难等原因，影响基本生活的困难职工进行帮扶救助。

2. 对因各类灾害或重大意外事故等其他原因造成生活特别困难的职工提供临时性救助及其他应急救助。

3. 对具备一定创业条件的下岗失业困难职工提供小额借款。

第三章　资金的管理

第六条　要按照量入为出、收支平衡的原则，科学合理编制资金年度使用计划，做到统筹兼顾，既要为集中时间开展送温暖等活动提供资金，也要为开展经常性的帮扶活动提供资金，推进送温暖活动向经常化、制度化、社会化方向发展。重大资金的分配和使用由工会保障部门提出方案，经同级工会研究批准后实施。

第七条　资金实行独立核算、专款专用；要建立健全财务制度，严格资金审批手续；要按照全国总工会的统一要求设置会计科目、进行会计核算、编制会计报表，定期公布财务收支情况，定期向工会有关部门报送报表。

第八条　资金不得用于本办法规定的资金用途以外的开支。送温暖等活动和开展帮扶救助工作所需要的活动经费和办公经费列入本级工会经费预算。

第九条　资金的收入、支出和管理、使用情况，接受政府有关部门及工会经费审查部门的审查审计监督，接受上级工会的检查监督和指导，接受社会监督。

第十条　对违反规定的行为，上级工会要责令限期整顿，情节严重造成不良后果以及造成资金损失的，要追究直接责任人员和有关领导的责任。

第四章　资金的发放

第十一条　各级地方工会、产业工会和基层工会应按管辖范围建立困难职工档案和编制困难职工名册，并实行动态管理，并作为发放对困难职工帮困资金的基础性依据。

第十二条　工会保障部门根据困难职工档案和基层工会上报的情况进行汇总，制订困难补助标准和慰问方案，经同级工会领导集体讨论通过后实施。资金的发放应做到公开、公平、公正，接受职工群众与社会的监督。

第十三条　资金的发放必须填写按全国总工会统一规定的困难补助发放凭证（《困难补助资金发放凭证》和《困难补助物资发放凭证》〈样本〉附后），凭证由各省级工会按全总规定的样本印制、编号和发放。受助人须在领款（物）人处签名，受助人无法签名的，可由其亲属或委托他人代签，该单据应作为资金会计核算的原始凭证之一。

第十四条 凡是用于送温暖活动和帮扶救助工作的物资，在发放过程中都要按照资金的发放规定执行。

第五章 附 则

第十五条 已在政府管理部门注册的送温暖基金会参照国务院颁布的《基金会管理条例》规定运作。

第十六条 各地可参照本办法制定实施细则。

第十七条 本办法自公布之日起执行，全国总工会办公厅于 1996 年 11 月 6 日下发的《送温暖工程基金管理暂行办法》同时废止。

第十八条 本办法由全国总工会负责解释。

附件：1. 困难补助资金发放凭证（样本）（略）

2. 困难补助物资发放凭证（样本）（略）

中华全国总工会办公厅关于建立全国工会困难职工帮扶中心跨区域工作网络有关事项的通知

（2007年8月17日　总工办发〔2007〕25号）

各省、自治区、直辖市总工会：

为了加强全国工会困难职工帮扶中心（以下简称帮扶中心）之间的工作协调，实现资源整合和信息共享，形成全国范围内的帮扶网络，更好地为困难职工提供维权帮扶服务，进一步在全社会叫响“职工有困难找工会、农民工有困难找工会”口号，现就建立全国工会帮扶中心跨区域工作网络的有关事项通知如下：

一、充分认识建立工会帮扶中心跨区域工作网络的重要意义

目前，全国工会已经建立省级帮扶中心12家，地市级帮扶中心353家，县级帮扶中心2237家，已有98.5%的地级城市和78%的县级城镇建立了帮扶中心，覆盖全国的工会帮扶中心工作网络已经基本形成。随着大量职工灵活就业、跨区域就业的出现，特别是农民工就业呈现明显的跨区域流动特征，对工会做好维权和帮扶工作提出了新的课题。一些在异地打工的农民工权益受到侵害时，存在着信息不畅、输出输入地缺乏有效工作衔接、维权成本较高等问题，制约了帮扶中心维权和帮扶工作的开展。建立工会帮扶中心维权服务工作网络，可以有效整合帮扶中心的资源，降低维权成本，缩短维权时间，提高维权效率，全面提升帮扶中心的维权服务水平，为困难职工和农民工提供更加便捷、快速、高效的维权服务和困难帮扶，进一步扩大工会帮扶中心在全社会的影响力。

二、建立工会帮扶中心跨区域工作网络的主要内容

（一）建立全国工会帮扶中心服务工作网络。通过全国工会帮扶工作管理软件

系统，重点将全国365家地市级以上帮扶中心的情况简介、帮扶项目、办公地址、联系电话等内容联网贯通，使全国的工会帮扶中心能够及时互通信息，实现信息和资源共享，形成快速联动机制，根据困难职工和农民工的需求，及时提供跨区域的政策咨询、应急救助、维权服务、职业介绍、技能培训等服务，实现全国工会帮扶中心工作网络化。

（二）各地市级帮扶中心要整合本地市的维权和帮扶资源，建立层层负责、上下联动、快捷高效的工作机制，形成本地市与区（县）、乡镇（街道、社区）、基层单位工会帮扶中心和帮扶站点的帮扶工作服务网络。各地市级总工会要编制本地市工会帮扶中心联动服务手册，内容包括地市级工会帮扶中心和所辖区县帮扶站点的情况简介、帮扶项目、办公地址、联系电话等。广泛深入企业、社区、车站、码头等地，把帮扶中心联动服务手册发放到职工和农民工手中，使广大职工和农民工了解帮扶中心，遇到困难能够及时找到帮扶中心，使工会帮扶中心成为困难职工和农民工的“娘家人”。

三、具体要求

（一）全总将在全国工会帮扶工作管理软件里增加全国工会帮扶中心通信录模块，便于各地帮扶中心上网查询。请各省（区、市）总工会保障部门于9月20日之前完成地市级以上帮扶中心的通信录填报工作，填报内容和具体操作步骤可从管理软件中“政策文件→用户手册下载→填报通信录操作说明”中下载。要尽快健全下级单位列表，分配好使用权限，确保填报的内容真实、准确。县级以下帮扶中心信息是否纳入通信录，由各省级工会自行决定。

（二）各地帮扶中心要充分利用好全国工会帮扶中心通信录，做好区域之间的工作衔接和协调配合，实现就业信息和维权资源的共享，积极合作开展跨区域的维权和帮扶服务。各地建立跨区域工作网络、开展维权和帮扶工作的情况要及时报全总保障工作部。

中华全国总工会办公厅关于加强县级困难职工帮扶中心建设的通知

（2008年4月9日　总工办发〔2008〕17号）

各省、自治区、直辖市总工会：

为深入贯彻胡锦涛总书记视察天津市困难职工帮扶中心时的重要指示精神，落实全国工会帮扶工作会议提出的工作目标，全国总工会决定进一步加强县级工会困难职工帮扶中心建设，健全工会帮扶工作网络，努力把帮扶中心建成充满爱心、充满阳光的困难职工之家，推动工会帮扶工作的创新发展。现就有关事项通知如下：

一、总体目标

从今年起到2009年底前，在全国县（区）一级普遍建立困难职工帮扶中心，构建以地市级帮扶中心为骨干，县级帮扶中心为支撑，街道、社区、镇和企业帮扶站（点）为基础的工会帮扶工作网络，实现对困难职工全覆盖、不遗漏的目标，对困难职工和农民工提供一站式、多元化的帮扶服务，更好地发挥工会组织在协助党委和政府保障和改善民生问题、促进构建和谐社会中的重要作用。

二、工作要求

（一）各省、自治区、直辖市总工会要制定县级帮扶中心建设的总体规划和具体实施办法，对各县级工会的帮扶中心建设情况进行工作指导和考核监督，在政策协调、资金、工作开展等方面给予支持，加强地市级、县级帮扶中心和基层帮扶工作的有效衔接，建立健全本区域内的工会困难职工帮扶网络。

（二）各地工会要坚持因地制宜、注重实效、突出特色、职工受益的原则，把能否帮助职工群众实实在在地解决困难和问题作为衡量帮扶中心工作水平高低的重要标志，根据当地党委政府的经济社会发展目标和职工群众的实际需求，设置生活救助、就业服务、信访接待、法律援助等帮扶项目，突出工作实效，办出品牌特色。对于职工人数较少或暂不具备建立帮扶中心条件的县（区），要安排专人和专项资金用于帮扶救助困难职工，确保每个困难职工都能够得到及时有效的帮助。

（三）各县级总工会要积极整合内外资源加强帮扶中心建设。整合内部有关业务部门的力量，把直接为职工服务的各项职能统一到帮扶中心这一工作平台，形成工作合力，为困难职工和农民工提供一站式服务。积极通过争取财政资金支持、加大工会经费投入和多方筹集社会资金等途径解决好帮扶中心的资金困难。通过争取政府和社会的支持解决帮扶中心建设过程中的人员、场地、软硬件设施等难题，实现县级帮扶中心的可持续发展。

（四）省（自治区、直辖市）和市（州、盟）两级工会要加大对区县一级帮扶中心建设的指导和扶持力度。要积极推动省（自治区、直辖市）和市（州、盟）财政设立专项帮扶资金、列入财政预算，向县级帮扶中心提供资金支持；争取党委和政府在开展就业培训、创业指导和职业介绍，募集社会捐助资金等方面出台优惠政策，提供政策支持。

三、全国总工会对县级帮扶中心的资金补助办法

（一）从今年开始，全总将划拨部分中央财政专项帮扶资金用于支持东北老工业基地和西部地区 15 个省、自治区、直辖市（黑龙江、吉林、辽宁、内蒙古、新疆、青海、甘肃、宁夏、陕西、西藏、重庆、四川、云南、贵州、广西）的县级帮扶中心工作。2009 年后视资金情况逐步对中部省份的县级帮扶中心工作进行补助。

（二）各省、自治区、直辖市总工会要积极推动省级财政设立市县两级专项帮扶资金。地市级帮扶中心专项资金按 1∶1 比例配套，即省级财政配套额度与全总拨付的额度同比例。县级帮扶中心专项资金按 2∶1 比例配套，即省级财政按每个县（区）20 万元拨付帮扶资金，全总按每县（区）10 万元配套拨付，并要分别纳入省级财政预算。全总将以各地下发的建立专项帮扶资金的文件作为拨付专项资金的依据。今年全总将根据各省级财政对地市级帮扶资金配套情况对中央财政专项资金的分配进行调整。

（三）各地要加强对中央财政专项资金的管理。全总补助的困难职工帮扶资金

应当严格执行财政部《困难职工帮扶中心专项资金管理办法》（财建〔2006〕468号）规定，只能用于对困难职工的帮扶，不得用于工作经费和基本建设支出。

（四）东部发达省份的县级帮扶中心要积极通过争取地方财政支持、加大工会经费投入、争取社会捐助资金等途径筹集帮扶资金。

中华全国总工会保障工作部关于进一步加强工会帮扶工作信息化建设的通知

（2009 年 11 月 27 日　工保字〔2009〕16 号）

各省、自治区、直辖市总工会保障工作部：

全国工会帮扶工作管理系统软件已正式运行两年时间，全国各级工会通过这一工作平台，实现了帮扶工作的标准化、规范化、网络化，促进了工会帮扶工作的健康发展。但是，目前仍有一些地方存在着未在规定时间完成档案录入工作、已录入的档案缺项严重、帮扶信息录入不及时、安全意识不够强等问题，严重影响了软件系统全面投入使用进程和系统功能的有效发挥。

为进一步促进工会帮扶工作信息化建设，现就有关事项通知如下：

一、充分认识工会帮扶工作信息化建设的重要作用

加强工会帮扶工作信息化建设是帮扶工作不断创新可持续发展的重要基础。各级工会要充分认识工会帮扶工作信息化建设的重大意义，高度重视工会帮扶工作信息化工作，切实增强大局意识，把工会帮扶工作信息化建设当作工会帮扶工作的重要内容。要充分利用工会帮扶工作管理系统提高工作效率、强化监督管理、加快信息传递，准确掌握困难职工群体的状况，为困难职工和农民工提供更加快捷、高效的帮扶服务，切实为困难职工排忧解难。

各级工会要加大对信息化工作硬软件投入，配备业务素质高、责任心强的专门信息管理员，专人负责工会帮扶工作管理系统软件。省、市、县总工会要把信息化建设工作纳入帮扶工作年度绩效考核内容，作为帮扶中心规范化建设的重要指标。

二、认真做好困难职工档案建立、管理工作

各级工会要高度重视困难职工档案建立管理工作，在全面、真实地掌握当地困

难职工家庭生活状况的基础上，进一步健全完善工会困难职工档案。

（一）坚持属地动态管理档案。困难职工档案由所在基层工会或帮扶中心按照有关规定和标准负责建立，并按工会隶属关系逐级上报备案；其中与用人单位建立劳动关系的困难职工，其档案由用人单位工会或所在地工会帮扶中心负责建立；失业、灵活就业的困难职工，其原始档案由社区工会或所在地工会帮扶中心负责建立；单位或社区未成立工会的由所在地工会帮扶中心负责建立。档案按照户籍制管理，做到一户一档，原则上以困难职工为主建立档案，夫妻双方都是困难职工且不在同一单位的，原则上以户主为主建立档案。对一户多档、一人多档等问题档案应及时采取合并、转移等进行修改完善，对已脱贫、死亡、调离或无法联系的困难职工档案应及时调整、注销，做到动态管理。

（二）科学确定建档标准。各级工会应依据《中华全国总工会办公厅建立困难职工档案制度暂行办法》（总工办发〔2006〕36号）规定，根据本地经济发展水平和困难职工生活状况科学、合理地确定建档标准，其中低保边缘户原则上控制在高于当地最低生活保障线15%—50%，各地不得随意提高标准；意外致困户应是因各类自然灾害或重大意外事故等原因造成生活特别困难且需要工会长期帮扶的，若是一次性应急帮扶或集中帮扶则需建立临时救助档案。

（三）规范完善档案内容。基层工会或帮扶中心应按照工会帮扶工作管理系统软件中的困难职工档案内容，真实详细、符合逻辑地为困难职工建立档案，不得漏填、错填、少填困难职工信息。

（四）逐级严格把关审核。各级工会尤其是市、县两级工会保障部门或帮扶中心要切实负起审核把关的责任，对基层工会上报的困难职工档案进行严格把关审核，对不符合要求的档案要及时退回原建档单位予以修改完善。

三、充分使用帮扶救助等模块功能

各级工会要全面启用帮扶工作管理系统软件，及时把帮扶救助、信访接待、政策咨询、法律援助、技能培训、职业介绍信息输入帮扶管理系统相应模块。今后送温暖活动、金秋助学活动、农民工平安返乡活动以及困难职工中心建设情况等报表都要按照要求在规定时间内通过系统软件上报。要按照帮扶资金使用管理规定对资金使用情况进行实名制汇总至财政专项资金模块。要充分发挥软件交流平台作用，及时发布本地出台的政策文件，交流共享工作情况。

四、切实加强农民工档案管理

鉴于农民工流动性大，身份难以界定的特点，各级工会在建立困难农民工档案和临时救助档案时，要认真了解困难农民工本人及家庭成员情况、困难程度、致困原因、就业状况、帮扶需求等信息，仔细核实相关证明材料。

凡农民工同时符合以下三个条件：一是以工资为主要收入来源；二是有固定工作单位并签订一年以上劳动合同；三是因子女上学、本人或家庭成员患重大疾病、家庭或家庭成员遭遇自然灾害或重大事故等因素造成家庭生活特别困难且需要长期帮扶。所在单位工会或单位所在地帮扶中心可为其建立困难职工档案，并实行动态管理。

凡对前来帮扶中心寻求帮助的农民工提供应急生活救助、医疗救助、法律援助等一次性资金帮扶，或为就业困难的农民工仅开展技能培训和职业介绍等帮扶的，帮扶中心应为其建立临时救助档案，输入帮扶信息。

中华全国总工会关于认真学习贯彻习近平同志重要批示精神进一步做好工会帮扶工作的通知

（2011 年 3 月 7 日　总工发〔2011〕18 号）

各省、自治区、直辖市总工会，各全国产业工会，中共中央直属机关工会联合会、中央国家机关工会联合会，全总各部门、各直属单位：

2011 年 3 月 1 日，中共中央政治局常委、中央书记处书记、国家副主席习近平同志在中共中华全国总工会党组关于 2011 年元旦春节期间全国工会开展送温暖活动情况的报告上作出重要批示，充分肯定了工会开展的送温暖活动取得的成效和发挥的作用，对工会组织进一步做好送温暖、困难职工帮扶、法律援助等工作提出了明确要求。中共中央政治局委员、全国人大常委会副委员长、中华全国总工会主席王兆国 3 月 2 日作出重要批示，对工会组织认真学习贯彻落实习近平同志重要批示精神、进一步开展好送温暖活动提出明确要求。为认真学习贯彻中央领导同志重要批示精神，进一步开展好送温暖活动和工会帮扶工作，切实发挥工会组织在促进社会和谐、维护改革发展稳定大局中的重要作用，现将有关事项通知如下：

一、认真学习习近平同志重要批示精神，深刻领会精神实质

习近平同志充分肯定工会组织开展送温暖活动是实行国家帮扶制度、促进保障和改善民生的重要举措。对各级工会高度重视，深入调研、摸清底数，整合资源、多措并举，结合帮扶对象的实际困难和需求大胆创新帮扶形式和内容，有针对地开展送温暖活动，实现了对困难职工家庭走访慰问的全覆盖、不遗漏，避免了形式主义，真正发挥了应有作用给予了高度评价。要求各级工会再接再厉，认真总结好经验好做法，不断健全送温暖机制，实现帮扶工作的常态化、长效化；对以工会为主

体提供法律援助等维权服务要进一步深入研究，积极稳妥地开展工作，切实有效地维护职工合法权益，更好地把广大职工团结凝聚起来，为促进社会和谐、维护改革发展稳定大局作出新的更大贡献。

习近平同志对工会送温暖活动的重要批示，充分体现了党中央坚持以人为本、保障和改善民生的重要思想，是加强和创新社会管理、推进和谐社会建设要求的具体化，为工会开展好送温暖活动指明了前进方向，也为做好新形势下职工群众工作提供了更加广阔的发展空间。充分体现了党中央对广大职工特别是困难职工的亲切关怀，对工会工作的高度重视，是对各级工会和广大工会干部的极大鼓舞和有力鞭策。各级工会组织一定要认真学习、深刻领会中央领导同志的重要批示精神，并及时传达、贯彻落实。要把学习贯彻中央领导同志的重要批示精神与学习贯彻党的十七届五中全会精神、中央经济工作会议精神和全国“两会”精神结合起来，与学习贯彻全总十五届五次执委会议和十五届八次主席团会议精神结合起来，进一步统一思想、认清形势，充分认识开展好送温暖活动和工会帮扶工作的重要意义，切实增强做好困难职工帮扶工作的责任感和使命感。

二、以贯彻落实习近平同志重要批示精神为动力，不断推动工会帮扶工作创新发展

各级工会要以贯彻落实中央领导同志的重要指示精神为动力，深刻理解新形势下开展好送温暖活动和帮扶工作的重大意义。正确认识工会送温暖活动和帮扶工作是实行国家帮扶制度、促进保障和改善民生的重要举措，是社会救助体系的重要组成部分；准确把握协助党政做好困难职工帮扶工作、发挥好拾遗补阙作用的定位。进一步解放思想，开拓创新，积极参与以保障和改善民生为重点的公共服务体系建设，重点抓好促进就业、改革完善职工收入分配制度和社会保障体系、加大困难职工帮扶救助力度等工作，构建救助、维权、服务三位一体帮扶模式，着力维护职工劳动经济权益，竭诚为职工群众服务，努力满足广大职工多元化需求，促进劳动关系和谐和社会稳定。

要在保障困难职工基本生活的基础上，更加关注劳动就业、收入分配、社会保障等关系到职工切身利益的民生问题。继续做好保障困难职工家庭基本生活，帮助他们解决生活、看病、住房、子女上学等实际困难。推动政府实施更加积极的就业政策，促进困难职工家庭、高校毕业生、农民工实现充分就业、提高就业质量。积

极推动建立健全社会保障体系，解除广大职工后顾之忧。积极协助政府加大工资分配调控力度，依法推动企业普遍开展工资集体协商，促进建立企业工资协商共决机制、正常增长机制和支付保障机制。

要进一步深入研究工会法律援助等维权服务。加强工会法律援助机构建设，加强工会劳动法律监督员、劳动争议调解员、兼职劳动争议仲裁员和公职律师等工会法律工作者队伍建设，扩大法律援助志愿者队伍，强化跨区域协作帮扶网络，建立健全维权联动机制，在依法调处劳动争议过程中，坚持个案维权与制度维权相结合，事后维权与事前维护相结合，及时掌握企业用工和劳动关系状况，及时介入和有效地解决各类劳动权益纠纷，维护好职工合法权益，促进社会稳定。

要创新帮扶方式方法，探索帮扶工作新形式。在对困难职工提供公益性的无偿帮扶救助的同时，认真探索公益性与市场化运作相结合的方式来为广大职工会员提供优质服务。在积极开展物质帮扶的同时，把对职工特别是新生代职工的人文关怀纳入帮扶范围，积极开展职工心理健康咨询服务、情感关怀和心理疏导，引导青年员工构建职业规划和培育积极健康的心态。要实现地方工会帮扶中心和企业帮扶有效衔接，推动以改善职工生活后勤保障为重点的企业工会帮扶模式，解决企业职工各方面的困难。

要立足实现工会帮扶工作的经常化、制度化，进一步探索建立健全工会帮扶工作长效机制。在完善县级以上工会困难职工帮扶中心建设的基础上，要进一步推进乡镇、企业等基层工会帮扶站点建设，形成完备的帮扶网络，将帮扶工作最大限度地延伸到各个领域和群体，随时主动听取职工的意见和要求，及时解决职工困难和问题。建立与劳动、民政、财政、教育、卫生等多部门联系沟通和工作协作机制。充分运用社会资源通过与社会机构联合设立爱心医院、药店、超市、学校，壮大工会帮扶平台实力。积极整合工会内部资源，形成集推荐就业、法律援助、困难帮扶、生活救助于一体的协作帮扶模式，让工会各部门通过帮扶中心平台，为广大职工提供快捷方便、一站式、综合性服务。

要进一步夯实帮扶工作基础。积极争取把工会帮扶工作纳入社会公共服务体系、列入各地经济社会发展规划和公共预算，取得各级财政的更大支持；努力取得公益性捐赠税前扣除资格，募集更多社会捐助，加大工会经费投入，增强帮扶困难职工经济实力；完善各项帮扶工作管理制度，健全公平公正、公开透明、规范有序的运作机制，充分运用帮扶工作信息网络和现代化信息管理手段，提升帮扶工作效能和水平。

三、切实加强领导、转变作风，为做好工会帮扶工作创造良好环境

各级工会领导班子要结合贯彻中央领导同志的重要批示精神，认真研究工会帮扶工作在新形势下创新发展的工作思路。要加强领导，明确责任，狠抓落实，务求实效。各级工会要主动向同级党委和政府汇报中央领导同志的重要批示精神，汇报工会帮扶工作和送温暖活动所取得的成效，积极争取党委和政府的重视和支持，争取更多的资源和手段，努力把这项工作纳入社会公共服务体系之中，形成各方通力合作的工作格局。要以“送温暖工程”20 周年和“帮扶中心”建设 10 周年为契机，大力宣传党和国家对困难职工问题的高度重视和关心，认真总结工会帮扶工作经验，充分展示 20 年来工会送温暖工程发展历程和重大成就，充分展示工会帮扶工作在中国社会保障体系建设中的地位、作用和贡献，在全社会形成尊重、关心困难群体的良好氛围。各级工会要进一步转变作风，改进工作方式和运行机制，怀着对职工的深厚感情，深入基层、深入职工，切实把握职工群众的愿望诉求，了解职工群众的期盼，维护职工合法权益，帮助困难职工解决问题，增进职工福祉，推动实现体面劳动、促进职工全面发展，切实把送温暖活动和工会帮扶工作提高到一个新水平，为维护社会和谐、维护改革发展稳定大局作出新的更大贡献，以优异成绩迎接中国共产党成立 90 周年。

各地工会学习贯彻习近平同志重要批示精神的具体情况和落实措施请及时报全总保障工作部。

中华全国总工会关于进一步推进工会帮扶工作常态化长效化的指导意见

（2011 年 9 月 26 日　总工发〔2011〕67 号）

为深入贯彻落实中央领导同志重要指示精神，进一步推进工会帮扶工作常态化、长效化，实现创新发展，现提出以下指导意见。

一、推进工会帮扶工作常态化长效化的总体要求。坚持以邓小平理论和“三个代表”重要思想为指导，深入贯彻落实科学发展观，围绕以保障和改善民生为重点的社会建设，认真研究和把握新形势下工会帮扶工作的特点和规律，以帮扶中心为主要载体，以困难职工和农民工为主要对象，努力健全和完善全面覆盖、分级负责、上下联动、区域协作的帮扶工作体系，形成救助、维权、服务三位一体的帮扶工作格局，在保障困难职工基本生活、维护职工合法权益、满足广大职工多元化需求方面取得新的突破，成为国家帮扶制度的重要组成部分，实现工会帮扶工作与国家经济社会发展水平相适应、与职工群众的新期待新要求相一致，在保障和改善民生、加强社会管理和建设、促进社会和谐稳定方面的作用显著增强，为我国经济社会又好又快地发展作出新的更大的贡献。

二、推进工会帮扶工作常态化长效化的主要目标任务。到 2013 年，县级以上地方工会帮扶中心 100% 实现规范化建设标准；80% 已建工会的乡镇（街道）、社区（村）和规模以上大型企业普遍建立起工会帮扶站（点）；所有已建工会的中小企业依托各级工会帮扶站（点）开展好帮扶工作，实现对困难职工帮扶救助的全覆盖、不遗漏。县级以上帮扶中心 100% 设立法律援助窗口，切实加强依法维权职责，加大劳动争议调处和职工法律援助服务工作力度，劳动争议调解成功率明显提高。积极探索开展多样化帮扶项目，改善职工生产生活条件，加强心理帮扶和人文关怀，为职工群众提供多元化服务。

三、积极参与政府保障和改善民生各项政策的制定并推动贯彻落实。要加强调查研究，全面掌握困难职工底数和变化情况，定期分析困难职工生活状况、困难企业生产经营状况和社会救助政策实施情况，研究制定工会帮扶工作的具体措施。围绕职工群众普遍关心的就业、医疗、子女教育、养老、住房及物价上涨等热点难点问题，及时向党和政府反映职工的利益诉求，积极参与和推动政府制定和完善有关政策措施，协助党委和政府把保障和改善民生的各项政策落到实处。

四、切实保障困难职工家庭基本生活。要积极帮助符合条件的困难职工和农民工纳入政府救助渠道，对政府救助政策暂时覆盖不到的边缘群体和享受政府救助政策后仍有特殊困难的职工家庭，要加大救助力度，根据实际情况适时提高救助标准，保障其基本生活不受影响。继续深入开展送温暖、金秋助学、阳光就业、家政培训等富有工会特色的帮扶活动，拓展助学内容，延伸助学链条，推动实现农民工子女在城镇平等接受义务教育，帮助困难职工家庭子女顺利完成中等和高等教育学业并实现就业。加大就业服务力度，通过技能培训、职业介绍、创业扶持等措施，为困难职工和农民工提供更多就业和发展的机会。积极开展医疗帮扶，鼓励地方工会和企业开展职工医疗互助活动，帮助困难职工家庭解决因病致贫、因病返贫现象。积极推动将困难职工家庭纳入政府保障性住房政策覆盖范围，帮助他们解决住房困难。

五、大力加强工会法律维权援助。要充分运用帮扶中心法律援助窗口，为工会公职律师、劳动争议调解员、劳动法律监督员等工会法律工作者提供法律援助工作平台。积极整合社会资源，聘请法律专家学者、律师等人员，通过购买服务、法律援助志愿者等方式，为劳动权益受到侵害的困难职工和农民工提供法律咨询、代拟法律文书、代理诉讼、参与调解仲裁等，进行法律援助。各级工会帮扶中心和有条件的乡镇、街道及大型企业工会可设立劳动争议调解室，加大劳动争议调处工作力度，及时介入工资拖欠、工伤赔偿等各类劳动争议，建立快速处理劳动纠纷的“绿色通道”，努力把劳动关系矛盾化解在基层、解决在萌芽状态。

六、努力为职工会员提供多元化服务。要根据职工的新需求新期待，开展多样化帮扶和服务。工会帮扶中心要普遍开设职工心理咨询窗口和热线电话，开办心理咨询讲座，加强心理疏导和人文关怀，帮助职工特别是青年职工和新生代农民工提高适应社会的能力和自我调适能力。要鼓励和帮助企业不断改善职工的生产生活条件，解决他们的实际困难。积极探索采取多种形式，为职工会员提供家政、婚介、老年护理等生活服务，组织开展知识讲座、交际联谊、文化娱乐等活动，丰富广大职工会员的精神文化生活。

七、进一步健全帮扶工作体系。在加强和完善县级以上工会困难职工帮扶中心建设的基础上，积极推进已建工会的乡镇（街道）、社区（村）和大型企业建立工会帮扶站（点）。县级以下工会帮扶站（点）要直接掌握和及时跟踪困难职工的具体情况，在上级工会帮扶中心指导下，主动对困难职工进行帮扶救助，并把帮扶工作融入新型社区管理和公共服务体系中去。企业工会要及时分析掌握职工的工作、生活状况和思想动态，依托帮扶中心（站、点）做好困难职工帮扶工作，积极开展职工互助互济活动，解决职工生产生活中的实际困难。要建立上级工会帮扶中心和基层工会帮扶站（点）上下联动机制，明确责任分工，做好工作衔接。加强农民工集中输出地和输入地工会的联系协调，建立起集就业援助、法律维权、困难帮扶于一体的跨区域协作帮扶机制。

八、加强帮扶中心载体建设。各省（区、市）总工会要对本地工会帮扶中心建设提出明确标准和要求。县级以上工会帮扶中心要按要求加强规范化建设，做到标识统一、场所便利、功能完备、人员稳定、档案齐全、资金落实，整合工会内部各相关职能部门的力量，把直接服务职工的各项功能统一到帮扶中心，为职工提供一站式快捷便利的综合服务。要通过自办、联办、购买服务等方式，拓展爱心超市、爱心医院、爱心药店、爱心学校、培训基地、职介机构等帮扶平台。要推行帮扶工作首问责任制、限时办结制和服务承诺制，进一步建立和完善各项具体帮扶工作制度，完善困难职工档案管理制度，实现动态化管理。要建立帮扶工作绩效评估考核制度，定期进行考核检查，形成重绩效、硬约束、严考核的评估监督机制。

九、创新帮扶工作方式方法。要不断总结实践经验，探索创新帮扶工作的有效方法和途径。坚持“输血型”帮扶与“造血型”帮扶相结合，着力增强困难职工的“内生力”；坚持物质帮扶和人文关怀相结合，使困难职工得到全面帮助；坚持职工上门求助与工会登门帮扶相结合，在对来访职工做好“窗口式”帮扶的同时，通过开展家庭走访、流动服务等方式主动施助；坚持日常性帮扶与集中帮扶相结合，通过开展“项目制”帮扶等方式，提高帮扶工作绩效；在坚持公益性帮扶的基础上，积极探索市场化运作方式开展多样化职工服务活动；同时，通过结对帮扶、互助互济、冠名帮扶等多种形式，调动社会各方面的积极性，提高工会帮扶工作的社会效果。

十、健全工会帮扶工作领导体制和责任制度。各级地方工会领导机关要把帮扶工作作为一项长期的重点任务，坚持一把手负总责，每年定期对工会帮扶工作进行专题研究，制定明确的工作目标和规划。工会各有关职能部门要明确责任分工，建立沟通协调机制，相互密切配合，加强对帮扶中心的业务指导，形成工作合力。各产业工会要注意了解掌握本产业（行业）职工的特殊困难和问题，加强源头参与，研究制定相应的帮扶措施，指导和推动本产业（行业）的大型企业工会建立帮扶站（点），开展好帮扶工作。上级工会要深入调查研究，加强对下级和基层工会帮扶工作的分类指导，总结推广实践中创造的好经验好做法，不断提高工会帮扶工作的质量和水平。

十一、加强与党委政府的汇报联系和工作协作。各级地方工会要及时主动地向党委汇报当地困难职工的生产生活状况和工会帮扶工作情况，推动政府把工会帮扶工作纳入当地经济社会事业发展规划，纳入各级党政民生工程和社会管理的考核目标。加强工会与政府人社、财政、民政、司法、信访、教育、卫生、住建等部门的联系协调，通力合作，形成工会帮扶工作社会化格局。充分运用劳动关系三方协商机制、工会与政府联席会议制度等，定期就职工最关心、最直接、最现实的利益问题进行沟通协调，推动问题解决。充分发挥新闻媒体作用，为工会帮扶工作营造良好的舆论环境。

十二、建立帮扶资金和工作经费保障机制。各地工会要积极争取同级财政依据上级财政下拨的帮扶资金额度，按照不低于1∶1配套的原则拨付相应的帮扶资金，推动将工会帮扶中心专项资金和工作经费纳入各地政府财政预算，并随经济社会发展水平提高而逐步增加。积极争取公益性捐赠税前列支资格，不断创新劝募方式，争取募集更多社会捐助。加大工会经费投入，每年要从工会经费中安排一定比例资金作为帮扶工作专项资金，列入工会年度经费预算，保证帮扶工作的正常开展。加强帮扶资金的监管和审计工作，完善内控机制，保证资金专款专用，定期将帮扶资金收支情况向社会公开，提高帮扶工作的透明度与公信力。

十三、加强帮扶工作人员队伍建设。各地工会要按照稳定队伍、优化结构、提高素质的要求，选拔和配备政治素质好、业务精、能力强的工会干部到帮扶工作岗位上工作；有计划地安排工会机关干部轮流到帮扶中心轮岗，接待困难职工来访，参与帮扶中心工作；有条件的地方可以把新录用工作人员放到帮扶中心锻炼，增进对职工群众的感情。要关心从事帮扶工作干部的学习、工作和生活，通过定期培训、组织交流、参观考察等多种形式和渠道，为他们创造和提供更多的学习机会，不断提高他们的政治和业务素质。要争取政府通过设立公益性岗位，充实工会帮扶工作队伍的力量。加强帮扶中心志愿者队伍建设，积极挖掘志愿服务资源，吸引法律工作者、心理咨询师等专业人员和大学生志愿者、离退休干部等参与帮扶中心志愿服务活动。从事帮扶工作的同志要坚持深入基层、深入群众，加强学习，提高服务本领，努力成为工会帮扶工作的行家里手。

中华全国总工会关于印发《全国劳模专项补助资金和困难职工帮扶资金发放管理办法》的通知

（2012年3月9日　总工发〔2012〕16号）

各省、自治区、直辖市总工会，各全国产业工会，中共中央直属机关工会联合会、中央国家机关工会联合会，全总各部门、各直属单位：

为规范和加强全国劳模专项补助资金和困难职工帮扶资金管理和发放工作，根据国家有关规定，特制定《全国劳模专项补助资金和困难职工帮扶资金发放管理办法》。现印发给你们，请严格遵照执行。

全国劳模专项补助资金和困难职工帮扶资金发放管理办法

第一条　为规范中央财政设立的全国劳模专项补助资金（以下简称劳模补助）和困难职工帮扶资金（以下简称帮扶资金）管理，切实做好以银行卡（存折）方式发放劳模补助和帮扶资金工作，特制定本办法。

第二条　劳模补助和帮扶资金的发放标准和对象，必须严格按照财政部批准的《中华全国总工会困难职工帮扶中心专项资金使用管理办法》和全总关于发放全国劳模专项补助资金的有关规定执行，不得擅自提高标准，扩大范围。

第三条　劳模补助的发放，依据需要帮扶的全国劳模和全国五一劳动奖章获得者的数量和困难程度确定。

帮扶资金的发放，坚持依档帮扶、因困施助、实名制的原则，建立健全并动态化管理困难职工档案，根据本地区困难职工群体的数量、分布、成因及困难程度，并与当地低保标准相衔接，制定帮扶措施，确定帮扶标准。

第四条 劳模补助和帮扶资金的发放工作，必须严格按照国务院发布的《中华人民共和国现金管理暂行条例》执行。除特殊情况外，一律采取银行卡（存折）结算。

（一）劳模补助的发放。

各级工会应采取银行卡（存折）结算方式发放劳模补助，将劳模补助直接汇入相关劳模的个人银行账户。

（二）帮扶资金的发放。

帮扶中心建档且需要长期进行生活、医疗、子女教育等救助帮扶的困难职工，各级工会帮扶中心应采取银行卡（存折）结算方式发放帮扶资金，将帮扶资金直接汇入相关困难职工的个人银行账户。

对于一次性给予生活、医疗、子女教育类救助帮扶资金的困难职工，先由帮扶中心对其登记实名制发放表，再由其凭个人居民身份证领取现金。

对于极少数因卧床等个人原因，生活不能自理，不能前往帮扶中心领取一次性帮扶资金的困难职工，可由帮扶中心工作人员前往其住处登记实名制发放表，发放现金。

对困难职工进行职业培训、职业介绍、法律援助等帮扶的，通过购买服务方式由职业培训和介绍机构、律师事务所提供帮扶的，帮扶中心应和提供服务的机构签订合同，根据帮扶中心留存的服务合同、实际提供服务的人员档案等资料，通过银行转账汇入对方账户；对困难职工进行技能培训、案件诉讼等补贴式帮扶的，应先由帮扶中心对其登记实名制发放表，再由其凭个人居民身份证领取现金。

第五条 困难职工在领取帮扶资金的现金时，除本人签字或签章外，必须注明现金领取人的有效证件号码（居民身份证号码），需当场点清钱款，杜绝差错。

第六条 采取银行卡（存折）发放劳模补助和帮扶资金后，各级工会和帮扶中心应定期将发放金额书面通知困难职工或劳模，并留存有关银行对账单等会计档案。

第七条 各级工会要切实加强劳模补助和帮扶资金的发放管理，严格遵守国家财务制度和有关规定，严格审批拨款手续。各级工会和帮扶中心，应当建立健全现金账目，逐笔记载现金支付。账目应当日清月结，账款相符。

第八条 各省级工会根据本办法原则规定，制定省级财政设立的劳模补助和帮扶资金发放管理办法。

第九条 本办法自发布之日起执行。

第十条 本办法由全国总工会财务部负责解释。

中华全国总工会办公厅关于印发工会帮扶工作发展规划（2012—2015年）的通知

（2012 年 7 月 23 日　总工办发〔2012〕33 号）

各省、自治区、直辖市总工会，各全国产业工会，中共中央直属机关工会联合会、中央国家机关工会联合会，全总各部门、各直属单位：

《工会帮扶工作发展规划（2012—2015 年）》已经全国总工会书记处研究同意，现印发给你们，请结合实际，认真贯彻落实。

工会帮扶工作发展规划（2012—2015 年）

为进一步推进新形势下工会帮扶工作发展，积极参与以保障和改善民生为重点的公共服务体系建设，着力维护职工劳动经济权益，保障困难职工基本生活，促进劳动关系和谐和社会稳定，特制定本规划。

一、指导思想

以邓小平理论和“三个代表”重要思想为指导，深入贯彻落实科学发展观，坚定不移地走中国特色社会主义工会发展道路，紧紧围绕党和国家工作大局，紧密结合工会中心工作，进一步解放思想，大胆开拓创新，努力构建救助、维权、服务三位一体的帮扶工作格局，推进工会帮扶工作实现常态化、长效化，成为国家帮扶制度的重要组成部分，在推动科学发展、服务职工群众，促进劳动关系和谐和社会稳定中发挥应有作用。

二、工作目标

（一）帮扶工作网络体系进一步健全。到 2015 年，全国形成以困难职工帮扶中心为主要载体，以困难职工和农民工为主要对象的“全面覆盖、分级负责、上下联动、区域协作”的帮扶工作网络体系，已建立工会的乡镇（街道）、社区（村）和规模以上企业80%建立起工会帮扶站（点），所有已建工会的中小企业依托乡镇（街道）、社区（村）的工会帮扶站（点）开展好帮扶工作，实现对困难职工帮扶救助的全覆盖、不遗漏。

（二）帮扶工作平台建设和制度进一步完善。生活、教育、医疗、培训、法律援助等专项帮扶制度进一步完善，2015年，县级以上工会困难职工帮扶中心100%达到规范化建设标准，工作全面涵盖救助、维权、服务等内容；与人社、财政、民政等政府部门建立有效的沟通协调机制，把工会帮扶工作纳入社会事业发展和民生规划；通过与社会机构合作，进一步扩展职业培训机构、爱心超市、爱心医院等平台，形成工会帮扶工作社会化格局。

（三）帮扶工作水平进一步提高。到2015年，在保障困难职工基本生活、维护职工合法权益、满足广大职工多元化需求方面取得新的突破。推动符合最低生活保障条件的困难职工做到应保尽保，逐步提高困难职工救助标准，4年至少帮助100万户困难职工家庭脱贫；职工法律服务和法律援助覆盖面不断扩大，凡困难职工、农民工申请工会帮助处理的劳动侵权案件力争做到应援尽援。中心城市工会困难职工帮扶中心根据职工需要开设多样化的服务项目，努力为职工会员提供优质生活服务。

三、主要措施

（一）完善帮扶工作体系。在完善县级以上工会困难职工帮扶中心的基础上，推进已建工会的乡镇（街道）、社区（村）和规模以上企业工会帮扶站（点）建设。县级以上工会困难职工帮扶中心和基层工会帮扶站（点）做好工作衔接，县级以上工会困难职工帮扶中心统筹本区域内帮扶工作，审核困难职工档案，管理使用帮扶资金，拓展帮扶项目，指导基层帮扶站（点）开展帮扶工作；乡镇（街道）、社区（村）工会帮扶站（点）着重了解掌握和及时跟踪困难职工家庭状况，做好本区域范围内帮扶对象信息管理、申报和调整工作，确保信息真实、准确；企业工会帮扶站（点）工作重点是及时掌握本企业职工的工作、生活状况和思想动态，在上级工会困难职工帮扶中心指导下，积极争取企业党政支持，根据企业实际开展各类活动，做好困难职工帮扶工作。

（二）促进帮扶工作平台发展。各省（区、市）结合当地实际，制定本区域县级以上工会困难职工帮扶中心规范化建设标准并推进实施，有条件地区积极推进工会困难职工帮扶中心与政府公共服务平台对接，实现与政府相关业务部门在政策法规、技能培训、就业岗位、生活服务、文化知识等方面的信息共享；加强与社会机构合作，拓展爱心超市、爱心医院、爱心药店、职业培训和介绍机构等帮扶载体。农民工集中输出地和输入地工会建立起集就业援助、法律维权、困难帮扶资源共享联动机制。

（三）实行帮扶工作规范管理。各地要根据困难职工群体状况，按照政策标准科学合理地确定帮扶范围、帮扶对象和帮扶内容。要严格进行家庭收入和财产调查，规范申请、审核、审批和资金发放程序。建立健全帮扶救助的公示制度，帮扶标准、帮扶金额要在帮扶对象所在单位或社区适当范围内公示，接受社会监督。完善动态管理机制，实现困难职工档案和帮扶信息档案规范管理，并采取年度、半年和短期三种方式复核，根据困难职工家庭经济状况变化情况，及时对档案进行补充或注销。

（四）加强帮扶工作信息化建设。加强全国工会帮扶工作管理系统数据库建设，实现帮扶工作信息数据存储与处理、收入核查比对、实时审批、动态管理、一站式结算等功能；各地工会困难职工帮扶中心要及时、准确地将帮扶工作的相关数据、信息登录并网。推行帮扶资金发放银行卡结算制度，到 2015 年，各地工会困难职工帮扶中心对需要长期帮扶的困难职工一律通过银行卡发放帮扶资金。

（五）不断提高困难职工生活保障水平。全面掌握困难职工家庭生活情况，完善生活、教育、医疗等专项救助制度，与当地最低生活保障政策衔接，帮助符合条件的困难职工实现应保尽保；加大对职工本人或家庭成员长期患病、子女教育和意外灾害等因素导致生活困难的职工家庭帮扶力度，并根据物价上涨等因素适时调整帮扶标准。

（六）加大促进就业创业工作力度。进一步推进国家完善和实施积极就业政策，加强困难救助与就业再就业的衔接，健全完善就业联动机制，以下岗失业人员、农民工、困难职工家庭高校毕业生等为重点，加大职业介绍和技能培训力度，实施小额信贷、创业培训和创业孵化一条龙服务，深化家政服务工程，健全就业服务平台，力争每年向各类求职人员提供职业介绍、职业培训及各类就业帮扶达 400 万人次，其中至少帮助 100 万人签订一年以上的劳动合同，实现稳定就业，以促进就业推动困难职工家庭脱贫。

（七）扎实开展职工法律服务和法律援助。县以上各级工会与当地司法行政部门、法律援助中心加强合作，在困难职工帮扶中心普遍开设法律援助窗口、加载法律援助职能，有条件的地方在乡镇（街道）工会帮扶站（点）设立劳动争议调解室。聘请专职律师、工会法律工作者、法律援助志愿者，通过提供法律咨询，代拟法律文书，代理诉讼等形式，为劳动经济权益受到侵害的困难职工无偿提供法律服务和法律援助；加大劳动争议调解工作力度，通过协商调解和仲裁，努力把矛盾化解在基层，化解在萌芽状态。对确需提供法律援助的案件，按照相关规定及时给予资金支持。

（八）加强心理疏导和人文关怀。与专业心理咨询机构进行合作，在困难职工帮扶中心普遍开设职工心理咨询窗口，开办职工心理健康讲座，提供心理咨询、心理疏导等服务；指导帮助工业园区、企业组建职工心理辅导室，完善企业内部职工心理疏导机制，帮助职工特别是新生代农民工提高心理适应能力。

（九）不断拓展帮扶资源。积极参与涉及职工切身利益的社会救助、就业、医疗、教育、养老、住房等热点难点问题的调研和政策制定，努力把职工群众的意愿和要求反映到政府相关政策中去。争取政府通过购买服务方式，把工会认定的困难职工纳入就业、医疗、教育、住房、救灾、法律援助等专项救助体系的覆盖范围，工会职业培训和介绍机构、法律援助机构享受政府部门同类机构相应的政策待遇。积极推动将困难职工帮扶资金纳入各地政府财政预算，并根据实际需要安排必要的工作经费，中央财政帮扶资金、地方财政帮扶资金实现逐年增长。县级以上工会加强与政府财政、税务部门沟通，积极争取公益性捐赠税前列支资格，开展“爱心一日捐”、结对帮扶、冠名捐赠等活动，组织开展多种形式的职工互助互济活动，动员社会力量关心支持帮扶工作。

（十）积极探索开展多样化服务。具备条件的各级工会困难职工帮扶中心，特别是中心城市的困难职工帮扶中心，要根据广大职工的愿望和需求，在搞好困难职工帮扶的基础上，通过和社会机构合作，探索运用工会会员服务卡等形式，积极为职工在生活、学习等方面提供多样化服务，努力使工会帮扶工作惠及全体会员群众。

四、保障机制

（一）健全领导协调制度。各地工会要根据本规划要求，把帮扶工作作为一项长期的重点任务，及时制定本地区帮扶工作发展的具体规划。加强与党委政府的汇报联系和工作协作，推动将工会帮扶工作纳入当地经济社会事业发展规划，纳入各级党政民生工程和社会管理的考核目标。加强工会与政府人社、财政、民政、司法、信访、教育、卫生、住建等部门的联系协调，通力合作，形成工会帮扶工作社会化格局。

（二）建立帮扶工作经费保障机制。各级地方工会要以切实保证帮扶工作正常开展和运行为原则，不断加大对困难职工帮扶中心的工作经费投入并列入工会的经费预算。其中省级工会投入的工作经费额度原则上不低于上一年度分配到本省中央财政专项帮扶资金总额的3%，地市以下总工会投入额度由各省（区、市）总工会根据当地实际和工会帮扶工作情况，科学合理核定。要加大困难职工帮扶中心硬件设施建设投入，充分保障办公设备、档案管理、信息平台、交通通信的正常使用，基本达到基础设施标准化、办公设施自动化、管理设施信息化。

（三）加强帮扶工作队伍建设。争取有关部门支持工会困难职工帮扶中心人员队伍建设，统筹考虑困难职工帮扶中心人员的编制，将聘用人员纳入公益性岗位和社会工作者管理；广泛引入社会工作者，引导心理咨询师、律师和大学生志愿者参与困难职工帮扶中心志愿服务活动。采取措施吸引和选拔熟悉政策、业务精、能力强的中青年干部到帮扶工作岗位上工作；加强帮扶工作人员业务培训，2015 年底前，对县级以上工会帮扶工作干部普遍开展一次培训。

（四）建立完善帮扶资金监管体系。依法对帮扶资金实施监督，建立和完善以帮扶资金年审为主要手段的监管制度，重点加强对财务报表和帮扶救助情况的监管。建立帮扶预算执行制度，编制帮扶资金预算执行书，按帮扶工作各项所需资金分项分类列支预算。加强对财政专项资金使用情况的监督管理，严防挪用和流失。

（五）建立帮扶工作绩效评估机制。加强工会帮扶工作绩效考核，对各地帮扶资金预算和使用情况、帮扶效率、困难职工脱贫率以及信息反馈、规范管理等工作情况予以量化考核，作为专项帮扶资金分配的重要依据。各地在明确困难职工帮扶中心规范化建设标准和工作要求的基础上，科学合理设置绩效评估项目，绩效评估内容既要考虑工作共性，也要兼顾各个地方发展的差异性，不搞“一刀切”，评估结果要纳入工会综合绩效考评体系和工会领导班子年度考核管理目标。对帮扶工作成效突出的先进集体和个人，适时予以表彰。

中华全国总工会关于进一步加强企业工会帮扶工作的指导意见

(2012年12月31日 总工发〔2012〕81号)

为进一步加强工会帮扶工作，推进建立工会服务职工的长效机制，充分发挥企业工会在促进企业发展、维护职工权益、构建和谐劳动关系、维护社会稳定中的积极作用，现提出以下指导意见。

一、企业工会帮扶工作的指导思想和总体要求

（一）充分认识开展企业工会帮扶工作的重要意义。企业是职工群众最主要的生产生活场所。加强企业工会帮扶工作，使工会帮扶工作重心下移、关口前移，进一步贴近基层、贴近职工，可以使工会帮助和服务职工的工作更及时、更有效、更富有针对性，对于延伸工会帮扶链条，扩大帮扶覆盖面，密切工会与职工群众的联系；对于增强基层工会活力，充分发挥企业工会在协调劳动关系、促进企业发展、服务职工群众中的积极作用；对于促使企业更好地履行社会责任，尽量把职工的困难解决在基层、解决在企业内部，促进社会和谐稳定，都具有十分重要的意义，是工会贯彻落实党的十八大精神，坚定不移地走中国特色社会主义工会发展道路，着力推动建立“面对面、心贴心、实打实服务职工在基层”长效机制，切实做好新形势下职工群众工作的重要举措。各级工会必须进一步增强主动意识和责任意识，把加强企业工会帮扶工作放到更加突出的位置上来，采取切实措施，扎实予以推进。

（二）企业工会帮扶工作的指导思想和总体要求。以邓小平理论、“三个代表”重要思想、科学发展观为指导，认真贯彻落实党的十八大精神，坚定不移地走中国特色社会主义工会发展道路，按照促进企业发展、维护职工权益、服务职工群众的工作原则和总体目标，建设平台，完善机制，整合资源，不断增强帮扶实力，提高帮扶水平，切实为困难职工排忧解难，努力为全体职工提供多元服务，逐步推动形

成工会服务职工的长效机制，团结动员广大职工为推动经济发展、促进社会和谐作出新的更大的贡献。

二、加大统筹力度，建立健全企业工会帮扶工作网络体系

（一）着力推进企业工会帮扶工作平台建设。工会组织健全、职工人数较多的规模以上企业，要建立工会帮扶站点，整合帮扶项目，将帮扶工作集中到统一的帮扶平台上来。暂不具备单独建立帮扶站点条件的中小企业可以采取依托建设方式纳入开发区（工业园区）、乡镇（街道）、社区（村）工会帮扶站点，开发区（工业园区）、乡镇（街道）工会也可借助政府行政服务大厅或街道劳动保障所服务窗口，增设职工服务窗口等方式开展帮扶工作。楼宇经济等不具备建立实体帮扶平台的企业可以依托地方工会12351职工热线和网站，设立帮扶服务信箱，建立网上帮扶服务平台。企业车间、班组应设立工会帮扶信息员，及时了解、掌握职工的需求和困难。

（二）着力推进地方工会与企业工会帮扶工作统筹衔接。地方工会与企业工会要建立帮扶工作联动机制，企业工会帮扶站点在企业工会的直接领导下开展工作，同时接受上级地方工会的业务指导；同一企业集团、多级法人体制的，其帮扶工作原则上由企业集团工会统一管理。符合当地救助标准的困难职工应纳入地方工会帮扶中心管理体系，对其救助坚持属地管理、分级负责，由基层企业先行救助，本企业难以解决的，上报上一级工会申请救助。

（三）着力推进与政府部门、社会各方的沟通协调。地方工会要积极推动政府出台帮扶困难企业、困难职工的相关政策，将符合政策的企业困难职工及时纳入政府救助渠道；农民工集中的地区，要积极争取所在地政府部门将就业、医疗、住房、子女教育等公共服务项目逐步向农民工覆盖，推动农民工平等享受城市公共服务。要进一步整合社会帮扶资源，在充分挖掘工会自身资源的基础上，探索实施社会帮扶模式，大型企业可以引进社会力量提供服务，中小企业可以通过购买服务等方式，引导和联合社会力量参与困难职工帮扶工作。

（四）着力推进帮扶工作信息化建设。企业工会要建立健全困难职工档案，并将困难职工档案和帮扶信息与全国工会帮扶工作管理系统对接，实现困难职工信息的动态化管理。要充分利用12351热线和网络平台，公开帮扶工作职能职责、法律法规、办事程序等信息，有条件的要逐步实现网上受理登记、咨询解答、受理求助

等功能，加快信息传递，提高工作效率。

三、完善工作机制，不断丰富企业工会帮扶工作内容

（一）加强源头参与，积极推动保障和改善民生各项政策措施的贯彻落实。企业工会要注意掌握和分析职工的工作、生活情况和思想动态，及时向企业党政反映困难职工诉求和相关政策的落实情况，主动参与企业涉及职工收入分配、社会保险、生活保障、医疗、住房等方面重大决策的制定，推动企业全面落实国家各项社会保障制度，积极承担救助本单位困难职工的主体责任。

（二）加大救助力度，切实保障困难职工家庭基本生活。各类企业特别是困难职工较多的企业工会，要积极配合地方工会，推动将符合条件的困难职工纳入政府主导的社会救助体系，争取在生活、就医、子女就学等方面享受到政府和社会的救助；要坚持因地制宜、因企制宜，根据本企业困难职工的基本状况、致困原因和实际需求，设计不同的帮扶项目，围绕保障基本生活和医疗、就业、子女教育等内容，对困难职工实施多种形式的帮扶；继续发挥领导干部联系困难职工、结对帮扶困难职工制度的作用，建立志愿者服务队，开展职工互助互济活动，切实为困难职工排忧解难。要加强对困难职工本人或家庭成员的技能培训和就业创业服务，努力帮助困难职工从根本上脱贫。

（三）加强维权服务，促进建立和谐劳动关系。对于因工资报酬、社会保险、劳动条件等问题引起的劳动争议和纠纷，企业工会要主动依法参与协调，最大限度地把劳动争议和纠纷解决在企业内部，消除在萌芽状态。对需要通过司法程序解决的相关案件，企业工会应与地方工会帮扶中心沟通，积极为职工提供法律咨询、代拟法律文书、代理诉讼等形式的法律援助。

（四）大力推动企业改善生产生活条件，不断提高职工生活保障水平。企业工会要努力推动企业不断强化职工后勤保障服务，特别是偏远地区、特殊行业和外来劳动力多的企业，工会要推动行政积极创造条件，解决交通不便、用水用电困难、娱乐文化缺乏、职工生产生活条件差以及就业难、子女上学难、职工住房难等实际问题。要推动有条件的企业通过自建或租用，为职工提供宿舍和食堂，改善职工食宿条件。要帮助女职工解决生产生活中的特殊困难，努力维护好女职工的合法权益。新生代职工、农民工较多的企业要通过设立职工心理辅导室、开办心理咨询讲座等方式，加强对青年职工的人文关怀和心理疏导。积极推动企业为职工特别是从

事有毒有害作业的职工提供定期体检，组织职工进行疗休养，落实职工带薪休假制度。

（五）积极探索多形式服务，不断满足职工多元化需求。中小企业比较集中的开发区、高新园区工会和职工人数较多的企业工会要探索通过和社会机构合作，利用工会会员服务卡等形式，积极开发生活、学习等方面的特色服务项目，为职工会员提供多种服务。推动有条件的企业建设文体设施，开展形式多样、健康有益的文体活动，丰富职工的业余文化生活。

四、加强领导协调，为开展企业工会帮扶工作提供坚强的组织和制度保障

（一）切实加强领导。各级地方工会领导机关要加强对企业工会帮扶工作的组织领导，强化工作措施和力度，努力争取企业党政的重视和支持，调动各方资源，形成推进企业工会帮扶工作的整体合力。各地方工会和产业工会要对本地区、本产业（行业）企业工会帮扶工作情况进行专题研究，结合《中华全国总工会关于进一步推进工会帮扶工作常态化长效化的指导意见》和《工会帮扶工作发展规划(2012—2015年)》的要求，制定本地区、本产业（行业）推进企业工会帮扶工作的具体规划，明确目标任务和措施。企业工会要根据企业的所有制类型、产业结构和规模、职工队伍的结构和企业自身情况，遵循企业生产经营规律，把握企业职工需求特点，坚持从实际出发，找准开展工作的切入点和着力点。

（二）健全工作制度。企业工会要以明确职责权限、落实工作责任、实行规范化管理为主要内容，建立健全帮扶工作各项制度，加强困难职工建档工作并实现动态化管理，明确各帮扶项目的对象、内容、帮扶标准以及工作流程。要完善资金管理制度，严格遵守财经纪律，加强帮扶资金管理，提高资金使用效率。建立帮扶信息定期统计、分析和上报制度，提高帮扶工作信息化管理水平。

（三）建立资金保障机制。企业工会要积极争取企业行政把帮扶资金和工作经费纳入企业财务预算，并根据实际需要逐步加大投入力度；要建立职工互助互济基金，开展多类型、多层次的互助保障活动；采取结对帮扶、冠名帮扶的形式争取公益性捐赠。上级工会要加大对所在区域企业特别是经济困难和困难职工人数较多的企业帮扶资金支持力度，及时将符合帮扶条件的困难职工纳入各级财政专项资金支持范围。

（四）加强指导和宣传。各地方工会、产业工会要认真分析企业职工需求，思考企业工会帮扶工作的建制方式、重点内容以及与地方工会帮扶工作的有效衔接等问题，加强对本地区、本产业（行业）企业工会帮扶工作的分类指导和服务，及时发现和协调解决出现的问题，总结经验，推广有效做法，培育示范品牌。要充分发挥网络、报刊等新闻媒体的作用，加大对企业帮扶工作好经验好做法的宣传，为推进企业工会帮扶工作创造良好的社会环境和条件。

中华全国总工会关于印发《中央财政专项帮扶资金使用管理办法》的通知

（2015年5月8日　总工发〔2015〕20号）

各省、自治区、直辖市总工会：

为进一步规范中央财政专项帮扶资金的分配、使用和管理，现将《中央财政专项帮扶资金使用管理办法》印发给你们，请遵照执行。

中央财政专项帮扶资金使用管理办法

第一条　为加强中央财政专项帮扶资金（以下简称帮扶资金）管理，提高资金使用效能，确保资金规范安全运行，依据《财政部关于印发〈困难职工帮扶中心专项资金管理办法〉的通知》（财建〔2006〕468号）制定本办法。

第二条　本办法所称中央财政专项帮扶资金，是指中央财政拨付的，用于支持各级工会困难职工帮扶中心开展困难职工（含困难农民工，下同）帮扶救助活动的专项资金。

第三条　帮扶资金发放和使用，应当坚持“依档帮扶”“先建档、后帮扶、实名制”的原则。各地工会应根据全国总工会制定的困难职工档案管理办法，准确核查困难职工家庭状况，建立困难职工档案并动态管理。

第四条　帮扶资金使用对象是已纳入工会档案的困难职工家庭，主要包括：

（一）家庭人均收入低于当地最低生活保障线，经政府救助后仍生活困难的职工家庭。

（二）家庭人均收入虽略高于当地最低生活保障线，但由于患病、子女上学、残疾、单亲及其他特殊原因造成生活困难的职工家庭。

（三）因职工本人或家庭成员遭遇突发事件、意外伤害、重大疾病或其他特殊原因导致生活困难的职工家庭。

困难农民工应符合（一）至（三）款所规定条件且加入工会组织。

第五条 帮扶资金适用于生活救助、医疗救助、子女助学、法律援助、职业培训、职业介绍等帮扶项目。

（一）用于生活救助的资金，每户每年不得超过当地低保标准年度总和。

（二）用于医疗救助的资金，不得超过医疗费用个人自付部分。

（三）用于助学救助的资金，每生每年不得超过十个月基本生活费用总和。

（四）用于职业培训、职业介绍的资金，执行当地政府人力资源和社会保障部门制定的同类工种标准。

（五）用于法律援助的资金，执行当地政府司法行政部门制定的法律援助补贴标准。

帮扶资金不得用于下列支出：支付帮扶中心工作人员工资或办公经费；发放各种奖金、津贴和福利补助；购买车辆、手机等交通工具及通信设备；帮扶中心基本建设投资；其他与困难职工群体帮扶无关的支出。

第六条 帮扶资金的分配由各省、自治区、直辖市总工会参照地市级工会上一年度资金使用情况，依据各地经济社会发展总体状况、最低生活保障标准和建档困难职工户数、自然灾害发生情况以及绩效评价结果等因素制定，并经领导班子集体审议后报全国总工会。

第七条 帮扶资金的预算、决算按照全国总工会预算管理办法要求执行，纳入县以上工会预算、决算统一管理。帮扶资金根据预算于本年度使用完毕，不得结转下年度。

第八条 帮扶资金使用应采取非现金支付形式，用于困难职工生活救助、医疗救助、子女助学的，应当通过银行卡（存折）发放，帮扶中心应及时将帮扶项目、金额、次数和具体时间通知困难职工家庭，并将银行对账单存档备查。用于其他帮扶项目的，采取银行转账方式结算，属于政府采购范围的，执行政府采购有关规定。

帮扶资金使用情况应当在30个工作日内录入全国工会帮扶工作管理系统。

第九条 帮扶资金实行独立核算、专账管理、专款专用。核算单位应当按照工会会计制度要求设置会计科目，建立总账、明细账和其他辅助台账。

第十条 各级工会应加强帮扶资金管理监督。

（一）保障部门负责制定困难职工建档和帮扶标准，对帮扶资金的管理和使用进行指导督查，编制资金分配和使用方案。帮扶中心负责建立和管理困难职工档案，开展具体帮扶活动。

（二）财务部门负责帮扶资金的接收、拨付等财务管理，规范会计核算，加强财务指导和检查。

（三）经审部门负责帮扶资金管理使用的审计监督。

第十一条 帮扶资金专款专用，任何单位和个人不得截留、挤占、挪用。对违反规定弄虚作假、骗取资金、挤占挪用的，上级工会应根据情况减拨或停拨资金、追回违规所得资金。

第十二条 各省、自治区、直辖市总工会根据本办法的规定，结合本地实际，制定具体实施细则，报全国总工会备案。各省、自治区、直辖市总工会筹集的配套资金参照本办法执行，其中地方财政专项帮扶资金根据当地财政批复执行。

第十三条 本办法自下发之日起执行，《中华全国总工会关于困难职工帮扶中心专项资金使用管理办法（暂行）》（总工发〔2009〕36 号）同时废止。

第十四条 本办法由全国总工会负责解释。

中华全国总工会关于进一步做好困难职工解困脱困工作的实施意见

（2016年5月20日　总工发〔2016〕7号）

根据党中央关于加大城市困难职工解困脱困帮扶和保障力度的指示精神，为扎实推进困难职工解困脱困工作，确保困难职工同步迈入小康社会，现结合工会实际提出以下实施意见。

一、指导思想

全面贯彻落实党的十八大和十八届三中、四中、五中全会精神，以邓小平理论、“三个代表”重要思想、科学发展观为指导，深入贯彻习近平总书记系列重要讲话精神特别是关于工人阶级和工会工作的重要论述，紧紧围绕“五位一体”总体布局和“四个全面”战略布局，牢固树立和贯彻五大发展理念，着力践行以人民为中心的发展思想，认真落实中央政治局常委会“加大城市困难职工解困脱困的帮扶和保障力度”要求，把“精准”贯穿困难职工解困脱困工作全过程，明确工作目标、突出工作重点、抓住关键环节，精准聚焦、持续发力，做到底数精准、原因精准、措施精准、解困脱困精准，既要帮助困难职工解决眼前困难，做到无基本生活之忧；又要帮助他们脱困，走上致富之路，确保到2020年困难职工同步迈入小康社会。

二、目标任务

（一）对纳入低保且具有劳动能力、但未实现充分就业的困难职工，着重帮助其实现就业创业，提高家庭收入实现解困脱困。

（二）对因各类因素造成实际收入或生活水平低于低保线、但尚未纳入低保的困难职工，着重推动其纳入社会保障解困。其中，对没有社会保险或没有落实待遇的，推动其纳入社会保险并享受相应待遇；对丧失劳动能力或社会保险金不足以保障基本生活的，推动纳入低保兜底。

（三）对患重特大疾病、遭受自然灾害或意外事故等导致家庭支出突增，造成生活困难的职工，着重推动其纳入医保制度和政府临时救助、灾害救助制度。其中，对因病致困的职工，推动其纳入大病保险和医疗互助保障。

（四）对长期居住在城市、生活遇到特殊困难的农民工，推动其享有均等化公共服务，使其生活条件得到显著改善。

（五）对在供给侧结构性改革特别是化解过剩产能和僵尸企业兼并重组、破产清算、事业单位改革过程中，部分因下岗失业或其他原因造成生活困难的职工，协同政府落实好政策措施，解决好转岗、再就业等安置和社会保障问题。

三、工作措施

（一）科学制定工作规划和措施。

1. 强化精准识别，坚持精准施策。科学制定困难职工标准，准确界定解困脱困对象。按照标准对困难职工档案重新核查，符合标准的保留，不符合的退出。深入调查研究，全面准确掌握困难职工规模、数量、分布等情况。深入分析致困原因，找准解困脱困措施，户策对接，建档立卡，做到一户一档案、一户一计划、一户一措施，因户施策，分类帮扶。

2. 制定困难职工解困脱困工作规划。紧紧围绕到2020年实现困难职工全部解困脱困目标要求，在全面摸清困难职工家庭状况的基础上，结合本地实际，科学制定今后5年的工作规划，统筹规划政策对接、项目安排、成效目标等具体措施，确保目标任务明确、资源配置合理、措施精准到位。

（二）采取“四个一批”措施开展分类帮扶。

1. 针对有劳动能力的困难职工，通过加强技能培训、提供创业援助等方式，以就业创业解困脱困一批。将有劳动能力的困难职工纳入政府主导的积极就业政策，充分运用就业创业扶持政策、化解过剩产能职工安置政策等，帮助困难职工实现就业再就业。更多关注就业特殊困难群体，协助政府确保有就业能力的零就业家庭至少有一人就业。实施“技能培训促就业”计划，发挥各级工会培训阵地作用，帮助有劳动能力的下岗职工掌握技能，实现再就业。实施“创业援助”计划，对有创业意愿并具备条件的困难职工，给予创业培训、创业指导和无息贷款、小额贷款贴息、生产资料支持等多种扶持，帮助他们创业。实施“阳光就业”计划，帮助困难职工家庭高校毕业生就业。

2. 针对因企业欠缴社会保险费或没有落实相关社保待遇的困难职工，将其纳入国家社会保险制度覆盖一批。协同政府做好化解过剩产能、厂办大集体改革、资源枯竭城市转型等过程中的社会保障政策落实工作。困难职工与企业解除劳动关系的，推动政府和企业做好各项社会保险关系接续、转移和待遇的落实。困难职工因企业欠缴社会保险费而不能办理退休的，要督促企业依法补缴社会保险费用。对未参加基本养老保险的困难职工，要推动政府采取有效措施，将其纳入基本养老保险范围。对因无法正常领取失业保险金，或者工伤认定困难、工伤保险待遇落实不到位等原因，造成家庭困难的职工，推动落实待遇；符合低保条件的，帮助其按政策规定纳入低保范围。

3. 针对因病致困的职工，推动将其纳入大病保险和医疗互助保险保障一批。积极推动因病致困职工纳入基本医疗制度保障范围。推动建立职工大病保险制度，提高重大疾病救治水平，推动完善医疗救助制度，推进“费用＋病种”的医疗救助模式，逐步提高重特大疾病患者的自负医疗费用救助比例。协调慈善机构给予相关特殊病种免费救治。实施“职工医疗互助”计划，将大病致困职工全部纳入职工医疗互助活动和职工医疗互助保险范围。有条件的地方工会可以出资开展大病专项救助活动。

4. 针对符合低保条件的困难职工，通过社会救助兜底一批。协助政府统筹实施最低生活保障、特困人员供养、受灾人员救助、教育救助、住房救助、就业救助、临时救助等社会救助制度，提高低保标准，强化社会救助托底功能。加大分类施救力度，对生活特别困难的职工予以特别救助，符合低保条件的做到应保尽保。实施“金秋助学”计划，推动困难职工家庭上学子女纳入国家“奖、助、贷、勤、减、免”助学体系，按年度适当补助上学期间所需生活费、路费，确保困难职工子女上得起学，顺利完成学业。

5. 高度关注供给侧结构性改革中职工生产生活遇到的新情况新问题。协同政府妥善解决煤炭、钢铁等产能过剩行业兼并重组、破产清算企业中的职工安置和社会保障问题。组织困难企业职工开展劳动竞赛、岗位创新创效、创建“工人先锋号”等活动，促进企业提高经营水平和盈利能力，引导和支持企业与职工共渡难关。充分发挥工会“大学校”作用，适应供给侧结构性改革对职工素质的要求，依托工会院校、职工技能实训基地，充分运用网络信息技术，推进校企结合、工学结合，加强技能培训。围绕着力推进供给侧结构性改革，针对经济下行压力加大、部分企业效益下滑的情况，依法维护职工劳动就业、收入分配、社会保障、劳动安全卫生等劳动经济权益。引导职工依法理性表达利益诉求，加强对困难职工的思想引领、心理疏导和困难帮扶、法律援助。

（三）整合资源提升解困脱困效益。

1. 创新解困脱困工作方法。在地方党委领导下，把做好困难职工解困脱困工作纳入当地经济社会发展规划和党政考核体系，推动政府出台并用好各项政策以及困难群体专项帮扶政策，对接困难职工需求，形成推进工作合力。以工会改革创新为契机，建立以困难职工需求为导向，互联网“线上”“线下”相统一、互为补充的服务职工工作体系。充分发挥280万个基层工会组织、20多万个帮扶中心和站点作用，拓展服务功能，推动政策帮扶、制度保障；探索建设“互联网+”服务职工平台，为广大职工特别是困难职工提供多样化、全方位的普惠性服务。鼓励工会采取与社会资本合作、购买服务等市场运作模式开展工作。大力开展帮扶志愿服务活动。

2. 深入开展“一帮一”结对帮扶工作。各级工会组织要开展“一帮一”结对帮扶困难职工工作，确保每个困难职工家庭都有单位帮扶，都有解困脱困责任人，坚持一帮到底，不达目标不脱钩。各级干部要深入困难职工家中，详细了解家庭状况、致困原因和发展需求，帮助制定针对性、操作性强的帮扶措施，重点帮助有劳动能力的困难职工实现稳定就业，帮助困难职工尽快脱困致富。要帮助困难职工树立自立自强、干事创业的信心，提高自我发展能力。

3. 做实做细为困难职工送温暖工作。进一步健全送温暖机制，强化雪中送炭、纾难解困功能，把有限的资金瞄准最困难的职工。转变送温暖集中在节日发放慰问金方式，对特别需要救助帮扶的困难职工，按月或按季度定期发放生活补贴，实现送温暖经常化、常态化。深入困难企业、困难职工家中，开展日常定期走访，及时发现和研究解决困难企业和困难职工存在的问题，开展定向、专项的帮扶和服务。组织职工开展互助互济活动，吸引企业和社会组织为困难职工提供更多的服务。

四、组织保障

（一）强化组织领导。各级工会要把困难职工解困脱困工作摆上工会工作重要议事日程，主要负责同志要强化责任担当，带头研究谋划、带头部署推进、带头督促检查。结合实际制定具体实施方案，明确目标任务和重点措施，一级抓一级、层层抓落实。制定严格考核考察办法，逐级建立目标责任制，签订责任书，把困难职工解困脱困工作作为考核各级工会工作业绩的重要内容，作为考察工会干部的重要依据。

（二）加大投入。各级工会要加大人力、物力、财力投入，集中优势力量做好困难职工解困脱困工作。加强与当地经济社会发展规划、保障和改善民生政策精准对接，争取财政加大支持力度。全总回拨的工会经费要向困难职工解困脱困工作进一步倾斜。要加强帮扶资金使用和政策执行的监管，严肃查处违纪违规问题，坚决杜绝占用帮扶资金搞政绩工程和形象工程。

（三）做好宣传引导。要充分运用中央主流媒体和工会新闻宣传阵地以及网络、微信、微博、手机等新媒体，加大对困难职工解困脱困工作的宣传力度，大力宣传党中央对困难职工的关心关爱，宣传各级工会的工作进展和成效，把社会各方面参与困难职工解困脱困的积极性调动起来，营造良好的舆论氛围。要加强对困难职工的思想教育，引导他们正确对待遇到的暂时困难，提振信心、凝心聚力，积极支持参与推动改革。

（四）改进工作作风。各级工会要把推进困难职工解困脱困工作与加强干部队伍建设、改进工作作风结合起来，与开展“两学一做”学习教育结合起来，深入困难职工群体，摸实情、出实招，加强分类指导、推动解决问题，让广大职工切实感到工会组织是真正的“职工之家”，工会干部是值得他们信赖的“娘家人”。

各省、自治区、直辖市总工会要按照本实施意见，结合各地实际，抓紧研究制定工作方案和实施细则，报全国总工会备案。全国总工会每年对困难职工解困脱困工作组织实施和目标任务完成情况开展专项督查。

中华全国总工会办公厅关于印发《困难职工档案管理办法》的通知

（2016年12月5日　总工办发〔2016〕36号）

各省、自治区、直辖市总工会：

为进一步规范困难职工档案，发挥困难职工档案在对困难职工精准帮扶、解困脱困中的基础性作用，现将《困难职工档案管理办法》印发给你们，请遵照执行。

困难职工档案管理办法

第一条　为进一步加强和完善工会困难职工档案（以下简称档案）建立、管理工作，全面、真实、及时地掌握困难职工家庭的生活状况，使困难职工档案在对困难职工精准帮扶、解困脱困中发挥基础性作用，特制定本办法。

第二条　本办法适用于各级工会组织对困难职工家庭开展帮扶工作中形成的档案的管理。

第三条　困难职工家庭包括：连续6个月以上家庭实际人均收入低于当地最低生活保障标准，未经政府救助，生活特别困难的职工家庭；家庭人均收入低于当地最低生活保障标准，经政府救助后仍生活困难的职工家庭；家庭人均收入略高于当地最低生活保障标准（可根据实际情况参照当地人民政府规定的低收入标准），但由于患病、子女上学、残疾、单亲及其他特殊原因造成生活困难的职工家庭；家庭人均收入在当地最低生活保障标准3倍（含）以内，但由于遭受突发事件、意外伤害、重大疾病及其他原因导致生活困难的职工家庭；加入工会组织、按务工地标准且符合上述条件之一的农民工家庭。

第四条　具有下列情形之一的职工家庭，不建立档案：拥有2套（含）以上住宅的；拥有商业店铺或雇佣他人从事经营活动的；子女进入高收费私立学校或自费出国留学的；非受雇佣经常使用机动车辆、船舶、工程机械以及大型农机具的。

第五条 本办法所称档案是指各级工会组织在对困难职工家庭开展帮扶工作中形成的具有保存价值的文字、图表、音像（照片、录音、录像）、电子数据等不同形式和载体的历史记录。

第六条 档案由下列三部分组成：

（一）困难职工原始档案。主要内容包括：困难职工帮扶申请书或经本人签字认可的基层单位工会帮扶申报材料；困难职工及有关家属身份证明材料、收入证明材料、公示证明材料；困难职工原始信息表（应与工会帮扶工作管理系统中电子档案保持一致）。各地也可根据实际需要增加档案内容。

（二）按财务制度管理的档案。有关中央财政专项帮扶资金、地方财政配套资金、用于帮扶救助的工会经费以及其他资金的政策、规定、制度等；帮扶资金的分配方案、会计凭证、银行单据等；中央财政专项帮扶资金实名制汇总表、预决算报表（报告）等。

（三）日常帮扶工作档案。帮扶工作政策、规定、制度；帮扶工作会议记录、纪要；帮扶工作有关请示、报告及上级机关的批复、复函；帮扶工作有关报表和数据统计资料等。

第七条 档案管理工作实行统一领导、分级负责、动态管理。各级工会档案工作接受上级工会、本级工会及档案管理部门的指导和监督。

第八条 坚持属地管理的原则。与用人单位建立劳动关系的困难职工，由用人单位工会负责建立档案。灵活就业人员，由街道（社区）工会负责建立档案；如街道（社区）尚未成立工会，由上一级工会或县级（含）以上工会帮扶（服务）中心负责建立档案。有条件的县级（含）以上工会，可通过社会救助家庭经济状况核对机制核查、比对帮扶对象的金融资产等拥有状况。

第九条 与原用人单位解除劳动关系的失业人员，在领取失业金期间符合建档条件的，由街道（社区）工会负责建立档案；如街道（社区）尚未成立工会，由上一级工会或县级（含）以上工会帮扶（服务）中心负责建立档案；重新就业后仍符合建档条件的，由新用人单位工会重新认定并负责建立档案。

第十条 已实行社会化管理的退休人员，原则上不再纳入建档范围。

第十一条 坚持一户一档案，避免重复建档、重复统计。

第十二条 按照建档工会入户调查摸底或职工个人申报、审批对象公示、建档工会核实、上级工会复核、县级（含）以上工会帮扶（服务）中心备案的程序，建立困难职工原始档案。基层工会建立的困难职工原始档案副本需报县级（含）以上工会帮扶（服务）中心备案。县级（含）以上工会帮扶（服务）中心建立的困难职工原始档案由本级工会帮扶（服务）中心或本级工会管理。县级（含）以上工会帮扶（服务）中心对基层工会建立的原始档案进行严格复核，对不符合要求的档案应及时退回原建档单位。

第十三条 各建档单位对档案实行动态管理。做到随时发现随时录入，随时变化随时调整，随时脱困随时撤档。做到纸质档案与电子档案保持同步，一种档案发生变化时，另一种档案应不晚于 30 个工作日完成同步工作。做到每年对档案至少进行一次集中清理。

第十四条 原用人单位被撤销，其单位工会应及时将档案移交到职工所在的新用人单位工会或街道（社区）工会，无法移交的档案由所属工会帮扶（服务）中心或上一级工会负责代管。

第十五条 档案按保管期限和要求分类管理。按财务制度管理的有关档案，应根据会计档案归档要求进行归档整理。其他档案均按文书档案归档要求，独立设置类别归档整理。困难职工原始档案自撤档之日起保管 10 年。音像（照片、录音、录像）等特殊载体类档案应与纸质文件材料同时归档，档案保管期限相同。具有永久保存价值的电子文本、图形、数据表格归档时，应同时生成纸质文件材料一并归档保存。

第十六条 应安排专人负责整理、保管、提交档案资料，并负责档案安全。档案管理人员调离工作岗位时，应办妥档案交接手续。

第十七条 建立健全档案借阅、查询、使用制度，做好档案保密工作。档案一般用于工会系统工作查阅，不予外借。建档职工个人凭本人有效身份证件可查询本人档案信息。外单位查询档案需经档案保管单位批准，并办理有关查阅手续。查询者应严格遵守查档规定和保密制度，不得泄露或擅自对外公布档案内容。

第十八条 加大档案信息化工作软硬件投入，加强档案信息的收集、管理、使用和安全等方面的建设，进一步提升档案信息共享和精准帮扶的效果。

第十九条 对擅自损毁、涂改、伪造档案和因工作失职造成档案损毁、丢失的，应按照有关规定查处。

第二十条 省、自治区、直辖市总工会根据本办法的规定，结合本地实际，制定具体实施细则。

第二十一条 本办法自公布之日起执行,《中华全国总工会办公厅关于建立困难职工档案制度暂行办法》(总工办发〔2006〕36号)同时废止。凡过去文件规定与本办法不一致的,以本办法为准。

第二十二条 本办法由全国总工会负责解释。

中华全国总工会办公厅关于印发《困难职工帮扶工作有关问题的说明》的通知

（2017 年 7 月 13 日　厅字〔2017〕18 号）

各省、自治区、直辖市总工会：

近两年，全国总工会为规范困难职工建档立卡和帮扶资金管理使用，进一步做好困难职工解困脱困工作，制定下发了《中华全国总工会关于印发〈中央财政专项帮扶资金使用管理办法〉的通知》（总工发〔2015〕20 号）、《中华全国总工会关于进一步做好困难职工解困脱困工作的实施意见》（总工发〔2016〕7 号）、《中华全国总工会办公厅关于印发〈困难职工档案管理办法〉的通知》（总工办发〔2016〕36 号）等文件。为了贯彻执行好这几个文件精神，全国总工会权益保障部对文件中的若干问题作了解释说明，现印发给你们，望切实做好困难职工解困脱困工作。

困难职工帮扶工作有关问题的说明

为贯彻执行《中华全国总工会关于印发〈中央财政专项帮扶资金使用管理办法〉的通知》（总工发〔2015〕20 号）、《中华全国总工会关于进一步做好困难职工解困脱困工作的实施意见》（总工发〔2016〕7 号）、《中华全国总工会办公厅关于印发〈困难职工档案管理办法〉的通知》（总工办发〔2016〕36 号）文件（以下对各文件用文号简称），现对若干具体问题作如下说明。

一、困难职工解困脱困标准。总工发〔2016〕7 号文件中困难职工脱困是指困难职工经精准帮扶后，其家庭致困因素消除，家庭人均收入连续 6 个月超过当地低保标准，家庭生活状况脱离困境。困难职工解困是指难以脱困的困难职工，经纳入政府救助体系和工会帮扶后，家庭生活水平达到当地低保标准，家庭困境得到有效缓解。到2020年，现有建档困难职工中，通过精准帮扶，能脱困的困难职工全部实现脱困；难以脱困的困难职工，通过推动纳入政府救助体系，建立工会常态化帮扶机制，保障其家庭生活水平达到当地低保标准，实现解困。

二、困难职工家庭人均收入核算。总工办发〔2016〕36号文件第三条所称困难职工家庭人均收入是指“家庭可支配收入/家庭总人口”。家庭可支配收入＝家庭总收入－缴纳所得税－社会保障支出。家庭总收入包括工薪收入、经营净收入、财产性收入（如利息、红利、房租收入等）、转移性收入（如养老金、离退休金、社会救济收入等）。家庭总人口原则上以户籍为单位且常年共同生活的人口计算。

三、困难职工家庭的困难标准衡量。总工办发〔2016〕36号文件所列困难职工家庭困难标准均应考虑收入支出差额与当地低保标准比较，必要支出费用包括本人及家庭成员患病、子女上学、残疾、重大意外灾害等引起家庭困难的支出费用。其中“家庭人均收入低于当地最低生活保障标准，经政府救助后仍生活困难的职工家庭”是以户籍地政府认定的低保户为准，且满足“经政府救助后生活水平仍低于低保标准”条件。“家庭人均收入略高于当地最低生活保障标准（可根据实际情况参照当地人民政府规定的低收入标准），但由于患病、子女上学、残疾、单亲造成生活困难的职工家庭”是人均收入以困难职工工作地政府规定的低收入标准为准（没有低收入标准的应控制在当地低保线上浮50%以内），且满足“（家庭可支配收入－由于患病、子女上学、残疾及其他特殊原因等造成支出费用）/家庭总人口≤当地低保标准”条件。“家庭人均收入在当地最低生活保障标准3倍（含）以内，但由于遭受突发事件、意外伤害、重大疾病及其他原因导致生活困难的职工家庭”是指“因交通事故等意外事件，造成重大人身伤害，责任赔付不能及时到位或无责任赔付方的家庭”“家庭成员突发重大疾病等原因，而产生数额过大的救治费用，导致基本生活暂时出现严重困难的家庭”“因发生自然灾害或重大安全事故造成重大人身伤害或住宅、家庭生活必需用品损毁严重，导致基本生活暂无着落或暂时出现严重困难的家庭”。人均收入在低保标准3倍（含）以内的家庭，应符合（家庭可支配收入－意外致困造成支出费用）/家庭总人口≤当地低保标准的条件；人均收入虽超过低保标准3倍，应符合（家庭可支配收入＋投资性净资产＋储蓄－意外致困造成支出费用）/家庭总人口≤当地低保标准的条件。

四、困难职工家庭状况核查。各地工会要规范困难职工家庭状况核查机制、公示制度和工作程序，有条件的地方应通过社会救助家庭经济状况核对机制核查、比对困难职工家庭状况。对于拒绝调查核实家庭财产和收入状况的，不得建档帮扶；对于隐瞒财产、收入或者提供虚假证明骗取帮扶资金的，应追回违规所得。

五、困难职工档案建立和管理。各地工会要严格按照总工办发〔2016〕36 号文件规定，建立符合全总建档标准的困难职工档案，不得随意降低或提高建档标准，将不符合条件的对象纳入档案，或将符合条件的排除在外。对超过总工办发〔2016〕36 号文件建档规定标准但又确实存在困难的职工家庭，各地工会可以结合经济社会发展水平和物价指数等实际情况，因地制宜制定本层级的建档标准，分层建立档案实施帮扶。

六、不同来源的帮扶资金使用管理。各级工会按照实际情况制定不同来源的帮扶资金使用规定，中央财政专项帮扶资金严格按照《财政部关于印发〈困难职工帮扶中心专项资金管理办法〉的通知》（财建〔2006〕468 号）和总工发〔2015〕20 号文件执行，用于支持县级以上地方工会帮扶中心对符合全总建档标准并上报到全总的困难职工家庭开展生活救助、医疗救助、子女教育、法律援助、职业培训、职业介绍等项目帮扶。各级地方财政配套、工会经费投入、社会各界捐助等其他来源帮扶资金，可以按照地方财政政策规定、工会有关制度及捐款单位（人）意愿制定使用办法。按照分级使用管理原则，符合全总建档标准并上报到全总的困难职工可以使用中央财政和其他来源帮扶资金，上报到省总工会的困难职工可以使用省级财政及非中央财政的其他来源帮扶资金，以此类推。

七、困难职工档案和帮扶信息录入工会帮扶工作管理系统。困难职工档案由所在基层工会或帮扶中心按照有关规定和标准负责建立，录入工会帮扶工作管理系统，并按工会隶属关系逐级上报备案。困难职工帮扶要严格按照依档帮扶原则和“先建档、后帮扶、实名制”程序进行，帮扶资金拨付和使用情况、帮扶救助信息应在 30 个工作日内录入帮扶管理系统。年终决算时，各级工会录入到帮扶管理系统中的中央财政帮扶资金使用情况应与上级工会拨付的数额一致。

八、总工办发〔2016〕36 号文件中第十条社会化管理的退休人员是指已办理退休手续后，人员移交城市街道和社区实行属地管理，养老金实行社会化发放的职工。其中的困难群体应推动纳入地方政府救助体系，工会原则上不再建档。但居住在远离城市的独立工矿区和企业退休人员比较集中的企业生活区，仍由企业主管单位或企业退休人员管理服务机构管理服务的职工，若因重大疾病等因素造成生活十分困难，工会应推动当地民政部门纳入救助制度覆盖，并视困难程度决定是否建档帮扶。

九、各省、自治区、直辖市总工会应根据总工发〔2015〕20 号、总工发〔2016〕7 号、总工办发〔2016〕36 号等文件有关规定和本《说明》的精神，结合本地区实际情况，制定实施细则，并报全国总工会权益保障部备案。

十、本说明由全国总工会权益保障部负责解释。

中华全国总工会　民政部
关于加强工会组织与民政部门困难职工家庭数据比对和信息共享工作的通知

（2017年11月3日　总工发〔2017〕19号）

各省、自治区、直辖市总工会、民政厅（局）：

为进一步落实全国社会救助部际联席会议要求，健全完善困难职工解困脱困协同工作机制，加大城市困难职工解困脱困的帮扶和保障力度，现就加强各级总工会与民政部门合作，开展困难职工数据比对和信息共享工作有关事项通知如下：

一、重要意义

对困难职工家庭进行精准识别是做好城市困难职工解困脱困工作的前提和基础。实现对困难职工家庭精准识别，需要依靠现代技术手段，完善困难职工家庭经济状况核查办法，建立与社会救助家庭经济状况核对系统无缝对接。各级总工会与民政部门对申请困难救助的职工家庭进行数据比对、信息共享，不仅可以提升帮扶救助工作的智能化水平，也可以防止对困难职工家庭误判，防范资金使用风险，对于推动完善社会救助体系、确保到2020年困难职工同步迈入小康社会具有重要意义。

二、信息共享的层级及方式

（一）各省、自治区、直辖市总工会、民政厅（局）根据实际情况，就省级以下各级总工会与民政部门对困难职工家庭进行数据比对、信息共享事宜进行统筹安排。

（二）在确保数据和信息安全的前提下，困难职工家庭数据比对、信息共享应通过同级总工会和民政部门之间通过网络发起查询请求和反馈查询结果，具体方式及信息交换频率、反馈时间，由省级或省级以下总工会、民政部门根据实际情况协商确定。数据比对、信息共享的相关费用和所需配置的设备、设施由各省、自治区、直辖市总工会提供。

对暂不具备网络共享条件的，可采用移动储存介质定期按批量进行数据交换。同时，积极探索采用云计算、大数据处理、移动互联网等新技术，逐步提升信息化资源的利用效率和管理水平。

三、信息共享的内容

1. 各级总工会应根据城市困难职工解困脱困工作需要，将所需比对核查的职工家庭成员姓名、身份证件类型及号码提供给同级民政部门。民政部门向总工会提供所需查询的职工家庭成员获得社会救助情况。

2. 各级总工会应根据实际工作需要，在取得困难职工授权等证明材料后，依法依规委托民政部门核对困难职工家庭基本信息。民政部门及时将核对结果反馈总工会。省级或省级以下总工会、民政部门制定具体核查办法。

3. 各级总工会应将困难职工帮扶信息定期发送民政部门，实现困难职工帮扶信息和社会救助信息的共享。

四、信息共享的相关要求

（一）各省级总工会、民政部门要充分认识困难职工家庭数据比对、信息共享的重要性，切实加强工作联动，加快实现信息的互联互通。要制定本省、自治区、直辖市数据比对、信息共享工作方案，明确数据比对、信息共享的内容、途径、频率、时间和管理要求等，及时协调和解决信息共享及数据比对中的问题。

（二）各省、自治区、直辖市总工会要主动与同级民政部门联系，就信息共享工作的细化落实进行沟通。从民政部门获取的困难职工家庭信息查询结果，仅限于作为认定该家庭是否是困难职工家庭的参考，不得用于其他用途。涉及信息共享工作的各级总工会、民政部门要明确专人负责信息核查，加强安全保密管理，做到工会与同级民政部门签订保密协议、工会具体负责工作人员与部门签订保密协议，并上报省级工会权益保障部门备案。如发生信息泄露致当事人合法权益遭受损害等事件的，要按照信息共享工作方案规定对相关单位和人员进行问责。

（三）各级民政部门要积极配合，及时向同级工会反馈困难职工家庭信息查询结果。各级总工会、民政部门要借助困难职工家庭信息共享工作机制，推动困难职工帮扶和社会救助政策的有效衔接。各级总工会、民政部门要引导社会资源参与困难职工解困脱困，探索搭建困难职工解困脱困需求与救助资源信息对接平台，实现困难职工需求、政府部门资源、企业资源、社会公益项目、社会爱心捐赠和志愿服务的精准对接，持续放大困难职工解困脱困工作的社会效益。

中华全国总工会权益保障部
关于精准、规范做好困难职工帮扶的通知

（2017年12月3日　工保字〔2017〕23号）

各省、自治区、直辖市总工会权益保障部（职工服务部），帮扶中心：

为切实做好困难职工解困脱困工作，规范有效地使用帮扶资金，特就有关事项通知如下：

一是在精准识别困难职工状况中要实事求是。各级工会要切实按照全总有关文件精神，在深入走访的基础上，主动与民政部门对接数据比对、信息共享工作，普遍对在档困难职工做一次精准筛查，进一步精准识别困难职工家庭的状况和需求。各地工会在做好已脱困职工及时退档的同时，不得随意将符合条件的职工排除帮扶之外，要及时将新产生的困难职工纳入帮扶范围，对刚刚脱离困境的职工家庭，继续关注其家庭生活动态，防止返贫返困。

二是要确保帮扶资金精准、足额用到困难职工身上。各级工会要及时发放帮扶资金，对人均收入低于低保线的困难职工提高生活救助标准，按月、按季保障他们正常生活。对遭遇突发事件、意外伤害、重大疾病及其他原因导致生活困难的职工家庭加大帮扶力度，做好应急救助。对超过全总建档标准但又确实相对困难的职工家庭，各地工会要结合经济社会发展水平和物价指数等实际情况，因地制宜制定本地的困难职工建档标准，分层建立档案，从地方财政、工会经费、社会慈善等渠道实施帮扶。

三是要确保帮扶资金安全、及时地落到实处。帮扶资金使用要严格遵照依档帮扶原则和“先建档、后帮扶、实名制”程序，保证每笔资金都有跟踪监督，使用到困难职工身上。要严防假脱困、数字脱困等问题，严肃处理违反全总有关管理办法和通知要求改变资金使用范围和投向、怕担责任不发放帮扶资金造成没及时帮扶困难职工等不作为、乱作为、慢作为问题。

各省（自治区、直辖市）总工会权益保障部要加强对下级工会的指导、监督、督查，密切关注职工生产生活遇到的困难和问题，切实保障好困难职工家庭生活。困难职工遇到的一些整体性难题和解困脱困工作中出现的普遍性问题要及时报告全总权益保障部。

特此通知。

中华全国总工会办公厅关于开展城市困难职工解困脱困工作落实情况督查的通知

（2018 年 7 月 20 日　厅字〔2018〕21 号）

各省、自治区、直辖市总工会：

为认真贯彻落实全国工会进一步落实城市困难职工解困脱困责任制电视电话会议精神，如期完成城市困难职工解困脱困工作任务，全国总工会将于 2018 年 7 月至 9 月对全国工会开展城市困难职工解困脱困工作落实情况督查。现就有关事项通知如下：

一、督查内容

落实全总关于城市困难职工解困脱困工作的要求部署情况；推动城市困难职工解困脱困纳入地方党政脱贫攻坚大局情况；困难职工精准识别、动态管理情况；中央财政帮扶资金管理使用情况；落实解困脱困工作责任制情况；困难职工帮扶中心作用发挥情况（具体内容见附件）。

二、督查安排

督查时间为 2018 年 7 月至 9 月，督查范围为各省、自治区、直辖市总工会及新疆生产建设兵团工会。本次督查采取各地区自查与全总重点督查相结合的方式进行。

（一）自查自纠阶段（7 月下旬至 8 月上旬）。各省（区、市）总工会对照督查内容开展自查，并指导各市、县级总工会逐项开展自查自纠工作。全总将对各地自查自纠情况进行随机抽查。

（二）重点督查阶段（8 月中旬至 9 月）。由全总领导带队，权益保障部、财务部、经审办等部门组成督查组，对部分地区落实城市困难职工解困脱困工作情况进行重点督查，具体督查地点和时间安排另行通知。

三、工作要求

开展此次专项督查，是贯彻落实党中央关于加大城市困难职工解困脱困的帮扶和保障力度的要求，进一步做好城市困难职工解困脱困工作，确保如期完成目标的重要举措。各省（区、市）总工会要高度重视，按照本通知要求认真组织开展自查自纠，全总督查的重点地区要积极配合，做好相关工作。要通过督查，进一步夯实各级工会责任，聚焦问题，强化工作举措，确保城市困难职工解困脱困工作取得新的明显成效。

请各省（区、市）总工会将自查报告于 8 月 16 日前书面报全总权益保障部。

附件：城市困难职工解困脱困工作落实情况督查内容一览表

城市困难职工解困脱困工作落实情况督查内容一览表

序号	项目	具体内容	督查方式
1	落实全总关于城市困难职工解困脱困工作的要求部署情况。	1. 把解困脱困工作摆上重要日程，召开专题会议研究困难职工解困脱困工作。	听取汇报 查阅资料
		2. 按照全总实施意见，结合各地实际，科学制定工作方案和实施细则，出台相关制度文件，成立工作领导小组。	查阅资料
		3. 针对困难职工的致困原因，采取“四个一批”措施分类开展困难职工帮扶。	查阅资料 查看系统 入户走访
		4. 未来 3 年的工作思路清晰，时间表、脱困任务、计划和措施明确具体、切实可行。	听取汇报 查阅资料

续表

序号	项目	具体内容	督查方式
2	推动城市困难职工解困脱困纳入地方党政脱贫攻坚大局情况。	1. 向地方党委、政府汇报解困脱困工作。	听取汇报 查阅资料
		2. 解困脱困工作被列入工会与政府联席会议重要内容。	听取汇报 查阅资料
		3. 以党委、政府名义出台解困脱困文件。	查阅资料
		4. 加强源头参与，推动党委、政府出台帮扶救助困难职工的政策措施或将困难职工纳入地方救助保障范围。	听取汇报 查阅资料
		5. 推动加大地方财政对困难职工帮扶资金的支持力度。	查阅资料
3	困难职工精准识别、动态管理情况。	1. 困难职工的认定程序规范，证明材料齐全，识别精准。	查阅资料
		2. 抽查的困难职工档案真实、准确，没有逻辑错误，纸质档案和电子档案一致。	查阅资料 查看系统
		3. 通过与民政部门联合发文或签订协议等方式，落实困难职工家庭信息数据比对共享工作，相关制度机制规范健全，通过信息比对识别出不符合条件的困难职工。	听取汇报 查阅资料
		4. 对困难职工档案进行动态管理，对申请救助的困难职工及时进行认定，对困难职工的变化及时进行录入更新，对已脱困困难职工及时进行脱困处理，帮扶救助信息录入及时。	查看系统
4	中央财政帮扶资金管理使用情况。	1. 具有法人资格的帮扶中心具有单独账户，实行独立核算，并按会计制度要求建立账簿、设置会计科目；没有独立账户的帮扶中心由本级财务部门统一管理，设置帮扶资金收支明细账目，专账管理。	听取汇报 查阅资料 查看系统
		2. 帮扶资金管理执行全总预算管理办法和会计制度等制度规定，资金收支程序和授权批准制度规范严格，资金申请、经办、证明、验收、审核、签批等报销手续齐备。	查阅资料

续表

序号	项目	具体内容	督查方式
		3. 财务凭证齐全，原始凭证和记账凭证的格式、内容、填制方法等符合要求，字迹清晰，装订整齐。	查阅资料
		4. 按照“先建档、后帮扶、实名制”的原则发放帮扶资金，帮扶资金的发放和使用做到专款专用，无截留、滞留、虚报、挪用、扩大范围等现象。	听取汇报 查阅资料 查看系统
		5. 帮扶资金实行银行卡发放。	查阅资料 查看系统
		6. 帮扶资金管理内控机制健全，工会权益保障部与财务、经审等部门分工明确、密切配合，近两年内对下一级工会帮扶资金使用情况开展监督检查，形成专项报告。	听取汇报 查阅资料
5	落实城市困难职工解困脱困责任制情况。	1. 制定解困脱困目标责任考核办法，各级工会的职责定位和任务分工清晰明确，上下级工会协同有力，责任层层分解，落实到单位和个人。	听取汇报 查阅资料 走访座谈
		2. 明确本地区解困脱困时间表、年度计划和任务，倒排工期，按照时间节点推进工作目标任务。	听取汇报 查阅资料 查看系统
		3. 困难职工姓名、工作单位、联系电话、地址、帮扶内容等基本信息与困难职工档案一致，对困难职工的电话抽查和走访入户能够正常开展。	查看系统 电话抽查
		4. 困难职工有结对帮扶联系人，困难职工和帮扶联系人互相知晓对方基本情况，帮扶联系人正常履行走访慰问、政策宣传、帮扶救助等工作职责。	查阅资料 电话抽查 走访座谈
		5. 困难职工知晓工会帮扶政策，帮扶措施与致困原因相匹配，经过工会帮扶困难程度得到缓解，认可工会解困脱困工作。	电话抽查 走访座谈
		6. 近两年内开展解困脱困工作绩效评估或监督检查，考核验收目标任务完成情况，形成专项报告。	查阅资料

续表

序号	项目	具体内容	督查方式
6	困难职工帮扶中心作用发挥情况。	1. 帮扶中心运行规范有序，帮扶中心职责任务、服务标准、工作流程、救助办法等工作和内部管理制度完备。	查阅资料 走访座谈
		2. 重视帮扶中心阵地建设，帮扶中心工作人员业务能力与岗位职责相符，在城市困难职工解困脱困工作中作用发挥明显。	听取汇报 查阅资料 走访座谈
7	城市困难职工解困脱困工作进展及工作成效情况。	1. 2016 年以来，聚焦困难职工“五类人群”，通过采取“四个一批”帮扶措施，取得困难职工解困脱困阶段性成效。其中，针对有劳动能力的困难职工，通过加强技能培训、提供创业援助等方式，解困脱困成效明显；针对因企业欠缴社会保险费或没有落实相关社保待遇的困难职工，通过将其纳入国家社会保险制度，解困脱困成效明显；针对因病致困的职工，通过将其纳入大病保险、医疗互助保险或其他专项，解困脱困成效明显；针对符合低保条件的困难职工，通过将其纳入社会兜底保障，解困脱困成效明显。	查阅资料 查看系统 走访座谈
		2. 按照工作要求，及时上报解困脱困数字报表和文字材料，近两年内向上级工会报送解困脱困典型案例和经验做法。	查阅资料

中华全国总工会办公厅关于2018年中央财政专项帮扶资金管理使用有关事项的通知

（2018年7月31日　总工办发〔2018〕21号）

各省、自治区、直辖市总工会：

根据党中央、国务院关于全面实施预算绩效管理的有关精神，进一步优化中央财政专项帮扶资金支出结构，提高帮扶资金在城市困难职工解困脱困中的配置效率和使用效益，按照全总书记处会议研究决定的2018年中央财政专项帮扶资金分配方案，现就有关事项通知如下：

一、基本原则

（一）进一步优化资金支出结构。发挥财政专项资金在城市困难职工解困脱困上的集中保障作用，推动包括地方财政资金在内的配套资金加大投入，提高工会经费结余资金在困难职工解困脱困工作上的投入比例。

（二）强化资金项目预算绩效管理。改变传统资金分配的固化格局，合理匹配资金需求，在精准识别基础上根据困难职工解困脱困需求，实行项目申报制，精准施策到户到人。

（三）加强资金安全管理，降低廉政风险。坚持依档帮扶、银行卡发放，简化使用环节、减轻基层工会负担，强化监管，硬化绩效责任约束。

二、申报办法

2018年中央财政专项帮扶资金采用项目预算申报制，集中使用于深度困难职工家庭的生活救助、子女助学和医疗救助3个项目。具体申报办法如下：

（一）项目和使用对象。

1. 生活救助项目

主要对深度困难职工家庭进行生活补贴。

2. 子女助学项目

主要对困难职工家庭中在高中（含中等职业教育）、高等教育阶段就学的子女以及接受特殊教育的残疾儿童的上学基本生活费补贴。

3. 医疗救助项目

主要对困难职工家庭中患有重大疾病的个人负担的医疗费用补贴。重大疾病病种参照中国保险行业协会制定的《重大疾病保险的疾病定义使用规范》和地方政府公布的重大疾病病种目录。

（二）帮扶标准和中央财政资金拨付标准。

根据《中央财政专项帮扶资金使用管理办法》（总工发〔2015〕20 号）对资金发放标准的规定，各地因地制宜确定帮扶标准，足额保障困难职工家庭生活水平达到低保标准以上。中央财政专项帮扶资金按 2017 年第四季度全国城市低保标准平均值（567 元）对各项目予以支持。

1. 生活救助项目

根据困难职工家庭致困原因和收支情况，按照生活水平达到低保标准以上确定发放标准（不得低于 2017 年全国城市低保平均发放标准）。资金由中央财政和地方配套帮扶资金共同投入，其中中央财政资金按每户 567 元 ×12 月 ×1/2，计 3402 元拨付。

2. 子女助学项目

高等教育阶段就学的子女每生每年按 10 个月当地低保标准发放资金。高中（含中等职业教育）的子女和接受特殊教育的残疾儿童由省级工会按照生活支出状况确定标准。资金由中央财政和地方配套帮扶资金共同投入，其中，中央财政资金按每生 567 元 ×10 月 ×1/2，计 2835 元拨付。

3. 医疗救助项目

根据救助对象需求和帮扶资金筹集情况，按照不超过经基本医疗保险、居民大病保险和其他补充医疗保险、职工互助保障支付后，个人及其家庭难以承担的医疗费个人负担部分确定标准。资金由中央财政和地方配套帮扶资金共同投入，中央财政资金按一定比例投入。

（三）中央财政专项帮扶资金申报程序。

1. 各省（区、市）总工会按照困难职工帮扶需求申报项目预算。

（1）按照建档隶属关系，由困难职工所属的地方工会帮扶中心在精准识别、准确核查困难职工状况的基础上，按照生活救助、子女助学、医疗救助三个项目的保障对象确定分类帮扶困难职工家庭名单，并在全国工会帮扶工作管理系统中［帮扶资金申报］模块选取困难职工档案逐级上报。

（2）各省（区、市）总工会在精准困难职工分类帮扶名单基础上，以充分保障困难职工家庭生活水平达到低保标准以上为原则确定帮扶标准，并由权益保障、财务、经审等部门会商制定项目预算申报书（见附件 1），确定本地区 2018 年度帮扶资金需求总量、中央财政专项帮扶资金需求量及配套资金投入量。项目申报书经省（区、市）总工会领导集体研究决定后，报送至全国总工会。

2. 全国总工会对各省（区、市）总工会上报的困难职工分类帮扶名单和项目申报书进行项目评估，全总财务部根据项目评估结果拨付各省（区、市）资金。

三、中央财政专项帮扶资金使用要求

1. 各省（区、市）总工会要按照预算申报计划，确保地方财政、工会经费、社会捐助等拨付的帮扶资金达到配套投入比例（见附件 2）。各级工会经费结余资金要加大投入，在其他资金不足的情况下要足额兜底。

2. 工会帮扶中心按照申报的困难职工家庭名单，分类帮扶，精准施策，足额保障困难职工家庭生活水平达到低保标准以上。其中生活救助按月或按季定期发放，子女助学可按学年或学期发放，医疗救助可采取大病确诊后预先救助和医疗后对个人自负医疗费补贴。

3. 要严格执行《全国劳模专项补助资金和困难职工帮扶资金发放管理办法》（总工发〔2012〕16 号）关于帮扶资金一律通过银行卡发放的要求，探索实施“基层工会摸底建档，市县工会数据比对、精准识别，银行卡支付至困难职工”工作流程。

4. 工会帮扶中心将资金发放情况同步录入工会帮扶工作系统。

5. 资金若发生因申报的帮扶对象调整出现结余时，则调剂到医疗救助项目，加大对重大疾病家庭帮扶力度。全年医疗救助额度超过 2 万元应经过省级总工会审批，超过 5 万元须经过全总权益保障部审批同意。

6. 各省（区、市）总工会要对本地区预算执行进度和风险情况进行跟踪监督，对项目执行存在风险的地方进行资金调剂，防控风险，确保资金按时、高效发放到位，保证资金规范安全运行。

四、全总工会经费补助项目申报及使用

根据全总财务部下发的《2018 年省级工会项目补助申报指南》（工财发〔2018〕108 号）要求，今年起全总对下补助项目增加城市困难职工解困脱困作为重点工作并给予经费补助。

经费补助主要用于对在档困难职工帮扶救助及各级工会困难职工解困脱困工作经费。由省级工会根据在档困难职工情况及解困脱困工作需要，按照不超过全总上一年度拨付中央财政专项帮扶资金总额的 5% 进行申报（见附件 3）。全总权益保障部将根据各省（区、市）城市困难职工解困脱困实施计划、工作绩效和项目申报情况提出经费补助建议，由全总书记处审定后下拨。

五、有关要求

1. 各省（区、市）总工会于 2018 年 8 月 30 日前将中央财政专项帮扶资金项目预算申报书、全总困难职工解困脱困工会经费补助项目申报书加盖省级工会公章后报至全总权益保障部和财务部。

2. 2018 年 1 月下拨的用于送温暖活动的中央财政专项帮扶资金不列入本次申报项目。各省（区、市）总工会本次申报的中央财政专项帮扶资金需求量和送温暖已拨付的 1050 万元资金累计额原则上以 2017 年度全总实际拨付的金额为基准。若有困难职工解困脱困实际需要，可在附件 1 申报追加预算一栏中填写需求。

3. 今后中央财政专项帮扶资金预算按照本次项目申报程序进行，申报时间一般为上年度 12 月，具体申报事宜另行通知。

4. 各级工会要切实做好困难职工解困脱困工作，帮助困难职工通过就业创业、纳入政府制度保障等措施解困脱困。对暂时难以脱困的深度贫困职工，通过包括中央财政在内的帮扶资金常态化帮扶、集中保障其家庭生活水平达到当地低保标准以上。产业工会符合当地救助标准的困难职工应纳入地方工会帮扶中心管理体系，对其救助坚持属地管理、分级负责。

5. 在做好已脱困职工及时退档的同时，不得随意将符合条件的职工排除在帮

扶之外，要及时将新产生的困难职工纳入帮扶范围，对刚刚脱离困境的职工家庭，继续关注其家庭生活动态，防止返贫返困。对超过全总建档标准但又确实相对困难的职工家庭，各地工会要结合经济社会发展水平和物价指数等实际情况，因地制宜制定本地的困难职工建档标准，分层建立档案，从地方财政、工会经费、社会慈善等渠道实施帮扶。

6. 加大城市困难职工解困脱困工作经费投入。各级工会按照《工会帮扶工作规划》（总工办发〔2012〕33 号）关于工作经费额度比例要求，省级工会要投入工作经费额度原则上不低于上一年度分配到本省（区、市）的中央财政专项帮扶资金总额的3%。地市以下总工会投入额度由各省（区、市）总工会根据当地实际和困难职工解困脱困情况，科学合理核定。

附件：1. 2018 年中央财政专项帮扶资金项目预算申报书

2. 2018 年中央财政拨付和地方帮扶资金配套表

3. 全总困难职工解困脱困工会经费补助项目申报书

附件1

2018年中央财政专项帮扶资金项目预算申报书

填报单位：__________填报人：________填报日期：____年____月____日

权益保障部门负责人签字：__________财务部门负责人签字：__________（省级工会公章）

<table>
<tr><td colspan="5">一、项目主要内容</td></tr>
<tr><td>解困脱困总体目标</td><td colspan="4"></td></tr>
<tr><td>本年度实施计划</td><td colspan="4"></td></tr>
<tr><td>预期效益</td><td colspan="4"></td></tr>
<tr><td colspan="5">二、项目预算申报总体情况</td></tr>
<tr><td>两节送温暖期间已拨付中央财政帮扶资金A（万元）</td><td colspan="3">1050</td><td rowspan="4">备注：
1. A+B合计数应不超过上年度实际拨付额D。
2. 如有追加预算需求，则填报C；如无，则不填。
3. 预算申报额合计数B和C应等于明细表中三项目中央财政帮扶资金相应的申报额度合计数H和K。</td></tr>
<tr><td>按上年度拨付额度内中央财政帮扶资金预算申报额合计B（万元）</td><td colspan="3"></td></tr>
<tr><td>本年度拟追加中央财政帮扶资金预算申报额合计C（万元）</td><td colspan="3"></td></tr>
<tr><td>上年度中央财政帮扶资金实际拨付额D（万元）</td><td colspan="3"></td></tr>
<tr><td colspan="5">三、项目预算申报明细</td></tr>
<tr><td></td><td>生活救助项目</td><td>子女上学项目</td><td>医疗救助项目</td><td>合计</td></tr>
<tr><td colspan="5">1. 上一年度拨付额度内中央财政帮扶资金预算申报额部分B</td></tr>
<tr><td>重点保障困难职工户数E（户）</td><td></td><td></td><td></td><td></td></tr>
<tr><td>户均帮扶标准F（元）</td><td></td><td></td><td></td><td></td></tr>
<tr><td>中央财政资金预算拨付标准G（元）</td><td>3402</td><td>2835</td><td>3000（暂按）</td><td></td></tr>
</table>

续表

上一年度拨付额度内中央财政帮扶资金预算申报额 H = E * G/10000（万元）				
地方帮扶资金计划投入（不低于附件 2 中配套比）				
2. 本年度拟追加中央财政帮扶资金预算申报额 C（如无追加需求，则不填）				
重点保障困难职工户数 J（户）				
本年度拟追加中央财政帮扶资金预算申报额 K = J * G/10000（万元）				
地方帮扶资金计划投入（不低于附件 2 中配套比）				
备注：1. J 为符合重点保障条件的对象中按上一年度拨付额内申报后仍未覆盖到的困难职工户数。如无，则不填。 2. 如确需追加中央财政帮扶资金预算，应确保地方配套资金按照相应配套比例投入。				

附件 2

2018 年中央财政拨付和地方帮扶资金配套表

序号	地区	2017 年第四季度低保标准（月、元）	生活救助中央财政拨付标准 567 * 12 * 1/2）（户/年/元）	子女助学中央财政拨付标准 567 * 10 * 1/2）（生/年/元）	医疗救助中央财政拨付标准（暂按 3000）（户/年/元）	地方帮扶资金投入配套比例	2017 年低保发放标准全国平均值（月、元）
1	北京	900	3402	2835	3000	2. 17	
2	天津	860	3402	2835	3000	2. 03	
3	河北	544	3402	2835	3000	0. 92	
4	山西	467	3402	2835	3000	0. 65	
5	内蒙古	592	3402	2835	3000	1. 09	
6	辽宁	562	3402	2835	3000	0. 98	
7	吉林	483	3402	2835	3000	0. 71	

续表

序号	地区	2017年第四季度低保标准（月、元）	生活救助中央财政拨付标准567＊12＊1/2）（户/年/元）	子女助学中央财政拨付标准567＊10＊1/2）（生/年/元）	医疗救助中央财政拨付标准（暂按3000）（户/年/元）	地方帮扶资金投入配套比例	2017年低保发放标准全国平均值（月、元）
8	黑龙江	551	3402	2835	3000	0. 94	
9	上海	970	3402	2835	3000	2. 42	
10	江苏	646	3402	2835	3000	1. 28	
11	浙江	706	3402	2835	3000	1. 49	
12	安徽	531	3402	2835	3000	0. 87	
13	福建	590	3402	2835	3000	1. 08	
14	江西	532	3402	2835	3000	0. 88	
15	山东	513	3402	2835	3000	0. 81	
16	河南	460	3402	2835	3000	0. 62	
17	湖北	564	3402	2835	3000	0. 99	
18	湖南	444	3402	2835	3000	0. 57	
19	广东	675	3402	2835	3000	1. 38	
20	广西	518	3402	2835	3000	0. 83	
21	海南	484	3402	2835	3000	0. 71	
22	重庆	500	3402	2835	3000	0. 76	
23	四川	485	3402	2835	3000	0. 71	
24	贵州	557	3402	2835	3000	0. 96	
25	云南	516	3402	2835	3000	0. 82	
26	西藏	752	3402	2835	3000	1. 65	
27	陕西	532	3402	2835	3000	0. 88	
28	甘肃	459	3402	2835	3000	0. 62	
29	青海	451	3402	2835	3000	0. 59	
30	宁夏	473	3402	2835	3000	0. 67	
31	新疆	409	3402	2835	3000	0. 44	
32	兵团	409	3402	2835	3000	0. 44	
全国		567	3402	2835	3000	平均1	365

备注：地方帮扶资金投入配套比例＝（低保标准年度总和－中央拨付生活救助标准）÷中央拨付生活救助标准

附件 3

全总困难职工解困脱困工会经费补助项目申报书

填报单位：____________填报人：________填报日期：____年____月____日

权益保障部门负责人签字：__________财务部门负责人签字：__________（省级工会公章）

一、项目主要内容		
项目名称		
项目年度		
立项依据		
解困脱困项目总体目标		
本年度实施计划		
项目预期效益		
二、预算明细		
项目	金额（万元）	测算依据及说明

续表

合计		
备注：申报总额度以不超过全总上一年度拨付中央财政专项帮扶资金总额的5%为限。		
三、省级工会投入情况		
本年度省级工会投入困难职工解困脱困资金		
本年度省级工会投入困难职工解困脱困工作经费		
合计（万元）		

中华全国总工会关于印发《工会送温暖资金使用管理办法（试行）》的通知

（2018年12月21日　总工发〔2018〕39号）

各省、自治区、直辖市总工会，各全国产业工会，中央和国家机关工会联合会筹备组，全总各部门、各直属单位：

为进一步规范工会送温暖资金使用管理，现将《工会送温暖资金使用管理办法（试行）》印发给你们，请遵照执行。

工会送温暖资金使用管理办法（试行）

第一章　总　则

第一条　为加强工会联系广泛、服务职工功能，把党和政府的关心关怀与工会组织的温暖送到广大职工心坎上，进一步开展好工会送温暖活动，提高资金使用效益，实现送温暖常态化、经常化、日常化，依据财政部和全国总工会有关制度文件，制定本办法。

第二条　送温暖资金是各级工会认真履行维护职工合法权益、竭诚服务职工群众的基本职责，筹集社会各方面资源，对职工开展帮扶困难、走访慰问的资金。

第三条　送温暖资金坚持资金使用规范、精准、高效、安全原则，支出方向既体现物质帮扶、脱贫解困，又体现人文关怀、心灵引导。

第四条　加强送温暖资金与困难职工帮扶资金在对象、标准、管理等方面有效衔接，形成层次清晰、各有侧重的梯度帮扶格局。困难职工帮扶资金重点保障深度困难职工家庭生活、帮助建档困难职工家庭解困脱困；送温暖资金突出对职工走访慰问，体现工会组织对职工的关心关爱。

第二章 资金的来源、使用对象及标准

第五条 送温暖资金的主要来源是：

1. 各级财政拨款。是指各级财政拨付工会使用的用于送温暖活动的专项资金。

2. 上级工会经费补助。是指上级工会用工会经费安排给下级工会用于送温暖活动的专项资金。

3. 本级工会经费列支。是指各级工会在本级工会经费预算中安排的用于送温暖活动的专项资金。

4. 社会捐助资金。是指各级工会向社会募集的用于送温暖活动的资金。

5. 行政拨付。是指基层工会所在单位用行政经费、福利费等通过工会开展送温暖活动的资金。

6. 其他合法来源。

第六条 送温暖资金的使用对象：

1. 因非个人意愿下岗失业、家庭收入水平明显偏低、子女教育费用负担过重等原因造成家庭生活困难的职工。

2. 本人或家庭成员因患大病、遭受各类灾害或突发意外等情况造成生活困难的职工。

3. 关停并转等困难企业中，因停发、减发工资而导致生活相对困难的职工。

4. 工伤与职业病致残的职工和因公牺牲职工的家属；因重大疾病手术、住院的职工。

5. 长期在高（低）温、高空、有毒有害等环境中和苦脏累险艰苦行业岗位上工作的一线职工。

6. 重大灾害期间坚守抗灾一线的职工；春节期间坚守在生产一线和交通运输、电力、环卫以及直接面向群众服务的基层岗位干部职工；因组织需要长期异地工作或者服从组织需要赴外地、基层工作的派驻挂职干部职工；在重大项目和重大工程中做出突出贡献的职工；生产一线涌现出来的先进模范人物。

第七条 各级工会在对建档困难职工做好常态化帮扶、帮助其解困脱困的基础上，在职工发生困难时或重要时间节点对以上职工走访慰问。各级工会要根据实际情况确定走访慰问重点职工群体，并适当考虑关心关爱生活困难的离休、退休的会员。要结合当地居民生活水平和物价指数等因素，科学合理制定慰问标准。

第八条 走访慰问职工要坚持实名制发放，实名制表应包括慰问对象的工作单位、基本情况、联系方式、身份证号、慰问金额、经办人签字等有关信息。资金使用情况须录入工会帮扶工作管理系统送温暖管理模块备查。

第三章 资金的管理

第九条 送温暖资金按照本办法规定管理使用，其中财政专项帮扶资金使用于两节期间慰问困难职工的，应同时遵照帮扶资金管理相关规定执行。

第十条 工会权益保障部门会同财务部门提出资金的分配和使用方案，经同级工会领导集体研究通过后实施。

第十一条 送温暖资金纳入各级工会预算、决算统一管理。各级工会年度预算安排时以常态化送温暖为原则，切实保证经费投入。各级工会要拓宽资金筹集渠道，积极争取政府财政支持，探索与慈善组织合作方式，撬动更多的社会资源参与送温暖活动。

第十二条 送温暖资金按照《工会会计制度》设置会计科目、进行会计核算，严格执行资金审批和财务支付制度。

第十三条 送温暖资金实行绩效管理，省级工会应当运用好绩效评价结果，并将其作为改进送温暖工作和安排以后年度预算的重要依据。

第四章 监督检查

第十四条 各级工会权益保障、财务、经审部门要加大对资金使用管理情况的监督检查，及时发现和纠正存在的问题。经审部门要将送温暖资金纳入年度审计范围。接受政府有关部门审计、检查，接受职工群众和社会的监督。

第十五条 任何单位或个人不得使用送温暖资金购买明令禁止的物品，不得发放津补贴、奖金、福利，不得用于与规定用途无关的其他事项。不得截留、挪用、冒领，不得优亲厚友、人情帮扶。

第十六条 各级工会对监督检查中发现违反有关规定的问题，要及时处理。违规问题情节较轻的，要限期整改；涉及违纪的，由纪检监察部门依照有关规定，追究直接责任人和相关领导责任；构成犯罪的，依法移交司法机关处理。

第五章 附 则

第十七条 各省级工会应根据本办法的规定，结合本地区、本产业和本系统工作实际，制定具体实施细则，细化支出范围，明确开支标准，确定审批权限，规范活动开展。各省级工会制定的实施细则须报全国总工会备案。省以下各级工会制定的实施细则须报上一级工会备案。

第十八条　本办法自下发之日起执行，《中华全国总工会送温暖工程资金管理使用办法》（总工发〔2006〕54 号）同时废止。

第十九条　本办法由全国总工会权益保障部、财务部负责解释。

附件：送温暖慰问实名制汇总表

附件

送温暖慰问实名制汇总表

填报单位（公章）：　　　　填报人：　　　　联系电话：　　　　年　　月　　日

序号	姓名	性别	身份证号	工作单位或家庭住址	慰问原因	慰问金额（元）	联系电话	签字

负责人签字：　　　　　　　　　　　　　　　　经办人签字：

中华全国总工会办公厅关于印发《城市困难职工解困脱困工作成效第三方评估实施方案》的通知

（2019 年 10 月 24 日　厅字〔2019〕26 号）

各省、自治区、直辖市总工会：

为贯彻落实城市困难职工解困脱困工作座谈会精神，高质量完成城市困难职工解困脱困目标任务，现将《城市困难职工解困脱困工作成效第三方评估实施方案》印发你们，请遵照执行，按照要求完成有关工作。

城市困难职工解困脱困工作成效第三方评估实施方案

为贯彻落实城市困难职工解困脱困工作座谈会精神，高质量完成城市困难职工解困脱困目标任务，现制定城市困难职工解困脱困工作成效第三方评估实施方案如下。

一、评估目的

通过引进第三方评估，全面真实有效对各级工会深入贯彻习近平总书记关于扶贫工作的重要论述以及党中央关于加大对城市困难职工解困脱困帮扶和保障力度的要求，紧紧围绕全面建成小康社会目标任务和脱贫攻坚大局，按照党中央、国务院决策部署，深入实施精准帮扶的城市困难职工解困脱困实效进行评估。通过建立严格、规范、透明的解困脱困评估机制，确保城市困难职工解困脱困目标任务按期完成。

二、评估原则

1. 坚持实事求是。注重解困脱困质量，坚决防止虚假脱困，确保评估工作反映客观实际、经得起检验。

2. 坚持分级负责。实行全总统筹，省（区、市）总工会组织实施，市（地）县总工会抓落实的工作机制。

3. 坚持规范操作。严格执行标准、规范工作流程，做到全程透明。强化责任落实，确保评估结果真实可信。

三、评估范围

1. 评估范围。各省、自治区、直辖市和新疆生产建设兵团所辖各市（地、州、盟、师）、县（市、区、旗、团场）全覆盖，重点关注国家扶贫开发工作重点县、资源枯竭型城市和困难企业、困难职工较多的地区。

2. 评估单元。原则上以县（区）为基本评估单元。其中各省级总工会直管独立开展帮扶工作的产业（企业）工会和地市级工会帮扶中心（开展本级企业困难职工解困脱困工作）视同为基本评估单元。

四、评估内容和指标

1. 评估内容。重点围绕城市困难职工解困脱困精准度，对困难职工识别精准度（错评率、漏评率）、困难职工退出精准度（错退率、漏退率）、帮扶精准度（结对帮扶覆盖率、帮扶方式精准率）等进行评估。调查了解困难职工帮扶政策措施落实到户和成效情况，对帮扶效果、帮扶可持续性、帮扶工作满意度等进行评估，并分析其中存在的主要问题，为城市困难职工解困脱困工作成效评估与决策提供依据。

表1　入户调查对象及调查目的

调查对象		调查目的
建档户	已脱困户	□查漏评；☑查错退；☑查错评；□查漏退；☑查是否精准施策；☑查帮扶认可度；☑查结对帮扶开展情况
	未脱困户	□查漏评；□查错退；☑查错评；☑查漏退；☑查是否精准施策；☑查帮扶认可度；☑查结对帮扶开展情况
	注销户	□查漏评；☑查错退；☑查错评；□查漏退；□查是否精准施策；☑查帮扶认可度；□查结对帮扶开展情况
未建档职工家庭		☑查漏评；□查错退；□查错评；□查漏退；□查是否精准施策；☑查帮扶认可度；□查结对帮扶开展情况

2. 评估指标。各省（区、市）总工会参照附件 1，结合本地区实际建立本省（区、市）评估指标体系。

3. 评估重点。（1）困难职工识别、退出精准度评估。通过入户调查，核实家庭人均收入并查看、了解其他相关情况，判断受访对象是否为困难职工家庭，然后根据受访对象所属类别（非建档户、已脱困户、注销户、未脱困户），确定受访对象是否为漏评户、错评户、错退户或漏退户。在此基础上计算漏评率、错评率、错退率、漏退率等指标，评估困难职工识别、退出精准度。（2）帮扶方式精准度评估。在入户调查基础上，了解困难职工家庭的主要致困原因和享受到的帮扶措施，判断是否因户施策、精准帮扶，评估帮扶方式的精准度。（3）当地党政出台专项政策情况，建立与政府相关部门协同机制情况。

五、评估方式和抽样要求

1. 评估机构。本次评估全部引入第三方机构，由各省（区、市）总工会遴选资质好、有相关经验且客观公正的第三方评估机构实施。

2. 评估方式。主要采取抽样调查、重点抽查、座谈访谈等方法进行。其中，城市困难职工解困脱困帮扶精准度评估、城市困难职工解困脱困帮扶效果评估，主要采取对困难职工家庭随机抽样入户调查的方式；城市困难职工解困脱困帮扶过程评估，主要采取座谈访谈方式，座谈人员应包括帮扶工作人员、基层工会主席、困难职工代表等。

3. 抽样方法参照附件 2，根据当地实际情况科学合理制定。

六、组织实施

1. 各省（区、市）总工会根据本方案确定评估实施细则，在具备相应组织能力和研究能力的专业咨询机构、大专院校、社会组织或有关科研机构中，严格遴选第三方评估机构。

2. 各省（区、市）总工会根据实际情况，由省级总工会统一委托第三方评估机构实施，或可由省级总工会委托第三方机构制定统一方案和评估指标体系，建立评估督导指导机制，建立评估机构库，指导各地市级工会委托第三方机构实施。

3. 各省（区、市）总工会于 2019 年 12 月 31 日前向全国总工会报送评估工作阶段性进展情况，2020 年 4 月 30 日前完成整体评估工作。省级总工会评估工作报告和第三方评估报告经省级总工会主要负责同志审签后，于 2020 年 5 月 15 日前提交全国总工会权益保障部。评估报告模板参照附件 3。

七、工作要求

1. 切实加强领导。各省（区、市）总工会要高度重视评估工作，加强组织领导和统筹协调，充分保障工作经费和人员队伍。要尽快制定具体方案，明确实施细则和工作程序。方案要因地制宜，符合实际情况，防止片面追求进度。

2. 严格遴选和委托第三方评估机构程序。第三方评估机构应资质优良、经验丰富、组织实施能力强，具备一定的研究能力，且有类似评估项目成功案例。各省（区、市）总工会要做好与第三方评估机构对接协调，确保各环节的流畅，推动评估工作顺利开展。要制定严格的保密制度和工作纪律，确保数据和信息安全。

3. 重视评估质量。评估工作涉及面广、政策性强，要在实施过程中逐步完善。要做好跟踪研判，及时发现和解决实施过程中的苗头性、倾向性问题。建立完善的质控方案，保证评估工作和数据的真实性准确性，充分利用现代信息技术手段，实现评估过程可追溯、数据管理可视化。评估机构应及时反馈评估过程中发现的问题，存在争议的，省级总工会要核实确认，确保第三方评估机构出具的评估报告切实反映工作实际。

4. 强化监督问责。各级工会不得干涉第三方评估机构独立开展评估工作，确保评估结果的科学、客观、公正。评估发现的问题应尽快组织整改，并向上级工会报告整改落实情况。对评估工作中发生重大失误、造成严重后果的，存在弄虚作假、违规操作等问题的，要依纪依法追究相关部门和人员责任。

联系电话：（010）68591815 68591820

电子邮箱：bzbshc@ acftu. org

附件：1. 城市困难职工解困脱困工作成效第三方评估参考指标体系

2. 城市困难职工家庭抽样参考方案

3. 城市困难职工解困脱困工作成效第三方评估报告框架模板

4. 城市困难职工解困脱困工作流程示意图

5. 城市困难职工解困脱困工作成效评估统计表

附件 1

城市困难职工解困脱困工作成效第三方评估参考指标体系

一级指标	二级指标	三级指标（参考）	指标解释说明
帮扶精准度及满意度（核心指标）	识别精准度	错评率	错评率 = 调查发现的错评职工家庭数量/调查建档职工家庭数量 参考值 3%
		漏评率	漏评率 = 调查发现的漏评困难职工家庭数量/调查未建档职工家庭数量 参考值 5%
	退出精准度	错退率	错退率 = 调查发现的错退困难职工家庭数量/调查已脱困（已注销）建档职工家庭数量 参考值 5%
		漏退率	漏退率 = 调查发现的漏退职工家庭数量/调查未脱困建档职工家庭数量 参考值 3%
	帮扶精准度	结对帮扶覆盖率	结对帮扶覆盖率 = 有结对帮扶的已脱困、未脱困职工家庭数量/调查已脱困、未脱困职工家庭数量 参考值 95%
		帮扶方式精准率	帮扶方式精准率 = 帮扶方式与致困原因紧密对应的家庭数量/调查已脱困、未脱困建档职工家庭数量 参考值 90%
	帮扶满意度	帮扶工作满意度	困难职工对帮扶方式、帮扶成效、帮扶救助政策宣传方式及力度的满意度 帮扶工作满意度 = 已脱困户认可度 * 0.4 + 未脱困户认可度 * 0.4 + 非建档户认可度 * 0.1 + 注销户认可度 * 0.1 参考值 95%
帮扶效果（重要指标）	帮扶效益	各类帮扶措施落实情况	生活、医疗、就业及子女助学类帮扶措施的具体落实方式及实施效益，是否实现“结对帮扶”全覆盖
	帮扶可持续性	返困情况	通过返困率反映帮扶效果的可持续性，是否建立返困再帮扶机制
	帮扶政策知晓率	帮扶救助政策知晓度	困难职工对帮扶救助政策的了解程度及宣传接收渠道

续表

一级指标	二级指标	三级指标（参考）	指标解释说明
帮扶过程	解困脱困工作机制	解困脱困工作机制建立及完善	是否纳入党政脱贫总体统筹，是否建立了解困脱困工作规划，是否对整体解困脱困工作建立了完善的工作机制
		解困脱困工作实施	从建档到脱困的流程规范、公示制度及程序、人员安排部署、解困脱困政策宣传；基层工会是否按照上级工会的工作规划进行实施方案的制定
		解困脱困经费保障机制建立及运行	是否安排工会经费投入来为解困脱困提供资金保障
	帮扶资金使用管理	帮扶资金管理、使用、监督	帮扶资金是否能及时到位，帮扶资金的使用原则、使用范围、核算方式、发放方式及效益
	困难职工帮扶档案管理	城市困难职工档案规范、动态管理	档案内容填写是否具备完整性，条理性、规范性、更新及时性，是否对档案做到动态管理，档案抽检比例原则上不低于10%
	地方特色创新	帮扶工作创新	是否在帮扶过程中结合当地实际情况及特色，在工作过程及帮扶措施等方面创新
综合评价	综合精准帮扶率	动态管理精准率	动态管理精准率＝1－（漏评率＊0.2＋错评率＊0.3＋错退率＊0.3＋漏退率＊0.2）
		帮扶精准率	帮扶精准率＝动态管理精准率＊0.3＋结对帮扶覆盖率＊0.2＋帮扶方式精准率＊0.3＋帮扶工作满意度＊0.2
		帮扶协同机制评价	1. 当地党政是否出台专项政策；2. 是否建立各部门协同机制；3. 工会主要负责同志是否靠前指挥，亲自研究。每缺一项综合评价扣1个百分点。

备注：

建档困难职工，是指依据《中华全国总工会办公厅关于印发〈困难职工档案管理办法〉的通知》（总工办发〔2016〕36号）和《中华全国总工会办公厅关于印发〈困难职工帮扶工作有关问题的说明〉的通知》（厅字〔2017〕18号）的有关规定建立档案的困难职工。其中，脱困是困难职工经精准帮扶后，致困因素消除，家庭人均收入连续6个月超过当地低保标准，家庭生活状况脱离困境后退出档案。

解困是困难职工致困因素难以消除，通过政府救助和工会常态化帮扶，家庭生活水平达到当地低保标准，应仍在档案内，保持常态化精准帮扶状态。

1. 漏评困难职工家庭，是指符合建档条件，但未被纳入建档帮扶的困难职工家庭，即符合建档帮扶的却未建档帮扶。

2. 错评职工家庭，是指不符合建档条件，但仍被纳入建档范围的职工家庭，即不符合建档帮扶的却建档帮扶。

3. 错退困难职工家庭，是指未达到脱困或注销条件，但仍被脱困注销的困难职工家庭，即尚未脱困的却退出档案。

4. 漏退职工家庭，是指纳入建档范围后，通过政策帮扶或自身努力，已达到脱困条件，但仍未脱困退出的职工家庭，即已经不再符合帮扶条件仍然在档帮扶。

5. 结对帮扶覆盖率，用该指标反映各级工会是否较好落实了结对帮扶政策。

6. 帮扶方式精准率，以此指标评价各级工会是否根据困难职工家庭的特定致困原因采取针对性的精准帮扶措施。

7. 困难职工对帮扶工作的满意度，用该指标间接反映各级工会在困难对象识别、帮扶、退出等工作的综合开展情况。

附件 2

城市困难职工家庭抽样参考方案

1. 样本规模及分布

抽样对象主要分为三类：当前全国级在档困难职工、2017 年 7 月以来脱困或注销的建档困难职工和未建档的职工（其中地方级建档困难职工应有一定的样本量。）

（1）各地样本抽取中，脱困户（注销户）、在档困难职工户与未建档户之间的比例原则上按 6∶2∶2 控制，省级总工会可以根据实际情况进行微调。

（2）每个评估单元原则上样本量不少于 100 户；对建档立卡户较少的（2016 年以来建档职工累积数低于 200 户），调查样本不得低于 50 户。

（3）样本抽取受限情况下，报请省级总工会同意后，调查组可以根据实际情况对个别评估单元抽取的三种困难职工家庭比例以突出问题导向，进行酌情调整。例如，调查中发现某评估单元漏评现象较为严重，评估组则可适当调高未建档职工家庭所占比例。

2. 抽样原则

（1）问题导向原则。即将样本主要投放于容易出问题的地域、企业，尽可能多地查找、发现问题，促进整改。

（2）适度地域覆盖原则。充分考虑调查对象的代表性，样本分布做到适度空间均衡，有较大的地域覆盖，避免集中在一个较小的范围而不能反映总体情况。原则上，对一个县区工会职工家庭的抽样调查，样本应覆盖 3－4 个基层工会。

（3）分层抽样原则。县区首先抽取单位工会，然后抽取受访职工家庭。对产业工会的抽样，首先是选择要调研的企业工会，其次抽选职工聚集片区，最后抽取受访职工家庭。

（4）随机抽样和判断抽样相结合的原则。对县区、单位工会、省直管产业（企业）工会、职工聚集片区的抽样要用判断抽样法，确保满足样本；对困难职工家庭的抽样，要采用判断抽样和随机抽样相结合的方法，原则上，对未脱困和已脱困职工的调查，选择随机抽样法；对注销户、未建档职工家庭的调查，采用判断抽样法，做好前期筛选工作，调查相对困难的、可能漏评的职工家庭。

（5）适当运用普查的原则。对可选样本较少、单位效益较差、疑似问题较多的单位，可以采用普查的方法进行入户调查。原则上不对未建档职工家庭进行普查。

（6）抽取名单可适当调整原则。在第三方机构抽取的职工名单当中，基层工会若认为有部分职工无法沟通或难以到达，可以建议适度调整名单，推荐或由第三方补充抽选新调查对象，但调整比例应控制在 10% 以内。

3. 抽样方法

（1）此次评估要求对所有省、自治区、直辖市和新疆生产建设兵团全覆盖。重点评估国家扶贫开发工作重点县、资源枯竭型城市和困难企业、困难职工较多的地区。

（2）市县工会抽样。市县的样本不要仅分布于市政府驻地和县城，若乡镇政府驻地有较多困难职工，样本也应有所覆盖。属于国家扶贫开发工作重点县的地区要加大样本量，特别是加大未建档户、脱困（注销）户的样本量。

（3）单位工会抽样。采用判断抽样法，主要选择生产经营方式落后、急需转型或转型失败、效益差、下岗职工多的单位。对职工聚集片区的抽样，也采用判断抽样法，选择效益相对较差企业的职工聚集区调研。

（4）职工家庭抽样。①未脱困职工家庭抽样。根据工会组织提供的职工名单、家庭人口结构及致困原因，主动抽取看起来家庭情况较好的职工家庭调查；若有受访职工家庭举报了其他职工家庭条件较好却仍然在档未脱困，即有错评或漏退嫌疑，调查员要根据提供的线索做补充调查。②已脱困、已注销的职工家庭抽样。脱困户和注销户比例一般按照6∶4，但若注销户过多，则增加注销户比例。根据工会组织提供的职工名单、家庭人口结构及致困原因，主动抽取看起来家庭情况较差的职工家庭调查；调查中若有受访职工家庭举报了其他已脱困职工家庭条件较差，即有错退嫌疑，调查员要根据提供的线索做补充调查。③未建档职工家庭抽样。为提高调查效率，确保样本质量，便于发现问题，70%的调查样本要放到地方工会提供的地方级建档职工家庭和送温暖职工家庭，另外30%的样本要主动了解经济结构调整过程中转型升级遇到困难的企业、濒临破产或已经破产等经济困难的企业，再由企业工会提供相对困难的职工名单，依次进行入户调查。

附件 3

城市困难职工解困脱困工作成效第三方评估报告框架模板

一、省级工会报告

委托××机构于×年×月对全省城市困难职工解困脱困工作成效实施第三方评估，评估过程客观公正，评估结果真实有效。现将评估情况报告如下。

（一）2015 年以来城市困难职工解困脱困工作做法简要概述

（二）评估过程简要情况

（三）评估抽样及结果

（四）评估结论

（五）还存在的问题和整改措施、最终完成期限

（六）当地城市困难职工解困脱困在社会保障政策上的难点、堵点及解决城市贫困问题长效机制的建议

二、第三方机构评估报告内容

（一）评估对象及目的

报告中阐明评估的对象及目的，包括评估对象选取方式、评估对象调查方式等，并分类表述不同调查对象的评估目的。

（二）评估对象界定说明

1. 城市困难职工界定标准

报告中明确本省的城市困难职工的界定标准，包括困难职工家庭认定范围、困难职工家庭困难评定标准和说明等。

2. 城市困难职工解困脱困评估对象分类说明

城市困难职工解困脱困评估对象，包括脱困户、注销户、未脱困户和未建档户的分类标准和原则做出相应的说明。

（三）评估体系及方法

1. 评价指标

城市困难职工解困脱困评价指标是评估的关键架构，评估报告中对具体评估的指标构成应做出相应说明。

2. 评价内容

各省（区、市）的城市困难职工解困脱困评估会存在一定的差异，因此在评估报告中需对评估内容进行合理阐述。

3. 评估步骤与方法

评估报告中需对评估的方法和步骤进行详细介绍，定量评估需说明其具体的计算方法，同时要说明定量评估的标准和规则。

4. 评估指标体系建立

评估指标体系是评估的整体框架，各省（区、市）的评估报告需输出评估指标体系，包括指标的量化情况及权重的设立方法。

（四）抽样体系及方法

1. 样本量计算及分配

抽样体系中样本量的计算及分配是基础，各省（区、市）报告需对整体的样本量的确定及分配方法做出详细的介绍。

2. 抽样方法与步骤

抽样方法和步骤是保证样本合理性的前提，各省（区、市）需对抽样方法和步骤做出详细介绍，并根据步骤计算所需的不同评估对象的数量。

3. 抽样原则

科学的抽样原则是保证抽样合理性的基础，各省（区、市）提交的报告中需介绍抽样整体框架中所遵循的抽样原则。

（五）评估执行流程

1. 项目组织结构

实地评估中的项目组织结构进行说明。

2. 人员岗位安排

实际评估过程中的人员岗位安排情况。

3. 执行推进流程

评估报告中需对整体评估执行的推进流程做系统性的说明，对执行流程进行详细介绍。

（六）质控流程

1. 质控标准

质控是评估工作中的重要环节，评估报告中需对质控的标准进行详细说明。

2. 质控方法

质控方法是确保评估质量的关键，评估报告中需对在评估中使用的质控方法进行详细的说明。

（七）评估结果呈现

评估结果呈现主要分为帮扶精准度及满意度、帮扶效果评估以及帮扶过程评估。第三方评估机构需在报告中分类对上述单元详细描述。

（八）评估结论

评估结论是基于整体评估情况做出的总结，在评估报告中要专门设置章节阐述评估结论。对错评率、漏评率、错退率、漏退率及综合评价结果的衡量和计算进行总结和说明。

（九）工作亮点

各级工会在困难职工解困脱困过程中的工作亮点及特色，并阐述先进经验。

（十）改进措施

评估中发现的问题和薄弱环节，及时提出整改思路，总结应对措施和机制，根据评估结果优化现有工作方式和方法，提升解困脱困工作整体效果，并明确最终完成目标任务期限。

附件 4

城市困难职工解困脱困工作流程示意图

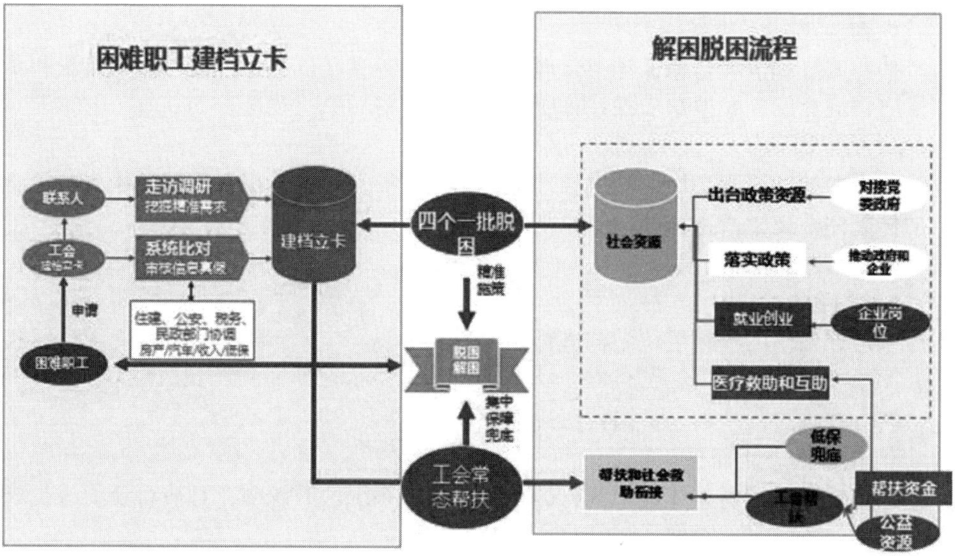

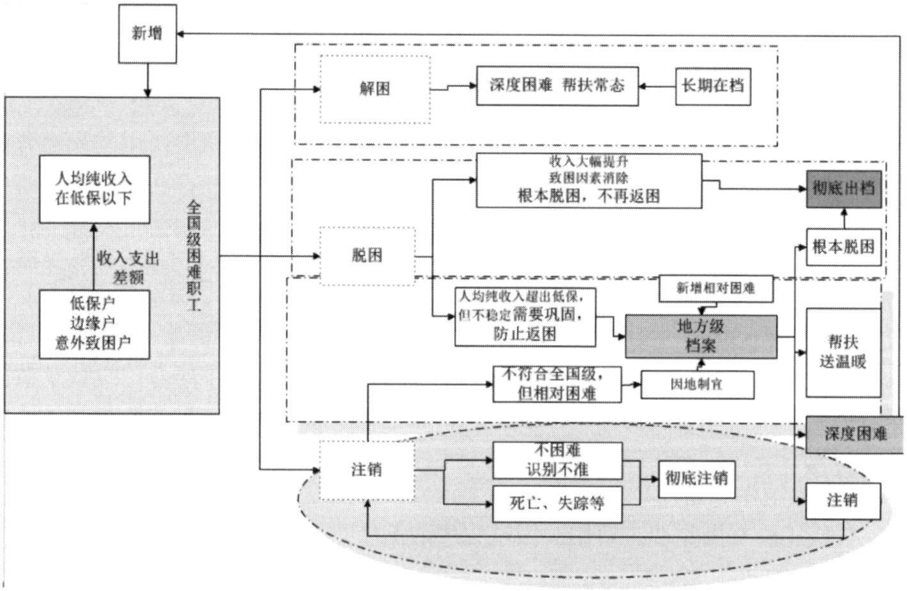

附件 5

城市困难职工解困脱困工作成效评估统计表

	抽样数					评估指标							综合评价（%）
	在档困难职工抽样数	已脱困职工抽样数	已注销职工抽样数	未建档职工抽样数	合计	错评率	漏评率	错退率	漏退率	结对帮扶覆盖率	帮扶方式精准率	帮扶工作满意度	
**省总计													
**市总计													
**县													
**县													
**县													
**市总计													
**县													
**县													
**县													
……													

注：综合评价（%）指标，为“帮扶精准率”扣减“帮扶协同机制评价”项后的分值。

第三部分

典型经验案例

·北京市总工会·

发挥工会优势　吸引社会资源　精准服务职工困难

北京市温暖基金会是北京市总工会主管的4A级公募基金会，其宗旨是帮扶困难职工和服务困难职工。党的十八大以来，北京市温暖基金会认真学习贯彻落实习近平总书记系列重要讲话精神，特别是习近平总书记关于精准扶贫精准脱贫的战略思想，按照中华全国总工会和北京市总工会精准帮扶解困工作的部署，发挥工会组织优势，吸引社会公益资源，采取社会化、专业化、规范化的运作方式，在精准帮扶困难职工和服务职工困难的工作中，取得了一定成效。北京市温暖基金会在2014年获得全国地方政府创新奖，2016年被授予北京市首批21家慈善组织、首批8家公募资格。

一、调研掌握需求，实现精准帮扶

北京市温暖基金会通过对重点职工群体的调研，找准解困对象的需求，有针对性地设计帮扶项目。

重点调查分析在档困难职工的基本情况，了解掌握环卫职工和农民工群体生产生活中的困难和需求。调查显示：一是全市6628户困难职工中有近三分之二是因病致困，一些不在困难职工档案中的职工也会因本人或家中有人生大病而使生活陷入困境。二是环卫职工劳动强度大、收入偏低、工作环境恶劣、患病人数较多。三是城乡接合部等农民工聚集区，工会工作存在薄弱环节，职工有生产生活上的服务需求。根据这些困难和需求，北京市温暖基金会设计实施了救助大病职工、帮扶环卫职工和服务农民工的项目，发挥基金会募集资金和补充托底救助的作用，及时解决职工困难。五年来共筹集资金14286万元，救助职工23668人。其中救助因患病而造成家庭困难的职工23025人，使用资金13606万元；救助环卫职工643人，使用资金680万元。同时，针对职工其他需求，出资640万元购买70多家社会组织提供的91个服务职工项目，服务职工50万人，延长了工会服务职工的“手臂”。

二、发挥工会组织优势，设立专项基金

北京市总工会将“做大做强温暖基金会，建立覆盖全市各区、各产业的专项基金，完善工会帮困救助体系”的思路纳入全会工作重点和改革任务内容，与其他重点工作同部署同考核。

在设立专项基金时，着力做好资金筹措、项目细则制定和项目执行等三个环节的工作：通过争取行政拨款、工会经费、职工互助金、爱心企业和个人捐款等方式多方筹措资金；制定包括救助项目、标准，申请及发放程序等专项基金执行细则；严格执行申请、受理、审核、网上公示、确定救助金额及发放救助金等工作内容。经过努力，共募集资金12056万元，建立了三大类41支专项基金，解决职工不同方面的困难和需求。其中包括依托地方、产业工会建立覆盖区域、产业职工的25支专项基金；依托行业工会联合会建立覆盖环卫工人、出租车司机、保安员、民办学校教师等职工群体的10支专项基金；根据职工在子女上学、心理和司法方面的困难和需求，建立6支职工需求类的专项基金。

三、吸引社会资源，弘扬慈善理念

北京市温暖基金会通过大额劝募、动员职工互助、利用新媒体平台劝募、参与体验公益项目等方式，吸引社会捐款，弘扬公益慈善理念。与大额捐赠的爱心企业珍贝集团和京汉置业设立面向全市单亲困难女职工子女助学基金，共募集爱心资金1700万元，六年来共资助3213名单亲困难女职工子女。在元旦、春节和“9·9公益日”期间，北京市温暖基金会发起“一元捐”“十元捐”和关爱困难职工募款倡议，得到近5万名爱心人士的积极响应，募集爱心资金近百万元；通过微信公众号为见义勇为项目和职工孤儿项目进行募捐，在半个月内，分别募集善款80多万元和60多万元；通过温暖义卖项目，联结数十家爱心企业捐献产品，为困难职工献爱心并设置闲置物品交换环节，吸引上万名职工参与到义卖活动中来，强化职工树立互助利他和志愿服务的公益精神。2016年开通的以参与体验公益和宣传公益为目的的公益班车项目，吸引数十家爱心企业，筹集上百万元的爱心款项和物资，招募500多个职工家庭参与到16次面向孤儿、残障人士等弱势群体的公益行动中，向职工传播公益慈善理念，推动职工养成日常公益慈善的生活方式。

四、注重自身建设，规范基金运行

一是发挥理事会作用。每年召开两次理事会会议，对基金会的预算、年度工作总结和工作计划、重大事项进行审议决策。充分利用理事的影响力，在大额捐款企业和捐款人的劝募方面发挥重要作用。二是加强与公益慈善领域顶尖专业团队合作。与北京师范大学中国公益研究院、上海交大第三部门研究中心、深圳国际公益学院建立合作关系，成立专家库，施行社会化能力提升项目，为基金会业务推进提供专业智力支持。三是规范运作基金会。每月、每季和年度收入支出情况均在官方网站和微信上公布，每次项目筹款和使用情况均通过官网和微信向社会公布，做到公开透明。每年接受市总工会、市民政局等部门的财务审计和检查，并将审计结果在主要媒体上公布，接受社会监督。

·内蒙古自治区总工会·

压实责任　把“精准”贯彻困难职工解困脱困全过程

近年来，内蒙古自治区总工会紧紧围绕全国总工会关于困难职工解困脱困的工作部署和要求，结合自治区实际，坚持把“精准”贯穿于困难职工帮扶和解困脱困的全过程，确保困难职工解困脱困工作健康有序推进，取得了一定成效。

一、精准识别、科学界定，确保解困脱困对象精准

2016年初，全区在档困难职工有16.3万户，其中有居民、农牧民，有退休职工、下岗职工。为精准识别出困难职工层次和需求，自治区总工会发动全区各级工会，通过“五步精准识别工作法”，对在档困难职工进行了重新认定。一入：入户调查，与困难职工及其他家庭成员进行交流，了解家庭成员健康情况、生活状况、子女读书就业等情况；二看：看住房、家电、交通工具等状况；三算：算困难职工收入、支出、债务等情况；四查：查困难职工有无固定劳动合同，查困难职工经商、购房、购车和财产等情况；五议：议评困难职工申请理由是否合理、要件是否真实等。通过精准识别和科学界定，按分级建档的原则进行了重新认定，区分出在8.3万户困难职工中有低保户5802户，低保边缘户40263户，意外致困户37014户。

二、调查摸底、查明原因，确保解困脱困措施精准

通过调查摸底了解，在8.3万户困难职工中有40%的家庭成员没有实现充分就业；在3万多户意外致困户中，80%的家庭是因病致困，在因病致困的家庭中，有67.8%的家庭被疾病困扰在2年以上，有64.6%的家庭年度累计支出医药费在5万元以上。困难职工大部分集中在农垦、林业等传统行业和产能过剩企业及劳动密集

型的小微企业，还有一部分分布在一些收入偏低的制造业和服务行业。基于上述调研结果，自治区总工会有针对性地采取了各类帮扶措施。一是以京津冀蒙工会跨区域促就业招聘会为平台，帮助低收入困难职工家庭成员实现充分就业。自治区总工会充分发挥工会在省际跨区域劳务协作中的优势，在全国总工会的指导下，会同北京、天津、河北三省（市）工会，联合内蒙古自治区人力资源和社会保障厅、工商联、妇联、团委等政府及群团部门在内蒙古自治区连续7年举办了“京津冀蒙工会跨区域促进就业创业系列活动暨大型招聘会”，累计为困难职工家庭成员提供就业岗位近15万个，帮助1.4万人通过订单培训实现成功就业。二是组织开展校企洽谈会，有针对性地帮助困难职工家庭实现就业。在京津冀蒙工会跨区域促就业招聘会结束后，我们都要召开校企洽谈会，组织企业与培训机构签订培训就业合作协议，培训机构根据企业的用工需求有针对性地开展职业技能培训，推动困难职工家庭通过“定向”输出，实现充分就业。三是针对因病致困的困难职工家庭开展职工医疗互助和大病医疗慈善、公益保险救助计划。从2016年10月开始，自治区总工会联合自治区社会扶贫工作促进会在26个区贫县和30%的国贫县实施了“内蒙古贫困地区职工子女（学生）大病医疗公益保险”项目，针对患21种疾病的困难职工家庭子女，给予10万元以上的赔付。2017年自治区总工会又与自治区慈善总会在全区困难职工家庭中开展了21种大病医疗慈善保险项目，为贫困地区职工家庭子女提供重特大疾病医疗保障。四是帮助林区困难职工家庭发展林下经济，增收致富。2017年自治区总工会与自治区林业厅、内蒙古森工集团工会、中国邮储银行内蒙古分行联合签订了《惠林扶持贴息贷款项目战略合作协议》，在林区实施惠林扶持贴息贷款项目，帮助林区职工特别是困难职工通过发展林下经济，实现解困脱困。

三、搭台借道，聚焦发力，确保解困脱困成效精准

为准确掌握困难职工生活状况和现实需求，自治区总工会还运用“互联网+”技术打通政府和工会组织之间的数据壁垒，有效提升解困脱困工作的精准度。一是通过线上平台让申请帮扶更便捷。以锡林浩特市总工会为例，他们开发了全市“微帮扶”小程序，困难职工关注微信平台后，可以通过手机填写个人资料、上传困难证明等材料，系统会自动生成困难职工救助申请表，并将其发送至相应的工会帮扶站点工作人员的邮箱中；工作人员及时审核资料并与困难职工取得联系，预约入户调查；困难职工的帮扶资料会在管理后台被逐级上报，帮扶进展情况也将实时显示在“微帮扶”小

程序中。真正实现了通过指尖就能收到来自“娘家人”的服务与关怀。二是通过网络了解困难职工的实际需求。各级工会通过网络向困难职工收集培训需求和意见，并根据这些建议进行“量体裁衣”，有针对性地开展就业培训。同时，盟市旗县工会利用工会网站、微信等媒体，及时发布用工招聘信息，扩大了用工信息覆盖范围和传播实效，有效帮助待岗职工特别是困难职工家庭成员实现就业。三是通过网络为广大职工提供心理咨询和心理健康服务。为了做好职工人文关怀工作，各地工会在网上设立了职工“心理咨询室”，为职工提供专业的心理疏导、调理和释放服务，帮助他们排解不良情绪，处理好社会、工作、婚姻家庭等方面的问题；并依托微信平台，开通了24小时“一对一”网上心理咨询服务，给职工减压、解忧。

·黑龙江省总工会·

坚持问题导向　精准分类施策
扎实做好城市困难职工解困脱困工作

黑龙江作为老工业基地，近年来处于国企改革攻坚决战、资源型城市转型发展阶段，困难职工帮扶和人员分流安置成为改革发展的重点和难点。黑龙江省总工会认真贯彻全总、省委的决策部署，把城市困难职工解困脱困作为重大政治任务和主要工作来抓，取得了明显成效。主要做法是：

一、争取党政重视和支持，推动城市困难职工解困脱困纳入脱贫攻坚大局

全总提出城市困难职工解困脱困目标后，省总工会多次向省委专题汇报城市困难职工解困脱困工作。省委书记张庆伟对城市困难职工解困脱困工作先后作出五次批示，要求各级工会在帮扶困难企业和困难职工解困脱困上多替党委政府分忧。省总工会抓住有利时机，进一步争取党政支持，从顶层设计和政策保障上来解决城市困难职工解困脱困的问题。

2018 年 1 月 3 日，时任省长陆昊主持召开了 19 个厅局参加的省政府与省总工会联席会议。会后，以省政府办公厅名义印发了《关于建立健全县级以上人民政府与同级工会联席会议制度的意见》和《关于进一步做好困难职工解困脱困工作的实施意见》，明确将城市困难职工解困脱困工作纳入全省脱贫攻坚大局，各级政府与工会每年都要召开联席会议，并把城市困难职工解困脱困作为重要议题进行重点研究。省人社、民政、财政、教育、国土、发改委、国资委等部门按照职责分工、各司其职、联动帮扶，形成城市困难职工解困脱困协同工作机制。省财政每年投入 3000 万元专项资金，用于城市困难职工解困脱困。

2018 年 1 月，省政府专门召开困难企业和困难职工帮扶工作专题电视电话会

议，对以四煤城为重点的困难企业和困难职工的帮扶工作进行强调部署，要求地方政府把城市困难职工解困脱困提上重要日程，明确主要领导牵头，成立专门工作班子，建立政府各部门协作联动工作机制、部门服务清单机制、困难职工结对帮扶机制，定期进行会商，加大人力、财力、物力的投入。

通过争取省委省政府的高度重视，以及相关制度文件的出台、协同工作机制的完善，进一步盘活整合了政府各部门的政策资源，放大了解困脱困工作的社会效应，把城市困难职工解困脱困工作真正纳入了脱贫攻坚大局。

二、坚持问题导向，切实解决困难职工精准识别难题

黑龙江省职工人数多，历史包袱沉重，困难职工致困原因错综复杂，要帮助他们解困脱困，就必须要挖掘问题根源、摸清底数、搞清原因、把精准贯穿全过程。

一是在全省各级工会系统开展“万名工会干部进万家”大走访活动。2018 年 1 月，全省工会共有 2.77 万名工会干部深入困难企业、困难职工家庭，零距离互动交流，全面调查本地区、本系统、本行业困难职工规模、分布、致困原因等情况，详细了解职工诉求和期望，精准确定解困脱困对象和帮扶措施。

二是全方位开展精准化信息比对。省总与省民政厅联合下发《关于加强工会组织与民政部门困难职工家庭数据比对和信息共享工作的通知》，签订《关于开展数据比对和信息共享合作的协议》，采用信息比对新技术手段，依据困难职工建档立卡标准，对困难职工的致困原因、困难程度、技能水平、家庭收入状况以及共同生活成员等基础信息，逐人逐项进行核查，精准比对出的困难职工按照一户一档案的原则，实现标准化、精细化、动态化管理。

三是以监督检查强化精准责任。充分利用审计署审计、省总纪检组检查契机，坚持问题导向，紧紧围绕城市困难职工解困脱困重点任务，聚焦工作的责任落实、帮扶资金的管理等重点环节，逐一核实事前摸排的情况，深入开展解剖式检查，逐项形成问题整改清单，传导责任压力，督促各级工会认真履行工作职责，强化城市困难职工解困脱困责任落实。

三、分类施策帮扶，确保城市困难职工解困脱困取得实效

针对黑龙江省困难职工的收入低、患病、失业、上学、受灾五个致困因素，黑龙江省总工会将已有的社会保障、社会救助、就业等各项政策与困难职工需求精准

对接。同时，2018 年黑龙江省总工会从本级预算中安排 53.3% 的经费，1.52 亿元资金用于解困脱困，采取“四个一批”措施，有针对性地实施分类帮扶。

一是协同政府出台和落实帮扶困难职工的专项政策。积极参与推动过剩产能企业职工组织化分流工作，将 22500 名职工的劳动关系转入有条件的农垦、森工、林业和四煤城政府所属的提供公共服务的国有企业，开发新的产业项目，创造就业岗位安置职工。开展龙煤集团工伤残职工状况调研，推动了省财政厅等 8 个部门联合下发《关于统筹帮扶资源帮助龙煤集团解决拖欠工伤残职工费用问题的指导意见》，省政府安排 12.1 亿元帮助龙煤集团解决停产煤矿企业职工的基本生活，确保达到领取养老金条件的困难职工按照规定享受待遇，同时解决社会保险接续、转移和待遇落实，实现社会兜底保障。

二是扎实推进职工双创活动，帮助有劳动能力的困难职工实现就业创业。黑龙江省总工会每年拿出 2000 万元职工“双创”专项资金，针对因失业、待岗、转岗致困的困难职工家庭，通过贴息等方式撬动商业银行贷款，扶持职工特别是困难职工创业就业，2017 年全省创立创业孵化基地 12 个，扶持创业项目 325 个，对 1.9 万名困难职工开展技能培训，实现创业就业 9114 人。

三是开展专项帮扶措施，缓解因病、因学、因灾的困难职工生活困难。黑龙江省总工会每年设立 2000 万元专项医疗互助资金，直接承担 8.3 万户在档困难职工保费，将大病职工全部纳入职工互助医疗保障范围。设立 1000 万元“金秋助学”活动专项资金，撬动劳模企业家、爱心企业等社会慈善力量，筹集助学款 5115 万元，资助困难职工子女 3.5 万人。设立 2000 万元应急常态化救助资金、助困送温暖长效机制资金 2510 万元和两节送温暖资金 800 万元，对灾害、特殊变故等原因造成生活困难的职工，提供生活保障。

聚焦精准　深化帮扶
提高城市困难职工解困脱困工作成效

黑龙江是东北老工业基地，历史包袱沉重，资源枯竭城市多，困难职工较多。黑龙江省总工会根据黑龙江特点，始终按照全总、省委决策部署，不断强化党政主导、政策引导、工会推动、社会参与的工作机制，城市困难职工解困脱困工作取得明显成效。

一、党政重视，高位推动，将城市困难职工解困脱困工作纳入脱贫攻坚大局

一是争取党政支持，从顶层设计和政策保障上来解决城市困难职工解困脱困的问题。黑龙江省总工会按照全总部署要求，多次向省委专题汇报城市困难职工解困脱困工作。省委书记张庆伟同志在二年内，对城市困难职工解困脱困工作先后作出7次批示，要求各级工会要在帮扶困难企业和困难职工解困脱困上多替党委政府分忧。2018年1月3日，时任黑龙江省省长陆昊主持召开了19个厅局参加的省政府与省总工会联席会议。会后，以省政府办公厅名义印发了《关于建立健全县级以上人民政府与同级工会联席会议制度的意见》和《关于进一步做好困难职工解困脱困工作的实施意见》，明确将城市困难职工解困脱困工作纳入全省脱贫攻坚大局，各级政府与工会每年都要召开联席会议，并把城市困难职工解困脱困作为重要议题进行重点研究。

二是建立省直相关部门联动帮扶机制。黑龙江省人社、民政、财政、教育、国土、发改委、国资委等19部门按照职责分工、各司其职、联动帮扶，形成城市困难职工解困脱困协同工作机制，合力帮扶，实现困难职工全面享有、精准对接困难群体“就业创业、医疗保障、落实社保、子女助学、住房保障、社会救助兜底保障”六大类政策措施。省财政每年投入3000万元专项资金，用于城市困难职工解

困脱困。

三是建立省、市、县三级信息比对机制。与省民政厅签订数据比对合作协议，实现省、市、县三级信息比对，解决精准识别的基础性、关键性难题，逐户摸排，全面摸清困难职工分布、规模、致困原因、解困需求等信息。

二、聚焦重点领域、特殊困难群体，助力全省改革攻坚大局

一是协同政府出台和落实帮扶龙煤集团工伤残职工专项政策。推动省财政厅等8个部门联合下发《关于统筹帮扶资源帮助龙煤集团解决拖欠工伤残职工费用问题的指导意见》，省政府安排12.1亿元解决龙煤集团停产煤矿职工基本生活，社会保险接续、转移和待遇落实问题。

二是做好退役军人困难职工帮扶。落实王东明主席、李玉赋书记和张庆伟书记重要批示精神，为219户困难退役军人职工建档立卡，向省退役军人事务厅划拨50万元应急救助专项经费。2019年“两节”期间，全省各级工会走访慰问困难退役军人职工785人。省总“双创”资金为退役军人职工贴息贷款1020万元，介绍541人就业。

三是帮扶资金向龙煤、森工等重点改革领域倾斜。2018年以来，省总下拨1.9亿元专项帮扶资金，配合支持重点行业重点区域改革脱困，向龙煤和四煤城拨付4866.9万元，向林业城市和老工业城市拨付1.04亿元，向森工、农垦拨付1886.6万元。

三、精准施策、加大投入，确保城市困难职工解困脱困取得实效

聚焦困难职工最迫切、最关键、最突出的问题，在精准施策上出实招，实现常态化长效化帮扶。2018年，黑龙江省总工会安排53.3%的经费用于解困脱困工作。

一是深入开展“万名工会干部进万家”助困送温暖大走访慰问活动。两年来，各级工会筹集资金7.53亿元，12.37万名党政干部、专兼职工会干部，入户慰问困难职工31.1万户，慰问一线职工52.9万人，实现困难职工送温暖全覆盖。

二是帮助困难职工实现就业创业。黑龙江省13个地市中，资源型城市占7个，城市转型、职工转岗是重点。省总工会每年设立2000万元职工“双创”资金，设立1000万元职工创业孵化基地建设资金。各级工会通过贴息为职工“双创”争取银行贷款1.46亿元，扶持项目1253项，创建孵化基地27个。

三是针对因病、因学、因灾致困，开展专项帮扶。设立2000万职工互助保障资金，着力解决因病致困难题，龙煤集团、森工总局、伊春森工集团试点工作已经启动。全总支持在哈尔滨设立了中国职工保险互助会办事处。设立1000万元“金秋助学”资金，撬动劳模企业家、爱心企业等社会力量捐资助学，筹资7127万元，资助6.1万人。设立2000万元应急救助资金，划拨到市、县工会滚存使用，解决“两节”集中投放帮扶资金，针对日常救助缺少资金的问题，建立常态化、即时性救助机制，目前，已投入6000万元，保障在重大节日和项目集中救助后，日常遇到特殊困难的职工能得到及时救助。

点亮微心愿　凝聚正能量

——工会社工介入困难职工帮扶案例浅析

2013 年 9 月，上海浦东新区总工会为解决职工数量不断递增，职工需求日趋多元，而基层专职工会干部缺乏，服务力量严重不足等问题，借鉴社会组织发展的成功做法，培育、创建了“上海浦东公惠社会工作服务中心”（以下简称“中心”）。

中心作为独立自主运作的社会组织，以项目化运作方式，将中心所属 316 名工会社工派驻在浦东新区 36 个街镇、9 个开发区工会，开展职工维权帮扶以及职工生产、生活、职业发展等多样化、陪伴式的专业服务，帮助职工提升职业技能、缓解职场压力、改善家庭关系等，促进职工的全面发展。

中心作为由新区总工会直接培育的职工服务类社会组织，发挥枢纽型组织手臂的作用，整合政府、企业与社会组织三方资源，搭建服务职工综合平台，积极引领社会力量助推工会工作。

一方面，搭建供需平台。中心作为独立的第三方，在浦东工会购买社会力量服务项目管理与评估的工作中，通过搭建供需对接平台，优化全过程的跟踪、服务流程，积极发挥联结工会、社会组织、高校、企业的桥梁纽带作用。一是精准定位，把握职工需求。中心积极引导工会社工在服务中关注职工需求、企业意愿、社会问题，通过政策收集、问卷调查、深度访谈、焦点小组等方式，先后开展了浦东新区职工需求、职业女性幸福感及企业劳务派遣工权益状况等一系列有针对性的专项调研，为基层工会购买社会服务提供动态的职工需求数据源。同时，对基层工会干部进行项目需求立项培训，帮助基层工会结合本区域职工特点，准确、真实地收集、梳理职工的多元需求。二是营造氛围，提升服务能级。中心通过开展公益集市、项目说明会、职工服务沙龙等活动，提供政策咨询、能力建设、项目推介等集约化服务，促进基层工会组织与社会组织之间的充分对接，帮助社会组织了解工会、清晰职工需求，增进彼此之间的紧密度。同时，通过项目督导，提升基层工会项目跟进人和社会组织项目执行人的项目管理意识，不断优化服务内容，提高专业服务供给的精准度，培育了一批职工服务类社会组织。三是立体评估，发掘品牌项目。建立浦东工会购买服务专家库，对项目立项、项目招标、项目终评等环节，进行专业评审。在项目实施过程中，通过到场监测、财务专项培训，及时将监测情况反馈给基层工会和项目实施方，及时纠错、及时优化服务方案。在项目完结后，开展项目微论坛及项目研讨会，从中发掘可延续、可复制推广的品牌项目。

另一方面，搭建合作平台。中心积极联络工会组织、各类社会组织、企事业单位、职工代表、专家学者等机构和个人，搭建区域性“战略合作联盟”，逐步建立需求信息发布平台、项目实施推进平台、自身建设交流平台和前瞻性探索研讨平台，为工会和社会力量共同推进“立体多维度多层次的服务职工网络”提供源源不断的前行动力。工会一方在与社会组织合作的过程中，积极吸收其先进的理念和社会化的方式、方法，同时引进一批具有专业资质社会组织的服务项目，让职工群众享受到更加专业化的服务，丰富工会服务内容和服务方法，提升工会工作效能效应。社会组织一方通过向工会提供服务，拓宽服务领域，获得服务经费。

长期以来，工会组织发发福利、搞搞活动的传统工作方式，在职工心中形成了工会可有可无的印象。如何提高工会的“存在感”？哪些是职工真正需要的服务？带着这样的思考，中心在成立之初，利用四个月的时间，对浦东辖区内的不同区域、不同行业、不同年龄段、不同职位的职工群体进行深入调查，完成了全市首份区级职工需求状况调查报告。在这份报告的基础上，中心结合工会社工日常帮扶中发现存在的一些问题：农民工的免费体检缺乏后续跟踪服务；群体性需求与个体性需求兼顾性不够；阶段性、固定性帮扶，导致灵活性不足；输血类（资金/物资）帮扶较多，造血类帮扶较少。2014 年 3 月，中心推出了职工“微心愿”征集活动，线上线下征集困难职工的需求，并遵循公益性、可行性的原则进行筛选，对接个人、企业和社会组织来认领共性和个性的困难职工心愿，最终达成联结社会资源帮助职工圆梦、激发“互帮、互助、互爱”正能量的服务目标。三年以来，“微心愿”由最初的一个爱心活动发展成为一个联系困难职工与社会爱心企业、人士的开放式“爱心”平台，实现困难职工的精准帮扶。帮扶资金从 2014 年零启动到 2016 年 50 万元；心愿认领数量从 2014 年 100 个增至 2016 年的 836 个。

回顾“微心愿”实施过程，可以看到：（1）困难职工的需求是多样化的，既有生理、安全、社交情感类，也有尊重、自我实现类。(2) 工会社工在帮扶困难职工中延续着社工“助人自助”的基本宗旨，同时也担负着独特角色。帮扶者：为困难职工及家庭提供直接的物质、经济帮扶，也包括为他们寻找政策支持、提供精神、心灵关爱的间接帮扶。沟通者：工会社工走入企业，走进职工，与其沟通内在需求，也是专业关系建立的过程。资源链接者：当工会社工发现单凭个人/工会能力不能满足困难职工需求的多层次和复杂性时，他们尝试引入专业的社会力量，也会引导职工之间进行互帮互助。政策倡导者：通过实践总结困难职工/家庭普遍性需要，并向有关政府部分提出建议，制订修改、完善政策；同时为工会社会工作的专业化、职业化进行相关政策出台的倡导及推动。(3) “微心愿”是对现有困难职工帮扶的一种补缺，实现了零散帮困服务向项目化转变，传统单向帮困向社会多元帮扶转变。

透过“微心愿”案例，面对帮困需求的无限性与资源的有限性，中心在借助工会既有完善的组织架构、组织资源来开展服务时，仍需增强自身“造血”功能，发挥桥梁纽带、聚合引领、集约服务的作用，促进区域内其他社会组织的专业发展，积极回应职工群众和工会组织的需求，努力把中心打造成工会充分信任、社会广泛认可的具有一定影响力的职工服务类社会组织品牌，为推进工会事业发展、促进社会和谐进步作出积极贡献。

·江苏省总工会·

强化制度保障　实施精准帮扶 推动困难职工纳入政府救助政策体系

2016年以来，江苏省各级工会按照全总部署要求，结合困难职工实际情况和社会救助体系完备的特点，着重在编织帮扶保障网，将困难职工全方位纳入政府救助政策体系上下功夫，从制度保障上做好困难职工解困脱困工作。具体做法是：

一、坚持高位推动，融入脱贫攻坚大局

江苏省总工会积极向江苏省委、省政府专题汇报，利用省政府与省总工会联席会议，专题研究并争取江苏省财政每年安排专项帮扶资金。江苏省总工会发挥省政府富民增收工作领导小组成员单位的作用，把困难职工解困脱困纳入党委、政府提出的高质量发展奋斗目标任务之中。2019年1月，省政府办公厅转发了省总工会会同省发改委等11个部门制定出台《关于深入做好城市困难职工帮扶工作的意见》，明确了深入做好城市困难职工帮扶工作的指导思想、目标任务、帮扶和保障措施。

二、集成政策资源，六大措施帮助困难职工解困脱困

在江苏省总工会的推动下，江苏省发改委、教育厅、民政厅、财政厅、人社厅、卫健委等11个部门，从自身职能和优势出发，在就业创业、医疗保障、子女教育、生活保障、住房保障、法律援助六个方面，制定了22项具体困难职工帮扶措施。

一是就业创业支持方面。以公益性岗位安置为主，加大政府购买公益性就业岗位的力度，帮助登记失业特困职工家庭成员就业。提供创业政策资金支持，将创业场地租金补贴政策拓展到困难职工家庭成员，租用合法经营场地、各类创业孵化基

地的都能获得租金补贴。

二是医疗保障方面。从资助基本医疗保险参保费用到落实大病倾斜性支付政策，大病保险起付线比普通患者降低50%，报销比例提高5－10个百分点。从开展疾病诊疗帮扶到实施疾病应急救助，对需要急救但无力缴费的急、重、危等家庭给予疾病应急救助基金补助。从组织参加职工医疗互助保障到引导社会资源参与医疗救助等，确保因病致困职工得到及时有效帮扶，仅这一项政策每年帮助困难职工家庭多减免医疗费用1500万元。

三是子女教育帮扶方面。幼儿园、义务教育、高中、中等职业和全日制本专科阶段，全过程落实了资助政策，资助标准从1000元到5000元。

四是生活保障方面。将生活用电、用水、用气、有线电视等优惠政策全部覆盖困难职工家庭。特困职工家庭与城市低保家庭同等享受粮油补贴、园林景点门票、公共交通费用补贴等价格补贴。重度残疾或符合条件的特困职工参保的，由地方政府代缴部分或全部最低标准的养老保险费。

五是住房保障方面。优先解决困难职工家庭公租房需求，购买普通自住房予以贷款贴息。

六是法律援助方面。将困难职工纳入援助服务范围，免除或减收律师服务、司法鉴定、公证服务等相关费用。

三、加强联动衔接，推动政策落地落实

一是建设数据比对系统，实现信息共享。江苏省总工会与江苏省民政厅联合推进困难职工帮扶对象与民政重点保障对象无缝对接，与政府11个部门、43家商业银行及中国证券登记结算公司等比对困难职工家庭经济状况，并实现省、市、县三级联动核对。

二是健全困难职工家庭资格认定、资金发放、享受政策等协作机制。工会发挥牵头作用，抓好目标任务分解，政府部门和有关单位认真落实工作责任，推动政策措施落地。2018年以来，各级工会推动困难职工享受政府社会救助政策5.8万人次，减免生活、教育、医疗、住房等费用1.1亿元。

三是建立帮扶救助政策动态调整机制。确保政府社会救助政策内容和标准变动调整时，困难职工家庭能同步同等享受相关待遇。

四是政策帮扶的绩效化。江苏省总工会实施帮扶工作绩效考核评估，建立完善

综合性量化考核指标体系，包括6个大项、45个分项。坚持每年对帮扶工作进行专项督查，通过市县两级自查自纠、省总工会相关部门联合抽查、全省通报、下发整改通知书、重点约谈、组织“回头看”等措施，对各地工会帮助困难职工家庭享受相关救助政策进行全面督促，确保帮扶政策落实到位。

·浙江省总工会·

全面开展困难职工解困脱困工作
最大限度释放工会潜力

近年来，浙江省总工会为贯彻落实中央、省委、省政府精准扶贫精准脱贫战略要求和全国总工会《关于进一步做好困难职工解困脱困工作的实施意见》文件精神，全面开展困难职工解困脱困工作，最大限度释放工会潜力，切实把精准帮扶活动做到全覆盖、不遗漏、有实效，积极助推浙江省全面小康社会建设。

一、强化制度，夯实困难职工解困脱困工作基础

（一）总体有纲。浙江省总工会积极贯彻落实中央、浙江省委、省政府以及全国总工会文件精神，2016 年省总工会下发了《关于进一步做好全省工会精准化帮扶工作的实施细则》，明确了生活底线基本兜住、帮扶待遇逐步提高、帮扶对象适当拓展的工作目标，指导各地因地制宜，全面推进困难职工解困脱困工作。

（二）源头参与。浙江省总工会通过立法参与、政策制定、监督实施等途径，推动党政主导的帮扶救助制度建立和完善。2014 年 11 月 1 日起，全国首部综合性社会救助地方性法规——《浙江省社会救助条例》开始实施，对在浙江省行政区域内的最低生活保障、特困人员供养、自然灾害救助等社会救助活动作出了规定。2017 年 9 月 24 日《浙江省最低生活保障办法》出台，聚焦低保申请、资格审核、救助标准、动态管理等内容，推动低保救助工作更加公平、精准和人性化。

（三）机制保障。各级工会结合本地实际，出台相应的制度助推困难职工解困脱困工作。杭州市委、市政府专门出台了《关于建立健全“春风行动”捐款献爱心长效机制的意见》，用政策来鼓励机关、企事业单位、全市人民向困难群众献上爱心，助力困难职工解困脱困工作。宁波镇海区总工会率先推出了《镇海区工会困难职工帮扶救助实施细则（试行）》，建立“一人一档”动态管理机制，量身定制

送帮扶。台州仙居县总工会构建工会“户户帮”精准帮扶工作机制，实现分级负责、联动帮扶、信息共享、工作效果评定。

二、聚焦精准，落实困难职工解困脱困工作举措

（一）分析致困原因，因户施策

工会坚持把精准贯穿于困难职工帮扶和解困脱困的全过程，精准识别，精准施策。例如：浙江某企业的困难职工黄××，妻子是聋哑人，曾因心脏病动过大手术，没有工作能力、无收入。2011年女儿考入丽水学院，全家仅靠他一人每月1750元的收入维持生活。台州市椒江区总工会及时伸出援助之手，为黄××一家建档，自2011年到2014年，每年对其开展送温暖救助、金秋助学帮扶，累计帮扶资金14800元。同时积极与基层工会联系，安排他妻子到公司做一些力所能及的工作；工会工作人员及时跟进了解他女儿大学期间的学习情况，除了每年资助助学金外，还给予思想上的鼓励。2015年，女儿毕业，成了一名优秀的人民教师，有固定收入，缓解了家庭的经济压力，也用自己的行动和方式，来回报社会和帮助过她的人。2015年底，黄××一家已从椒江区总工会在档困难职工家庭中顺利脱困，朝着越来越好的方向发展。

（二）找准解困脱困措施，分类帮扶

一是生活有保障。生活帮扶形式多样，杭州市总工会“春风行动”在元旦、春节期间为主城区“持证”困难家庭发放一次性救助款、年货。杭州日报社在高温期间为主城区“持证”困难家庭和市级建档困难职工送清凉。生活帮扶理念更新，金华市总工会坚持困难帮扶不能蜻蜓点水，积极兜住困难职工家庭成员的基本生活底线，增加帮扶次数，绝不让一户困难职工家庭低于本地基本生活保障线。生活帮扶资金拓展，嘉兴市总工会多渠道、社会化筹措帮扶资金。2017年，全市救助困难职工家庭1693户，发放地方帮扶资金261.31万元。

二是医疗有保障。在浙江省建档困难职工家庭中有60%左右是因病致贫。各级工会根据病种或费用，推出各种专项医疗救助项目。从2010年起，省总工会针对建档困难职工家庭罹患肾病者较多的实情，推出并持续开展“爱心透析”专项救助活动。截至2017年，已经向5846人次的患肾病职工共发放2512万元救助金。杭州市总工会开展春风助医行动、巨额医疗费用救助行动、特殊疾病专项救助活动等；宁波市总工会开展“白血病”和“重特大疾病”两项医疗专项救助，共计向536

人次患病职工发放了218万元救助金；嘉兴市总工会开展“心连心”大病救助活动，目前已发放44期，共为2921人次救助1149.3万元；湖州市总工会实施了每年为家庭成员“送医保”活动，实施了全市困难女职工“两癌”免费筛查和“两癌”专项救助；衢州市总工会自2001年开展“爱心助医”行动，累计救助4606人次，发放1024万元。

三是就学有保障。浙江各级工会根据当地实际情况，持续深化“金秋助学”活动，努力帮扶这类困难职工家庭，助学标准不断提高。2017年，资助金华市本地大学生每人4600元，高中生每人2000元；助学对象不断延伸，湖州市总工会实施困难职工家庭子女小学生、初中生、高中生、大专分段助学；助学形式不断创新，嘉兴市总工会探索“企业自帮—系统内帮—社会结对—个人资助”相结合的社会化助学新模式；助学内容不断拓展，不仅给予受助学生物质帮助，还通过组织参观、志愿者服务、公益活动等，关注他们的生活、学业和品行养成，引导他们自立自强、励志奋进、回报社会。

四是就业培训有保障。全省各级工会针对困难职工家庭成员在就业市场上处于弱势的情况，积极鼓励困难职工家庭树立就业创业的思想，靠增加家庭自救能力来解困脱困。嘉兴市总工会推行“虚拟岗位”帮扶为困难职工家庭架起“连心桥”，近六年来，共推出“虚拟岗位”687个，分别由全市各镇（街道）的128家机关、企事业单位认领，支付岗位待遇共计247.32万元；台州天台县总工会针对“机器换人”工人被富余的情况，在积极保障职工合法权益的同时，注重“会开智能机器”灰领的培育，不断地帮助工人提高自身的技术素质，适应新产业发展的需求。

三、提升服务，提高困难职工解困脱困工作成效

（一）全面推进服务平台建设

2013年以来，浙江省通过推进职工服务中心转型升级，进一步提升职工服务中心规范化和精细化管理水平。目前，全省有96个市、县两级职工服务中心，其中示范等级20个、优秀等级27个、达标等级49个。在组织体系上，形成了以市、县两级总工会职工服务中心为骨干，乡镇街道、工业园区和规模以上企业工会职工服务站（点）为触角的服务平台网络；在服务项目上，在做实做强信访咨询、法律援助、就业服务、帮扶救助和医疗互助五项基本职能基础上，逐步拓展了春风行动、心理咨询、劳模服务等项目；在服务管理上，大力实施精细化管理，在办事制

度、服务环境、言行举止、工作纪律等方面提出规范化要求，让广大职工感受到“娘家人”的温暖。

（二）加快推进服务方式创新

近两年，浙江工会依托网上“职工之家”建设，将线下工会保障工作和服务引流到线上，努力形成分级负责、上下联动、区域协作的面向职工的普惠服务格局，改进就业、帮困、助学、助医、培训、心理关怀、生活保障等服务工作的运作方式，优化工作流程，主推职工服务中心实行“弹性时间工作制”“错时工作制”；在全省推行工会会员卡制度，实行“一虚一实，虚主实辅”两卡制，凭卡可享受职工医疗、职工就业、职工培训、法律援助、困难帮扶等工会帮扶服务；浙江省工会推进“最多跑一次”改革，优化服务流程，让基层工会和职工群众少跑腿、好办事。如杭州市总工会建立“最多跑一次”清单，还依托政务云服务，将23项工作清单同步到微信公众号和手机App，职工通过电脑端和手机端就可享受“一键式”工会服务，实现了信息多跑路，职工少跑腿，让“最多跑一次”成为现实。

· 安徽省总工会 ·

坚持制度保障主线　把好帮扶资金“四关”

近年来，按照全总部署，安徽省总工会高度重视帮扶资金管理和城市困难职工解困脱困工作，切实加强领导，加大资金投入，系统谋划推进，严格规范管理，以制度保障为主线，严把困难职工帮扶资金制度关、建档关、使用关、督查关，把“精准”贯穿困难职工解困脱困工作全过程，帮扶资金使用管理规范有序绩效明显。经过全省各级工会精准帮扶，截至2018年6月20日，全省共有15.27万户困难职工解困脱困，建档在册在档困难职工由20.4万户减少到现在的5.13万户，其中全总级困难职工档案为4.39万户（含2018年新增0.26万户）。现将工作情况汇报如下：

一、严把制度关，确保精准帮扶“制度保障”坚实

安徽省总工会在推动城市困难职工解困脱困工作中，把精准规范使用帮扶资金摆上重要位置，切实抓紧抓好。一是制度保障，明确帮扶资金规范管理使用。2016年出台《安徽省总工会关于进一步做好困难职工解困脱困工作的实施办法》，统一思想，明确任务。先后制定了工会创业就业援助行动计划、困难职工档案管理实施办法、规范专项帮扶资金和送温暖资金使用管理等方面文件，确保各级工会有章可循。二是党政重视，加大资金投入。省总工会积极主动争取省委、省政府政策和资金支持，省委将城市困难职工解困脱困工作纳入2017年与2018年常委年度工作要点，2016年省政府出台的《关于进一步支持工会工作的通知》中，提出要帮扶城市困难职工解困脱困，并在省财政年度预算中追加资金予以支持。带动安徽省市县财政支持工会帮扶资金达亿元，芜湖市政府每年支持工会1100万元专项资金用于困难职工帮扶。三是机制保障，夯实规范使用资金基础。省总工会党组每年召开3次以上党组会议，专题研究资金分配、制度管理、帮扶项目等工作，及时解决相关

问题。定期召开全省困难职工帮扶工作专题会议，部署工作，层层动员，压实责任，督促各地抓好工作落实。

二、严把建档关，确保精准识别帮扶对象

精准识别困难职工建档对象，是做好精准使用帮扶资金的前提和基础。一是困难职工档案底数清、情况明。2016 年，省总组织开展全面走访调查，摸清困难职工家庭情况、致困原因、需求愿望，2016 年底，安徽省 20 万户建档在册困难职工信息全部得到更新，做到困难职工档案底数清、情况明。二是困难职工档案管理规范。省总制定的《安徽省工会困难职工档案管理实施办法》，明确全总级、省总级和市总级困难职工建档条件和标准，坚持职工个人实名制申报、基层单位工会上门入户初审、县区工会走访核查、市总工会比对复核、三级审核、三次公示和省总工会抽查督查等程序和措施，确保困难职工建档规范。三是全面实施困难职工家庭信息比对。2017 年 12 月，省总协商省民政厅联合下发了落实全总和民政部关于开展困难职工家庭数据比对和信息共享工作的细则，为在全省各市推进困难职工家庭信息比对核查提供依据。目前，安徽省新建档困难职工家庭信息进行比对核查符合要求的才能建档，已经建档在册困难职工必须补签信息比对授权书，2018 年底安徽省对建档在册困难职工家庭信息将完成比对核查，确保困难职工建档不漏不错不重复。

三、严把使用关，确保帮扶资金全过程精准使用

帮扶资金使用是关键环节，安徽省总严格要求帮扶资金专款专用。同时，根据形势的发展和困难职工的需求，在精准施策、精准使用资金上下功夫。一是送温暖慰问从注重“两节”向常态化、规范化延伸，省总要求针对困难职工的日常需求转变以往送温暖集中在节日发放慰问金方式，而采取灵活多样的措施及时解决各种困难，如合肥、马鞍山、六安等市对建档困难职工按月或按季度实施生活救助。二是金秋助学由入学一次资助向全程资助及助就业延伸，全省已建 9 家“金秋助学·金牌蓝领”校企合作培训示范基地，帮扶困难职工、农民工子女完成学业并帮扶其解决毕业就业难题，实现助学和就业一体化服务。三是就业援助服务向扶持创业就业延伸，为有创业意愿和能力的困难职工实施贷款贴息、无息借款、生产资料支持等扶持方式，援助其通过创业实现就业。四是困难帮扶项目向个性化帮扶延伸，芜

湖、宣城等市利用信息化提供个性帮扶措施，淮南、淮北重点做好煤炭企业去产能转岗分流职工安置工作，以帮扶救助实效打动人心、温暖人心、赢得人心。五是坚持帮扶资金实行打卡发放，自 2016 年起，安徽省推行用银行卡发放困难职工帮扶资金，通过持续推进，现已经全面实现用银行卡发放中央帮扶资金，资金流向清晰明了。

四、严把督查关，确保精准帮扶制度和资金落地生效

加强帮扶资金督查是推动资金规范高效使用的有效手段。一是建立督查机制。安徽省总工会建立帮扶资金绩效评估机制，定期考核、督促、检查、调研帮扶资金使用和困难职工解困脱困工作落实情况，并纳入工会财务综合绩效考评体系和工会领导班子年度考核管理目标。安徽省总工会财务、经审每年都对 16 个市和 2 个直管县采取各半交替进行帮扶资金专项检查或审计，确保全覆盖。二是建立通报机制。对于检查发现的问题，安徽省总工会通过督查检查现场反馈、文件通报、会议部署等方式，不断压实责任，督促整改提高，推动全省工会不断增强资金管理使用的规范性和绩效。三是检查由内向外延伸。安徽省总工会做好内部经审检查的同时，利用购买社会服务的方式委托专业审计机构进行审计检查，邀请人大代表或政协委员参与检查，增加工会使用帮扶资金的社会透明度。2016 年接受了全总财务检查，2017 年接受全总经审办审计。2015 年到 2017 年，安徽省总工会帮扶资金分别接受了安徽省审计厅审计、安徽省财政厅评审和省委巡视组巡视，检查情况反映较好。

安徽省总工会通过严把“四关”，初步形成了规范有效使用管理帮扶资金的安徽方案，推动和保障安徽城市困难职工解困脱困取得了明显成效。下一步安徽省总工会将根据全总的部署要求和困难职工的需求，进一步在便捷、高效、便民服务上下功夫，实现职工群众办事“全程网上办”或“最多跑一次”，解决服务职工群众“最后一公里”，着力精准帮扶困难职工如期解困脱困。

·江西省总工会·

整合资源　精准发力 推动城市困难职工解困脱困 纳入脱贫攻坚大局

江西省总工会按照全总统一部署，扎实推进城市困难职工解困脱困工作，通过加大源头参与，加强调查研究，运用政协工会界别资源建言献策，积极争取省委主要领导重视和省政府大力支持，推动将包括困难职工在内的城市贫困群体纳入全省脱贫攻坚大局。江西省总工会的主要做法是：

一、积极争取党委重视和政府支持城市困难职工解困脱困工作

全总提出城市困难职工解困脱困目标后，江西省总工会将其列为工会重点工作，2016年制定了《江西省总工会关于进一步做好困难职工解困脱困工作的实施方案》，明确目标任务、工作对象，提出了“精准化扶贫解困”的工作模式，并出台了一系列指导性文件，多方筹措帮扶资金，扎实推进，并通过省政府与省总工会联席会等多种形式向党委、政府汇报城市困难职工解困脱困情况。

2017年9月，为争取党委的重视和政府相关部门的支持，江西省总工会联合省政协，组织工会界别委员就全省城市困难职工解困脱贫工作开展专项调研，形成《关于我省城镇困难职工解困脱贫工作的建议》，并通过省政协以建言献策的形式报至省委。时任省委书记鹿心社高度重视此项建议，要求省总工会牵头，以省总、省民政厅为主对全省城镇困难群众（含困难职工）基本生活保障情况进行专项调研，拿出解决办法。经过10个省直部门共同调研和反复研究，于2017年12月向省委呈报了《关于江西省城镇贫困群众基本生活保障情况的报告》和《关于加大城镇贫困群众脱贫解困力度的意见（草案)》。

2018年3月，《中共江西省委 江西省政府关于加大城镇贫困群众脱贫解困力度的意见》正式出台，建立了党委统一领导、20多个政府部门协同配合、全社会共同参与的工作机制。2018年6月，江西省委书记、省长刘奇亲自主持召开了全省城镇贫困群众脱贫解困工作动员部署会，要求全省各级各部门要加强组织领导，努力构建党委统一领导、党政齐抓共管、有关部门各负其责、全社会积极参与的工作格局，聚焦主要目标、坚持精准施策、加强资源整合、拓宽帮扶渠道、发挥好各级工会“职工之家”作用。

二、积极争取各部门资源，推动政策和资源向困难职工群体倾斜

为将城市困难职工解困脱困工作纳入全省经济社会发展和脱贫攻坚工作大局，江西省总工会在现有基础上，积极争取政府有关部门有更多的政策和资源支持来解决困难职工的困难，实现全省有关部门社会救助、脱贫攻坚的政策与城市困难职工解困脱困工作有效对接。

一是争取城镇困难职工同等享受农村贫困户在医疗、助学、社保等方面的政策。针对医疗、助学、社保等特有的救助政策只有农村贫困户才能享受的情况，江西省总工会多次与省扶贫办、民政、人社、卫计委、教育等部门协调，最终明确：参照农村建档立卡贫困人口标准为城镇贫困群体购买重大疾病医疗补充保险；将基本医疗保险、大病保险、重大疾病医疗补充保险、医疗救助中专门针对农村贫困群众的报销、救助政策，全部扩大覆盖到城镇贫困群体；城镇贫困群众家庭上学子女比照农村扶贫开发建档立卡家庭标准，享受同等助学政策。

二是争取对工会开展的困难职工帮扶项目的支持。积极争取在《关于加大城镇贫困群众脱贫解困力度的意见》中，明确民政、人社、卫计委、教育等部门要支持工会组织积极开展职工普惠制、职工困难救助、职工医疗互助保障和“春送岗位、夏送清凉、秋送助学、冬送温暖”各项活动的支持，实现对城镇困难职工帮扶工作常态化、长效化、社会化。

三是争取财政拿出更多的资金来保障城市困难职工解困脱困。2007年江西省总工会向省政府争取设立了省财政困难职工专项帮扶资金，目前省财政预算的专项帮扶资金已达3100万元/年。2018年，为保障各部门在原有的社会救助、扶贫等政策基础上，加大对城镇困难群体的保障和帮扶力度，经省财政厅测算，每年多增加3亿元以上资金用于城镇贫困群众的脱贫解困，并逐年增长。

三、分类施策，推动城市困难职工解困脱困实现制度保障

城市困难职工致困原因复杂，解困脱困时间紧、任务重，为提高困难职工解困脱困的质量和效率，实现精准识别、精准帮扶，省总与省民政厅联合下发了《关于开展困难职工家庭信息共享比对工作的通知》，建立了困难职工家庭经济状况核查比对机制。同时，在整合现有各类帮扶资源的基础上，根据不同致困原因，分类施策，推动城市困难职工解困脱困实现制度保障。

一是切实拓宽就业创业致富渠道，对有劳动能力的困难职工实施就业创业脱困一批。联合省人社厅、发改委、财政厅等部门，从政策、税收和资金上扶持城镇贫困群众通过就业创业实现脱贫解困，确保有就业能力和就业愿望的零就业困难职工家庭至少有 1 人就业。对通过就业走出生活困境的低保对象，实施 1 至 2 年（其中残疾对象实施 2 至 3 年）的低保待遇延退，让其逐渐过渡恢复发展。

二是采取落实社会保险政策待遇、基本住房保障等措施，通过社会保障覆盖帮助脱困一批。联合省人社厅、发改委、住建厅等部门，对确实无力缴纳居民基本养老保险的困难职工，由政府代为缴纳部分或全部最低标准保费；对解除劳动关系的困难职工，确保做好社会保险转移接续；为符合条件的困难职工提供社会保险贷款，待领取退休金后按月按比例还款；完善住房保障制度，重点解决困难职工的保障性住房问题。

三是通过大病保险和大病救助帮助因病致贫职工解困一批。省总联合省人社厅、卫计委、省财政厅、民政厅等部门，对城镇贫困群众参加城乡居民基本医疗保险的个人缴费部分，由财政全额补助；参照农村建档立卡贫困人口标准为城镇贫困群众购买重大疾病医疗补充保险，统一由城乡居民大病保险经办部门管理；将城镇特困人员纳入医疗救助筹资人群范围，将支出型贫困低收入人员纳入医疗救助范围；对符合条件、确实无力支付医疗费用的急重危伤病贫困群众，实施疾病应急救助。

四是提高城镇最低生活保障标准，切实筑牢基本生活保障底线。联合省民政厅、省财政厅等多部门，对符合条件的困难职工，实施兜底保障。将城镇困难职工中符合城镇低保和实际生活水平低于低保标准的支出型贫困低收入家庭，全部纳入城市低保，做到应保尽保；对于因病、因残、因子女上学、因无住房导致短期内陷入生活困境的人员，积极实施各项对应政策予以帮扶，助其解困。

目前，江西省通过精准帮扶，已实现6.5万户困难职工家庭脱困。下一步，江西省总工会将按照“基本生活保障兜底一批，就业创业渠道致富一批，加强服务保障精准解困一批，实施临时救助覆盖一批”的方式，持续精准发力，用心用情，做好城市困难职工解困脱困工作，确保2020年江西省城市困难职工同步迈入小康社会。

·山东省总工会·

整合资源　创新载体
推动实现精准帮扶工作信息化

山东省总工会按照全国总工会和山东省委、省政府的部署要求，连续两年把困难职工解困脱困工作列为全省工会四项重点工作之一，积极运用信息化手段，整合各类资源，精准对接困难职工需求，提升了帮扶成效。

一、坚持问题导向，探索解困脱困工作新载体

两年来，山东省各级工会主动担当作为，困难职工精准帮扶和解困脱困取得良好成效。山东省总工会制定出台了《关于开展困难职工解困脱困工作的意见》，提出了解困脱困“五个精准”的工作要求和八条具体措施，各市也结合实际做了大量卓有成效的工作。青岛市总工会争取市委、市政府将困难职工解困脱困工作纳入脱贫攻坚重要内容协同推进；济南、泰安等市争取政策支持，困难职工家庭在水、气、暖等方面享受低保家庭同等优惠；滨州市总工会推动市委、市政府成立结对帮扶工作领导小组，发动社会各方力量与特困职工家庭一对一结对子。党政机关、事业单位和社会爱心人士充分发挥自身优势，结合困难职工家庭的实际需求，通过帮项目、帮资金、帮就业、帮技能、帮政策等，多措并举，帮助困难职工家庭实现解困脱困。

虽然山东省总工会在困难职工解困脱困方面做了大量的工作，但由于信息化程度不高，在一户一策、精准帮扶的具体实践中存在一定的局限性。比如，各级帮扶主体不能精准掌握困难职工的个性化需求及动态帮扶过程，在“怎么帮”上拿不准；很难精准实现社会资源整合与困难职工需求的合理配置，在“帮什么”上不匹配；基层工会干部无法从烦琐、重复的统计、分析工作中腾出更多的时间和精力用于研究和创新，在“帮得好”上受到限制。

为突破帮扶工作的瓶颈，山东省总工会积极探索全省工会精准帮扶工作信息化建设，在学习考察农村精准扶贫管理系统、党员干部学习教育平台和精准帮扶工作管理系统的基础上，与软件公司联合研究开发了全省工会精准帮扶软件系统，建立社会资源和困难职工需求精准对接平台，为实现精准帮扶创造条件。

二、坚持科学设计，搭建精准帮扶工作新平台

山东省精准帮扶系统包括“一库一平台三终端”，“一库”是指困难职工数据库，也就是目前正在使用的全国工会帮扶工作管理系统；“一平台”是指精准帮扶工作管理平台；“三终端”就是 PC 端、手机 App、微信公众号。主要从以下方面运作实施：

（一）系统比对，做到帮扶精准。系统比对主要包括系统对接、信息比对、严格审核三个方面的内容。系统对接，就是各级工会可根据本地实际，与当地政府有关部门协商，实现房产、车管、社保、公安等数据库对接。目前，省总工会已与省民政厅达成共识，尽快建立完善困难职工数据交换和信息共享机制；信息比对，就是通过系统比对困难职工的固定资产、流动资产、社保、医保支出等信息；严格审核，根据指标体系，确定困难职工的困难程度，符合条件的及时纳入帮扶，不符合条件的及时退出。

（二）摸清需求，夯实帮扶基础。建立困难职工联系人制度。由基层工会指定专人负责实地调查家访，联系人既可以是工会专职干部，也可以是市、县、镇等各级工会聘请的社会化工作者。联系人将采集到的困难职工需求、帮扶等相关情况，利用手机 App，上传图片、语言、视频等一手现场资料。调研数据直接进入“解困脱困需求库”，为工会实现精准帮扶提供科学判断和现实依据。

（三）汇聚资源，壮大帮扶力量。通过协调政府政策、引进社会资源、推进基金会运作等多种模式争取更多资源。根据资源库汇总的资源，由困难职工联系人根据困难职工的需求，提出帮扶项目的申请，进行帮扶工作智能匹配。

（四）公益众筹，拓展帮扶渠道。困难职工有特急特困情形时，基层工会可提出众筹申请，县级以上工会严格审核后，通过微信公众号定制发布专项众筹项目。各级工会发动企业、职工及社会公益力量，参与困难职工爱心捐款、心愿埋单、公益电商、志愿者服务等众筹项目，帮助困难职工解决燃眉之急。

三、坚持协调推动，提升精准帮扶信息化运行质量

精准帮扶工作管理系统为精准对接、精准帮扶搭建了平台。但确保平台有效运行、发挥作用，还必须依靠平台下大量的统筹运作、统筹协调去推进落实。

一是广泛争取政策优惠。在推动符合条件的建档困难职工充分享受政府救助政策基础上，努力为低保边缘户、意外致困户争取特惠政策。山东省总工会与政府相关部门积极对接，为建档困难职工家庭在用电、用水、供暖、燃气、公租房等方面提供多项优惠政策，并及时在系统资源端发布，让困难职工知道和享受政策。比如，困难职工家庭每月每户免费用电 15 度；困难职工家庭在用水、采暖、用气等方面根据物价联动机制享受与低保户同等的价格补贴；困难职工家庭享受政府给予低保户家庭的公租房待遇。

二是有效整合帮扶资源。积极动员社会力量，推动省级以上劳模企业、富民兴鲁企业、企业家、社会爱心人士为困难职工提供就业、生活、医疗、助学、结对帮扶等服务活动。山东省总工会与海信集团签订合作协议，为全省困难职工免费提供 1000 件家用电器，为有就业能力和愿望的困难职工提供 1000 个就业岗位，为全省持有工会会员服务卡职工提供购买家电特惠政策。

三是丰富拓展帮扶平台。指导各地工会根据本地实际，创新拓展帮扶方式、帮扶内容，推动精准帮扶信息化更好更快发展。威海市总工会密织服务网，搭建连心桥，线下四级服务网络延伸到基层建会单位，全面掌握困难职工致困原因。线上服务平台及时发布各类帮扶信息，为困难职工提供“点菜”式服务。淄博市总工会设计开发大数据管理系统，打造“互联网 + 工会”服务品牌，借鉴O2O、B2C 模式，开发“爱工惠会员服务平台”，困难职工通过平台提出帮扶申请，经入户调查和资料审核后，开展线上线下帮扶活动。

建立城市困难职工联系人制度
全力打造精准帮扶工作升级版

山东省工会按照全国总工会的解困脱困工作部署，紧扣“精准”核心要求，创新建立城市困难职工联系人制度，全省1万余名联系人与困难职工联心、联情、联动，推动“一户一策”落实落地，有效提升精准帮扶工作实效。

一、精准联系对接，搭建工会与职工“连心桥”

“职工有困难找工会”是工会组织的承诺和责任。建立困难职工联系人制度，就是让职工遇到困难能够清楚地知道工会“是谁”“在哪里”，感受点对点、零距离帮扶服务。2016年以来，山东工会依托精准帮扶信息化工具，坚持不懈地把困难职工联系人制度抓实抓牢抓出成效。一是确定人员。联系人是市、县（市、区）、乡镇（街道）和企业工会干部；联系对象是全体在档困难职工，以户为单位进行联系。联系人与困难职工在系统内实名制注册，建立“一对一”帮扶关系。目前，全省困难职工联系人10694名，联系在档困难职工85485户，涉及供养人口244055人，做到户户都有联系人。二是明确职责。联系人主要发挥桥梁纽带作用，当好了解真情实况的调研员、讲解政策法规的宣传员、对接帮扶项目的信息员、排解心理压力的辅导员、解决临时困难的服务员。对困难程度深、帮扶难度大的，联系人及时反映给工会组织，配合制定帮扶措施并协助落实。三是强化保障。实现全省联系人全员轮训，确保有效开展工作。开发精准帮扶手机App，建立全省互通互联的五级联系网格微信群，实现帮扶工作实时监控。建立正向激励机制，把联系人工作业绩纳入评先树优条件，激励他们积极主动开展工作。

二、明确职责任务，提供真情实意服务

本着“实事求是、量力而行”原则，联系人重点做好四方面工作。一是“联”

实情。联系人对困难职工定期家访调查，了解致困原因、困难现状及实际需求等，对工商、住建、公安等部门数据比对后的反馈信息，核准核实后通过视频、图片等形式上传到“全省工会精准帮扶信息化平台”。经县级以上工会审核通过后，制定“一户一策”解困脱困具体措施。据统计，目前全省各级联系人已家访更新困难职工数据 488559 项，保证识别精准、情况属实。二是“联”政策。联系人通过家访调查，及时将助学、就业、住房、医疗等方面的政策，用通俗易懂的语言面对面向困难职工讲解，和他们一起逐项对照，让困难职工有本“明白账”。对低保申请、医疗报销、促进就业等方面政策，主动与民政、人社等部门对接落实。三是“联”需求。针对职工生活中实际困难，联系人积极对接社会培训机构、公益志愿服务组织、爱心救助基金、劳模企业等社会资源，最大限度满足职工需求。通过协调争取，90% 以上有劳动能力的困难职工得到免费技能培训，8300 余人次实现再就业。四是“联”解困。联系人保持 24 小时通信畅通，对困难职工特别是行动不便者随时发生的状况、提出的合理要求，及时进行处理或上报组织解决。除了解生活之困，还排心理之压，对存在严重心理疾病患者，及时协调心理咨询师进行疏导，缓解心理压力，增强脱困信心。

三、坚持结果导向，强化联系工作实效

实施困难职工联系人制度两年多来，先后帮助 16.5 万户困难职工实现解困脱困，涉及供养人口 42.5 万人，得到党政认可、群众欢迎。一是契合了党对群团改革要求。增“三性”去“四化”，是党对群团改革的要求，更是工会组织努力方向。广大联系人深入困难职工家中，体味职工苦、有难一起扛，责任感、使命感不断增强。职工从联系人身上感受到工会组织温暖，工会与群众的距离更近、贴得更紧，职工群众真正感受到工会是“职工之家”，工会干部是最可信赖的“娘家人”。二是增强了工会组织影响力。实施困难职工联系人制度，困难职工从帮扶中得实惠，企业从工作中看成效，提升了职工生活质量，促进了劳动关系和谐，工会组织以“有为”促“有位”，在职工和企业中“砝码”更重了。三是激发了社会力量献爱心。联系人为困难职工献真情、办实事，带动社会爱心人士、爱心企业、劳模企业勇于投入困难职工解困脱困。2017 年，海信集团为全省在档困难职工家庭提供 1000 个就业岗位，免费提供 1000 余件家电，通过困难职工联系人落实到每家每户。四是转变了工会干部作风。联系人走出工会机关大院，群众观点、群众意识显著增

强，作风明显转变。这种接地气的家访调查，掌握情况更真更实，工会干部队伍素质能力得到锻炼提高。许多工会干部饱含感情地说，职工的困难和坚忍，让我们更真切地感受工会组织的初心使命，对困难职工要真情联、真心帮，尽快让他们过上好日子。

·湖南省总工会·

精准施策　持续发力
深入推进“双联”帮扶困难职工就业创业

近年来，湖南省各级工会坚持将提升技能素质、促进就业创业作为实现困难职工解困脱困的治本之策，通过“双联”（机关联系企业、机关干部联系困难职工）工作机制，聚焦就业帮扶工作重点，实施“一户一产业工人”培养工程，在促进企业转型发展，帮助困难企业和困难职工生产生活，维护社会稳定方面，发挥了重要作用，已成为具有地方特色、在全国有影响的品牌工作。2016 年湖南省委对省级议事机构进行清理，“双联”被作为 23 个省级议事机构之一予以保留。同时，“一户一产业工人”培养工程还被纳入省人民政府《关于做好当前和今后一段时间就业创业工作的实施意见》。截至 2017 年 8 月，全省共有 11.12 万个县以上机关单位联系 6064 家企业，20.6 万名机关干部联系帮扶 20.35 万名困难职工，全省已培训农民工（含困难职工）41.6 万人，培训后就业 31.85 万人，脱困人口 4.55 万人。

一是坚持党委领导，高位推动。湖南省“双联”帮扶和“一户一产业工人”培养工程领导小组，由湖南省委副书记乌兰任组长，成员单位由 18 个政府部门组成，办公室设在湖南省总工会，形成了“党委统一领导、各部门各司其职、工会牵头协调、社会共同参与”的工作机制。建立述职报告和考核督导等机制，将“双联”纳入各级党委政府的绩效考核、文明建设和为民办实事内容，进一步增强了精准帮扶困难职工工作的实效性。全省所有市县都成立了相关组织机构。各地将“一户一产业工人”培养工程与当地经济社会发展规划、职业教育发展规划、脱贫攻坚工作规划紧密结合，主动融入当地经济社会发展和脱贫攻坚大局。有的地方“一户一产业工人”成为开展精准扶贫技能培训的重要依托，有的地方把培养工程纳入全市精准扶贫战略目标考核重要内容，有的地方启动了“一户一产业工人”培养精准帮扶就业创业培训项目化帮扶计划。

二是坚持统筹协调，优化资源。各级工会积极整合社会资源，把分散在人社、教育、农业、扶贫等部门的培训资源统筹起来，实行集中统筹使用，革除了各自为政、条块分割、培训资金“撒胡椒面”的弊端，确保培训项目不雷同、培训对象不重复、培训资金不分散，放大了资金使用效益，形成了培训“拳头”优势。有的地方协同人社、科技等部门共同出资设立100万元创新创业带动就业扶持资金；有的地方将职业院校、社会培训机构、行业协会和重点企业组织起来，成立职教联合会，加强培训资源的统筹管理；还有的地方将各职能部门的培训班统一到市县指定的培训机构进行培训，实现资源共享。目前，全省每年整合起来用于困难职工和农民工培训的资金达4亿多元。

三是深入调研，精准挖掘就业创业需求。借助“双联”平台，开展困难职工状况暨精准帮扶困难职工解困脱困情况大调研，掌握困难职工基本情况，为推动实现精准帮扶、精准施策提供基础和前提。积极调动各参联单位积极性，明确专人深入到各企业、村（社区）逐个登记普查，摸清企业及劳动力的培训需求，按照“乡镇（街道）建档立卡，各县核定汇总”的原则，进行精准分类，建立起“一户一产业工人培养工程”资源库。对已建档“零就业”困难家庭数据进行比对，核定“一户一产业工人培养”帮扶对象，实行“对口帮扶、挂号销号”制度。

四是提升素质，做到精准施策。各级工会以技能培训为抓手，做到“三个主动对接，一条龙服务”，实现“培训一人、就业一人、脱困一家、带动一方”的目标。主动对接职工需求，“一人一策”量身定制帮扶计划，采取“微培训”、手机平台等多种形式，为困难职工提供岗位技能、农业实用技术、就业能力、创业技能和创业扶持行动等多元培训帮扶项目，有效提升了职工的就业创业能力。主动对接企业需求，立足产业、园区和企业发展实际，将培训项目与企业需求紧紧相连，大力开展“订单式”“定向式”“定岗式”培训。主动对接市场需求，坚持市场需要什么就培训什么，开设了电焊工、汽修工、叉车工、月嫂等多个市场需求量大、见效快、困难职工容易掌握的实用技术培训，极大地增强了困难职工参加培训的积极性和就业竞争力。实行“培训—鉴定—就业—创业—维权”一条龙服务。对经培训后就业的，详细了解劳动合同、工资福利、社会保障、安全生产等落实情况，及时为他们排忧解难；对有自主创业意向的困难群体，通过开展创业培训、创业指导，全面落实市场准入、小额担保贷款及贴息等扶持政策，提高他们的创业能力和信心。

五是兜底保障，做到精准帮扶。湖南省总工会根据困难职工的帮扶需求与党政机关的职能特点，合理优化结成帮扶对子，建立实名制结对帮扶台账，“一人一策”帮助困难职工解决面临的困难和问题。针对困难职工就业、就医、就学、助困、住房保障、法律援助、信访维稳等方面的突出问题和困难，采取项目的形式，通过项目化帮扶，实施有效对接，以项目统揽资源，以项目凝聚合力、以项目落实责任。3 年来，全省共确定就业援助、困难职工保障性住房等项目化帮扶方案 358 个，实施帮扶项目 1044 个。

精准帮扶　因类施策
确保城市困难职工同步迈入全面小康

近几年来，湖南省总工会认真学习贯彻习近平总书记关于城市困难职工解困脱困的重要指示，落实全总和湖南省委的部署要求，围绕“精准”二字推进困难职工解困脱困工作。具体做法是：

一、依托“双联”机制，融入脱贫攻坚大局合力抓

2016 年，全总对城市困难职工解困脱困工作作出部署后，湖南在连续多年开展“党政机关联系困难企业、机关干部联系困难职工”活动基础上，将“双联”工作与困难职工解困脱困工作紧密结合。

一是进一步提升和完善工作格局。2018 年 11 月 9 日，省委书记杜家毫主持召开省委常委会议，专题研究城镇困难职工解困脱困工作，重新明确了由省委副书记任组长，省委省政府 19 个部门组成的领导小组，构建党委领导、政府主导、工会主抓、部门协同的解困脱困工作体系。下发了《湖南省“双联”和困难职工帮扶工作领导小组成员单位工作职责》《湖南省“双联”和困难职工帮扶工作项目化帮扶工作规划》等文件，进一步明确了各厅直单位在城市困难职工解困脱困工作的职责和任务，整合 19 部门的 51 项职能，统筹实施帮助困难企业转型发展、低保兜底救助、保障性住房、社保政策落实等 8 大项目，助力困难职工解困脱困。

二是将困难职工解困脱困工作纳入市县党委政府绩效考核，纳入机关单位“双联”工作考核。推动了 1.2 万个机关单位联系 0.7 万家企业，13.6 万名机关干部与 13.4 万名困难职工结成帮扶对子。

三是将困难职工解困脱困纳入全省工会“五个年”行动计划。深入开展维权帮扶解困脱困年活动，进一步压实帮扶责任，确保城市困难职工解困脱困工作抓紧抓实推进。

二、坚持精准建档，摸清困难职工情况有的放矢抓

一是深入开展“万名工会干部进企入户”活动。组织各级工会干部与困难职工“一对一”结对子，以“四访”（每季一访、重要节日必访、特殊情况及时访、职工需求准时访）促“四清”（家庭成员清、困难程度清、思想状况清、帮扶措施清），把工会“第一知情人”的责任全面落到实处。一些市州还对重病、伤残困难职工安排了1名志愿者，定期上门服务。

二是大力推进“互联网+帮扶”工作。依托湖南“工会云”有效对接民政、交通、住建数据系统，实行信息化管理、实时比对、动态监控，让帮扶对象和帮扶情况一目了然，实现帮扶工作一张网、一卡通。

三是加大责任追究力度。湖南省总工会出台了《湖南省工会困难职工专项帮扶资金使用管理责任追究办法（试行）》，明确对不按程序认定识别、未对档案动态化管理、职工符合条件却不给予认定等情形严肃追究责任。组织纪检、权益、财务、经审和第三方机构组成4个专项检查组对各市州进行检查。3年来，省总累计组织工会干部入户近30万户次，精准掌握了在档困难职工的致困原因，为实施“一户一策、精准帮扶”打下基础。

三、实施分类帮扶，扣紧困难职工致困原因精准抓

针对湖南省在档困难职工因失业、就业技能低、收入低致困的占44.6%，因病致困的占53.4%，因子女上学致困的占8.9%，有的叠加多种致困因素等特点，湖南省在就业、医疗、助学帮扶进行了分类施策。

一是培养“一户一产业工人”。依托各级培训资源，对有就业需求、有劳动能力、有技能提升意愿的困难职工及家庭成员针对性培训，实现培训一人、就业一员、脱困一户、致富一家，同时，对难就业的大龄或伤残困难职工，通过公益性岗位安排就业。

二是困难职工医疗救助“1+3”。“1”是城市职工基本医疗保险和大病补充保险制度，“3”是职工医疗互助活动、企业开展“救急难”活动和针对工亡遗孀等人群开展轻松筹、99公益等慈善救助。同时，对部分困难职工无力缴纳医疗互助费用的，省总为其统一缴费，并从今年开始，对经医保、互助报销后个人自付费用仍较多的再报销70%。3年来，各级工会共筹集医疗救助资金3.7亿元，帮助2.3

万户因病致困户解困脱困，特别是与99公益搭建的公益帮扶合作机制较好地解决了核工业工亡遗孀的困难问题。

三是政府资助、工会助学、社会帮扶多渠道助学。联合省教育厅等七个部门，出台了《湖南省家庭经济困难学生认定实施办法》，将困难职工子女纳入国家“奖、助、贷、勤、减、免”学生资助政策体系；连续开展“金秋助学”活动，组织动员劳动模范、社会爱心人士和企业开展助学活动。3年共筹集助学资金2.2亿元，资助困难学生4.5万人，帮助1.6万户困难职工解困脱困。

·广西壮族自治区总工会·

聚焦精准建档　健全帮扶体系
全面推进困难职工解困脱困工作

近年来，广西壮族自治区总工会按照中华全国总工会和自治区党委关于困难职工帮扶工作的部署要求，推动自治区政府出台了困难职工解困脱困文件，建立与民政等部门的工作协同和大数据共享比对机制，注重加强顶层设计，落实精准建档，拓宽帮扶资源，取得了较好成绩。

一、争取党政支持，构建多部门协同配合的帮扶格局

中华全国总工会提出困难职工解困脱困工作目标后，自治区党委书记彭清华对工会服务城市困难职工工作作出重要指示，要求全区各级工会要在城市困难职工的问题上多替党委、政府分忧。自治区总工会紧紧抓住这一有利时机，多次向党委、政府专题汇报困难职工解困脱困工作，进一步争取党政支持，为加强顶层设计、强化源头参与奠定基础。

2017 年 8 月，经自治区党委、政府批准，自治区人民政府办公厅印发了《关于进一步做好困难职工解困脱困工作的实施意见》，明确总工会主席为困难职工解困脱困厅际联席会议召集人，联席会议成员由 11 个相关委办局人员组成，全面统筹协调全区困难职工解困脱困工作，并落实了工会、工信、国资、教育、人社、住建、卫计、地税、国税以及各市、县（市、区）人民政府的工作职责。通过推动自治区政府出台文件和厅际联席会议制度的实施，进一步盘活整合了全区困难职工解困脱困工作的手段资源，放大了工作的社会效应。

二、实施大数据信息比对共享，落实困难职工精准识别

在实际工作中发现，仅仅依靠基层工会入户调查和工作单位出具收入证明，还

不足以对困难职工身份进行精准识别。基于此，自治区总工会主动加强与民政厅的沟通联系，借助大数据开展信息比对共享，探索出困难职工精准识别的新路径。

*一是加强与民政的互联互通。*共同开发广西工会困难职工信息管理系统，依托社会救助核对大数据平台，借鉴低保网上无纸化审批改革经验，实现困难职工精准识别、无纸化建档和多部门联合救助。职工只要向工会递交申请，系统就能实时查询到其有无享受低保的具体情况，并将符合申请低保对象的职工信息一键推送至民政部门；民政部门在接到低保申请时，如果是困难职工家庭，也可以一键推送给工会。在对困难职工进行救助时，若工会救助后仍困难的，可向民政部门申请救助，实现了工会和民政部门救助的信息互通和资源对接。

*二是构建多部门的大帮扶格局。*在实现与民政部门信息比对和资源共享的基础上，自治区总工会又对社会救助核对大数据进行了拓展，目前，平台已与自治区高级人民法院、公安、人社、工商、国税、地税、农机、渔政、保险、银监、通信以及14个地市的公积金、12个市的房产部门签署了信息数据联网共享协议，基本实现了多部门数据实时比对共享。当工会和民政救助面临缺口时，困难职工可通过低保信息管理系统快速向其他社会救助主管部门交换数据，实现廉租房、医疗救助、临时救助、扶贫、残疾人救助等业务的快速办理，实现多部门联合救助的无缝对接。

*三是实行数据平台管理系统的集约开发。*为节约开发时间及成本，在吸取其他系统建设经验教训的基础上，自治区总工会提出以“大数据、大集中”方式建设广西工会困难职工信息管理系统的工作思路，数据库集中部署在自治区一级，地级市只建一个备份数据库，全区统一操作系统，县区通过客户端接入，不另行建设硬件平台。目前，自治区总工会已经部署在南宁市和南宁市青秀区进行调试，调试结束后，系统将在南宁市和柳州市进行全面试点，预计2017年底正式在全区上线运行。

三、推行无纸化审批，提高工作智能化水平

在做好困难职工建档立卡等常规基础性工作的同时，自治区总工会针对申请对象文化水平低、理解能力差、行动不便、传统流程过于烦琐等问题，依托工会困难职工信息管理系统推行救助申请无纸化审批。具体来说，无纸化审批具有以下三个特点。

一是申请简单。职工只需要携带户口簿、家庭成员身份证和困难证明即可到帮扶站点或帮扶中心进行申请。帮扶站点和帮扶中心经办人员通过身份证读卡器读取

申请对象及家庭成员的各类信息，并自动生成《困难职工申请表》《居民家庭经济状况核对授权书》，经职工签名确认即可，极大地方便困难职工。二是流程简化。从受理、审批、办结、归档，全部通过系统实时推送的方式，自动生成各类电子表格和电子档案，实现网上无纸化实时审批。三是查询方便。各级工会（包括全国总工会）只要授权登录系统，均可在系统中查询到任何一位困难职工的材料，切实减轻各级困难职工帮扶中心和基层工会翻看查阅大量纸质材料的工作压力，提高了办事效率。下一步，自治区总工会还将开发职工家庭入户调查手机 App，通过手机 App 核查申请职工资料，采集工作人员入户调查轨迹、入户调查情况、职工家庭状况照片并同步上传至系统，逐步实现手机在线申请困难职工，让困难职工足不出户就能申请。

四、严格资金管控，确保帮扶工作安全规范运行

随着广西困难职工精准识别无纸化审批工作的推进，今后各项帮扶资金将全部实现系统化发放。自治区总工会将采取如下措施：一是规范管理制度。制定《困难职工帮扶专项资金支出审批制度》下发全区，形成全区帮扶资金的发放标准、审批流程、发放所需资料的统一。二是建立预警防控机制。系统通过预警防控功能来加强对资金发放程序是否合规、发放手续是否齐全、发放额度是否超支、是否在规定时间内及时录入全国工会帮扶工作管理系统、收到的资金与实际发放的资金是否相符、账务处理是否符合规定等情况进行全程监管，建立覆盖全面、重点突出的资金使用保障体系。三是救助数据共享。拟与教育、人社、民政等其他部门实现救助信息实时共享，在进行医疗救助、临时救助、教育救助等帮扶救助的同时，可以直接了解掌握对象申请享受其他部门该类资金使用情况，避免出现多重救助超额救助的问题。

信息互通　资源共享
以信息化建设为抓手　推进困难职工解困脱困

2016年以来，广西壮族自治区总工会按照全国总工会的部署要求，争取党政支持，纳入扶贫攻坚大局统筹，构建多部门协同配合的帮扶格局，建立与民政等部门的工作协同和大数据共享比对平台，拓宽帮扶资源，精准施策，取得了较好成效，全区在档困难职工由2017年的3.4万多户减少到7300多户。广西壮族自治区总工会的具体做法是：

一、全面融入脱贫攻坚工作大局，小康路上困难职工一个都不掉队

2016年以来，广西壮族自治区总工会向自治区党委、政府专题汇报，自治区两任党委书记彭清华、鹿心社都对困难职工解困脱困做出了批示。2017年8月，自治区政府办公厅印发《关于进一步做好困难职工解困脱困工作的实施意见》，专门建立了总工会主席为召集人，由民政厅、人社厅等11个部门组成的全区困难职工解困脱困厅际联席会议制度，并落实了工会、民政、人社、教育、卫生以及各市县人民政府的工作职责。2018年5月，自治区党委办公厅、政府办公厅又专门印发《关于进一步做好城镇困难群众脱困解困工作的意见》，明确将困难职工（农民工）纳入城镇困难群众政府救助体系，按照兜底保障、共享发展、精准帮扶、社会参与的原则，为困难职工构建基本生活、基本医疗、教育救助、基本住房安全、就业创业、社会保险政策待遇“六条保障线”，对获得制度保障仍未脱困的困难职工落实临时救助和各类社会资源帮扶“两个全覆盖”。通过这些，构建了困难职工解困脱困协同配合的帮扶格局。

二、实施信息互通，做到各部门资源共享协同施策

广西困难职工解困脱困实现了与政府部门、社会资源互通共享，形成社会

化合力。

一是建立与民政部门联合救助机制。通过与民政部门低保信息管理系统的数据共享，困难职工只要向工会递交申请，系统就能实时查询到其有无享受低保的具体情况，并将符合申请低保对象的职工信息一键推送至民政部门；民政部门在接到低保申请时，如果符合困难职工建档标准，也可以一键推送给工会系统。

二是构建多部门救助资源无缝对接。在对困难职工进行救助时，若工会救助后仍困难的，可通过系统快速向其他社会救助主管部门交换数据，实现民政救助、廉租房、医疗救助、临时救助、助学、扶贫、残疾人救助等业务的快速办理。

三是形成社会合力。与财政厅、人社厅联合发文，积极探索通过购买社会服务方式，鼓励、引导、培育、支持社会组织、爱心企业为困难职工家庭开展各项服务，主动加强与供电、供水、通信、交通部门的联系，为困难职工家庭争取水电、通信等费用减免政策。

三、建立智能化帮扶大数据平台，实现困难职工精准识别、无纸化、数据比对等全过程信息化管理

2017 年 10 月，与民政厅建立困难职工信息管理与社会救助核对的大数据平台，实现困难职工精准识别、无纸化建档、信息共享、数据比对、全链条跟踪等信息化智能化管理。

一是一网申请、无纸审批。职工只需携带相关证件，即可到各级工会帮扶中心（站点）进行申请，经办人员通过身份证读卡器读取各类信息，自动生成电子档案，从受理、审批、办结、归档，全部实现了无纸化审批建档。

二是大数据比对、实时精准识别。通过民政社会救助核对大数据平台，将困难职工基本信息数据与法院、公安、民政、人社、工商、税务以及公积金、房地产等多个部门，在网上自动实时比对，实现了困难职工精准识别建档。

三是全过程跟踪、全链条帮扶。开发了职工家庭入户核查手机 App，困难职工足不出户就能申请，信息采集工作人员利用手机核查 App 对在档困难职工进行入户核查，入户调查轨迹、入户场景、职工家庭状况同步上传至信息管理系统，形成了网上信息和入户核查的实时联动，及时发现问题及时帮扶救助。

四是打造资金发放“直通车”。信息管理系统统一了全区帮扶资金发放标准、审批流程、会计核算等工作，预算分配资金在系统中下达，救助对象在系统中提

取，实现帮扶资金直接发放到困难职工个人账户，简化资金发放环节，从源头上解决了帮扶资金留存、结余资金不能及时调配等问题，避免了人情帮扶现象的发生，进一步提高了工作效率和管理水平。

·云南省总工会·

主动融入大局　聚焦制度保障
推进困难职工解困脱困工作深入开展

习近平总书记在党的十八届六中全会上指出，“加大城市困难职工解困脱困的帮扶和保障力度，要强化措施、强化责任，保证脱贫工作扎实落地，保障好困难群众生活”。云南地处祖国西南边陲，贫困面大、贫困人口多、贫困程度深，是全国脱贫攻坚的主战场。

为落实好党中央打赢脱贫攻坚战的总要求和习近平总书记“小康路上一个都不能掉队”的重要指示精神，云南省总工会按照全国总工会和云南省委、省政府的具体要求，紧紧围绕“制度保障”工作主线，积极促进云南省困难职工解困脱困融入云南省脱贫工作大局。省总工会明确了开展困难职工解困脱困工作的总体思路：即围绕一条主线，建立两个机制，突出三个精准。一条主线即制度保障工作主线，两个机制即工会与政府有关部门的工作联系机制和工会与社会资源的联系对接机制，三个精准即精准识别、精准施策、精准绩效评估，把“精准”贯穿于困难职工解困脱困全过程。

一、坚持党委领导、政府支持，是做好工会解困脱困工作的有力保障

云南省委省政府的高度重视和大力支持为云南省工会各项保障工作的开展创造了有利条件。2016 年 3 月，九届省委第 149 次常委会议听取了工会困难职工解困脱困工作的专题汇报，会议要求，“省总工会、省民政厅、省人社厅等部门共同研究，提出加大对城市困难职工群体帮扶力度的意见建议”。同时，云南省委省政府在机构编制和人、财、物保障方面给予工会大力支持。

2017 年，省委、云南省政府指定省总工会牵头制定了《关于进一步做好困难职工解困脱困工作的实施意见》（以下简称《实施意见》）。《实施意见》明确要求

全省各级政府把困难职工解困脱困作为当地脱贫攻坚工作的重要组成部分，提出建立健全“党委领导、政府主导、工会牵头、部门负责、社会参与”的工作机制。2月20日，《实施意见》以云南省政府办公厅名义正式下发，为云南省困难职工解困脱困工作的组织开展提供了有力支撑。

在云南省政府办公厅出台全省困难职工解困脱困实施意见的基础上，已有15个州、市以当地党委、政府就困难职工解困脱困工作专门发文，将困难职工解困脱困工作纳入当地党政工作大局，有效统筹当地人社、民政、教育、住建等部门资源，重点从“业、医、学、保、房”（即促就业创业、落实医疗保障、落实助学政策、落实社会保险、实现住房保障）五个方面切实帮助困难职工解决实际问题，明确了社会救助的兜底保障功能，对于符合有关条件的困难职工做到“应保尽保”和“应救尽救”。

二、规范建档立卡，打牢精准帮扶基础

2016年6—10月，云南省各级工会严格按照全国总工会困难职工建档标准，在全省开展了困难职工建档立卡工作，深入掌握全省74489户建档立卡困难职工实际情况。在摸底调查过程中，对全省困难职工状况结构进行了更全面深入的分析。云南省困难职工群体存在困难程度较深，自我脱困能力较弱，抗风险能力低等特点。同时，随着供给侧结构性改革的深入推进，在化解过剩产能过程中还将不断新增困难职工，职工生活困难在今后一个时期会更加突出。

针对这种现状，为实现困难职工到2020年解困脱困，与全省人民同步迈入小康社会的总目标，云南省总工会在牵头制定《实施意见》过程中，明确解困脱困的具体标准，并进一步细化了2017—2019年工作进度安排。即每年完成30%以上建档立卡困难职工的解困脱困任务，建档立卡的困难职工家庭经过有关部门的精准帮扶和制度保障后实现“两有五保障”（即有吃、有穿，就业、就医、就学、社会保险、住房有保障）。

云南省总工会将困难职工解困脱困工作列入了工会年度重点工作目标责任考核体系，制定了《云南省工会困难职工解困脱困工作规划（2017—2020年）》，下发了目标任务通知，并细化了解困脱困工作百分制考核。同时省级专项预算投入3000万元帮扶资金，为解困脱困工作开展提供资金保障。全省各级工会将牢牢把握制度保障主线，把精准帮扶贯穿于困难职工解困脱困工作全过程。

三、坚持系统集成，整合各类资源

一方面是主动加强与政府部门沟通合作。云南省总工会先后与省国资委、司法、民政、人社、教育、住建、省工商联等部门建立工作联系制度。譬如，与云南省民政厅共同签署了《云南省总工会、云南省民政厅建立工作联系机制协议书》，重点就双方在民政事业发展和社会救助体系建设、职工帮扶服务工作制度建设、项目规划中的会商合作达成一致共识，全面落实政府和工会相关帮扶政策，实现对符合最低生活保障条件的困难职工应保尽保。同时，双方还建立了困难职工数据信息与民政数据信息的互通共享机制，为推动全省符合条件的困难职工充分享受各项社会救助政策提供了技术保障。此外，云南省总工会还与省司法厅建立了律师参与职工信访接访制度，及时了解职工利益诉求，加强对困难职工合法权益的维护。

另一方面是加强与社会资源对接联系。云南省各级工会积极推动社会福利事业与特定职工帮扶工作的项目合作等。云南省祥云县总工会成功闯出了创新之路，充分发挥工会组织的桥梁纽带作用，使县委、县政府将困难职工解困脱困纳入当地脱贫攻坚大局，通过系统集成的方式有效整合政府有关部门和社会资源，列出服务清单，帮助困难职工应享尽享各项保障政策，真正实现制度保障和精准帮扶。祥云试点成功后，大理州总工会迅速在全州推广祥云模式，2017 年全省困难职工解困脱困推进会上，也重点推广了祥云的成功经验。

做好困难职工解困脱困工作是当前和今后一段时期一项重要政治任务，云南省各级工会将继续围绕“制度保障”的工作主线，借鉴学习兄弟单位的先进经验和做法，齐心协力，真抓实干，切实把“精准”贯穿于困难职工解困脱困工作全过程，在推进全省困难职工与全国人民同步迈入小康社会中作出云南工会的积极贡献！

科学评估　注重实效
确保困难职工解困脱困精准实施

云南省总工会按照全总部署要求，坚持高位推动，精准发力、精准施策，困难职工解困脱困取得显著成效。到目前，省政府和全省16个州市政府全部出台了实施意见，省委省政府8个部门还专门出台落实困难职工解困脱困相关政策措施。全省工会共投入资金7亿多元，建档困难职工从7.1万户减少到1.3万户，培育出“祥云样本”“红河经验”等先进典型。2018年，云南省总工会坚持问题导向，强化精准责任，开展了第三方质效评估工作，主要做法是：

一、聚焦精准帮扶，把质效评估作为深化解困脱困工作的重要抓手

当前，解困脱困工作已进入攻坚期，仍在档的困难职工家庭致困因素复杂、困难程度深、脱困难度大，都是难啃的“硬骨头”，在这个节点，云南省总工会迫切需要专业的核查评估团队，帮助找准关键，制定更有针对性的措施，明晰工作的路径和方法，确保2020年如期完成任务。2018年，云南省总工会专门组织了一次困难职工精准识别“回头看”行动，通过这次行动，感到在解困脱困工作中，仍然存在一些识别不够精准、施策不够精准、退出不严格等问题，为了彻底解决这些问题，有必要开展一次覆盖全省的质效评估，由第三方客观公正独立实施，真正摸清底数、掌握实情，点出问题关键，倒逼各级工会认清问题、主动整改、积极作为，把各项工作落到实处。

二、狠抓评估实施，切实找准症结查明实情

一是立足于“准”，注重评估标准的精准性。借鉴农村脱贫攻坚核查评估经验做法，定实各项评估标准。紧紧围绕错评率、漏评率、错退率、漏退率和综合精准率5项核心指标，结对帮扶覆盖率、帮扶方式精准率、帮扶工作认可度3项参考指

标进行谋篇布局。遴选了云南师范大学精准扶贫评估与研究中心团队作为第三方机构实施评估，让专业的团队、专业的人、用专业的标准做专业的事，确保评估结果客观、公正。

二是立足于“全”，注重评估范围的广泛性。整个评估采取抽样调查的方式，从2016年以来的在档困难职工家庭及送温暖名单中，抽出1.16万户进行核查评估，其中既包括尚未脱困的困难职工，也包括已脱困的职工，还包括不在档的职工，样本覆盖了全省16个州市、69个县（市、区）和24个省级产业、系统、公司工会，较为准确地反映了全省的实际情况。

三是立足于“实”，注重评估方法的科学性。对全部抽样职工家庭进行了入户走访，面对面填写调查问卷，获取了他们各方面的第一手资料信息。对200余名基层工会干部进行访谈，了解相关情况。在此基础上，进行数据挖掘和深度分析，形成1个总报告和40个分报告。

四是立足于“效”，注重评估结果的针对性。通过评估，全省的困难职工识别与退出综合精准率达到95.22%，这一结果，是对云南省总工会前期各项工作的一个肯定，同时也找出了在漏评率、错退率、漏退率、职工群众满意度等方面与国家精准脱贫“三率一度”标准的差距，发现了个别地区解困脱困政策落实不力、存在唯收入论、脱困质量不高等问题，提出了构建责任清晰、各负其责、合力攻坚的责任体系等5方面近20条措施建议。

三、注重成果运用，着力构建困难职工帮扶长效机制

为进一步巩固和深化评估成果，云南省总工会制定了《云南省总工会关于建立健全帮扶工作长效机制的意见》等九大制度文件，逐步构建层次清晰、互为补充、各有侧重、保障适度的梯度帮扶体系。

一是一般困难机制帮。会同民政、人社等八部门，进一步梳理城市困难群体就业创业、就医、就学、社会保障、住房等方面的政策清单，让困难职工家庭充分享受党委、政府已有的各项帮扶救助政策。在开展好医疗互助、金秋助学等活动的基础上，制定《云南省工会送温暖资金使用管理办法》，把一般困难职工纳入送温暖对象范畴，开展常态化送温暖活动，持续为困难职工提供关心关爱。

二是突发困难及时帮。以患重大疾病造成生活困难，或遭遇意外、事故、灾害等情况造成突发困难的职工家庭为重点，制定《云南省困难职工重大疾病帮扶慰问

办法》《云南省职工突发困难帮扶慰问办法》等制度，让因重大疾病和突发灾害造成困难的职工家庭能够得到及时高效的帮扶救助。

三是突出困难重点帮。制定《云南省总工会关于进一步精准推进困难职工帮扶工作的指导意见》《云南省困难职工结对帮扶办法》，对年龄偏大、困难程度深、致困原因复杂、自我脱困能力弱的重点帮扶对象，启动挂州（市）联企帮困行动，从省总工会带头做起，组织各级工会干部与困难职工结对联系，在资金、政策、扶持措施等方面大力倾斜，做到一户一策、有效聚焦、精准施策、重点帮扶。

四是构建精准有效的考核评价机制。制定修订《云南省困难职工档案管理办法》《云南省困难职工脱困退出办法》《云南省工会困难职工专项帮扶资金使用管理办法》，重点对识别、帮扶、退出的标准、程序、方法等关键指标进行细化量化，加强监督和考核，坚决防止出现数字解困、盲目脱困的现象。

·甘肃省总工会·

问题导向　高位谋划
坚决打赢城市困难职工解困脱困攻坚战

甘肃作为西部地区，困难职工较多，工作基础薄弱。2016 年以来，特别是 2017 年全总督查组对甘肃督查后，甘肃省总工会以问题为导向，狠抓落实，多措并举，积极争取省委省政府支持，层层传导责任，城市困难职工解困脱困工作取得了一定成效。

一、提高政治站位，将城市困难职工解困脱困融入各级党委政府脱贫攻坚大局

甘肃省总工会按照全总部署要求，多次向省委省政府专题汇报，积极主动争取重视支持，2018 年省委省政府两办名义下发《甘肃省推进城镇困难职工解困脱困三年行动计划（2018—2020 年）》，做到了城市困难职工解困脱困与农村脱贫攻坚“三同步”（同安排、同部署、同解困）。成立以省委分管领导为组长，省人大常委会副主任、省总工会主席和省政府分管领导为副组长，发改、人社、财政、民政、教育、卫计、住建、工会等单位负责同志为成员的城市困难职工解困脱困工作协调推进领导小组，办公室设在省总工会。各级党委、政府把困难职工解困脱困工作纳入党政领导班子和领导干部政绩考核体系，建立年度重点工作目标，逐级建立责任制，签订责任书，加大考评导向力度，考核结果作为评价工作、考察干部的重要依据。

二、整合政策资源，将困难职工解困脱困政策的效应释放到底

根据三年行动计划，甘肃省总工会发挥牵头部门作用，加强与党委、政府相关部门的联系，推动政府制定和完善困难职工专项帮扶政策，聚合政府、企业、社会

多方合力，实现城市困难职工帮扶全覆盖。

一是就业方面。将有劳动能力的困难下岗职工全部纳入当地就业创业政策扶持体系，制订就业指导方案，提供就业服务，按政策落实各项补贴，确保有就业能力的零就业困难职工家庭至少一人就业，努力实现培训一人、就业一人、解困脱困一户。

二是助学方面。落实困难职工家庭上学子女国家资助政策，将其纳入“奖、助、贷、勤、减、免”助学体系，确保城市困难职工子女从学前教育、义务教育、高中阶段（含中职）、高等教育阶段（本专科、硕博研究生）都能享受到相应国家资助政策。

三是医疗方面。将符合条件的因病致困职工纳入基本医疗保险和大病补充医疗保险、医疗救助范围，建立了职工大病保险制度，提高重特大疾病患者的自负医疗费用报销比例。推进“家庭医生”签约服务工作，动员社会力量参与职工大病救助。

四是住房保障方面。采取实物配租与发放租赁补贴相结合的方式，将城市住房困难职工纳入政府保障性住房政策覆盖范围，对缴纳公用租赁住房租金确有困难的城市特困职工，给予适当减免，切实解决好城市困难职工家庭的住房问题。

五是社会保险方面。对解除或终止劳动合同人员重新就业的，及时办理参保缴费、社会保险关系及档案转移接续手续。对未被其他单位招用的人员，符合规定的，按灵活就业人员身份参加职工基本养老保险、医疗保险。

六是强化政府兜底功能。将符合政府规定条件的困难职工，全部纳入低保范围。到2020年无法脱困的生活特别困难的职工，由基层工会出具证明，按程序申报街道（社区），政府全部兜底保障。

三、真抓实干，各级工会组织在城市困难职工解困脱困中下足“绣花”功夫

一是反复部署，督查推动。甘肃省总工会将解困脱困作为工会服务全省脱贫攻坚大局的核心举措进行部署。2017 年 8 月，省总常委（扩大）会议将落实全总“两有五保障”作了专门安排；9 月，在张掖召开全省工会城市困难职工解困脱困现场会议；省总 5 次对全省城市困难职工解困脱困工作进行专项调研督查，督查结果向省总党组专题汇报，全省进行通报。

二是实行帮扶困难职工目标责任制。发挥全省14个市州、86个县区、1350个乡镇（街道）工会和520个企业帮扶工作站点的阵地作用，开展工会干部与城市困难职工家庭“一对一”结对帮扶活动，把任务分解到各级工会，责任落实到每名工会干部身上，做到建档立卡的困难职工一帮到底，不脱困、不脱档、不脱钩。

三是规范解困脱困程序，严格验收办法。通过基层工会全部入户调查、县区工会检查、市州工会抽查、省总督查的模式，严格按照全总的五类重点群体和建档标准，通过“进、看、算、议、评、公示、审核”七步法，严把入户调查关，做到不入户调查不建档、不公示公开不建档、不集体研究不建档、工会主席不签字不建档，杜绝“假脱困”“数字脱困”。

·宁夏回族自治区总工会·

助力脱贫富民　创新帮扶脱困

近年来，宁夏回族自治区总工会紧紧围绕城市困难职工解困脱困工作部署和自治区党委政府脱贫富民战略，高度重视困难职工帮扶和解困脱困工作，取得了一定成效。现将主要做法汇报如下：

一、精准录入，动态管理

宁夏回族自治区总工会坚持定期对全区建档立卡困难职工进行入户回访普查登记，实现困难职工档案的动态管理。每年年初和年中，分别由市县总工会组织基层乡镇、街道工会工作者对辖区内的困难职工开展一次大走访和大普查，对困难职工信息及时录入更新，并层层审核把关汇入区总困难职工大数据库。区总每年对全区建档困难职工的抽查比例不低于0.1%，5个市总工会、产业工会对本辖区建档困难职工的抽查比例不得低于10%，县（区）及以下工会和产业工会所属各工会对本级建档困难职工的抽查比例全部达到100%，做到了困难职工底数清、实名制和动态化。

二、区分类别，精准帮扶

宁夏回族自治区总工会坚持按照困难职工类别确定帮扶救助标准，在帮扶资金分配上更加侧重因病致困和子女就学的困难职工家庭。根据帮扶资金总体情况，坚持“略有增长、区别对待”的原则，严格落实全总困难职工脱困解困工作指导意见和自治区党委政府脱贫攻坚要求。截至2017年底，全区生活类困难职工21680户，户均救助标准为780元；医疗救助类困难职工2699户，户均救助标准为1500元；大学在读子女助学类困难职工3302户，户均救助标准为4000元。自2008年以来，每年还在全区贫困县区设置36个“工会班”教育资助项目，资助困难职工家庭高中生1800名，人均资助1800元。近年来，区总大力推行在职职工医疗互助活动，创新职工医疗互助模式。截至2017年，参与职工、农民工达36万余人次，共收缴互助金1800余万元。通过率先示范、平稳实施、以点带面、逐步推广，职工医疗互助的社会影响力越来越大，收到了良好的效果，取得了显著成效。

三、一卡通发放，廉洁高效

目前，自治区总工会依托自己的网络信息平台，与全国困难职工帮扶软件已经实现对接。自治区总工会对困难职工档案管理、会员信息录入、会员卡办理、工作分工、完成时限、责任追究等逐项进行了明确，并提前完成建档立卡困难职工的工会会员卡办理、发放工作。自2017年以来，全区各级工会的帮扶资金全部通过会员卡“一卡通”发放，将困难职工档案信息管理和帮扶资金发放等工作环节纳入区总信息化管理系统，杜绝了帮扶资金使用管理过程中容易出现截留挪用、改变用途、救助标准不统一等问题，帮扶资金的发放工作更为透明科学，管理使用更加廉洁高效。

四、技能培训，源头解困

自治区总工会坚持“扶贫先扶志”的解困思路，积极开展困难职工技能培训促就业专项活动。2016年以来，由自治区总工会牵头，联合人社厅和扶贫办开展“三个一”就业技能培训规划。两年来，全区各级工会筹集培训资金824.91万元，累计培训困难职工、困难农民工14563人，经过培训，实现就业或自主创业9724人。同时，在县级以上工会成立了29个“工字号”创业就业服务中心，专门开展创业指导、政策咨询、技能培训、职业介绍等创业就业服务工作，积极开展“造血型”帮扶。石嘴山市和吴忠市总工会与人社局联合组织困难职工定期开展就业招聘活动，实现了部分困难职工、农民工从源头上解困脱困。

五、结对帮扶，助力脱困

2019年，宁夏总工会启动了“助力脱贫富民，志愿结对帮扶”活动，这项活动主要面向全区工会系统已经建档的困难职工（含农民工），以改善困难职工生产生活条件和增加困难职工家庭收入及脱贫致富为目标，按照困难职工的致困原因、现实状况，进一步精准细分困难职工类别，发动全区建会企业、社会组织、社会团体和广大干部职工结对帮扶困难职工。同时，区总要求各级工会组织引导、鼓励并接受社会慈善机构、团体和爱心人士的捐助，作为困难职工救助资金专款专用。帮扶采用“1+1”“1+n”或“n+1”的模式，即1名志愿者（1个志愿者团队）帮扶1户困难职工家庭或1名志愿者（1个志愿者团队）帮扶若干户困难职工家庭，或者是若干名志愿者帮扶1户困难职工家庭，力争使每个困难职工家庭都有志愿者或志愿者团队结对帮扶，并为他们提供精神、生活、技能、教育、医疗、维权等方面的帮扶。

凝心聚力　结对帮扶
扎实推进困难职工解困脱困

宁夏回族自治区总工会按照全总部署要求，结合自治区实际，通过结对帮扶，压实责任，坚持把“精准”贯穿于困难职工解困脱困全过程，取得了阶段性成效。具体做法是：

一、发挥工会组织优势，统筹社会资源，在“谁来帮”上想办法

面对全区2.4万建档立卡困难职工如何尽快解困脱困的实际问题，在深入调研、综合分析全区帮扶资源和解困脱困现状的基础上，宁夏回族自治区总工会提出了“发挥工会优势、统筹社会资源、志愿结对帮扶、助力解困脱困”的工作思路。

一是摸清底数，采取拉网式排查、逐户走访、电话回访、“大数据”比对等形式核实信息，重点对困难职工致困原因进行了详细的登记录入和分类。

二是对全区有条件、有资源、有能力的大中型企业、机关事业单位和慈善机构进行了梳理论证，并根据困难职工的解困脱困需求和类别，将6532户深度困难职工按照“技能扶持、医疗帮扶、生活救助、教育资助、法律援助”等类别分配到了217家结对单位工会。

三是由结对单位工会发动所属基层单位、党群组织、车间班组、志愿团队、职工个人，根据自身资源特长和能力大小，采用“1+1”“1+n”“n+1”的模式进行了志愿结对认领，让结对帮扶主体发挥各自的特色和优势，以求最佳帮扶效果，凝聚起了全社会助力解困脱困的强大力量。

二、聚焦难点精准施策，激活造血功能，在“如何帮”上出实招

为实现稳定脱困，宁夏回族自治区总工会改变了以往简单的捐钱捐物式帮扶，避免“一刀切”“大漫灌”，通过结对双方一对一、面对面沟通，根据每家每户致

困原因制定个性化的帮扶方案，明确责任人、时间表和任务书，注重在长效帮扶上下功夫。

一是针对因下岗失业致困的帮扶对象，免费提供就业服务和“定单式培训”，搜集企业用工需求，组织200多家企业与困难职工专场对接，累计提供4000多个就业岗位，使一大批帮扶对象通过稳定就业增加了收入、实现了脱困。

二是针对因患大病致困的帮扶对象，开展“爱心助疗”专项救助，通过“工会义工”“邻里守望”等志愿服务，帮助联系医院医生，代办医保手续，发放免费体检卡，对思想情绪压抑、波动大的困难职工，通过组织“12351”心理咨询专家入户走访、谈心聊天等方式，开展心理疏导，最大限度消除心理障碍，提升脱困信心。

三是针对因子女上学造成家庭负担过重而致困的帮扶对象，通过联系企业为困难职工的子女提供勤工俭学岗位、办理助学贷款、筹集应急钱款等方式，帮助他们渡过难关。志愿者还鼓励困难职工子女见面互动、网络交流，相互启发、知恩感恩，激发他们的报国之志。

四是建立落实帮扶责任人每月入户家访、全区四级“结对帮扶微信群”、帮扶动态定期公示等制度，促进帮扶工作比学赶帮，一级一级压实责任，压茬推进，全区解困脱困的内生动力明显增强。

三、紧盯解困脱困目标，放大辐射效应，在“帮到位”上见成效

2018年，全国工会进一步落实城市困难职工解困脱困责任制电视电话会议后，宁夏回族自治区总工会着力加强帮扶工作的提质增效，针对不同层面、不同类别困难职工的脱困需求，重点打造7大类帮扶品牌，形成对困难职工群体“帮到位”的工作体系。

一是提高帮扶标准。宁夏回族自治区总工会重新修订了“工会班”和“金秋助学”管理办法，每年对1800户子女就读高中的困难职工家庭户均资助由1800元提高到2600元；降低“金秋助学”救助门槛，每年人均资助困难大学生4000元。

二是扩大覆盖面。“职工医疗互助”参保36万人，每年为1600名患病职工支付互助金近500万元；2018年全区投入“常态化送温暖”资金3600万元，受助家庭1.2万户；每年使用临时性救助资金119万元，用于帮扶直接上门寻求救

助的困难职工。

三是实现造血帮扶。持续加大“三个一技能培训”力度，精选项目，严格验收，两年来培训下岗失业困难职工 4569 人、转岗待岗困难职工 2785 人、困难农民工 7209 人，基本全部实现就业，真正帮到了困难职工的心坎上。

·中华全国铁路总工会·

精准帮扶　改善生活
竭诚帮助职工群众解决实际困难

铁路职工大部分工作生活在铁路沿线，有的生活环境和条件十分艰苦。铁路职工中还有一个突出特点是单职工比较多，家庭平均收入不高，职工抵御疾病、灾难等风险的能力不高，因大病或灾难等原因造成的困难职工多。针对铁路职工的这些困难，铁路系统建立由党委领导、工会牵头、行政主抓、各方支持、职工参与的帮扶救助体系。铁路工会相继制定了《关于对困难职工落实“三不让”承诺的指导意见》《关于进一步做好困难职工帮扶救助工作的意见》，提出了“不让一名职工生活在低保标准以下、不让一名职工子女上不起学、不让一名职工看不起病”的承诺。近年来，铁路工会按照全总部署要求，大力实施精准帮扶，确保到2020年困难职工全部解困脱困。具体做法是：

一、建立完善四项机制

一是完善筹资机制。明确“三个一点”筹资方式，即：企业按工资总额0.2%提取一点、工会按经费10%划拨一点、职工按每人60—100元交纳一点，每年筹集帮扶救助专项资金10亿余元，用于对困难职工及患病职工进行救助和慰问。

二是完善运行机制。建立特困、重困、一般困难职工界定标准，完善助困、助医、助学制度。

三是完善考核机制。各单位将解困脱困工作情况纳入对工会考核指标，同时纳入企业经营管理业绩工效挂钩考核指标，提高目标兑现率。

四是完善监督机制。各单位每年向两级职代会报告帮扶救助资金使用情况，由职工代表进行评议。铁路总工会对帮扶救助资金作为日常工作检查和年度经费审查的重点内容，确保专项资金全部专款专用、不得挪用。

二、切实规范三方面管理

一是规范“双联”管理。建立领导干部包保联系困难职工和工会干部联系困难职工全覆盖的“双联”管理制度，明确任务、强化责任，推动实现困难问题不解决不罢休、解困脱困任务不完成不撒手。

二是规范档案管理。按照“六清”标准（家庭成员清、住房住址清、家庭收入清、就业就学清、医疗支出清、困难状况清），对符合标准的及时建立档案，纳入困难职工管理；对符合脱困条件的及时销号，退出困难档案。

三是规范动态管理。按照依档帮扶、实名制管理的原则，完善困难职工帮扶救助信息管理系统，实时掌握每一户困难职工家庭情况及帮扶救助开展情况，确保帮扶救助过程公开、透明，程序严谨、快捷，解困脱困结果真实、可信。

三、做到三方面精准发力

一是在大病救助上发力，把职工健康保护伞“撑”起来。注重源头解决因病致困、因病返困问题，例如：2018 年，武汉局汉西车务段的职工王琪肝脏移植，医疗总费用达 75.9 万元，工会给予医疗救助 32.3 万元，职工个人只负担了 8.3 万元，极大缓解了家庭困难。

二是在配偶、子女就业上加力，把职工担忧焦虑之心“暖”起来。对困难职工配偶、子女有就业能力的，及时开展就业培训并尽力扶持就业。例如：乌鲁木齐局哈密工务段帮助换肾职工黄福宁的妻子（患宫颈原位癌）为附近孩子开办向日葵小饭桌和课后托管服务，每月增加收入 3000 元。

三是在落实基本生活保障制度上助力，把困难家庭保底保障“兜”起来。对无任何就业能力的特殊困难家庭，加大特殊困难补助力度，让他们生活在当地低保标准以上。对居住特别困难的特重困职工家庭，积极协调帮助解决廉租房，例如：沈阳局近年来通过多种途径解决了 223 户困难职工家庭住房问题。

四、扎实推进“三线建设”

针对沿线职工工作生活环境和条件艰苦，生活不便、文化生活单调、就医看病困难等情况，全面深化和拓展生活线、文化线、卫生保健线“三线”建设，涵盖职工收入增长、职工住房建设、单身宿舍、乘务员公寓、生产生活设施改善、职工身心健康、精神文化生活等方面的内容，从解决职工“吃住洗饮行”基本需求入手，满足职工沟通信息、学习娱乐的多元化需求，使沿线患病职工得到及时有效的救治，让职工在长途值乘、夜班作业时家庭遇有突发临时性困难，能得到快速有效的解决，解除职工后顾之忧。

·安徽省芜湖市总工会·

创建解困脱困“四个精准”机制 全面小康不让一个困难职工掉队

近年来，芜湖市总工会根据党和国家及全国总工会、安徽省总工会困难职工解困脱困的部署要求，制定了全市困难职工解困脱困实施方案，全面启动困难职工解困脱困“攻坚行动”计划，确保2019年底前在档困难职工全部实现解困脱贫。

一、精准摸清困难底数，建立“一户一档案”动态信息管理库，找准“帮扶谁”。芜湖市总工会成立了专项领导小组，根据全国总工会、安徽省总工会困难职工解困脱困标准要求逐条对标，明确领导责任、工作推进规划和制度落实要求。在制定“芜湖市总工会2016—2020年困难职工解困脱贫实施计划”前，组织全市各级工会开展了一次对困难职工、困难劳模和困难农民工“拉网式”实地走访慰问活动，按照新标准进一步核对职工困难基础信息，为每名困难职工建立基础档案，并应用芜湖市总工会职工服务信息化系统，采取信息比对新技术手段，依据国家统一的贫困人口标准、困难职工解困脱困标准，对每一名困难职工、困难劳模和困难农民工的区域分布、致困原因、困难程度、技能水平、家庭收入状况以及共同生活成员等基础信息逐人逐项进行技术核查，筛选出的困难职工，按照“一户一档案”的原则建立实名制档案数据库，并同步录入“全国总工会困难职工档案库”“芜湖市职工服务网”，实行标准化、精细化、动态化系统管理。

二、精准研判致困原因，制定“一户一计划”，分类细化“帮什么”。市、县区总工会将所辖困难职工、困难劳模和困难农民工以区域网络化管理的形式，按照“单一因素暂时性致困”和“复合因素长期深度致困”标准进行大致分类；再由各县区、乡镇街道、社区和村居委及企业工会和职工服务（帮扶）三级体系工作人员进行再细化，区分是因病长期致贫，还是因为意外事故暂时生活困难；是因为就业能力单一限制其解困，还是因为子女上学负担拖累；是因为政策性原因失去工作岗位，还是自身原因找不到合适的工作等情况。根据不同致困原因，按照“一户一计划”制定解困脱困工作措施，明确服务项目，同步为每个责任工会、每名困难职工发放工会困难职工解困脱困“联系卡”。同时，每年重点对连续帮扶救助 2 年以上仍未解困脱困的深度困难职工进行一次致困原因深入分析研究，市总工会将人均收入低于 900 元中 221 户本人大病、141 户供养直系亲属大病家庭作为重点关注人群，实行因人制宜解困脱困。目前，全市和各级工会建立起了困难职工、劳模及困难劳模、困难农民工实名数据库，各级工会组织正按 2016—2019 年 40%、30%、20% 及 10% 递减精准解困脱贫计划和每一名困难职工、困难劳模和困难农民工精准解困脱贫工作计划，确保“五年计划四年完成”。

三、精准谋划对策举措，实施“一户一措施”，着力“怎么帮”。市总工会总结民政民生和工会帮扶救助的实践经验，规范了政策制度、法律服务、救助援助、创业就业和项目服务等“五项”帮扶联动举措。积极探索“互联网 +”工会普惠服务新模式，拓展工会两节送温暖、金秋助学帮扶救助范围，无缝对接社会保障和政府精准扶贫行动，在完善“四送”机制的基础上，新增了在读困难职工子女圆梦计划、高职专科金牌蓝领计划和工伤职工一次性专项救助计划，延伸工会救助、维权、服务新内容，每名在档困难职工、子女每年至少享受一次救助或者服务。同时，市总工会争取市政府每年划拨 1100 万元专项资金补充工会开展上述活动。2016 年实现职工信息化平台与政府人力资源市场平台互联互通，市职工服务中心从金秋助学电子档案中查询即将毕业的困难职工子女大学生信息，举办困难职工毕业季大学生对接企业、专业见面会活动，有效提高了困难职工子女大学毕业就业率，实现困难职工家庭子女创业就业脱贫。市、县总工会与职业技术学校联手开办职工转岗待岗职业技能免费培训班，搭建职工技能培训、技术等级鉴定“一条龙”培训、发证平台；创建劳模创业就业示范基地、劳模大学生实训基地，搭建多渠道平台，为有创业意向和就业能力的困难职工子女，通过自强自立脱贫致富创造条件。

四、精准压实机制管理，定位“一户一责任”，落实“谁来帮”。市总工会综合运用“全国总工会困难职工档案库”与“芜湖市职工服务网”的动态数据，并通过“困难职工解困脱困联系卡”落实“一户一责任”管理工作制度机制，电子档案、网络工作日志工作流程可追溯、可追责的“电子痕迹”倒逼每一级工会组织、每名工会领导和工会社会化工作者结对解困脱困职责落实成效。同时，市总工会坚持按照解困脱困“攻坚计划”目标要求，每季度进行一次网上催办、督办行动；每年进行一次专项“清网行动”、各县区专项自查和市总工会普查总结工作，确保“攻坚计划”每项工作内容、每名困难职工解困脱困事项有人落实。2015 年芜湖市总工会率先在全省构建起了职工服务信息化系统平台，同步对全市 14 个市、县区、工业园区职工服务中心以及 90 个基层工会困难职工服务站进行了信息化服务功能升级，实现全市职工和困难职工救助维权服务全覆盖。全市所有职工可以随时随地拨打“12351”职工维权热线，登录“芜湖市职工服务网”和“身边芜湖”之“工会服务”App 移动客户端，多渠道、多路径向各级工会组织和三级职工服务平台（窗口）提出服务诉求需求；各级工会职工服务平台（窗口）24 小时全时域、无条件提供政策咨询、法律援助、救助服务和女职工特殊权益保护等救助维权服务。

·福建省泉州市总工会·

聚焦精准　复合帮扶　扎实推进城市困难职工解困脱困工作

近年来，福建省泉州市总工会按照上级工会的精准帮扶、城市困难职工解困脱困工作部署，立足市情，精准发力，取得一定成效。尤其是近两年来在福建省省总工会的有力指导下，全市工会的困难帮扶体系得到升级和强化，各级工会帮扶业务和帮扶能力都有较大的拓展和提高，工会帮扶工作取得积极成效。全市范围内，全总档案累计脱困7150户、累计注销617户；地方档案累计脱困15734户、累计注销896户。泉州市总工会的主要做法是：

一、精准识别建档，确保不漏一人、不掉一户

泉州市总工会在每年度开展的职工队伍状况调研活动中增加城市困难职工家庭情况选项，2017年开展“千人问卷”调研，2018年开展“5454例职工数据”分析，掌握城市困难职工所思所想所求，为精准开展解困脱困工作提供数据支撑。同时，下大力气解决多年来在城市困难职工建档工作中存在的信息缺项、覆盖不全、概念不明、责任不清、标准不一、随意性强等问题，2018年5月至6月集中时段开展全市千名工会干部大入户、大走访、大核查活动，确保各级工会准确掌握本辖区、本单位困难职工底数和情况，逐户建立《工会脱困解困联系卡》，在此基础上分类建立全国总工会、地方工会、基层工会三级档案，实行“一户一档”，统一全市工会城市困难职工档案盒，以档案形象提升规范意识，夯实工会帮扶工作基础。

二、夯实帮扶基础，确保有力推进、有序开展

一是建设一个帮扶“服务圈”。从2011年起，泉州市、县两级工会连年集中发力，先后投入资金4000多万元，在企业和职工集中的地域建成市、县、镇、村、

企业五级职工服务中心共300余家，为职工“有困难找工会”提供便利，“十分钟帮扶服务圈”基本成型。近两年来，泉州市又在福建省总工会的有力指导下，在企业和职工最密集的环泉州湾启动职工服务中心转型升级工作，把帮扶阵地建到城市困难职工身边，为城市困难职工提供多元化、差异化、个性化帮扶提供阵地支撑。

二是构建一张帮扶“智慧网”。泉州市在“网上工会”建设中，重点考虑“互联网+城市困难职工解困脱困工作”，困难帮扶线上办理系统开发已完成，目前正在调试；同时在“泉工e家”网上工会平台开设专栏，创新“学习+答题+帮扶”模式，引导职工群众通过参与学习答题积分兑换帮扶金，以众筹方式积累帮扶资金28万元。此外，依托民政部门“泉州市社会救助综合施救平台”直接分配账号，各县级工会均可直接提交查询申请、比对信息，有效解决城市困难职工建档、认定不明确及重复帮扶等问题。

三是完善一份帮扶“路线图”。为推动泉州市城市困难职工解困脱困工作与时俱进，市总工会主动组织工作人员到省内兄弟城市工会学习好做法好经验。2018年来，先后制定《泉州市总工会三级困难职工管理档案实施办法》，修订印发《泉州市市本级工会困难职工帮扶工会实施办法》《泉州市总工会困难职工帮扶专项资金管理使用办法》《泉州市总工会开展困难职工入户走访专项核查规范建档办法》等一系列工作规定、实施办法，明确各项工作要求、标准及各级工会的帮扶工作责任、工作任务，让各级工会开展困难帮扶工作有据可依、有章可循、依规帮扶。

三、精准分类施策，确保帮到点上、扶到根里

泉州市坚持“帮扶多一分、扶贫少一户”理念，通过生活上扶贫、精神上扶志、能力上扶技、经济上扶业，从根本上帮助城市困难职工脱贫解困。

一是对下岗失业、无业致困的城市困难职工“挂钩帮”。建立市领导率市直单位挂钩帮扶制度，市领导携市直单位挂钩帮扶重点城市困难职工70户，各机关单位发挥行业优势和自身资源，为城市困难职工提供政策、信息、科技、就业岗位等，对纳入全总档案、地方档案的城市困难职工，分别按每户不低于3000元、2000元的标准进行全覆盖慰问。仅在2017年、2018年两年间，全市各级工会为职工提供各项服务32763人次，直接帮扶城市困难职工23870人次，筹集帮扶款物2043万元。

二是对因学致困的城市困难职工“牵手帮”。建立市县两级工会及其直属单位

全员一对一结对帮扶制度，市总工会、直属单位全体干部职工结对帮扶城市困难职工 63 户。连续两年对金秋助学标准进行调整，2019 年统一提高到 6000 元，让所有在泉州工作的城市困难职工家庭子女，从高中直至大学学费无忧。

三是对因病致困的城市困难职工“健康帮”。将建档城市困难职工纳入职工医疗互助、大病补助范畴。针对广大非公企业职工不能享受到市直单位 25 种重大疾病补助的问题，泉州市总工会从 2019 年起，专门面向非公企业职工，对首次确诊患有恶性肿瘤等四种重大疾病的，一次性补助 3000 ~ 5000 元，作为配套省总工会大病补助的又一项精准帮扶措施。

此外，泉州市总工会还出台了一系列针对特殊城市困难职工的帮扶措施：把文明家庭、道德模范、身边好人、优秀志愿者、见义勇为个人等领域的城市困难职工家庭子女纳入金秋助学对象；联合关工委开展“关爱困难农民工子女·三进”活动，对困难农民工子女送去生活上的关爱。

四、精准逐户退出，确保既扶上马、又送一程

近年来，泉州市总工会实现解困脱困的职工中，35 户通过落实社保待遇实现脱困；381 户被纳入大病保险和医疗互助实现解困；89 户通过社会救助兜底解困；1323 户通过子女就学帮扶脱困。为巩固解困脱困成果，市总工会把创业扶助作为一项“造血工程”来抓，联合市财政局、人社局、农业农村局、农商银行实施创业联盟行动，市、县两级工会、财政安排 500 万元专项资金，泉州农商银行提供 2 亿元创业专项授信，为有需求的申请对象提供资金支持。据统计，近三年来累计扶持创业项目 500 多个，投入扶持资金 2280 万元，吸纳有劳动能力、无法外出、无业可扶的城市困难职工、贫困人员就业 8300 多人。

·江西省上饶市总工会·

创新工会就业服务　精准发力解贫脱困

上饶市总工会以“建家、强家、暖家”专项行动为契机，以服务大局、服务基层、服务职工为目标，以“党政所需、职工所急、工会所能”为己任，以夯实基层基础、构筑制度建设为着力点，以创新举措、丰富载体为手段，积极促进创业就业工作，服从和服务于大局，支持调整结构和转变增长方式的客观要求，认真履行维护广大职工合法权益，为下岗职工办好事办实事。为做好困难职工解困脱困，维护职工队伍稳定，促进全市经济社会健康有序发展，上饶市总工会在省总工会的坚强领导下，认真贯彻落实市委、市政府关于推进全民创业就业的重大举措，迅速行动，始终把协助政府促进创业就业工作作为工会工作的重中之重去部署谋划，不断创新创业就业帮扶载体，营造创业就业氛围，搭建创业就业平台，倾情服务职工创业就业做了大量卓有成效的工作，取得了一定的成效，获得了企业和下岗职工的好评。

一、舆论先行，营造创业就业浓厚氛围

思想认识的高度，决定工作的力度。没有思想认识的提高就不可能有工作上的突破，为使全市工会组织和职工迅速行动起来，参与到全民创业热潮中，首先在宣传舆论上进行了造势，大力弘扬创业精神，积极引导职工转变就业择业观念，增强创业意识，走自主创业道路，形成鼓励创业、支持创业、全民创业的社会氛围。一是组织、引导职工树立创业信心，直面挑战。市总工会成立了创业就业领导小组，制定创业就业目标、资金帮扶的措施。在第一时间召开全市直属基层工会主席会议，贯彻落实市委、市政府推进全民创业就业重大举措，广泛宣传创业政策；积极引导有技术、有资金、有创业能力的职工自主创业。二是开展了多种形式的创业、就业先进经验和典型事迹宣传。利用新闻媒体在电视、报纸、网络开辟举办的“劳

模美·劳动美·工匠美”大型宣传活动，自2017年3月起至2018年3月全年每周二期，4月15日—5月15日每天一期，在上饶电视台时政要闻栏目中专题播报创业典型人物、劳模、工匠先进事迹，全年宣传130余名。把成功经验传播到广大职工群众中，带动更多的人创业就业，产生了良好效果和巨大反响，激发了职工创业热情。

二、用活政策，主动对接，为广大职工提供“实心服务”

一是与人社局、妇联联合举办了2017年春风行动暨2017年春季招聘洽谈大会，全市共组织了市内外的各类企业5000多家，共提供岗位3万多个。全市各级工会组织专场招聘会152场（次），发放宣传资料10余万份，为5万人提供免费就业服务，成功介绍1.7万人就业。二是为促进化解过剩产能企业分流下岗职工和农民工就业，做到就业创业援助工作常态化、精细化。对在档的困难职工进行精准识别、精准帮扶，制定专门的脱贫方案外，还大力开展就业招聘活动，采取职业推介和现场招聘的形式，让下岗职工、返乡农民工实现了重新就业。利用劳动部门就业平台，信息资源互享。2017年，市总工会和人社局联合开展了上饶市“劳模美·劳动美·工匠美”服务活动暨迎“五一”招聘大会。活动当天，各县（市、区）同时设立了分会场。全市有近2000家企业参加，提供了24699个工作岗位，共计应聘9100人次（其中农民工4000多人），达成求职意向的有3782人；开展健康咨询800余人次；发放法律法规宣传资料1万余份，法律咨询500多人次。对未就业的困难职工和农民工进行了信息登记和岗位推荐。

三、加强培训，提升技能，为职工就业提供“暖心服务”

一是针对有劳动能力的困难职工，通过加强技能培训、提供创业援助等方式，以就业创业解困脱困一批。将有劳动能力的困难职工纳入政府主导的积极就业政策，充分运用就业创业扶持政策、化解过剩产能职工安置政策等，帮助困难职工实现就业再就业。为促进化解过剩产能企业分流下岗职工和农民工就业，做到就业创业援助工作常态化、精细化。二是除对在档的困难职工进行精准识别、精准帮扶，制定专门的脱贫方案外，针对不在档农民工，市、县（市、区）两级工会充分发挥基层工会的作用，对未就业的农民工进行信息登记，做到了解情况，找准方向，不断推送合适的工作岗位。三是全市各级工会组织投入大量的人力、物力、财力与有关部门紧密配合，根据市场需求和下岗待业、转岗人员及农民工的不同特点，有计划开展了计算机、家政、美容美发、育婴师、老年人护理、SYB、来料加工等内容的专项培训。两年来，全市各级工会组织共举办技能培训班80余期，培训下岗职工1万余人，帮助7000多名下岗职工（农民工）实现了就业、再就业，2000多户困难家庭实现了解困脱困。真正做到就业一人，脱贫一户。结合精准扶贫对象、零就业家庭、就业困难农民工的特点，积极对接各类企业，找准扶贫“穴位”。全市各级工会组织依托基地优势和社会资源，加大就业培训力度，通过请进来、送出去、派下去等多种形式，多种途径提升职工技能。

1. 广丰区总工会建立全区职工培训基地，免费为待业人员、失业职工、困难职工（农民工），高校、职业院校刚毕业的大学生提供岗位培训，开展了机械操作、木艺家居、果业种植、工程建筑、旅游文化、电脑操作、电器安装修理、家政服务、母婴护理、公共营养、环卫绿化、数控车床等二十多个专业技能培训，提升技能绝活，拓宽就业途径，做实做优职工培训，促进创业就业成效显著。2016年以来每年全区培训人数6000多人，其中职工培训达到3000多人，每年培训次数达到200多期，所设各类专业培训轮流培训次数每年达到10多轮次。培训合格率达100%，优秀率达85%，就业率也达60%以上。上饶高新区用工培训人数2558人，创业培训人数1323人，新增农民工转移就业9096人。现年40岁的下岗职工高级育婴师余秀玉，2016年在上海从事“月嫂”家政服务工作，月薪高达12000元。获得资格证书的培训学员大部分出去能成功找到工作，胜任本职工作。

2. 信州区总工会与上饶市“红杜鹃”培训基地常年合作举办免费育婴师培训，通过培训受训人员参加人社部的育婴师考试，获得了全国通用的育婴师资格证，为从事育婴师打下坚实基础。

3. 上饶县积极组织下岗工人和农民工参加SYB创业培训，通过学习培训，使他们厘清了思路，转变经营理念，走上创业成功之路。女农民工林桃仙，通过参加SYB创业培训，成立了上饶市林庄实业公司，从事生猪养殖，2017年，公司年出栏生猪达到1万多头，销售收入达到2000余万元，利润60余万元。同时带动周边360户农户进行生猪养殖，户均增收2000元。

4. 玉山县优化培训模式，大力开展订单、定向、品牌培训；铅山县联合就业部门对返乡农民工和职工制订了三年培训计划，包括职工培训、职业介绍、创业培训、法律援助、技术指导等十几项内容，带动了一大批困难职工、农民工在家门口就业；万年县总工会通过工会微信微博平台积极向大学生提供政策咨询、就业指导等就业服务。

2017 年，市总工会优先选送了 30 名弋阳县、德兴市、鄱阳县的下岗女职工赴北京农家女学校参加免费老年人护理培训。通过开展内容丰富、形式多样的专业技能培训班，使更多的困难职工接受了培训，提高了自身的职业素质和就业能力，提升了自身的专业技能水平，增加了就业机会。

四、统筹谋划，精准发力，为职工创业就业提供“贴心服务”

以创业带动就业，是我们近年来抓的一项重点工作，全市工会组织积极主动培育和扶持了一批下岗职工自主创业的典型。这些规模大小不一的创业基地，有的从事制造业、有的从事加工业、有的从事种植养殖业，还有的从事服务业，劳动密集型较多。为了扶持这些创业人员成功创业，工会组织从办证、批地、建厂等具体事务上进行协助帮助，对部分示范基地进行挂牌服务。目前，全市有下岗职工创业基地 130 多个。

近年来，上饶市总工会采取多方联动办学模式，打造培训服务平台，创新举措，免费提供培训，积极推荐就业，帮助更多下岗失业职工和社会待业农民工实现就业和再就业。但离广大职工的期盼和上级工会、市委、市政府的要求还有一定差距。今后上饶市总工会将把下岗职工创业就业工作推向一个新阶段，展现工会新作为：一是建立健全下岗职工创业就业长效机制。主要是健全“五项机制”，即创业扶助机制、就业扶助机制、职业培训机制、帮扶救助机制和法律救助机制以及全面实施职工素质建设工程五年规划，培养和造就一支高素质职工队伍。二是加强与人社部门开展春风行动、就业援助、招聘大会等形式，帮助职工创业就业，展现工会组织新作为。

·山东省青岛市总工会·

顺应时代发展趋势　探索 EAP 服务模式

——青岛市总工会职工心理健康服务的实践与做法

随着经济转型升级和产业结构调整，涉及民生、就业等社会问题日益突出，特别是随着企业并购重组、搬迁改制步伐的加快，青岛市 10 万余名职工面临岗位调整，工作、生活和心理等多重压力增加，职工心理问题和精神疾患呈现快速增长趋势。青岛市总工会从 2013 年开始，在全市范围内开展了 EAP 普惠试点项目。经过五年的探索和实践，逐渐形成了“政府主导、工会搭台、企业参与、专业服务”的工作模式，该项目荣获 2016 年山东省总工会创新工作奖。

为推动 EAP 工作的开展，一是省市两级下发了文件。2015 年 11 月，山东省总工会联合六个部门共同下发了《关于实施“推动职工成长计划（EAP）促进和谐劳动关系建设”项目的意见》（鲁会〔2015〕89 号），要求在全省范围内广泛推动 EAP 项目的实施。在充分领会上级文件精神的基础上，经过广泛调研、试点论证，青岛市总工会 2016 年制定下发了《青岛市总工会关于实施“职工心理健康服务”普惠项目的意见》（青工〔2016〕7 号），开启了 EAP 服务的进程。二是青岛市总工会进行了 EAP 援助师骨干队伍培训。计划从 2016—2018 年，利用三年时间为企业培训 1200 名 EAP 援助师，目前已培养四期 800 余名来自工会、机关和企业管理层人员，为 EAP 工作的开展贮备了骨干力量，培养了普及 EAP 的“种子”。

青岛市总工会每年投入 300 万元购买专业公司服务，并参与 EAP 进企业的调研、启动、服务、监督全过程，每年对六个国有企业进行试点，一是抛砖引玉，让企业认识 EAP，了解 EAP，使用 EAP。二是协助企业正确运用 EAP，提高绩效。三是督促专业公司的服务质量。四是总结和指导 EAP 工作的持续开展。青岛市总工会在城阳区总工会普惠试点的基础上，两年来，已对市直十二家企业进行了推广试点工作，今后将增加投入，扩大试点，最终的目的是引导广大企业学好、用好

EAP，为企业绩效和职工快乐工作、幸福生活起到推动作用。

试点过程中，选择重点人群展开服务试点，使试点服务更广泛。一是服务于劳模群体。青岛市总工会每年为1500名市级以上劳模提供心理健康服务，践行“关爱健康，崇尚劳动”服务理念。二是服务于疗休养职工群体。青岛市总工会每年为2000名一线疗养职工在传统疗养项目的基础上，增加心理健康专场服务，使疗休养人员得到物质和精神双重关爱。三是服务于企业管理层。关注提高领导力，全方位激发领导潜能和特质，助力企业稳定发展。四是服务于一线员工代表。选择部分职工代表作为服务对象，认真听取服务意见，进一步完善服务措施；随着服务的开展，逐步扩大到全体职工。五是服务于重点行业。从行业角度，选择地铁集团、公交集团、大唐黄岛发电厂等压力普遍较大的职业人群作为服务对象，以点代面，逐步拓宽服务面，起到示范和引领作用。

EAP是一项专业性很强的服务，青岛市总工会采取向社会专业EAP机构购买服务的方式进行，通过对全国范围内知名EAP公司的筛选和招标，与青岛瑞阳心语心理学应用技术发展有限公司合作，本着“专业人干专业事”的原则，充分发挥专业服务机构作用。通过五年的工作实践，不断完善工作项目和内容，探索形成了“五个一”服务机制，即：一个基地、一支队伍、一个平台、一套模式、一套制度。

1. 建立了一个综合性服务基地。依托青岛“瑞阳心语EAP体验训练基地”，建设总建筑面积约5600平方米的青岛市总工会心理健康服务基地，由“EAP服务中心、心理健康教育与咨询中心、培训中心、危机干预中心、素质拓展中心”组成。每个中心相对独立，互为补充，一次可容纳300人同时展开心理测量、心理训练、心理咨询、培训讲座、素质拓展、团体活动等内容。

2. 整合了一支专业性服务队伍。服务机构设立了“咨询师、培训师、危机干预、服务保障”四支队伍，拥有各类心理学专家和专业心理咨询师、培训师360余人，这些专家分别来自北京、上海、杭州、山东省内及青岛本地和部队，拥有教授职称、博士、硕士学位和心理咨询师资格，形成比较强的服务能力，可全面完成心理健康服务项目和内容。

3. 打造了一个“互联网+云心理”服务平台。“互联网+云心理”服务平台，是瑞阳心语的专家团队研发的一套具有知识产权的新一代心理健康服务平台。它以一系列国际上最成熟的心理学研究成果为先导，以互联网和手机App技术为核心，以一系列智能化心理专业仪器和设施作支撑，以一批活跃在全国心理研究、心理教育、心理咨询战线上的专家教授为后盾，使传统的心理健康服务大踏步进入了互联时代、移动时代、智能时代，是心理健康服务模式、范围、效率的一次大转变、大扩展、大提升。

4. 完善了一套系统的 EAP 服务模式。目前在国内没有成型的 EAP 服务模式，青岛市总工会与瑞阳心语团队一起，本着“能落地、有实效、易推广”原则，通过反复探索和实践，形成了“1234567”的服务模式。一是制定一套合理的服务方案。根据青岛市总工会普惠服务总体框架，每年针对不同单位的性质、不同对象的特点、不同阶段的需求，制定适合企业的服务规划、服务计划和服务实施方案，确定服务的路子，指导全年服务开展。二是采取两种服务方式。采取“线上与线下相结合”的方式开展心理健康服务。线上让员工通过手机 App 接受服务；线下采取进“基地服务”和“流动工作站”上门服务相结合的方式进行，服务形式灵活多样，满足不同服务需求。三是建立三级服务网络。即基地—中心—站（点）的服务网络。青岛市总工会依托瑞阳心语建立 EAP 服务基地，作为青岛市心理健康工作的总“阵地”。各区（市）工会依托服务中心搭建 EAP 服务中心，为职工提供心理服务。基层设立 EAP 服务站（点），使职工就近获取服务。四是四项服务定位。根据 EAP 服务的使命和任务，确定 EAP“服务于组织、服务于职工、服务于职工家庭、服务于企业管理层”四个方面，最终目的是提高组织管理绩效和员工幸福感。五是 EAP 服务五走进。即“走进机关和事业单位、走进国企、走进民企和小微企业、走进工业园、走进建设工地”，把 EAP 服务送到一线。六是提供六项基本服务内容。EAP 是一个完整的服务体系，服务初期主要是以下内容：调研访谈、普及宣传、心理测评、教育培训、心理训练、心理咨询等。七是产生七项服务结果。通过普惠式服务开展，对组织和个体形成如下结果：《EAP 服务调研分析报告》《职工个体心理健康体验检测报告》《单位整体心理健康状况报告》《XX 单位 EAP 实施方案》《心理咨询情况统计分析报告》《危机干预情况统计分析报告》《XX 单位 XX 年度 EAP 服务总结报告》。

5. 建立了一套规范的工作制度。为加强服务工作落实，确保有序推进，在 EAP 工作实践过程中，逐渐形成了一系列工作制度。一是统筹协调制度。采取市总工会主导，各级工会主抓，每季度召开一次服务调度工作会议，确保 EAP 项目稳步推进；二是服务保障制度。重视服务过程的调控，将服务预约、服务计划、服务实施、服务记录贯穿于每个单位每场服务过程中，建立了《EAP 服务预约登记制度》《EAP 项目服务计划制度》《EAP 服务派发制度》《EAP 服务日志制度》等十二项制度。三是服务评估制度。对服务计划的落实、服务效果的跟踪引入评估机制，不断改进工作方法，提高服务质量。四是审计督察制度。引入第三方审计机制，对立项、招投标、经费划拨、经费使用、服务效益进行综合审计，不断规范工作程序。五是档案管理制度。按照“一企一档、一人一档”的总体要求，为服务单位和员工建立心理健康服务档案，跟踪管理。六是信息保密制度。对员工的测评结果，密封送达，本人接收，绝不泄露个人信息及测评结果，未经组织批准，不予查询。

·湖北省宜昌市总工会·

运用大数据 借力大队伍
构建"互联网+"困难职工精准识别支撑

近年来，在全国总工会、湖北省总工会和宜昌市委的正确领导下，宜昌市总工会积极适应"互联网+"和做好网上群众工作的新要求，坚持以政务大数据为依托，充分发挥社区网格管理员在走访巡查中的独特作用，突出精准比对、精细建档、精心服务，为开展"互联网+"困难职工帮扶工作奠定了坚实的基础，走出了一条线上线下开展困难帮扶工作的新路子。

一、多元化构建大数据平台

一是基础信息共通。宜昌市以人口、房屋和法人组织为标识，构建了全市统一、动态更新、联通共享、功能齐全的智慧城市综合信息平台。市总工会依托这一平台，以职工身份证号和企业社会信用代码为唯一标识，通过共享交换平台，使工会所需的职工个人信息及企业组织信息与全市公安、人社、民政、房管、工商等职能部门基础信息即时对接，实现了职工社保、医保、公积金、低保、房屋、私家车等信息即时关联，企业规模、经营范围、经营状况、用工情况等信息直观反映、同步显示，从而实现对包括困难职工在内的全市职工个人信息和工会组织信息从静态、单项管理到动态、综合管理，为做好帮扶工作提供了精准的信息支撑。

二是社会信息共享。积极创新职工服务形式，联合湖北银行、工商银行及141家商户，推出"职工服务卡"，累计发卡16万张，全市困难职工人手一张，职工享受各类优惠过亿元。通过与商家服务后台的数据共享，有效地了解了困难职工的消费趋势和消费特点，收集、掌握困难职工生活动态，了解困难职工生活需求，为我们有针对性地开展困难帮扶工作提供了借鉴参考。

三是网格信息共用。宜昌市将全市社区（村）划分成1.1万个网格，每个网格配备一名网格管理员，人、房、事、物、组织全部纳入网格管理范畴。市总工会联合市网格管理中心，将网格管理员纳入工会信息采集员队伍。市政府免费开发了“社区 E 通”手机工会工作模块，网格管理员通过 E 通手机即可完成网格内的困难职工申报、困难职工走访及就业服务并将信息实时采集、实时上报、实时更新。截至目前，网格管理员累计入户核查困难职工 2.5 万人次，向市总工会上传有效信息 3.7 万余条。

二、全方位开展精准化比对

一是精准识别。困难职工等信息与政务大数据、社会公共信息的交换共享，使得工会数据支撑更加扎实，困难职工审核由线下转为线上。以前基层工会干部全部完成逐一入户调查核实至少需要一个月时间，现在通过大数据比对核查，仅需 3 天。在审核过程中，我们将困难职工个人身份证号输入大数据平台进行联网比对、验证，可以清楚查询到困难职工的户籍、房屋、车辆、公积金、社保、医保等个人信息及工商注册信息。如果在比对中发现申请人有私家车，或者有两套以上房屋，或者为法人及私营业主，原则上不能纳入帮扶对象。反之，如通过比对发现某职工出现失业，或没有社保、医保，或出现大额医疗支出等情况，则相应加大帮扶力度。系统运行以来，已实现对全市所有建档困难职工进行网上比对和审核，依法有据对拥有私家车和多套房产等因素申请困难帮扶的 90 余名职工及时给予了不符合帮扶条件的回应，他们中无一人提出异议，有效地避免了“人情帮扶”“关系帮扶”。

二是精准定位。依托电子政务平台，将困难职工个人信息与全市人口基础信息对接，可以迅速掌握困难职工所在社区的人口总数、困难职工人数及困难职工比例，并实现对某一区域困难职工群体的年龄结构、性别比例、婚姻状况、行业分布、致困原因、就业状况等情况进行统计分析。借助全市电子地图，可以准确查找每一名困难职工的居住位置，具体查看包括登记照片、身份证号、工作单位、所属网格及网格管理员姓名及电话等在内的困难职工个人信息，还可以了解困难职工所住楼栋的总人数、男女比例等，通过房屋结构图可以清晰显示困难职工所居住的房屋权属性质、房屋楼层及左邻右舍的状况，以及其家庭成员的基本情况。

三是精准服务。市总工会根据时代特征和职工特点，积极拓展困难职工诉求渠道，网站、微信、微博、手机 App 平台“四管齐下”，开通主席信箱、问题咨询等模块，全方位掌握困难职工个性需求。建立困难职工诉求分类处理机制，对于可以立即办理的进行即时信息配置和服务对接；对于需要相关部门办理的，及时启动“联动机制”；对于存在“不会办理”等实际困难的职工，由网络统一调度，实行“点对点”服务。拓展线上服务项目，推出“互联网＋”困难职工帮扶、就业服务、婚恋服务等“十大套餐”，使广大困难职工享受到更多的项目化、订单式、普惠性服务，服务职工由单一服务向全方位、多样化转变。系统投入运行以来，90%的服务项目办理完成时限缩短到了 3 天，职工满意率达 90% 以上。

三、多渠道借力网格员队伍

一是走访制度化。每月初，市总工会定期参加市网格管理中心月度工作部署会。市网格管理中心按照市总工会工作需求，对网格管理员下达困难职工走访任务。网格管理员按照市总工会提供的困难职工名单定期上门走访，通过 E 通手机“困难职工走访”模块上传困难职工情况。走访内容分为困难职工生活状况无变化、明显改善和明显下降三类，其中本人就业、大病痊愈、子女毕业等为明显改善类，本人病情恶化、直系亲属病情恶化、家庭零就业等为明显下降类。网格员在走访中，根据实际情况选择对应选项上传即可。市总工会根据网格管理员上报的情况采取相应的帮扶措施，生活状况没有变化的继续开展常规帮扶，明显改善适时取消困难职工资格，生活水平明显下降的则加大帮扶力度。如果网格管理员如在走访中发现某职工家庭出现临时困难，可随时帮助其申报困难职工。网格员在“困难职工申请模块”填写职工联系电话、工作单位，并选择“致困原因”后进行提交，市总工会通过大数据核查通过后即完成工会职工申报。

二是巡查日常化。推行网格管理员与工会协理员“‘两员’协调，一日双巡，一周碰头，说进度，谈经验，提问题”的二十一字工作法，将工会服务与网格日常工作有效融合。为了加强对网格管理员的监管，市网管中心在网格员 E 通手机中植入了“任务销号系统”和“GPS 定位系统”。如果网格员没有按时提交巡查信息，监管系统则始终显示为“任务未完成”；如果网格员没有入户实地核查而提交不实信息，GPS 定位系统则显示网格员工作位置与困难职工家庭位置信息不能重合，即认定网格员工作任务完成不合格。这些措施有效保证了网格员走访和巡查质量。

三是工作社会化。市总工会借助社区网格四至界限清楚、区域内经济社会组织信息健全的优势，按照“行业相近、地域相邻、产业相融、工作方便”的原则，以网格为范围探索组建了网格工会联合会，网格员兼任网格工会副主席或工会委员，实现了网格内工会组织全覆盖，解决了城区社情复杂区域小微企业及个体工商户建会难、服务难、管理难和基层工会人财物不足，信息采集不及时等问题。网格员充分发挥联系广泛的优势，积极为困难职工争取帮扶救助资金、医疗保险、临时救助等各类政府困难帮扶项目，成为工会维护困难职工权益的得力助手，延伸了工会帮扶工作的触角。

·湖南省衡阳市总工会·

振兴实体经济　竭诚服务职工 彰显“双联”帮扶工作新成效

近年来，湖南省衡阳市困难职工帮扶工作在市委市政府的坚强领导下，积极应对近400家国企改制、30余万改制企业职工安置、民营企业发展困难的“大环境”，着力营造企业发展、职工幸福、社会稳定的“小气候”。

一、在组织领导上做到“三突出三增强”

一是突出高位推动，增强领导力。把“双联”帮扶工作作为转方式、调结构，惠民生、促和谐的重要平台和抓手，常研常判，常抓常新。成立了以市委专职副书记任组长、相关市领导任副组长、有关市直部门为成员的领导小组，构建了“党政主导、部门支持、工会主抓”的工作格局。市委常委会、市政府常务会每年专题听取“双联”帮扶工作汇报，市级领导积极支持和参加“双联”帮扶工作会、“双联”帮扶工作现场会等各类会议，对“双联”帮扶工作进行全面安排部署。市委书记郑建新同志、市长邓群策同志带头示范，用心用情联系华菱衡钢、富士康等企业，带动全市干部职工形成了真情服务企业、真心帮助困难职工的良好氛围。

二是突出制度建设，增强操作性。坚持用制度管人管事，以制度的力量把“双联”帮扶工作推向纵深。根据新形势、新任务、新部署，每年以领导小组名义印发《“双联”和困难职工帮扶工作实施方案》《“双联”和困难职工帮扶工作要点》等文件，各级各部门根据文件精神细化方案、压实责任，形成了一套自上而下的制度体系。着力建立健全项目化帮扶机制，印发了《“双联”和困难职工帮扶工作项目化帮扶方案》，实施了“低保救助帮扶项目”“金秋助学项目”等八大帮扶项目，得到了企业和职工的高度赞誉。

三是突出严督实考，增强责任感。着力用好督查考核“指挥棒”，以责任落实推动工作落地。衡阳市委、市政府将“双联”帮扶工作纳入了县（市、区）的年度绩效考核范围，并将其与党的群众路线教育实践活动、“三严三实”专题教育、“两学一做”学习教育有机结合，推动工作有计划、有措施、有督查、有考核地开展。创新开展督查工作，通过日常督查、年底督查、专项督查相结合的方式，既找问题、促整改，又找典型、树标杆，把责任和压力传导到了“神经末梢”。

二、在工作重点上做到“三围绕三着力”

一是围绕服务优势产业，着力提质量、增后劲。充分发挥“双联”帮扶工作在推进高质量发展中的载体作用，动员各参联单位紧密结合自身资源和政策优势，千方百计促企业转型、促产业发展。协助相关部门制定和实施了衡阳市招商引资“黄金 30 条”“人才雁阵”行动计划、种子企业培育计划等 115 个惠企政策文件，为全市 1152 个企业争取了政策支持，帮助企业在市场经济浪潮中不断发展壮大。紧盯重大产业项目，动员参联单位加强对接、简化手续、优化服务，促成了湖南华侨城文旅项目、比亚迪轨道交通智能制造产业园、建滔电子信息产业园等一批重大产业项目落地，创造了令人瞩目的“衡阳速度”。

二是围绕服务困难企业，着力转机制，焕新机。着力服务国企改制，妥善解决企业改制遗留问题，努力让“老树发新芽”。积极投身国企改制，与其他部门一道帮助华菱衡钢、南岳电控等“老字号”国企转型发展，实现国有资产大幅增值，为国企改制的“衡阳模式”贡献了应有力量。盘活困难企业资源，对于改制已经完成、破产倒闭的企业，各“双联”帮扶工作组积极探索利用废旧闲置厂房、企业场地等建设创业基地，先后培育了 6 家中小企业创业基地，实现了资源的再利用。积极开展职工普惠帮扶、职工困难救助、职工医疗互助和“春送岗位、夏送清凉、金秋助学、冬送温暖”等各项工作，困难职工的幸福感、获得感明显提升。

三是围绕服务工矿社区，着力解矛盾，促稳定。着力拓展联系和服务的领域，把“双联”帮扶工作向改制后移交职工集中的工矿社区延伸。按照“党建带工建，工建服务党建，党工共建”的工作思路，创新打造“三同”模式（社区党组织和工会组织同步组建，社区党务工作者与工会工作者同步配备，社区党务工作与工会工作同步开展），让原本游离于组织外的工矿社区职工重新有了娘家。目前，16 个“双联”帮扶工作被联社区全部实现了党工共建，珠晖区蔡家皂等 5 个社区还建好了“职工之家”；近年来共化解劳动关系矛盾和不稳定事件 494 起。

三、在保障措施上做到"三强化三到位"

一是强化队伍建设，确保人员到位。不断壮大工作队伍，确保"双联"帮扶工作有人抓、有人管、有人落实。31位市级领导带头联系31个被联单位，市直参联组长单位各选派一名副处级以上干部担任工作组长，其他参联单位各选派一名队员组成工作组。各县市区的县级领导全部参与"双联"帮扶联点工作，再由各县市区参联单位选派一名以上干部组成工作组。三年来，全市2754个参联单位、4100余名参联帮扶干部倾心参与"双联"帮扶，成为困难企业和困难职工的"贴心人"。

二是强化资金支持，确保资金到位。建立健全多元化的资金投入机制，解决好"钱从哪里来"的问题。加大财政投入，近三年市县两级财政共计投入2100余万元，用于"双联"帮扶工作运转、帮扶重点困难企业和特困职工；各参联单位大力支持"双联"帮扶工作，三年来筹集资金4000余万元，用于"项目化帮扶""一帮一""金秋助学""送温暖"等各项"双联"帮扶活动；动员各参联单位立足本职本岗，积极争取上级资金，并向双联工作倾斜，为"双联"帮扶工作有序有力有效开展提供了坚强支撑。

三是强化改革创新，确保环境到位。把优化营商环境作为"双联"帮扶工作的重要抓手，不断为困难企业、困难职工提供便利。积极构建社会信用体系，大力整顿和规范市场秩序，打造诚信的经营环境，为衡阳荣获全省唯一的"国家守信激励创新奖"作出突出贡献。动员参联单位全力打造一流的政务环境，积极助推深化"放管服"改革，截至2018年底，衡阳市审批时限提速率达81.3%、审批环节精简率达65.5%，困难企业和困难职工普遍反映办事更方便、服务更贴心。

·广东省中山市总工会·

创新机制　服务职工

——中山市总工会购买社会服务模式介绍

近年来，中山市总工会在广东省总工会的领导下，积极发挥“中山市职工服务类社会组织联合会”联系社会组织的枢纽作用，通过购买社会服务，以服务项目社会化运作为载体，以“三工”联动为机制的职工服务运作模式，有效地整合了职工服务资源，提升了服务质量，完善了服务机制，促进了工会工作的创新发展。

一、基本情况

中山市总工会购买服务，实行项目化运作始于2013年，经过4年多的探索与实践，有效地建立并完善了多层次职工服务体系。截至目前，社会组织参与的职工服务项目达120多个，服务内容涵盖困难职工帮扶、职工维权、心理援助、工伤探视、职工个人发展和素质提升、职工子女关爱等服务。

向社会组织购买服务，主要是从以下几个方面去考虑：

第一，构建枢纽型社会组织体系需要。2012年，广东省总工会提出了构建工会枢纽型社会组织体系的工作思路。市总工会结合工会职能，积极打造枢纽型组织体系，努力从理论和实践上解决好工会枢纽型组织体系构建的理念、功能定位、推进路径和方法举措。

第二，工会改革发展的要求。社会转型给产业结构、劳动关系、职工队伍带来许多新情况、新问题，工会组织人手不足，专业服务力量缺乏等问题日益凸显，工会组织必须改革创新，主动适应服务对象、服务领域、服务手段的转型发展。

第三，广大职工的热切期待。随着市场的变革、社会的发展，工会传统的服务模式和手段已难以满足职工群众多元化的需求，必须通过发挥工会的主导作用，动员社会力量共同参与职工服务。

基于上述情况，市总工会探索将适合社会组织参与的职工服务进行社会化、项目化运作，从服务理念、服务方法、服务内容，以及专业团队、运作机制、体系平台等方面构建起职工社会服务的新机制、新模式，为广大职工提供便利、及时、优质、专业的服务。

二、主要做法

中山市总工会坚持工会是党联系职工群众，同时也是联系职工服务类社会组织的桥梁纽带的理念，推动并形成了“1+2+N”的枢纽型组织体系。即推动建立1个既有群团组织又有社会组织特征的、涵盖服务职工和服务相关社会组织的枢纽型组织体系。“2”指两个服务平台，一个是将“困难职工服务中心”升级为“职工服务中心”，成为“枢纽”基层职工服务站、面向广大职工的服务平台；另一个是成立“中山市职工服务类社会组织联合会”，成为“枢纽”社会组织、面向职工服务类社会组织的发展平台。“N”指与社会组织合作开展的职工服务项目以及联系的社会组织。

（一）以职工需求为导向，打造服务载体。

中山市总工会坚持以“职工所需、工会所想、社会组织所能”为前提，积极引入社会组织广泛参与职工服务，据统计，2016年全市各级工会投入700多万元购买社会项目。例如，为实现困难职工精准帮扶，通过购买专业社工服务团队，日常开展特困职工精准服务“百分百”（100%入户调查、100%建档立卡、100%走访慰问），设立工会社工综合服务中心项目；为普及心理健康知识，给有需要的职工提供心理援助，设立“心灵港湾”职工心理咨询服务中心；为维护职工合法权益，提高法律服务水平，成立工会法律服务律师团和工会法律服务工作站；为提高职工素质，与高校合作成立职工教育培训基地；为满足职工业余文化需求，设立五一工人艺术团和职工业余文艺创作工作室；为孵化、培育贴近职工需求的服务项目，开展“工益春笋”职工服务创投大赛，对入选项目给予种子资金支持。

（二）以“三工”联动为模式，创新服务机制。

“三工”联动，即“工会+社工+义工”，也就是“以工会为主导，以社工为承担，以义工为配合”的联动机制。“三工”联动中的“工会”，既指工会组织，也指工会干部；“社工”既泛指职工服务类社会组织，如狭义的社工机构、心理咨询、法律服务等组织，也指其从业工作者。“义工”是指热心职工服务的志愿者。

“三工”联动服务机制，充分发挥工会组织作为枢纽型组织的作用，加强对劳动关系领域社会组织的政治引领、示范带动和联系服务，通过项目招标、购买服务等市场化方式引导社会组织为职工提供专业化服务，把工会不擅长的服务项目，委托给具备专长的职工服务类社会组织，让职工服务嵌入社会组织专业性元素，并组建功能对应的工会义工队伍，围绕项目的服务内容进行公益性配合。总括地说，“三工”联动的模式是组织上三方参与，机制上三方互动，力量上三方整合。

（三）以项目化管理为手段，完善服务管理。

在实践中，市总工会把“项目化管理”这一现代企业管理技术，引入工会购买社会服务管理之中。以工会社工服务中心项目为例，市总工会作为项目的策划者和主要出资者，根据困难职工的需求设定困难调查、定期走访、慰问帮扶、心理疏导、子女助学、就业推荐等服务项目，按政府采购规程进行公开招投标，向社会组织购买服务；中标的社会组织则按照具体的服务需求负责项目的实施，为困难职工提供精准的服务内容，其服务绩效接受工会组织的评估监督；工会义工进行公益性配合，体现职工服务广泛的社会参与。在项目运作中，建立了“三工”联席会议制度、考核评估制度、义工管理培训制度，制定服务内容联动执行方案，为“三工”联动合作提供保障。在具体实施中，要求每个项目都有实体服务场所，建立专业网站，形成线上线下、硬性软性等多维度的支持体系。通过项目化运作，综合发挥了工会组织动员能力强、社工组织专业技能优、义工组织群众参与度广的优势，有效地实现了职工服务组织性、专业性和群众性的统一。

三、主要成效

一是推动了工会的改革。服务项目的实施使工会工作从部门层面上升到社会合作层面，既解决了基层人手不足、服务开展受限的问题，又解决了传统服务手段认知度不高的问题，通过有的放矢地谋划服务内容，引导社会组织为职工提供专业化服务，延伸了工会工作“手臂”，更好地履行了工会作为职工权益代表的角色，实现了工会存在感与职工获得感的同频共振。

二是创新了职工服务模式。专业服务工作机制，使触角真正深入到职工群众中，在工会视角下介入社工方法，深化了职工服务内涵，拓宽了职工服务领域，职工服务更具针对性、方向性，有效地提高职工服务质量。

三是带动了职工自觉投身社会服务。项目的实施突破了工会是职工服务单一供给主体的思维定式，社会力量参与职工服务，有利于及时了解职工需求，把服务触角延伸到职工中去。项目倡导“用生命影响生命”的理念，职工在成为服务受益者的过程中，不断感受志愿理念的熏陶，增进善念，参与城市文明的共建共享。

四是增强了工会凝聚力影响力，创树了工会服务品牌。服务项目有效地扩大了职工受惠面。通过困难帮扶、心理疏导等服务，得到了受助职工的认可，增强了工会组织的存在感、认同感，进一步扩大了工会组织的影响力。

·四川省内江市总工会·

聚焦精准　注重实效
扎实推进城镇困难职工解困脱困工作

2016年以来，四川省内江市总工会及各级工会认真贯彻落实党中央、四川省委、市委关于脱贫攻坚的决策部署，按照全国总工会、四川省总工会的部署要求，把城镇困难职工解困脱困工作摆在重要位置，聚焦精准、扎实推进，城镇困难职工解困脱困工作取得明显成效，为服务全市脱贫攻坚大局作出了积极贡献。

一、党政重视，融入脱贫攻坚大局合力抓

四川省内江市委市政府高度重视城镇困难职工解困脱困工作，纳入对县（市、区）综合目标绩效考核重要内容。2018年12月27日，省政府办公厅出台《关于进一步做好城镇困难职工解困脱困工作的实施意见》后，市委市政府及时就贯彻落实省政府办公厅《实施意见》精神、制定内江市实施方案提出要求，市总工会牵头起草了《关于进一步做好城镇困难职工解困脱困工作的实施方案》，2019年4月2日，市政府办公室印发《关于进一步做好城镇困难职工解困脱困工作的实施方案》，进一步明确了内江市城镇困难职工解困脱困工作的总体要求、目标任务、工作举措、组织保障等，明晰了相关牵头（责任）部门工作职责，为进一步整合资源、放大效应提供了制度保障。建立联席会议制度，统筹推进全市城镇困难职工解困脱困工作。工会与民政部门建立了信息共享机制，实现了救助信息的互通互联。市财政每年投入300余万元专项资金，用于城镇困难职工解困脱困。形成“党委领导、政府主导、部门负责、工会协调、社会参与”的城镇困难职工解困脱困工作格局。

二、聚焦精准，抓住关键环节用实招

一是精准建档。严把入口关。对照困难职工各层级建档标准，深入职工家庭，

全面摸清职工家庭经济状况、帮扶需求等信息，严格建档标准、建档程序，认真甄别困难类型，分层级科学建立困难职工档案，坚持应建尽建，把生活确实困难、符合建档条件的困难职工纳入全国工会帮扶系统。创新信息共享机制。在建立健全与民政信息共享工作制度基础上，以内江市试点“一卡通”工作为契机，把困难职工帮扶资金发放纳入“一卡通”发放范围，充分利用全市大数据集合的优势，对困难职工特别是全国级建档困难职工拥有房产、车辆、经商办企业等情况，进行限制性审核，务求困难职工档案准确、全面、真实。狠抓动态管理。认真按照中华全国总工会、省总工会关于困难职工档案动态管理相关要求，坚持每年开展一次档案集中清理工作。特别是从 2017 年 10 月开始，根据全国总工会、四川省总工会工作安排，先后开展了多次重点档案清理工作。2019 年 2 月，结合实际帮扶情况，将全国级困难农民工档案按要求进行脱困、删除、降档处理。2019 年 3 月，根据省总工会统一安排，再次对内江市在全国工会帮扶系统内的 479 户应保而未保户进行了清理核查。2019 年 6 月至 10 月，继续对现有全国级建档困难职工档案资料是否完善完整，电子档、纸质件是否一致，申请资料、公示材料、相关证明材料是否规范完整等情况进行清理核查，完善档案信息 29 条次。截至 2019 年 10 月 31 日，全市共有建档困难职工 1731 户，其中：全国级建档困难职工 108 户，省级建档困难职工 1356 户。

二是精准帮扶。聚焦建档困难职工实现解困脱困，通过推动社会保险覆盖一批、大病保险和医疗互助保障一批、就业创业脱困一批、社会救助兜底一批，实施分类帮扶。主动对接省总工会项目化管理要求，积极争取上级工会和财政资金支持，分类实施创业帮扶、技能培训、生活救助、医疗救助、助学救助等帮扶项目，并按照职工困难程度，对全国级深度困难职工实施深度帮扶、对省级及以下困难职工实施困难帮扶，做到了分类别、按梯度、全方位对困难职工进行帮扶，全力帮扶困难职工尽快走出困境。2016 年以来，市总工会共筹集使用各级各类帮扶专项资金 3827.62 万元，开展生活、医疗救助 31106 人次、助学救助 7849 人次，就业帮扶 6783 人次，系统解困脱困职工达 20987 户次，帮助一大批职工摆脱了生活困境。

三是精准脱困。认真贯彻落实中华全国总工会、省总工会关于城镇困难职工解困脱困有关工作要求，结合中华全国总工会对内江市帮扶资金、送温暖资金分配管理使用专项审计情况，及时制定了《全国级困难职工脱困工作流程》，进一步明确了脱困标准、资料清单、工作程序等要求。困难职工达到脱困条件的，由基层工会根据掌握的困难职工动态情况，确定拟脱困人员名单，并由2人以上组成入户核实小组入户核实困难职工情况，经基层工会民主测评、公示后，将相关资料报县级及以上总工会复核，对符合脱困条件的，由县级及以上总工会对困难职工档案等做脱困处理，同时基层工会送达《退档告知书》至脱困职工本人或直系亲属，并在3个月内对脱困职工进行回访，如发现还存在困难的，按相关标准纳入相应层级困难职工进行帮扶救助。截至2019年10月，内江市全国级建档困难职工由2019年初的597户下降到108户，系统脱困489户，脱困率达81.9%，提前超额完成全年目标任务。

三、真抓实干，强化责任落实促规范

一是压实工作责任。市总工会高度重视困难职工解困脱困工作，市委常委、市总工会主席黄健多次主持召开会议，专题研究城镇困难职工解困脱困工作。市总工会党组强化责任担当，紧紧围绕“确保到2020年城市困难职工同步迈入小康社会”的总目标和2019年建档困难职工解困脱困数不低于60%的年度目标，举全会之力推进。推动建立党政干部结对联系帮扶困难职工制度，落实工会干部结对帮扶困难职工责任制，发挥各县（市、区）、乡镇（街道）工会和企业帮扶工作站点的阵地作用，开展工会干部与城镇困难职工家庭“一对一”结对帮扶活动，明确基层工会干部为城镇困难职工解困脱困联络人和第一责任人，市、县两级工会干部每人结对帮扶2名城镇困难职工，每年走访慰问不少于2次。把任务分解到各级工会，责任落实到每名工会干部身上，做到建档困难职工一帮到底，不脱困不脱档、不脱钩。

二是规范工作程序。先后下发《关于转发中华全国总工会权益保障部〈关于精准、规范做好困难职工帮扶的通知〉的通知》《关于转发〈四川省总工会办公室关于加强困难职工档案清理核对工作的通知〉的通知》《关于进一步加强困难职工档案管理工作的通知》《关于进一步做好困难职工建档立卡工作的通知》，贯彻落实中华全国总工会、省总工会困难职工档案管理办法，及时制定《内江市工会困难职工档案管理暂行办法》，不断完善困难职工分层级管理制度。2019年5月，制定下发《内江市工会困难职工档案管理工作指南》，重点对脱困标准、条件、程序、所需资料等进一步规范和完善；建立《内江市工会困难职工档案管理工作相关岗位职责》，重点对建立档案管理工作台账、加强档案分级审核、入户（电话）抽查等工作进行了明确，促进了全市困难职工解困脱困工作质量整体提升。

三是严格资金监管。在资金分配上，认真执行市总工会党组会议、主席办公会议事规则，资金分配均按程序集中研究决定。在资金使用上，严格落实依档帮扶和“先建档、后帮扶、实名制”的要求，根据困难职工困难状况，严格按照工会帮扶工作项目化管理要求，有针对性地开展生活、医疗、助学等救助，按照审批方案使用资金。规范资金发放标准、方式及时效，除少数现场走访慰问的采取现金发放实名制签字外，其他一律通过工会会员服务卡（银行卡）转账支付，确保资金发放到位、安全有效。严格资金审计，市、县（市、区）总工会经审会把帮扶专项资金纳入重点审计内容，发现问题及时整改，最大限度预防截留、挪用、贪污帮扶资金问题发生。2019 年 4 月，接受全国总工会对内江市帮扶资金、送温暖资金分配管理使用专项审计获好评。

四是狠抓督促指导。市总工会坚持每年开展一次困难职工档案集中清理工作、进行一次城镇困难职工解困脱困工作专项调研督导、组织一次业务工作培训，并将对困难职工纸质档案、电子档案审核抽查纳入保障业务部门日常工作，切实加大了对基层工会的督促指导力度，确保城镇困难职工解困脱困工作落地落实。

·贵州省遵义市总工会·

党委领导　政府主导　部门落实 社会参与协同推进城镇困难职工解困脱困

一、深化认识，超前谋划，做城镇困难职工解困脱困工作的思考者和先行者

中央要求到2020年所有贫困人口要同步迈入全面小康社会。全国总工会、贵州省人民政府办公厅、贵州省总工会相继出台了《关于做好困难职工解困脱困工作的意见》，遵义市总工会按照上级文件要求和工作部署，及时组成调研组，专题对全市城镇困难群体生产、生活状况进行调研。调研发现，当前全市贫困人口重点在农村，但城镇中仍有一部分收入低、生重病、子女上学、再就业能力弱的困难职工家庭，这部分群体难以凭借自身能力实现解困脱困。

经过市总工会的积极沟通和多方争取，2016年8月12日，遵义市委常委会听取了市总工会关于城镇困难群体调研情况的专门汇报。会议指出：全市正在开展的脱贫攻坚工作，不仅使农村农民脱贫，也要使城市困难群体解困，全面小康即全民小康，无论城市农村、农民还是市民，漏掉谁都不是真正意义上的小康。在市总工会的积极努力下，2016年9月1日，中共遵义市委、遵义市人民政府出台了《关于城镇困难群体解困工作的意见》（以下简称《意见》）。该《意见》明确，要健全党委领导、政府主导、部门落实、社会参与的工作机制，大力实施主题为“城市解困·和弦行动”的专项活动，通过就业支持、创业扶持、教育帮扶、医疗救助、安居落实、兜底解困“六大措施”，严格落实工作督查考核机制，着力帮助城镇困难群体及其家庭解困脱困，确保遵义市城镇困难群体同步进入全面小康。

二、认真履职，主动作为，“五个精准”统领城镇困难职工解困脱困工作

一是落实牵头责任。《意见》明确规定，遵义市委群工办和市总工会牵头负责全市城镇困难群体解困工作。遵循《意见》要求，市总工会及时制定下发了工作实施意见，把“五个精准”，即底数精准、原因精准、意愿精准、措施精准、绩效精准贯穿城镇困难职工解困脱困工作全过程，并将该项工作列为市总工会“一号工程”。二是开展精准识别。2015 年底，市总工会开展了城镇困难职工精准识别工作。在识别工作中，通过委托遵义义工联合会作为第三方机构，解决了工作力量不足的问题；通过明确精准识别对象、明确精准识别标准、明确精准识别登记内容、明确精准识别原则、明确精准识别程序、明确职工意愿登记、明确精准识别纪律“七个明确”，解决了识别不精准、工作不规范的问题；通过实现与工会困难职工管理系统、全国扶贫工作建档立卡信息、职工帮扶意愿“三个结合”，解决了信息不对称、建档立卡不精准的问题。经过努力，遵义市总工会全面摸清明确了全市城镇困难职工的家庭收入、致困原因、帮扶建议和措施等 5 个方面的 50 多项信息，全面掌握了全市 7908 户、24939 人的城镇困难职工基本状况，发现“因病致困”和“收入低”分列全市城镇困难职工致困因素前两位，所占比例分别为 40.73% 和 33.75%。2017 年，市总工会按照精准识别漏评率不高于 1%、错误率不高于 2% 和知晓率不低于 90% 的要求，再次对城镇困难职工进行了调查核实，进一步将城镇困难职工精准为 6901 户、21918 人，比 2016 年分别减少了 1007 户、3021 人。三是强化工作调度。《意见》出台以来，市政府多次对相关职能部门和县（市、区）进行工作调度，切实保证城镇困难群体“真解困、真脱困”。目前，市人社、教育、民政、住建、残联、工会及各县（区、市）党委、政府都已制定了城镇困难群体的解困方案，明确了工作措施及办法。2017 年上半年市委召开了第一次全市城镇困难群体解困脱困工作现场会，近期还准备召开第二次现场会，以进一步推进全市困难职工解困脱困工作。

三、突出重点，多措并举，“六项解困”措施帮助城镇困难职工排忧解难

在市总工会的推动下，市人社、教育、民政、住建等部门，从自身职能和优势

出发，全面履行“六大措施”，助力城镇困难职工解困脱困。

一是在就业支持方面。人社部门以公益性岗位安置为主，解决城镇困难职工就业230多人。通过发放2738.46万元稳岗补贴，为395家困难企业1000多名困难职工实现了稳岗，使他们没有失业。工会与人社等部门通力合作，积极为城镇困难职工一对一精准提供岗位，以就业的方式从根本上解决他们的困难。各级工会还建立了一批城镇困难职工就业示范基地，帮助了240多名城镇困难职工实现再就业。二是在创业扶持方面。各级、各部门都在设法支持鼓励城镇困难职工创业解困。部分县（市、区）结合本市的旅游发展，在餐饮行业、特色商品销售等领域吸纳城镇困难对象创业，搭建创业平台，给予创业优惠，全市有310多名城镇困难职工获得创业扶持。三是在教育帮扶方面。教育部门优先考虑城镇困难职工子女就学，对城镇困难职工子女学前教育每人每年资助500—800元、高中助学金每人每年2000元，中职助学金每人每年2000元、高校助学金每人每年3000元。同时，遵义市总工会还广泛开展了“思达助学”“泛海助学”“习酒·我的大学”等社会助学活动，通过“金秋助学”活动对55名城镇困难职工子女实现了资助全覆盖。四是在医疗救助方面。民政部门安排了78万元帮助城镇困难群体参加居民医疗保险，实现政策范围内的自付医疗费用救助比例不低于70%。市总工会还出台《城镇困难职工大病救助办法》，将30余类大病救助标准调高至1万元，目前已有10余名城镇困难职工获得救助。同时，为所有困难职工购买了重大疾病、女职工特殊疾病互助保险，建立了困难职工群体第二条医疗保障防线。五是在安居落实方面。本市城镇困难职工住房难问题已纳入全市的棚户区改造进行统筹，目前已为困难职工解决保障性安居工程2000余套。六是在兜底解困方面。目前，本市低保标准已调至：一类地区每人每月600元；二类地区每人每月532元，较2016年提高了10%左右，并惠及了城镇困难职工中所有的低保对象。2017年“两节”送温暖期间，工会对建档立卡的7000多户城镇困难职工实现了慰问的全覆盖和全走访，送去慰问金669.64万元。

四、探索创新，锐意改革，引入第三方监督营造阳光的帮扶环境

为了提升帮扶工作的管理水平，有效解决帮扶程序不严，帮扶过程不透明，帮扶人员责任心不强等问题，市总工会从2014年开始，在“两节送温暖”和“金秋

助学”活动中引入义工作为第三方监督模式，主要负责申请对象的入户调查和救助建议，并以此推动建立公平、公开、公正的帮扶机制。通过引入第三方监督机制，全市城镇困难职工帮扶救助工作更加规范高效，其中有四点启示。一是工会在预防和惩治腐败体系建设方面的积极探索，在扎紧制度笼子的同时，也为保护工会干部提供了屏障；二是将工会工作主动置于阳光环境，是打造工会“阳光工程”之举，既堵住原有体制、机制的漏洞，又让群众对民生资金的管理更信任，使工会的帮扶资金使用更精准；三是通过开展全方位、无死角的走访，做到了底数清、情况明，杜绝了帮扶工作的死角和盲区；四是促使工会在走访中贴近职工生活、发现职工困难、解决职工诉求，进一步增强了工会的群众性。

用心关爱　用情关怀
全力助推城市困难职工解困脱困

一、提高站位，高位推动

中央要求到2020年所有贫困人口要同步迈入全面小康社会，中华全国总工会、贵州省人民政府办公厅、贵州省总工会相继出台了《关于做好城市困难职工解困脱困工作的意见》。遵义市总工会及时贯彻中央及全总、贵州省总工会对城市困难职工解困脱困工作的安排部署，提高站位、超前谋划、以时不我待的精神在城市困难职工解困脱困工作上当先锋、打头阵。

遵义市总工会于2015年底开始部署城市困难职工解困脱困工作，成立调研组，专题对全市城市困难职工生产、生活状况进行调研。调研中发现城镇中仍有一部分收入低、生重病、子女上学和再就业能力弱的困难职工家庭，这部分职工难以凭借自身能力同期实现解困脱困。2016年3月，遵义市总工会在全市启动了城市困难职工精准识别工作，主要做法：一是定依据。以全总明确的困难职工建档标准为依据，综合考虑职工的住房、教育、健康等情况，做到识别精准。二是定原则。按照“属地工会摸排”和“所属单位工会摸排”相结合的方式，全市摸排，做到登记精准。三是定方式。遵义市总工会始终严格按实地走访、基层评议认定、“两公示一公告”的方式进行识别，做到程序规范。四是定纪律。精准识别工作户户见面，并邀请第三方参与调查和核实，保证客观真实。2016年6月，遵义市总工会完成了城市困难职工的登记，共登记对象7908户、24939人。

遵义市总工会将调研和精准识别的情况向市委汇报后得到高度肯定。2016年8月12日，市委常委会听取了市总工会关于城镇困难群体情况的专门汇报。会议明确：一是此项工作市工会抓得很有成效。二是要建立更广泛的协同推进机制，使城镇困难群体都能得到帮扶。三是将该项工作纳入全市脱贫攻坚任务进行统筹，由市委、市政府出台相关意见，指导全市开展城市困难群体的解困脱困工作。2016 年 9 月 1 日，遵义市委、市人民政府出台了《关于城市困难群体解困工作的意见》（以下简称《意见》）。《意见》明确了一个目标，即着力帮助城镇困难群体及其家庭解困，确保遵义市城镇困难群体同步进入全面小康；建立了党委领导、政府主导、部门落实、社会参与的工作机制；制定了就业支持、创业扶持、教育帮扶、医疗救助、安居落实、兜底解困“六大措施”。

二、明确任务，合力推进

《意见》出台后，市委、市政府定期或不定期召开调度会推进该项工作，并将该项工作纳入全市重点工作任务进行督查。人社、民政、教育、住建、残联、工会和各县（市、区）党委、政府制定了专项工作方案，共同完成了“1 + N”的政策配套。各县（市、区）党委、政府履行主体责任。市总工会配套出台《关于城市困难职工解困工作实施方案》，明确将该项工作列为工会“一号工程”，每年将 50% 以上的资金精准用于城市困难职工，并纳入工会专项考核。各级工会积极作为，共同助力城市困难职工解困脱困，遵义市城市困难职工的解困脱困工作获得了丰硕成果。

一是在就业支持方面，市总重点帮助解决城市困难职工中符合就业安置的对象，为他们一对一精准提供岗位，各级工会依托当地就业资源，建立了一批城市困难职工就业示范基地，帮助城市困难职工实现就业。在各种措施的综合运用下，有就业意愿的城市困难职工 95% 以上都实现了就业和再就业。二是在创业扶持方面，各级、各部门形成合力支持城市困难职工创业解困。各县（市、区）结合当地旅游发展和特色产品生产、销售，扶持城市困难职工创业，通过搭建创业平台，给予创业优惠，全市已有 300 多名困难职工获得了创业扶持，获得贷款贴息、租金减免等上百万元。三是在教育帮扶方面，遵义市专门对城市困难职工子女制定了资助标准，即从学前教育每人每年资助 500 元直至高校助学金每人每年 3000 元，分不同阶段、不同等级制定了资助标准，对特别困难家庭的学生每人资助 2.5 万元的协议式助学金。市总工会通过“金秋助学”活动对城市困难职工子女上大学实现全覆盖。四是在医疗救助方面，遵义市对城市困难职工低保对象免缴了医保费用，将城市困难职工医疗费用救助比例提高 10%。市总工会将城市困难职工的大病救助标准调高到 1 万元。各级工会为所有困难职工购买了职工互助保险，为他们建立了第二条医疗保障防线。随着各种医疗救助措施的出台，遵义市城市困难职工医疗有了进一步保障，杜绝了因病返贫现象。五是在安居落实方面，遵义市通过经济适用房、廉租房和发放租房补助等措施解决城市困难职工的住房问题，对全市棚户区改造中涉及困难职工的住房优先安置。目前已为困难职工解决保障性安居工程 2000 余套，在最近的棚户区改造中，对人均住房面积少的职工，安置面积基本达到了每户 90 平方米以上。六是在兜底解困方面，遵义市逐年调高城镇低保标准，每年提高幅度为 10% 以上，这一政策惠及了城市困难职工中所有的低保对象，成为遵义市城市困难职工解困脱困中的最后一道保障。工会每年全覆盖的慰问，使城市困难职工每年每户的生活救助金达到 2000 元以上。

近三年来，市、县两级工会投入城市困难职工解困脱困的经费达 2000 万元以上，在各级各部门的叠加帮扶下，城市困难职工的“两不愁五保障”（吃不愁、穿不愁，就业有保障、就医有保障、就学有保障、住房有保障、生活兜底有保障）已基本完成，截至 2018 年 6 月，城市困难职工中有 5264 户、17363 人已达到脱困标准，市、县总工会正在开展退出审核工作。目前遵义市城市困难职工数与 2016 年登记时的 7908 户、24939 人相比，减少了 66.57%。按照 2020 年全国同步实现小康工作的要求，遵义市总工会有信心、有决心按照全总、省总的要求完成城市困难职工解困脱困任务。

·云南省大理白族自治州总工会·

攻坚之路

——“祥云样本”孕育、孵化和推广

习近平总书记强调指出：“全面建成小康社会，一个不能少，共同富裕路上，一个不能掉队。”在全国打响脱贫解困攻坚的浪潮中，大理州总工会也要兑现“不让一名困难职工掉队”的诺言，这是上级的要求、职工的诉求，更是工会的追求。

困难职工是城市贫困的重要一环，致贫的原因或许不复杂，但是解困脱困的药方构成却很复杂，囿于工会的角色和资源的有限性，如果单靠工会一家，难以承担推动困难职工解困脱困这一重担，只有探索出一种通过治本自然治标的工作机制，才能从根本上、长远上、现实上帮助困难职工解困脱困。通过反复学习研究系统论，同时结合农村脱贫攻坚科学的理论方法，在思考论证、实地调研、汲取多方宝贵意见的基础上，大理州总工会提出了“党委领导、政府主导、工会牵头、系统集成”的解困脱困总体思路和“五有两不愁”的工作目标。这个庞大的困难职工解困脱困工作系统经过祥云县一年多试点并取得成效以后，被《工人日报》称为“祥云样本”，它积极主动融入了国家脱贫攻坚大局，实现了解困脱困与脱贫攻坚“双推进”，有力地汇聚了体制内外和社会工作的资源。回顾“祥云样本”从孕育、孵化到推广的过程，可以用“关注焦点”“找准支点”“做好试点”“突出重点”“彰显亮点”对整个工作体系进行了概括。

一、关注焦点

“全面建成小康社会，一个也不能少，共同富裕路上，一个也不能掉队。”这是习近平总书记的要求，2016 年 5 月，中华全国总工会下发了《关于进一步做好困难职工解困脱困工作的实施意见》，要求把“精准”贯穿困难职工解困脱困工作全过程，做到底数精准、原因精准、措施精准、解困脱困精准，既帮助困难职工解决眼前困难，做到无基本生活之忧，又帮助困难职工脱困，走上致富之路，确保到2020年同步迈入小康社会。2016年10月10日，中共云南省委书记陈豪到云南省总工会调研时指出：“工会要在全省‘决战脱贫攻坚、决胜全面小康、实现跨越式发展’工作大局中主动作为。”一方面是上级有要求，另一方面是大理州困难职工的诉求，大理州一共有11个贫困县，其中2个是省级贫困县，9个是国家级贫困县。由于患重病、下岗失业、子女就学等诸多因素，直到2015年，全州在档困难职工还有3498户，2016年减少为3391户，经过一年多的努力，截至2016年底，全州还有2356户困难职工家庭，面对农村脱贫攻坚给建档立卡贫困户带来的幸福，这些困难职工多么期盼能够成为其中的一分子，得到党和政府的更多关怀和呵护。加之供给侧结构性改革进程中难以避免地产生新的困难职工，工会作为维权帮扶的“第一知情人、第一报告人、第一帮扶人”，必须从思想深处引起高度重视，切实想办法补齐“困难职工”这块短板，帮助他们解困脱困，如果到2020年，还有一位职工处在贫困线上，那就达不到全面建成小康社会。

只有跳出工会想工会，跳出工会做工会，才能找到一条有别于传统的帮扶救助模式，又适合工会特点、结合大理实际的解困脱困之路。

二、找准支点

阿基米德说过，“如果给我一个支点，我可以撬动地球”。对于完成困难职工解困脱困这个重任来说，同样也需要找到一个支点，通过这个支点可以将工会、体制内外、社会分散性、碎片化的资源聚集在一起，再精准匹配和对接到困难职工的需求。

为此，大理州总工会对系统论进行了深入学习研究，并结合农村脱贫攻坚科学的理论方法，找了这个支点——系统集成，也是构建“祥云样本”的核心。

在具体执行的过程中，全国总工会、云南省总工会以及大理州委、政府给予了大力支持。云南省人大常委会副主任、省总工会主席张百如及各位副主席近年来都反复提及，要求各地、各行业工会从实际出发，积极探索切合实际的方式、方法，尤其要求在理念和做法上要有创新思维，要探索出一条普适的、可复制的方法，以最大限度地造福困难职工。大理州委书记陈坚强调，“做好困难职工解困脱困工作事关民生，是党委政府的重点工作，也是工会组织的一项长期性、战略性的重要任务”。

正是因为有了多方面的支持，大理州、县一批工会人开始了自己的思考和探索，做困难职工解困脱困的“吃螃蟹者”。

系统集成机制要实现资源统筹，构建“党委领导、政府主导、工会牵头、系统集成”的工作体系，用5%的工会资源来撬动95%的体制内外资源。由系统集成为核心的困难职工解困脱困的总体思路是：构建党政工合力攻坚的工作体系，锁定“五有两不愁”总体目标，落实“12345”工作方法，以“系统集成精准帮扶”为核心，最大限度地整合好体制内外资源，形成强有力的攻坚力量，确保解困脱困工作成效。

“五有两不愁”即为“劳有所得、病有所医、学有所助、住有所居、老有所养”“不愁吃”“不愁穿”。对象范围是全部在档困难职工和新产生的困难职工。分为“低保户”“低保边缘户”“意外致困户”三类，对于低保户和低保边缘户的在档城镇困难职工，重在脱困，对于意外致困户和其他类型的在档困难职工，重在解困。“12345”即为“打造一个平台：职工服务中心；强化两个保障：资金保障和项目保障；着力三个精准：精准识别、精准施策、精准脱困；建立四项机制：建立系统集成机制、结对帮扶机制、服务清单机制、目标责任机制；实施五类帮扶：就医、就学、就业、住房、社保帮扶。

三、做好试点

一颗好的种子还需要适合它生长的土壤，一个好的思路还需要适合它发展的环境。2016年9月，祥云县委、县政府研究同意印发《中共祥云县委办公室、祥云县人民政府办公室关于成立全面打赢脱贫攻坚战、扎实开展困难职工解困脱困工作领导组的通知》，成立了以祥云县委书记王正林和县长黑尚锋为组长的解困脱困工作领导组，拉开了大理州困难职工解困脱困的序幕。之所以选取祥云县作为试点县来开展困难职工解困脱困工作，是因为祥云县充分满足了三个条件：一是脱贫攻坚中，成效比较明显，经验可拿来借鉴的贫困县；二是可将政策、资源、项目统筹使用，优化配置；三是党政高度重视工会工作，工会工作扎实，勇于创新。

在探索实践中，祥云县构建了“党委领导、政府主导、工会牵头、系统集成”的解困脱困工作体制，完善了“源头解困、动态脱困、应急救助、常态帮扶”的工作机制，形成了“政策引导、项目支撑、结对帮扶、社会保障”的工作合力，实现了从单一帮扶向集成帮扶、应急帮扶向长效帮扶、粗放帮扶向精准帮扶的根本转变。

祥云县困难职工解困脱困工作从一开始的构思，到实施的操作层面，有多达27个部门和全县10个乡镇参加，这些部门和乡镇，囊括了全县体制内所能调动的全部资源，同时明确各部门、各乡镇、各单位的职责，旨在把困难职工解困脱困落到实处。在领导组的架构下，成立了办公室、综合服务平台、精准识别、组织宣传、督查考核、就医帮扶、就学帮扶、就业帮扶、住房帮扶、社保帮扶工作组10个工作组（室）。

随着各项解困脱困政策的落地，取得了良好工作成效：形成解困脱困与脱贫攻坚"双推进"；106名困难职工实现解困脱困；强"三性"去"四化"的一次生动实践；推进了"五类帮扶"。

2017年，"100名以上困难职工解困脱困"被县政府列为"祥云县十大惠民工程"之一。在祥云县困难职工解困脱困领导组的正确领导下，各帮扶工作组强化责任意识、协作意识，在落实好国家各项惠民政策的基础上，坚持项目带动，突出帮扶实效，全县困难职工解困脱困工作正在以项目化方式扎实有序地推进，相关帮扶体制机制不断健全完善，从总的趋势和工作推进上来看，"五有两不愁"总体目标和年度解困脱困目标可以按预期实现。

这个生动的实践被《工人日报》称为"祥云样本"。大理州总工会又接着在宾川、弥渡、巍山三个县进行推广"祥云样本"，之后，在全州进行复制推广，困难职工解困脱困工作有效铺开。

目前，城镇困难职工解困脱困工作已经形成州委、州政府的政策主张，2017年7月25日，中共大理州委、大理州人民政府下发了《关于进一步做好困难职工解困脱困工作的意见》，提出要求并成立大理州困难职工解困脱困工作领导组：由州委书记、州长任组长，28个成员单位主要领导挂钩负责，进一步做好困难职工解困脱困工作。大理州人大始终不断加强涉及职工切实利益，改善和保障民生的法律法规、政策措施的制定监督，为解困脱困工作提供法制保障、政策支持，营造了很好的环境和条件。2017年8月8日，大理州政协召开脱贫攻坚重点督办提案办理专题协商会议，对脱贫攻坚方面的2件重点督办提案及30件同类提案进行集中专题协商。《关于尽快把城市困难职工解困脱困纳入脱贫攻坚战略》的提案，被列入了重点督办的提案之一。

"祥云样本"以系统集成为核心，充分整合政策措施，汇集帮扶资源，凝聚帮扶力量，用5%的工会资源撬动95%的体制内外资源为困难职工解困脱困，在大理州广泛地复制推广，并紧紧抓住了一个“精准”这个工作重点。

四、突出重点

“祥云样本”完善了“源头脱贫、动态解困、应急救助、常态帮扶”的工作机制，形成了“政策引导、项目支撑、结对帮扶、社会保障”的工作合力；实现了帮扶理念的“三个根本性转变”；回答了解困脱困的“五个关键性问题”。

（1）粗放帮扶向精准帮扶转变。主要表现为科学的定性定量，着力精准识别、精准施策、精准解困脱困。

（2）单一帮扶向集成帮扶转变。主要表现为通过系统集成，发挥资源的“握指成拳”的集中效应和整体功能。

（3）应急帮扶向长效帮扶转变。主要表现为不仅解决困难职工的眼前困难，保障他们的基本生活，而且从机制、制度上帮助困难职工脱困，走上致富之路。

解决了解困脱困的“五个关键性问题”：“帮扶谁、谁来帮、帮什么、怎么帮、如何退。”

（1）帮扶谁。坚持“不漏一户，不缺一人，全面覆盖”的原则，实施对低保户、低保边缘户、意外致困户的帮扶，对不符合全国困难职工帮扶标准，但在实际生活中真正困难的重大疾病、意外致困的职工给予帮扶救助建立二级档案。

（2）谁来帮。就是建立“党委领导、政府主导、工会牵头、系统集成”的工作体系。党委领导即为组织保障、制定政策、落实责任；政府主导为政策支持、项目支撑、经费保障；工会牵头做好第一知情人、第一帮扶人、第一报告人；系统集成即为整合 28 个部门、单位的 87 项帮扶政策。

（3）帮什么。就是坚持“抓基础、补短板、利长远”的原则，按照“缺什么、补什么、扶什么”的要求，最大限度发挥社会保障、社会救助等机制、体制、政策在解困脱困中的基础性根本性主导性的作用，重点在涉及困难职工最直接最关心最现实的就业、就医、住房、子女就学和托底保障等方面发力，落实好系统集成机制汇聚的各项政策措施。

（4）怎么帮。就是建立了系统集成机制、结对帮扶机制、清单服务机制、目标责任机制，完善了党委定期听取工会情况汇报制度、政府与工会联席会议制度和困难职工解困脱困部门联席会议制度。领导组下设的 10 个帮扶工作组和各级工会组织强化系统思维，规范运行管理，形成了“思想统一、目标明确、责任明晰、资源聚焦、充分履职、合力帮扶”的工作格局。重点做好精准识别，确保对象精准，扣好“第一颗纽扣”。着力于落实社会保障制度、调动社会帮扶力量、整合解困脱困资源、压实解困脱困责任、强化专项帮扶和行业扶持，把自我发力、广借外力有机结合，多力齐发，共同推进。

（5）如何退。就是以“五有两不愁”目标为导向，建立解困脱困退出机制，细化量化考核标准，引入第三方评估。对于低保户和低保边缘户的在档城镇困难职工，重在脱困，脱困标准是通过各类政策的支撑，多种帮扶措施并进，促进城镇困难职工家庭人均纯收入超过当地低保边缘户标准，同时实现城镇困难职工家庭“就医、就学、就业、住房、生活”五项保障；对于意外致困户和其他类型的在档困难职工，重在解困，解困标准是针对致困特定原因，有针对性地通过相关政策扶持，实施帮扶救助，帮助解决困难问题。总的来说就是“坚持标准，实现目标，注重评估，群众满意，用事实说话”。

五、彰显亮点

大理州总工会通过对“祥云样本”的实践证明了，“祥云样本”可借鉴、可复制、可推广，它的孕育、孵化、推广就是关注焦点、找准支点、做好试点、突出重点、彰显亮点的整个过程。通过对“祥云样本”的研究、论证、实践，大理州总工会从中也得到了三点启示：一是“祥云样本”是统一纳入党政脱贫攻坚大局的方法；二是“祥云样本”是真抓实干，压实责任的做法；三是“祥云样本”是工会改革创新，做好工会工作的办法。

·云南省红河州总工会·

靶向精准　富集资源
结对帮扶城市困难职工解困脱困

红河哈尼族彝族自治州位于云南省东南部，下辖13个县市，边境线长848公里，总人口465万人，是全国唯一以哈尼族、彝族为主体民族的自治州，少数民族人口占总人口的60%，贫困人口总量居全省第二位。2017年初，全州工会系统建档立卡的城市困难职工家庭共有9918户，涉及困难人口24795人。

近年来，在各级党委、政府的坚强领导下，根据红河州经济社会发展的实际，州总工会组织动员各级工会组织坚决贯彻落实全总和省总决策部署，在做实全州困难职工常规帮扶的基础上，积极争取各级党委、政府支持，着力构建了州级实职正处级以上和县市科级以上干部“一对一”结对帮扶困难职工制度。2017年，共帮助4926户困难职工家庭脱困，实现城市困难职工解困脱困与农村脱贫攻坚同步推进，为确保2020年全员同步进入小康社会目标的达成奠定了基础。

一、以城市困难职工解困脱困为靶向开展精准再识别

城市困难职工解困脱困工作是一项十分严肃的政治任务，从一开始红河州总工会就意识到，精准识别困难职工，既是顺利推进这项工作的前提，更是顺利完成这项任务的要害所在。

经过一段时间的摸索和实践，红河州总工会组织各级工会领导带队，分片包干，上门入户，对已建档立卡的困难职工家庭，按照《建档困难职工精准入户调查登记表》对其情况逐项严格比对核实，做到100%入户，100%核实，100%精确的同时，还协调工信、教育、民政、人社、住建等与困难职工管理服务相关的部门，对其隐形、动态的各项情况进行再比对再核实，双管齐下，使真正的困难职工“浮出水面”，并依照“一户一档案、一户一计划、一户一措施”的方式，根据其致困原因“因病施治”。

二、高位谋篇布局全面推动解困脱困

由于红河州经济社会发育程度低、地方财政吃紧、困难职工人数多、困难程度深，仅靠工会解决如此数量的困难职工解困脱困不切实际，必须紧紧依靠各级党委、政府，撬动各项强大的政策资源，形成合力，方能见效。

在中共红河州委、州人民政府的高度重视下，成立了由州委副书记任组长，发改、工信、教育、公安、民政、财政、人社、住建、农业、卫计、扶贫办、工会、共青团、妇联、工商联等18个部门组成的城市困难职工解困脱困领导小组，把城市困难职工解困脱困工作纳入全州脱贫攻坚工作大局，先后出台了《中共红河州委办公室红河州人民政府办公室印发〈关于做好停产半停产企业困难职工帮扶工作的实施方案〉的通知》《中共红河州委办公室红河州人民政府办公室印发〈红河州进一步做好困难职工解困脱困工作的实施意见〉的通知》《关于进一步加强州级机关领导干部联系职工生活困难户工作的意见》，形成了“委政府重视支持、工会牵头运作、各级领导干部发挥优势、部门协作联动”的结对帮扶工作机制，坚持“脱贫、不脱钩”的原则，确保领导干部结对帮扶困难职工常态化、制度化。

自1998年全州启动领导干部结对帮扶困难职工工作二十年来，四任州委书记高度重视，带头结对帮扶，三任州总工会主席坚持不懈抓落实，推动了领导干部结对帮扶助力城市困难职工解困脱困工作落地见效。如，困难职工龙祟东，2004年因企业改制夫妻双双下岗失业，且患病在身，2011年儿子又考上华南农业大学，在前后两任州委书记结对帮扶后其儿子顺利完成学业，并考入事业单位实现就业，使其家庭走出困境。

在各级领导的榜样示范之下，尤其是在各项政策的大力支持下，全州形成了州级实职正处级以上和县市科级以上干部每人挂钩帮扶一户困难职工的良好态势和氛围，使城市困难职工解困脱困工作落到了实处，做到了“帮扶有人、担责有人、问责有人”。

三、结对认亲构建整体联动帮扶网

按照全州领导干部“一对一”结对帮扶城市困难职工解困脱困工作的统一部署，一方面，充分发挥工会系统州级职工服务中心、县市级职工服务中心、乡镇职工服务工作站、社区职工服务分站、企业职工服务点“五级网络”531个站点作用，深入开展入户调查、逐户登记、核查困难职工家庭情况，准确掌握困难职工的基本情况、致困原因及诉求，填写《领导干部结对帮扶生活困难职工情况登记表》，及时将困难职工档案录入工会帮扶系统，确保帮扶不漏一户、不掉一人。另一方面，在获取工会组织核查资料的基础上，各级各部门结对帮扶领导干部又亲自上门走访挂钩联系的困难职工，面对面了解困难职工遇到的难题和诉求，再加上电话询问、微信交流等方式，做到“三访”（定期走访、节日必访、特殊情况及时访），心贴心地与帮扶对象进行沟通联系，深入了解掌握他们的实际需求，达到“四清”（家庭成员清、困难程度清、思想状况清、帮扶措施清），并结合自身资源力量，对困难职工生病住院、遭遇灾难、子女就学、工资欠薪、劳动关系纠纷等情况及时提供帮助，实打实地帮助困难职工解决难事、实事，使困难职工需求与领导干部帮扶施策形成“无缝对接”，结对帮扶成效实现最大化。

通过开展领导干部结对帮扶困难职工工作，不仅让领导干部亲身感受到了困难职工的难处，也让困难职工有机会直面领导表达诉求，更深切地感受党和政府的关怀、重视和各级领导的关心。目前，全州构建起了以“五级网络”为依托，以困难职工需求为导向，以结对帮扶为手段，线上线下相统一、互为补充的困难职工帮扶网，推动“结对认亲”活动持续深入开展，使9918户困难职工家庭，都有单位部门帮、都有“亲戚”认。

四、富集资源精准施策见成效

在城市困难职工解困脱困工作中，红河州总工会做到“三同步”：个人帮扶与部门帮扶同步、物质帮扶与精神帮扶同步、“输血”帮扶与“造血”帮扶同步。以送观念、送政策、送技能、送信息、送岗位、送资金“六送”方式，切实为帮扶对象解决实际困难。2017年，州级有36名厅级干部、62名正处级领导干部，县市有928名科级以上干部，州县两级341个部门，进行了“部门一帮多、领导一帮一”的结对帮扶。

在多年的城市困难职工解困脱困工作中，红河州摸索到了一套借力党政资源，服务于城市困难职工解困脱困工作的经验和做法：

*一是开展政策帮扶。*各级结对领导发挥自身优势，积极宣传讲解党委和政府关于城镇居民最低生活保障、劳动就业安置、保障性住房、再就业小额贷款等国家保障性政策规定，积极协调有关政策落实，引导职工学习政策、用活政策，树立信

心、积极向上，多渠道帮助职工解决实际困难。如，结对领导干部入户走访了解到困难职工梁有贵还居住着危房，就及时帮助申请廉租住房，同时当地工会还补助7000多元给他购买家具和缴纳物管费，使其实现了住有所居；红河州元阳县人大常委会副主任吴婷婷得知肥香村水库管理处因经济效益差导致17名职工生活困难的情况后，以国家政策为依据多方帮助协调，促成有关部门将17名困难职工的工资和“五险一金”纳入县财政全额保障，工资由之前不到1000元增加到4000元左右，解决了他们的生计问题和后顾之忧。

二是开展就业帮扶。引导下岗失业困难职工树立自主择业、竞争就业意识，帮助下岗失业困难职工充分利用各种优惠政策，争取岗位、资金、技术等方面的支持，多渠道帮助困难职工子女完成学业，积极引导他们实现就业带动家庭脱困。如困难女职工白舒面对病魔和生活困境几乎绝望，通过领导干部结对帮扶，不但为她解决了临时生活救助和儿子学费，还协调将其安排到儿子所在大学食堂就业，让一个几乎走入绝境的家庭重燃希望之火。

经过全州党政工各个方面持之不懈的努力，红河州的困难职工在逐年减少，作为帮扶困难职工的第一责任主体，红河州总工会有信心到2020年使全州困难职工悉数解困脱困，和全州人民一道实现同步进入小康社会的目标。在今后的工作中，红河州总工会将认真贯彻落实本次会议精神，学习先进典型，采取更加有力的措施，在把党和政府对困难职工的关爱真正落到实处的同时，也把工会改革“强三性”“去四化”的工作有机融入城市困难职工解困脱困过程中，使全州各级工会组织更有活力，更有张力，更有动力。

·云南省楚雄州总工会·

以“四个精准”为抓手 扎实推进城镇困难职工解困脱困工作

按照《云南省总工会办公室关于下达2017年困难职工解困脱困工作任务的通知》要求，2017—2019年，楚雄州总工会每年完成30%以上建档立卡困难职工的解困脱困任务，对于新的困难职工要按照建档标准同步建档立卡、同步实施帮扶、同步解困脱困。到2020年全面完成解困脱困任务。经过全州各级党委、政府和工会组织共同努力，楚雄州建档立卡城镇困难职工从2017年4月的3582户、9670人（其中：州级268户、632人，10县市3314户、9038人），2017年至2019年，发现问题，整改情况调查、识别，根据脱贫退出条件确定退出、注销2970户、7989人。目前在档困难职工有612户、1681人（州级81户、192人，10县市531户、1489人），完成解困脱困工作82.91%，圆满完成了省总工会下达的解困脱困任务，为2020年全面完成脱困任务打下了坚实的基础。

一、以精准识别为基础，进一步厘清困难职工情况

全州各级工会组织都把精准识别摆在城镇困难职工解困脱困工作的首位。全州工会干部和各基层工会400余干部职工从2017年8月至2019年6月深入至全州3582户、9670人城镇困难职工家庭，开展城镇困难职工解困脱困精准识别入户核查等相关工作，对全部在档城镇困难职工家庭情况进行全覆盖核查，采取“一进、二看、三算、四议、五评、六公示、七确认”的方式，对照标准进一步深入开展摸底调查工作，切实掌握第一手资料，做到城镇困难职工群体的规模、分布、家庭基本情况、就业、收入情况、致困原因、帮扶需求、脱困意向等信息全面掌握，确保不遗漏、全覆盖，并完善困难职工档案，抓好分类，做好动态跟踪管理，使解困脱困有据可查、有迹可循、有档可依。各级工会对在档城镇困难职工进行精准识别，

经州县两级工会组织人员深入住建、车管、民政、工商、人社等部门认真核实，对符合条件的在档城镇困难职工档案进行全面详细的完善；在调查的过程中还密切关注供给侧结构性改革，特别是化解过剩产能、出现“僵尸企业”、事业单位改革过程中分流安置职工的情况，对生活出现困难的职工，对照标准做好精准识别，及时建档立卡。进企业、进单位、进家庭，与困难职工面对面交流、实打实调查，共摸排困难职工家庭 3582 户、9670 人，全面真实、及时地掌握困难职工生产与生活状况、家庭情况、致困原因、帮扶需求等。各级工会召开班子扩大会议，严格按照困难职工建档标准，对所有已录入工会帮扶工作管理系统的困难职工档案进行全面清理、重新审核，不符合条件的对象档案予以注销，信息不完善的按照《云南省困难职工档案管理办理》进行完善；实行动态管理，切实做到不重、不错、不漏，坚持阳光操作，确实做到精准识别困难职工，为实施精准帮扶奠定坚实基础。

二、以精准施策为主导，全面推进帮扶工作

一是加强领导，高位推动。州委、州政府高度重视城镇困难职工解困脱困工作，成立楚雄州困难职工解困脱困领导小组，由州委副书记李明任组长，州政府副州长徐东、州人大委员会副主任、州总工会主席商雁鸿任副组长，州政府办、州总工会、州人社局、州发改委、州民政局、州财政局、州卫计委、州教育局、州住建局、州工信委、州国资委、州工商联等部门为组员，召开会议，研究部署工作，建立帮扶领导小组联席会议制度，统筹推进相关工作。

二是宣传政策，思想引领。各级工会多渠道、多形式、多层次开展宣传教育，引导城镇困难职工认识解困脱困工作的重要意义和重要举措，了解党和政府帮扶济困的方针政策，引导城镇困难职工转变思想观念，摆脱意识贫困和思路贫困，厘清发展思路，增强解困脱困致富的信心和决心，激发加快解困脱困的内生动力。2017 年 5 月初，州总工会组织全州 10 个县市工会干部和州级成员单位人员赴大理州祥云县进行参观学习。组织 6 次会议培训。积极构建和谐劳动关系，密切关注职工权益维护和现实情况，把解困脱困的重心放在保就业、保收入、保安全、保稳定上，依法维护职工劳动就业、收入分配、社会保障、劳动安全生产、职业技能培训等权益，最大限度地减少新生困难职工，从源头上保障困难职工的解困脱困力度。

三是压实责任，扎实做实“双挂包”工作。各级工会主动向党委分管领导深入汇报城镇困难职工解困脱困工作，充分发挥第一报告人作用，积极争取党委政府支

持。如：州委与工会、人社、民政、卫健、教育、住建等部门签订责任书，3 名州级领导作为责任领导，5 家政府部门职工挂包困难职工，明确各自责任，根据困难职工类别打包给相关部门，并与政府相关部门实行“双挂包”，让一户困难职工既有工会挂包又有政府相关部门人员挂包，全州 120 余名工会干部结对帮扶困难职工，实现对困难职工结对帮扶全覆盖，并坚持一帮到底，不达目标不脱钩。让帮扶干部真正做好困难职工的联系人，做好“五大员”，当好调查了解真实情况调查员、做好政策法规宣传员、对接帮扶项目的信息员、排解心理压力的辅导员、解决临时困难的服务员。每发放一笔资金，则由帮扶责任人告知困难职工，同时确保每名帮扶责任人定期联系困难职工、了解困难职工情况、及时发现困难职工存在的困难和问题，确保各项工作落到实处。

四是转变作风，服务职工。全州工会干部把推进城镇困难职工解困脱困工作与推进工会改革结合起来，与深入开展“转作风、抓落实、促跨越”学习实践和深化“面对面、心贴心、实打实、服务职工在基层”活动结合起来，切实增“三性”、去“四化”，深入基层，深入困难职工，摸实情、出实招，加强分类指导、推动解决问题。做实“元旦、春节、中秋、国庆”送温暖活动，进一步体现工会组织的良好作风，用真心与真情解困难职工之难、暖困难职工之心，让困难职工和广大职工切实感受到工会组织是真正的“职工之家”，是值得他们信赖的“娘家人”。在“金秋助学”上下功夫，积极争取帮扶资金，帮助 1200 名困难职工、困难农民工子女圆大学梦，通过各项活动的开展，切实解决城镇困难职工群众在生产生活、子女上学等方面遇到的困难和问题。

三、以精准帮扶为具体措施，建立长效帮扶机制

一是楚雄州委、州政府加大对困难职工解困脱工作力度，2017—2019 年，州政府专项安排 300 万元用于困难职工解困脱困工作，州总工会筹集资金 300 万元投入解困脱困工作。2019 年困难职工解困脱困专项资金使用进度纳入州委、州政府“干在实处、走在前列”考核指标。为进一步助推困难职工解困脱困工作，2019 年 6 月 25 日，通过生活救助方式，州总工会对全州 612 户在档困难职工进行每户 500 元专项帮扶，通过帮扶救助，缓解困难职工家庭生活压力。楚雄州总工会在“五一”前夕，对州属 81 户困难职工按照每户 1000—2000 元的标准进行帮扶救助，共安排资金 14.6 万元，不断缓解在档困难职工生活压力，帮助困难职工通过开展培

训走上创业、就业路。

二是充分发挥全州11个职工服务中心的作用，继续推进困难职工帮扶中心转型升级，拓展服务功能，逐步建立完善送温暖精准化、困难职工日常帮扶、“金秋助学”、技能培训促就业、职工大病救助等机制，使工会对困难职工的帮扶更加及时有效。

四、以精准评估为导向，提升帮扶成效

一是各级工会认真开展“回头看”工作，重点对照“两有五不愁”标准，逐户进行核实，对家庭收入对比核查评估，及时发现问题，及时反馈整改。以高度的政治自觉、思想自觉和行动自觉，强化责任担当，做好核查评估和整改工作。楚雄市总工会将城镇困难职工解困脱困工作纳入综合绩效考核，与政府相关部门签订责任书，落实相关措施，每年举办困难职工就业专场招聘会，每场均电话通知并组织有就业需求的困难职工参加招聘会，与职业中介公司合作，常年免费为困难职工推荐就业，促进困难、失业等职工群众就业；禄丰县每年组织开展“春风行动”，针对困难职工进行招聘会，多渠道帮助困难职工实现就业，2019年，60名困难职工达成初步录用意向。

二是推行建立构建“12231”识别退出工作机制。1是指“一次申请”和一项考核，2是指“两次评议”和“两次公示”，3是指“初定”“审定”和“确定”。现已有元谋县总工会、武定县总工会开展了此项工作机制，准备2019年在全州全面推进。通过整改纠偏工作，全州各项指标错评率控制在1%、漏退率控制在1%、错退率控制在2%，漏评率控制在2%、综合精准率为98%、帮扶方式精准率达为90%、结对帮扶率为100%、帮扶工作认可度为90%。

·新疆维吾尔自治区阿克苏地区工会·

聚焦总目标　强化抓落实
坚定坚决打赢城镇困难职工解困脱困攻坚战

近年来，新疆维吾尔自治区阿克苏地区工会始终牢记新时代赋予工会组织的新使命，紧紧围绕社会稳定和长治久安的新疆工作总目标，认真履职、主动作为、勇于担当，进一步健全完善“党委领导、政府主导、部门负责、工会推动、社会参与”的工作机制，坚持“源头解困、动态脱困、应急救助、常态帮扶”相结合，不断强化政策引导、项目支撑、结对帮扶、社会保障工作的整体合力，切实抓好城镇困难职工解困脱困工作。

一、以习近平新时代中国特色社会主义思想为指引，始终坚持党对困难职工解困脱困工作的领导

阿克苏地区工会成立了地、县（市）两级解困脱困工作领导小组，党委、政府主要领导担任解困脱困工作领导小组组长、副组长，定期听取解困脱困工作汇报，对工作中出现的问题和存在的困难及时研究、协调解决，推动解困脱困工作落实。出台了《阿克苏地区关于进一步深入推进城市困难职工解困脱困工作的实施意见》。各县（市）陆续出台印发本县（市）专项工作方案，明确目标任务、提出举措要求，推进了城市困难职工解困脱困工作。

二、以习近平新时代中国特色社会主义思想为指引，始终坚持服务群众的工作生命线

在 2018 年探索开展“1 + X”结对帮扶（根据困难职工困难程度由 1 名困难职工与 2 名或 2 名以上干部结对开展帮扶活动）的基础上，提出并试行“23456”联系服务职工工作法。自“1 + X”结对帮扶和“23456”工作法试行以来，全地区共

有2820名干部与1885户困难职工开展结对帮扶活动，累计入户走访5655户次、电话走访9420余户次。依托“工会干部进万家”“六个讲清楚”“五种方法”，在困难职工群体中深入开展“去极端化宣讲”“厘清两笔账，感恩共产党”等主题教育实践活动。

三、以习近平新时代中国特色社会主义思想为指引，始终坚持“精准”这条生命线

贵在精准，重在精准，成败之举在于精准。阿克苏地区工会始终坚持入户走访、核查摸排作为困难职工身份认定的基础环节扎实开展。积极发挥地区“金秋助学”大学生志愿者服务队作用，通过采取“入户走访、实地查看、共算经济账和民主评议、对外公示、组织审核确认”六步工作法，全面精准核查困难职工困难程度、致困原因、技能水平、家庭收入状况、享受社会救助情况及家庭成员基础信息六个方面情况。加强人社、民政部门对接，逐人进行查对，为精准识别提供可靠的保障。

四、以习近平新时代中国特色社会主义思想为指引，始终坚持同打赢脱贫攻坚战同步

（一）明确由谁解困脱困的问题，明确责任，压实担子。阿克苏地区工会与各县（市）总工会层层签订困难职工解困脱困帮扶责任书；建立一对一结对帮扶制度，将工会帮扶系统内的困难职工帮扶责任落实到每一位干部身上。如阿克苏市总工会充分发挥基层工会组织联动作用，建立工会＋乡（镇）、街道、片区管委会（访惠聚工作队）＋困难职工“一对一”结对帮扶机制，将帮扶责任落实到具体干部身上，实现“人人有责、人人尽责”的工作模式；统筹全市17个乡（镇）、街道、片区管委会工会，按照区域大小，分配1－2名工作者负责对困难职工开展常态化走访入户帮扶工作。通过送政策、送技术，送服务，送岗位等方式，弘扬“劳动美”“劳动光荣”的时代精神，助力解困脱困。

（二）解决解谁困、脱谁困的问题，目标明确，靶心定位。2016年以来，阿克苏地区工会及时作出部署安排，指导各县（市）总工会结合摸底排查，按标准完成全地区符合条件的困难职工的建档立卡工作和不达标档案的清理工作。截至目前，通过“车轮式”反复摸排和“挖存量”主动清理，全地区已建档立卡的困难职工

由2016年的16250户减少到目前的463户，其中包括解困脱困家庭10455户、清理注销不合格档案6287户，新增符合建档立卡条件的困难职工955户。有效确保了困难职工身份认定工作的精准性和建档立卡工作的严肃性。

（三）解决如何解困脱困的问题，分类指导，综合施策。近年来，阿克苏地区工会变“输血式解困脱困”为“造血式解困脱困”，以“就业、创业+X”的多方式解困脱困，寻求、创新解困脱困的渠道和路径。

2016年以来，阿克苏地区累计投入各类帮扶资金2083.2467万元，用于困难职工日常救助帮扶；联合阿克苏纺织工业城、库车经济技术开发区和地、县（市）两级人社部门，广泛开展“春风行动”和“就创业援助月”“阳光就业”等活动，累计开展职业技能培训19347人次；积极开展“工友创业援助行动”，充分利用区总四批次提供的127万元、地区及县市投入配套的34.5万元小额无息贷款，帮助85户有创业需求但缺乏资金的困难职工创业就业。

在此基础上，适时召开困难职工解困脱困现场推进会，推广运用“五种方法”。一是已脱人员说教法。通过解困脱困人员讲自己的创就业经历，加强对其他困难职工的引导，坚持扶贫扶志相结合，充分发挥困难职工主观能动性。二是企业责任压实法。鼓励引导全地区规模以上企业认真履行社会责任，每年至少安排2名上困难职工就业。三是结对帮扶互助法。继续发动基层工会干部和乡镇（街道）、社区干部做好与困难职工结对帮扶工作，定期走访、宣传政策、解决困难，防止反弹。四是普通话技能结合法。通过强化普通话培训、劳动技能培训，不断提高困难职工综合素质，拓宽就业渠道。五是社会资金资助法。引导鼓励社会组织、慈善组织发挥自身作用，关注支持解困脱困工作，为困难职工解困脱困提供资金、技术和人才支持。

·山东省肥城市总工会·

“五四三”打造职工精准帮扶新路径

精准帮扶，责任在肩。山东省肥城市总工会坚决贯彻落实中央、省市脱贫攻坚和上级工会困难职工解困脱困决策部署，实施“五四三”工程，致力困难职工解困脱贫，精准帮扶有力有效，职工福祉更大提升。

一是推进“五大举措”，确保精准帮扶扎实有效。开展“救、引、扶、帮、联”五大精准帮扶举措，确保小康路上不丢下一名职工。资金“救”。对因病因灾致贫致困无法维系基本生活的困难职工，分类进行生活帮扶、助学帮扶、大病救助；做好“泰山情·职工服务卡”推行和发放工作，累计发放惠员卡3.5万张，畅通救助金发放渠道。就业“引”。对有就业能力和就业愿望的职工，利用工友创业培训基地市高级技工学校、市清华电脑培训学校等阵地开展电工、焊工、电子商务等专业技能培训，借助“泰山大姐”家政服务平台，对下岗失业女职工开展月嫂、育婴师培训，利用华联超市、颐高电子商务产业园成功安置困难、下岗职工，扶持肥城坤钰制衣有限公司成立“不舍家”分公司，2018年帮助149人进行技能培训，85名职工实现新择业。创业“扶”。加大创业基地培树力度，帮助有基础有能力的职工成功创业，做活省级“工友创业园”，达润兴工贸公司“车库经济”模式，帮助18名困难职工当上小老板；扶持“互联网”创业，肥桃阿里巴巴旗舰店、肥城市每天惠电子商务有限公司、桃木产业网络营销店、桃子姑娘等多家网络企业迅速成长。共同“帮”。引导社会救助，扩大大病医疗补助、大病医疗互助会、爱心基金会、企业联合互助会、商业保险“五种医疗互助模式”覆盖范围，截至目前，全市职工参加人数达到5494人次，筹集互助资金410万元，救助特困职工268人，发放救助金175万元；加强法律援助，充实法律援助志愿者队伍，聘请专门律师为困难职工实施法律帮扶；发挥职工服务中心、工人文化宫等服务阵地作用，组织开展知识讲座、技能培训、交际联谊、文化娱乐等惠民活动；探索“互联网+”服务职工平台建设，为困难职工提供多样化、全方位服务。多位“联”。每年春节期间，与人社等部门联合开展“就业帮扶·真情相助”集中招聘活动，吸引上千求职者参加招聘；与民政部门联合建立特困职工纳入“低保”协调制度，已有38名困难职工纳入低保；积极争取人社、银行等部门支持，深化大学生阳光就业和“三级孵化”创业扶持模式，稳步推进小额担保贷款扶持政策，扶持创办小型企业12家；与市扶贫办等部门对接，将部分困难职工纳入“政府+银行+企业+贫困户”四位一体的金融扶贫，采取“委托经营、保底收益”有效做法，让困难职工不担风险，参与分享企业红利。

二是明确“四项规范”，确保精准帮扶合理合规。坚持救助对象准确、救助责任明确，救助机制健全、救助档案完备，做到应救尽救、精准救助。调查程序规范。成立专项工作小组开展排查摸底，组织各级工会干部深入企业、家庭逐一入户核实，对往年已在困难职工档案中，但在本次调查时已脱困或调离、退休、退职、死亡、无法联系、已纳入低保的困难职工（农民工）予以剔除，对新增困难职工进行补报，把真正困难的职工纳入到帮扶数据库中，切实做到“情况明、数据准、方法对”，做到救真不救亲，不漏一户，不落一人。工作责任规范。成立工会主席总负责、分管领导和相关业务部门具体抓的困难职工解困脱困领导小组和工作机构，制定扶贫计划、实施方案、责任清单，砸实责任，把每项工作、每个环节都落到具体部室、具体人员，确保各项工作都有人负责，坚决杜绝出现问题。在救助资金发放上，坚持无现金发放，所有被救助人员均免费办理职工会员卡，救助资金打到会员卡上，减少办理手续，保证资金安全。制度建设规范。建立帮扶救助工作机制，制定帮扶资金管理办法，合理合规使用帮扶资金，根据困难职工具体情况制定科学务实的帮扶标准和帮扶措施，分类分层进行帮扶，逐步实现困难职工帮扶救助工作程序化、规范化。档案整理规范。将救助程序、救助资料全部分类归档，确保救助对象准确、救助程序规范、救助资金公开。对档案库内拟救助的困难职工进行了入户调查，坚持先建档、后帮扶，实名制登记。逐户建立《困难职工档案》，每户制定脱困措施，建立“户有册、企有档、市有库”“三级扶贫网格体系”，实行动态管理。

三是构建“三级体系”，确保精准帮扶全面覆盖。坚持服务到位、重心下移，着力构建“市、镇、点”三级服务体系，坚持救助、维权、服务多功能融合，打造覆盖全域的综合性职工服务体系。筑牢市职工服务中心主阵地。建立完善市职工服务大厅、市职工书屋、市职工活动中心、女职工心灵关爱中心、EAP 活动基地等服务阵地，实现全市职工办事有地点、活动有场所、心灵有港湾。发挥服务中心作用，及时为职工群众办实事办好事，解难事促成事。累计处理各类职工服务事项 400 余件，解决矛盾纠纷 80 余起，开展各类文体活动 30 余次，举办“悦 · 读书”活动 21 期，工会凝聚力进一步增强，职工满意度更加提升。夯实镇街区服务站桥头堡。加强对镇街区职工服务站的扶持力度，从资金和人力上进行大力支持，全市 14 个镇街全部建立服务站，服务人员队伍基本配备。王瓜店街道办事处（高新区）服务站被评为省级职工服务中心，汶阳镇服务站顺利通过泰安市总工会验收。打响基层工会服务点最前线。在企事业单位、社区建立服务点，把工会服务送到职工身边。探索开展暖心菜单式服务，由市总工会牵头成立一支志愿服务队伍，根据职工、市直企业、社区、镇街的服务需求，巡回开展“暖心菜单式”服务，深入到企业、车间一线为职工朋友搭建便利服务平台，打造“工会就在你身边”服务品牌。为有效解决户外职工饮水、就餐、休息、如厕、防寒、避暑、遮挡风雨等实际问题，在全市打造了公交职工之家等 10 家“桃都情 · 职工户外服务站”，着力打造户外劳动者的“温馨港湾”。

·云南省大理州祥云县总工会·

中共祥云县委
全面小康路上不让一名困难职工掉队

一、对困难职工解困脱困的认识

贫困问题表面上是经济问题，实际上也是政治问题，考验的是各级党委、政府的执政能力和责任担当，而且反贫困也是社会行为，需要全社会的共同行动。

祥云县的贫困程度比较深，县委带领全县人民脱贫致富奔小康责任重大、使命光荣。这几年农村脱贫攻坚已取得阶段性成就，在此同时，祥云县把目光投注到全县 293 户城市困难职工身上。困难职工和农村贫困户在表现形式上虽有区别，但在本质上都是贫困群体。既然如此，就必须要把两者纳入脱贫攻坚的统筹规划，整体推进。

贫困的原因是多方面的，成因是复杂的，因此解决贫困问题实际上是一个系统工程。在党委、政府的领导、主导下，需要富集全社会的资源，合力共治，这也是考量县委、县政府统筹社会资源、提升社会治理的能力。

工会作为党和政府联系职工群众的桥梁和纽带。它一头联系职工群众，熟悉困难职工情况；一头联系党委政府，具有社会协同作用，对困难职工的解困脱困有着天然的优势，必然也应当在党委的领导下起到牵头作用。

二、统筹推进是这项工作的共识

如前所述，贫困问题是多种原因导致的，因此解困脱困问题也必须以系统的思维，统筹推进。

就在祥云县委、县政府冥思苦想之际，大理州总工会也在思考和探索，面对城镇困难职工的状况以及如何解除他们的困境，一个是要从能力角度解决“有什么能力做”，一个是要从方法论角度解决“如何做”。经过反复思考，大理州总工会觉得要从工会本身的定位出发，找准工会在党委、政府中心工作中的位置和发力点，找到一个撬动全局工作的支点。

2016 年 3 月，大理州总工会希望以祥云县作为试点，借鉴脱贫攻坚有益经验和做法，积极研究探索困难职工解困脱困的方法和措施，先行先试。之所以选择祥云县作试点，祥云县具备以下工作基础：有适当数量的困难职工，有一定的工业基础，通过农村脱贫攻坚已经获得相当的经验和行之有效的做法，县总工会领导班子是一个有事业心、有创见、有思路、有激情的团结和谐的群体。需要强调的是，这项工作从一开始就得到了州委、州政府领导的关注、关心、支持和指导，对于县委下决心推行起到了极大的作用。于是，县委、政府和州总工会兵分两路，按照初步商定的方案，各自开展了工作。

三、这项工作的部署与推进

2016 年 3 月 29 日，借祥云县总工会召开全委会之机，县委副书记、县扶贫开发工作队总队长要求全县各级工会主动融入国家扶贫攻坚战略，构建以精准帮扶为重点的职工服务体系和运行机制，揭开了创建“祥云样本”的序幕。

同年 8 月 25 日，祥云县第十六届人民政府第 35 次常务会议研究讨论了县总工会上报的《关于全面打赢脱贫攻坚战、扎实开展困难职工解困脱困工作的意见》，会议决定以县政府党组文件报县委研究。

8 月 28 日，县委常委会研究了县政府党组提交讨论的《意见》，同意该《意见》，要求尽快以县委、县政府文件印发，抓好落实。

9 月 19 日，县委、县政府出台了《关于全面打赢脱贫攻坚战、扎实开展困难职工解困脱困工作的意见》，决定以系统集成方式充分整合党政部门和社会资源，帮助困难职工解困脱困。同日，县委办、政府办下发了《关于成立全面打赢脱贫攻坚战扎实开展困难职工解困脱困工作领导组的通知》，明确由县委书记、县长任组长，县委分管工会副书记，县政府常务副县长，县人大常委会副主任、县总工会主席任副组长，成员由相关的 27 个部门、10 个乡镇党委、政府主要负责人和 23 个乡镇、园区、系统、行业工会主席组成，全面负责组织领导、工作谋划、部署推进、督促检查等工作。领导组下设 10 个工作组室，办公室设在县总工会。

9 月 26 日，县委副书记、县驻村扶贫开发工作队总队长、县解困脱困领导组副组长主持召开了祥云县困难职工解困脱困组室工作会议，要求领导组下设的 10 个工作组（室）充分履职，制订工作方案。

10 月 26 日，祥云县困难职工解困脱困领导组下发了《祥云县全面打赢脱贫攻坚战扎实开展困难职工解困脱困“挂包帮、转走访”干部结对帮扶办法》，启动了困难职工解困脱困“挂包帮、转走访”工作。

10 月 31 日，祥云县困难职工解困脱困工作领导组下发《关于成立祥云县困难职工解困脱困工作方案评审工作组的通知》，启动了 10 个工作组（室）方案的评审工作。评审组由县委副书记、县驻村扶贫工作队总队长、县困难职工解困脱困领导组副组长担任组长，县人大常委会副主任、县总工会主席、县困难职工解困脱困领导组副组长担任副组长。

11 月 15 日，祥云县政府组织召开 2016 年政府与工会联席会议，进一步明确困难解困脱困领导组成员单位和各工作组（室）成员单位职责，指定专门领导和业务人员负责这项工作。

11 月 16 日，10 个工作组（室）方案全部出炉。

11 月 18 日，县委副书记、县人民政府县长主持召开了祥云县困难职工解困脱困工作推进会。

2017 年 2 月 13 日，祥云县困难职工解困脱困领导组办公室发出了《关于深入开展 2017 年困难职工精准识别调查工作的通知》，2 月 26 日全面完成了调查工作。

同年 3 月，大理州委书记到祥云县调研时要求，做好困难职工解困脱困事关民生，是党委、政府的重点工作，要求全州党委、政府要高度重视，加强领导，在全州范围内大力推广“祥云样本”。

4 月 7 日，祥云县委副书记、县驻村扶贫开发工作队总队长、县困难职工解困脱困领导组副组长主持召开了祥云县困难职工解困脱困项目工作会议。要求各帮扶工作组对照困难职工分类帮扶需求和已经出台的 10 个工作组（室）方案，全面加快推进职工解困脱困工作。2017 年 5 月以来，各帮扶工作组项目方案相继出台并有序组织实施。

四、各部门的责任与担当

祥云困难职工解困脱困从一开始的构思，到实施的操作层面，有多达 27 个部门和全县 10 个乡镇参加，这些部门和乡镇，囊括了全县体制内所能调动的全部资源，同时明确各部门、各乡镇、各单位的职责，旨在把困难职工解困脱困落到实处。

在领导组的架构下，成立了办公室、综合服务平台、精准识别、组织宣传、督查考核、就医帮扶、就学帮扶、就业帮扶、住房帮扶、社保帮扶工作组 10 个工作组（室）。通过这 10 个组（室），织成了一张对困难职工全方位保护的安全网，对困难职工的解困脱困无疑作用非常重大。10 个组（室）横跨党委、政府与解困脱困工作有关的所有部门，有政策出政策，有资源出资源，有财力出财力，许多政策资源可以混合统一起来有效支撑解困脱困工作。

在此之前，不是说这些资源或者政策不存在，而是各自分散单打独斗，没有形成合力，更没有集中作用于困难职工这个“患处”。比如就医帮扶，涉及卫计局、人社局、民政局、总工会、红十字会、慈善会 6 个部门和社会组织，18 项帮扶措施清单；就学帮扶涉及教育局、总工会、工信局、团委、妇联、残联、民政局、红十字会、商会、农业局 10 个部门和社会组织，涉及服务项目 17 项。对这些工作推动的情况、效果，专门以县委督查室、县政府督查室为主成立了“督查考核工作组”，适时对工作进行监督考核，以问责等手段，力克“不作为” “乱作为”等不良现象。

祥云困难职工解困脱困工作，在具体的操作层面上，“系统集成”是它的灵魂，也是醒目的亮点。“系统集成”的表层意思是：把体制内已有的各类、各级现成资源，通过党委、政府的动员号召组织整合，形成一种强大的合力，作用于困难职工解困脱困工作上。“系统集成”深层意思是：各类、各级现成的多种资源整合，不是简单的多重资源的叠加，而是借助党委、政府“点石成金”的神奇功能，举例来说，它可能是 1 + 1 = 10 = 100 = 1000……以至无穷多的资源扩张能力。从一开始，就认定祥云县困难职工解困脱困是否成功，要看“系统集成”是否成功；“系统集成”是否成功要看是否“集成”，“集”则成，“大集”则大成。

五、效果与启发

祥云县困难职工解困脱困工作迄今已经推行了整整一年半，具体效果主要表现为：

——106 户困难职工家庭实现解困脱困。2016 年，通过精准识别，集成帮扶，全县 106 名困难职工家庭，收入明显优于标准条件，就医、就学、就业、住房、社保五个方面均有保障，通过标准程序认定，退出困难职工档案。从这个情况来看，到2018年全面实现在档困难职工解困脱困，2020年与全县人民同步步入小康是完全可以做到的。

——“五类帮扶”落地生根、开花结果。已经形成“医疗帮扶保障有力、就学帮扶全面覆盖、创业就业扎实推进、住房安置预期完成、社保帮扶持继巩固”的良好工作态势。

——百名困难职工解困脱困列为“2017年十大惠民工程”。县政府把“100名以上困难职工解困脱困”列为十大惠民工程之一，年度实施的“五类帮扶”项目重点倾斜122户预脱困户，从工作推进情况来看，“五有两不愁”保障有力，全县困难职工解困脱困步入了规范、务实、高效的运行轨道。

2020年前，要集中力量帮扶，让困难职工解困脱困，是县委、县政府“决战脱贫攻坚、决胜全面小康、推动跨越发展”的一项重要工作，祥云县有信心、有决心确保目标任务圆满实现。

职工贫困是一个动态问题，一劳永逸显然不可能，所以祥云县更加注重构建2020年后困难职工解困脱困的永续机制，值得幸运的是，互联网大数据平台为构建这种机制提供了可能性。目前，正在着手研究解困脱困长效机制，重点在解困脱困评估体系建设、大数据平台建设、职工服务体系建设、帮扶基金保障、项目优化集结、系统化常设机构建立等方面突破。

应该说，这些成绩局限于一个县，实在微不足道，它的价值不在这里，它的价值在于它具有一种高复制性，借助这种范式，可以有效解决困难职工的解困脱困。

早在酝酿这项工作的时候，祥云县就注意到了它的可复制性，2017年年初，根据州委的部署，祥云县的经验做法首先在弥渡、巍山、宾川进行试点，实践证明，它具有高复制性。现在，州委、州政府已经发文，在全州范围内全面推行这个经验，势头良好。祥云县经验做法的推行，还有一个溢出效应，那就是它为党委、政府的社会治理提供了一个有益的尝试，“脱贫解困”是一个阶段性的工作，而社会治理将是党委、政府一个长期的、常态的工作，通过困难职工解困脱困这项工作，祥云县获得了不少有益的启示。实践表明，关注困难职工，帮助他们解困脱困，既是一种责任担当，更是一种道德情怀，这种情怀就是用实际行动践行共产党人为人民服务的宗旨，就是用实际行动兑现“小康路上一个都不能掉队”的庄严承诺。

系统集成　精准帮扶
推动城市困难职工解困脱困取得实效

为认真落实全总、云南省总工会及大理州总工会关于做好城市困难职工解困脱困工作的决策部署，祥云县总工会主动向县委县政府汇报，把城市困难职工解困脱困工作纳入全县脱贫攻坚大局，以系统集成的方式，充分整合各方资源，满怀真情为城市困难职工解困脱困，确保全县困难职工同步迈入小康社会，祥云县总工会的具体做法是：

一、构建“党委领导、政府主导、工会牵头、系统集成”的工作体制

2016 年 9 月 19 日，县委、县政府出台了《关于全面打赢脱贫攻坚战、扎实开展城市困难职工解困脱困工作的意见》，明确由县委书记、县长任组长，县委副书记、常务副县长，县总工会主席任副组长，成员由 27 个部门、10 个乡镇党委、政府主要负责人和 23 个乡镇、园区、系统、行业工会主席组成，全面负责组织领导、工作谋划、部署推进、督促检查等工作。领导组下设 10 个工作组，办公室设在县总工会。其中，各级党委政府负主体责任，困难职工所在单位负直接责任，工会负具体责任，工会主要履行对困难职工第一知情人、第一报告人、第一帮扶人的职责。

二、突出精准，切实把好困难职工的入口关、施策关、出口关

2017 年 3 月 1 日至 10 日，精准识别组按照“不漏一户、不缺一人、全面覆盖”的工作要求，遵照“进、看、算、议、评、公示、确认”7 个方法步骤，对全县 293 户困难职工进家入户，见人见物见家底，强化谁调查、谁负责、谁签字的责任制。

2017年3月21日至30日，综合服务平台工作组对在档困难职工进行逐户分析研判，听取各调查组入户情况汇报，掌握每户困难职工致困的真实原因，对困难职工的困难程度进行划分，按照就医、就学、就业、住房、社保帮扶需求，提出帮扶措施。

2017年4月1日至6日，领导组按照先易后难、合理配置的原则，制定年度解困脱困计划。

2017年4月7日，领导组向10个工作组批转困难职工信息材料，五类帮扶需求明细，年度困难职工解困脱困计划，要求各帮扶工作组对照需求和方案将汇聚的帮扶政策措施具体化、项目化，制定实施方案。

三、最大限度地整合资源，形成强有力的攻坚力量

一是建立系统集成机制，实现资源统筹，调动27个部门和全县10个乡镇的资源，出台了5个工作方案和5个帮扶方案，整合了各个部门涉及的“就医、就学、就业、住房、社保”的86项帮扶政策措施和项目。

二是建立城市困难职工解困脱困指导联系人制度。2016年祥云县出台挂包帮、走转访干部结对帮扶办法，明确县总工会干部挂片，乡镇、园区、系统行业工会干部包点，基层工会干部包户的结对帮扶机制。全县300多名工会干部走入困难职工家中，重点做好精准识别、完善档案资料、宣传相关政策、研究帮扶措施等方面的工作。

三是全面推行服务清单制。领导组下设的各个责任部门，按照帮扶类别认真厘清服务项目，明确办理单位、责任主体、办理程序、办理条件、材料需求、实现要求等事项。列出服务清单，编制帮扶工作项目手册，向基层工会和困难职工公开。

四是强化责任考核。逐级建立目标责任制，2017年3月，县总工会与乡镇、系统、行业工会签订了目标责任书，明确了解困脱困的工作职责。由县委督查室、县政府督查室成立工作考核组，把困难职工解困脱困工作纳入全县经济社会发展规划和党政考核体系，加强对乡镇、行业、涉及部门党政负责人和工会负责人落实城市困难职工解困脱困政策措施和开展帮扶工作的督促检查。推行月访季报制度，各部门、各基层单位每季度将困难职工的月访情况、帮扶措施落实情况、工作推进情况，上报领导组办公室。

四、实施五类帮扶，实现“五有两不愁”目标

根据全县在档困难职工队伍实际致困原因，研究制定差别化帮扶的具体办法，实施好“就医、就学、就业、住房、社保”五类帮扶，实现“劳有所得、病有所医、学有所助、住有所居、老有所养，不愁吃、不愁穿”的目标。

一是就医帮扶，由人社、卫计委负责，推动困难职工医疗保险全覆盖，职工医疗互助活动、医疗卫生免费项目扶持，强化医疗慈善救助，汇聚县人社局、卫计局、民政局、总工会等5个部门18条医疗帮扶措施。

二是就学帮扶，由民政、妇联、团委、机关工委、残联、红十字会、企业家协会、慈善会负责，解决全县在档困难职工子女助学问题，汇聚教育局、工信局、农业局、团委、妇联、总工会等10个部门17条帮扶措施。

三是就业帮扶，由人社、扶贫、金融、工商联、团委、妇联负责，着眼于充分就业，强化源头扶持，推动困难职工家庭最少有1人就业，在档困难职工就业率达100%，汇聚县人社局、工信局、煤炭局、就业局、扶贫办等10个部门5大类38条帮扶措施。

四是住房帮扶，由住建部门负责实施廉租房、棚户区改造等有关政策措施，帮助无住房的困难职工全面解决住房保障问题，实现住有所居目标，整合了县住建局、总工会的6项帮扶措施。

五是托底保障，由民政、人社、工会负责，主要针对上述帮扶后仍然无法脱困的困难职工，按照应保尽保的原则纳入低保保障和其他社会救助措施，整合了3个部门8项帮扶措施。

通过以上措施，228户城市困难职工家庭实现稳定解困脱困。家庭收入明显优于标准条件，医疗、子女教育、就业、住房、社保五个方面均有保障，通过标准程序认定，退出困难职工档案。2016年、2017年实现解困脱困户数占动态管理总任务数的74.5%。全县城市困难职工解困脱困步入了规范、务实、高效的运行轨道，如期完成城市困难职工解困脱困目标任务，实现2020年与全县人民同步迈入小康是可以做到的。下一步，祥云县总工会将按照全总的决策部署，在已有的成效基础上，继续巩固成果，把工作做得更加出色。

后　记

习近平总书记指出，“要做好城市困难职工解困脱困工作，及时做好因各种原因返贫致困职工的帮扶救助，为广大职工提供具有工会特点的普惠性、常态性、精准性服务”。城市困难职工解困脱困是工会主动承担党中央交给工会的一项重要政治任务。近年来，各级工会在全总党组带领下，主动作为，上下协同，城市困难职工解困脱困工作取得了积极进展。各地加强制度保障、协同社会资源、建立智能平台、创新工作机制，涌现很多很好的制度创新、实践创新。因此，我们编撰《困难职工解困脱困工作指导手册》一书，收录全国总工会关于城市困难职工解困脱困工作的决策部署，有关社会救助、脱贫攻坚等方面的政策文件，同时，汇集各地工会优秀工作经验案例，供各级工会组织、广大工会干部参考借鉴。本书由栗斌同志主编，栾樾、张苏仲同志审定，苏文帅同志确定框架，侯鹤南、初素辉、周子渊同志整理内容。

本书编委会

2019 年 11 月